한국연구재단 학술명저번역총서

서양편 ● 69 ●

지식의 형태와 사회 1

막스 셸러 지음 | 정영도 · 이을상 옮김

한길사

Die Wissensformen und die Gesellschaft

"Probleme einer Soziologie des Wissens"
"Erkenntnis und Arbeit. Eine Studie über Wert und Grenzen des pragmatischen
 Motivs in der Erkenntnis der Welt"
"Universität und Volkshochschule"
"Zusätze aus den nachgelassenen Manuskripten"

by Max Scheler

Published by Hangilsa Publishing Co., Ltd., Korea, 2011

◆ 이 책은 (재)한국연구재단의 지원으로 (주)도서출판 한길사에서 출간·유통을 한다.

이 도서의 국립중앙도서관 출판시도서목록(CIP)은
e-CIP 홈페이지(http://www.nl.go.kr/cip.php)에서 이용하실 수 있습니다.
(CIP제어번호: CIP2011001490)

지식의 형태와 사회[1]

막스 셸러의 지식사회학: 그 철학적 토대와 전개

이을상 동의대 문화콘텐츠연구소 연구교수

머리말: 지식사회학이란?

지식사회학(Wissenssoziologie)이란——그 개념 정의에 따르면——'지식의 사회적 피제약성'[1]을 연구하는 학문이다. 이런 의미에서 지식사회학은 20세기 초 독일에서 형성되었으며, "여러 관점 중에서 하나의 관점이 하필이면 왜 이런 형식으로 나타나며, 또한 과거와 동시대의 다른 형식과는 다르게 나타나는가?" 하는 문제의식에서 출발한다. 이것은 사회적 문제들에 관한 각자의 견해가 그의 사회적 생활조건에 의존한다는 '의존성'을 확인하려는 것이고, 나아가 이 의존성에 근거하여 "왜 사람들이 서로 다른 견해와 관점을 갖는가?"를 설명하려는 것이다.

이런 의미에서 지식사회학이라는 용어를 처음 사용한 사람은 막스 셸러(Max Scheler, 1874~1928)다. 셸러는 1924년에 쓴 「지식사회학의 문제들」(Probleme einer Soziologie des Wissens)이라는 장편논문에서 '지식사회학'(Soziologie des Wissens)이라는 용어를 처음으로 사용했다. 그런데 이것은 예루살렘(W. Jerusalem)의 '인식사회학'(Soziologie des Erkenntnis)을 고쳐 부른 것이다. 어쨌든 셸러는 지식사회학이라는 이름 아래 지식의 생산-분배-소비에 관한 체계적인 경

---

1) M. Scheler, "Probleme einer Soziologie des Wissens", *Die Wissensformen und die Gesellschaft*, 3판, 전집 8권, Bern, 1980, p.17 참조.

험적 연구를 정초하려 했다. 이에 대한 연구가 성공하기 위해서는 먼저 특수한 세계관이나 선입견이 갖는 사회적 피제약성의 폭로가 필수적이다. 이와 같이 지식의 사회적 피제약성이 드러남으로써 우리는 기존에 알고 있었던 것이 부분적 진리임을 고백하지 않을 수 없고, 이 고백을 통해 또한 진리에 대한 올바른 통찰을 기대할 수 있다는 것이다.

물론 우리 인간의 지식이 사회적으로 제약되고 있다는 문제의식은 20세기 초에 형성된 독일 지식사회학에 의해 처음으로 제기된 것이 아니다. (지식의) 사회적 피제약성이 지식사회학의 문제의식으로 주형되기 전에 이미 고대 그리스의 소피스트들이 전통적인 윤리적·종교적 계율의 배후에 있는 그 사회·경제적-정치적 요인을 통찰한 것에서 우리는 지식사회학의 발생사적 기원을 찾아볼 수 있다. 예를 들어 압데라의 프로타고라스(Protagoras of Abdera)가 말한 인간척도론("인간은 만물의 기준이다")은 사회적 규범이나 법, 관념 등이 인간 스스로 만든 것이며, 따라서 상대적이고 끊임없이 변화하는 본성을 지니고 있음을 역설한다. 그러나 이 명제는 유감스럽게도 진리의 본성에 대한 성찰에 아직 도달하지 못했고, 이로써 지식의 사회적 피제약성을 주장한 소피스트들의 견해는 소크라테스(Socrates), 플라톤(Platon), 아리스토텔레스(Aristoteles)가 확립한 장엄한 철학체계에 의해 철저하게 억압되고 배제되는 결과를 초래하고 말았다.

그럼에도 불구하고 '사실'과 '환상'을 구별하려는 비판적 지식인은 언제나 있었다. 이런 지적 전통은 근세에 와서 베이컨(F. Bacon)의 '우상론'에서 부활되었고, 18세기 말에는 프랑스 계몽사상가들에 의해 '이데올로기'(Ideologie) 개념으로 정립되었다. 이와 함께 '이데올로기 비판'이 하나의 학적 체계를 갖추게 되는데, 이데올로기 비판이란 인간의 의식이 사회적으로 제약되어 있음을 밝히고, 이 의식이 사회적-정치적으로 어떤 기능을 수행하는지를 폭로하는 것이다. 이런 이데올로기 비판과 더불어 지식사회학의 근본명제인 '인간의 관념은 그가 살고 있는 사회의 필연적 산물'이라는 명제[2] 또한 형성된다.

그렇다고 하여 이데올로기 비판이 곧 지식사회학은 아니다. 양자는 물론 등근원적 뿌리를 가지고는 있지만, 개념적으로 엄밀하게 구분될 필요가 있다. 먼저 양자는 모두 근대 부르주아지 사회의 성립과 밀접한 관계가 있다. 즉 중세 봉건사회에서 근대 자본주의 사회로 이행하는 시기에 신흥 부르주아지들은 자신들의 사회적 · 정치적 기반을 굳히기 위해 새로운 세계관을 도모함으로써 새로운 하나의 이데올로기를 생성시켰고, 이 이데올로기가 지배를 정당화하는 도구로 사용되고 있음을 '이데올로기 비판'은 비판한다. 여기서 이데올로기 비판은 다만 인식론적으로 고찰되고 있을 따름인데, 이것은 만하임(K. Mannheim)에 의하면 한갓 '이해심리학적'(interessenpsychologisch) 차원에 머물러 있다는 것이다.[3] 이 말은 이데올로기 개념이 '거짓말'이나 '간계'를 의미하는 데 지나지 않으며, 아직 '사회적으로 필연적인 현상'(gesellschaftlich notwendigen Schein)으로는 확대되지 못했다는 것이다. 이 점에서 이데올로기 비판은 지식사회학의 문제제기와 근본적으로 구별된다.

이해심리학적 차원의 이데올로기 개념을 사회적으로 필연적인 현상으로 고양시킨 것은 마르크스(K. Marx)의 공적이다. 마르크스는 프랑스 계몽사상가들이 제기한 '이데올로기-권력'이라는 문제설정을 '이데올로기-계급사회-계급지배'라는 주제로 확대시켜 이른바 '상부구조-하부구조'론을 제출한다. 이에 따르면 상부구조에는 정치적 · 종교적 관념뿐만 아니라 도덕, 법률, 예술, 언어, (철학적 · 과학적) 지식 등 모든 문화적 소산과 정신적 산물, 계급의식 또는 개인의식을 특징짓는 모든 심리적 상태와 행위들이 속하고, 이에 대해 하부구조인 생산관계는 모든 법률적 · 정치적 · 이데올로기적 사회관계 및 사회생활의 모든 과정을 규정하는 토대로 정식화된다. 여기서 지식과 사회적 존재 간에는 명실공히 하나의 '결정관계'가 성립하는데, 이 결정관계가 지식사회학을 발

---

2) Th. W. Adorno, "Beitrag zur Ideologienlehre", *Kölner Zeitschrift für Soziologie*, Jahrg. 6, Heft 3/4, 1954/55, p.363.

3) K. Mannheim, *Ideologie und Utopie*(5판), Frankfurt/Main, 1969, p.55.

전시켰다는 것이다.

이와 같이 마르크스가 지식사회학——물론 마르크스가 이런 이름을 붙인 것이 아니지만, 지식사회학의 문제제기는 실질적으로 마르크스의 문제의식에서 출발한다[4]——을 확립함에 있어서 근거를 둔 방법론은 '실증주의'(Positivismus)다. 마르크스에게 실증주의란 부르주아지 관념론을 비판하는 이론적 무기이고, 자본주의 사회에서 소외된 인간을 해방시키는 과학적 방법이다. 그렇지만 마르크스의 이데올로기 비판이 루카치(G. Lukács)에게 계승되면서 실증주의적 태도는 반실증주의로 바뀌는데, 루카치에 따르면 실증주의는 인간과 자연의 차이를 무시하는 기계론적 접근방법으로 부르주아지 학문의 전형적 특징이기 때문이다. 마르크스주의를 세속화시킨 주된 원인이 바로 이 실증주의에 있다는 것이 루카치의 진단이다. 루카치의 반실증주의적 태도는 비마르크스주의적-부르주아지적 지식사회학, 즉 막스 셸러와 만하임의 지식사회학 전개에도 중요한 역할을 한다.

그렇다고 하여 셸러와 만하임에 의해 형성된 지식사회학이 루카치의 노선을 따른 것은 아니다. 오히려 셸러와 만하임의 부르주아지적 지식사회학은 마르크스주의와 대결하면서 지식의 사회적 피제약성에 대한 통찰에서 당시의 학문적 위기상황을 세계관의 혼란으로 진단하고, 이 위기를 극복하기 위한 적합한 수단을 이데올로기 비판과 문화적 종합, 교육엘리트의 역할 등에서 찾는다. 이 점에서 셸러와 만하임은 의견의 일치를 보이지만, 만하임이——자신의 '동태적' 지식사회학과는 반대로——셸러의 지식사회학을 '정태적'이라고 규정한 것에서 보듯이,[5] 이후 행보에서 두 사람은 서로 다른 견해를 보인다. 즉 만하임이 실천적·정치적 이데올로기 비판을 통해 적극적으로 마르크스주의에 맞선 것과 달리, 셸러는 지식사회학을 다만 자신이 구상한 '철학적 인간학'으로 나아

---

4) 전태국, 『지식사회학』, 사회문화연구소 출판부, 2001, 287쪽 참조.
5) K. Mannheim, *Essays on the Sociology of Knowledge*(London: R.K.P., 1952); 전태국, 위의 책, 307쪽에서 재인용.

가기 위한 단초로 삼고 있을 따름이다. 따라서 셸러의 거대한 철학체계에서 볼 때 지식사회학은 새로운 형이상학 수립을 방해하는 모든 지적 흐름을 격퇴하기 위한 수단에 불과한 것이다.[6] 그럼에도 불구하고 오늘날 셸러의 지식사회학이 높이 평가되는 까닭은 사고와 사회의 관계에서 역사적·사회적 조건으로부터 독립적인 가치와 정신의 세계를 논증하려 한 노력 때문이다.

이에 셸러의 실증주의 비판의 기준과 지식사회학의 인식론적 전제인 '현상학적 방법', 셸러 지식사회학의 핵심인 지식유형론과 사고유형론, 셸러에 있어서 지식사회학과 철학적 인간학의 관계에 관해 차례로 살펴볼 것이다.

반실증주의의 논거로서 '현상학'과 지식사회학의 인식론적 전제로서 현상학적 방법

지식사회학이 근대 자본주의적 시민사회의 형성과 밀접한 관계가 있다는 점은 이미 말했다. 그렇다면 이런 지식사회학이 왜 하필이면 20세기 초에, 그것도 독일에서 생겨났을까? 그 이유를 설명하는 것에서 출발해보자. 그것은 당시 독일의 국가적 상황과 밀접한 관련이 있다. 즉 당시 독일은 다른 유럽 국가들에 비해 '시민계층'의 형성이 순조롭지 못했지만, 비스마르크(O. Bismarck) 이후로 추진되어온 국가 관료들에 의한 이른바 '위로부터 개혁'이 성공함으로써 일약 유럽의 신흥 산업국으로 발돋움하게 된다. 그러나 대량생산에 따른 소비시장의 확보라는 현실적인 문제에 직면하여 독일은 불가피하게 제국주의의 길을 걷게 되고, 이런 역사적·사회적 현실은 독일 지식인들로 하여금 '합리주의적 이성'에 대한 회의를 증폭시키는 결과(즉 '이성의 도구화')를 가져왔다.

---

6) 이런 의미에서 셸러의 철학적 인간학은 '초인간학'(Meta-Anthropologie)이라 불린다.

이런 와중에 전통적으로 이성에 근거하여 안정을 구가해온 세계관의 붕괴와 함께 정치적 사회세력 간의 분열은 실증주의적·감각주의적인 과학주의의 대두와 함께 이념적 분열을 초래했고, 이념적 분열은 곧 서구 문명에 대한 전반적인 위기로 파악되기에 이르게 된 것이다.

이것이 독일이 20세기 초에 처한 지적 상황인데, 이런 시대적 위기를 일찍이 후설(Ed. Husserl)은 '학문의 위기상황'으로 규정하고, 이로부터 인간성의 근본적인 생활위기도 나온다고 진단한다. 그 원인을 후설은 실증주의 탓으로 돌리고 있다. 즉 "19세기 후반 이후로 근대인의 모든 세계관은 실증과학에 의해 규정되고, 실증과학으로 이룩된 '번영'에 현혹되고 있는데, 이런 독단적인 생각은 진정한 인간성을 결정하는 기준의 문제와는 무관한 물음으로의 전향을 의미한다. 단순한 사실과학만이 단순한 사실적 인간을 결정한다."[7) 이에 따르면 실증과학이 주관적인 것을 모두 제거해버렸으며, 이로써 실증주의가 학문의 이념을 단순한 사실과학(Tatsachenwissenschaft)으로 환원시켜버렸다는 것이 후설 비판의 요체다.

이런 실증주의 비판은 다시금 셸러에게로 이어지는데, 후설과 같은 맥락에서 셸러는 당시의 서구 산업화의 전형적인 이데올로기로서 콩트(A. Comte)와 스펜서(H. Spencer)의 실증주의를 들고, 이런 실증주의적 원리가 인간 지식이 갖는 근원적인 생명성의 기원을 인식하지 못하는 한계 때문에 인간 지식의 욕구를 오해했을 뿐만 아니라 종교와 형이상학적 본질에 관해서도 잘못된 인식으로 인도했다고 비판한다.

종래의 통일성을 추구해온 서구의 세계관은 19세기 말부터 해체되기 시작하는데, 이런 절대적 의미의 세계관이 와해되기 시작한 원인을 셸러를 비롯한 지식사회학자들은 모두 실증주의 탓으로 돌리고 있다. 이들에 따르면 실증주의는 근대적 사고의 근본 속성을 상징하는 말인데,

---

7) Ed. Husserl, *Die Krisis der europäischen Wissenschaften und die trans-zendentale Phänomenologie*, 전집, *Husserliana* VI, Haag, 1962, pp.3~4.

이런 실증주의적 사고의 특징은 자기 사상의 외부에 있는 초인식적 인식근거(예를 들어 칸트의 '물 자체' 개념)를 배제함으로써 사고의 자기 완결성을 주장하는 데 있다. 그러나 이런 사고의 자기 완결성은 다른 의미에서 사고의 폐쇄성을 의미하고, 사고의 폐쇄성은 지식산출자의 사회적 존재에 대한 자기 물음으로서 주관성에 대한 탐구와 특정한 지식의 사회적 존재 의의 등에 관한 문제는 폐기시켜 버린다.

이런 실증주의가 지닌 사고의 폐쇄성이 다름 아닌 지식사회학의 형성을 불러온 계기가 되었다는 것이 지식사회학자들의 주장이다. 모든 세계관이나 사고형식은 언제나 역사적·문화적 세계에 대해 통일적 의미를 갖는데, 이들이 사회적 측면으로 외재화될 때 지식산출과 관련된 인간적 주체의 매개기능을 주체의 자기반성을 통해 해명하려는 것이 지식사회학의 관점이다. 이 관점을 좀더 구체화할 때, 지식사회학의 근저에는 세 가지 동기가 작용하고 있음을 알 수 있다. 즉 이성의 자기 동일성을 회의하는 '역사적' 관점에서 시대의 '전체적' 인식상황을 사회적 국면으로 외재화시켜 '비판'한다는 세 가지 동기가 그것인데, 이때 비판이 반실증주의적 경향을 나타내고 있다는 사실이다.

그렇다면 셸러에게 이런 반실증주의의 태도를 가능하게 해주는 논거는 무엇인가? 그것은 곧 '현상학'(Phänomenologie)이다. 현상학이란 독일관념론이 붕괴된 이후 후설에 의해 고안된 인식비판이론이지만, 셸러는 칸트의 '형식주의' 비판을 통해 마침내 현상학에 이른다. 즉 근대 계몽주의의 완성자로서 칸트는 종래의 합리론적 전통과 경험론적 전통을 인식론적으로 형식과 내용의 결합으로 종합하는 성과를 이룩했는데, 먼저 『순수이성비판』이 '선천적 종합판단'의 형식에 뉴턴(I. Newton)의 고전물리학을 포섭시켰다면, 『실천이성비판』은 무제약적 '정언명령'의 형식에 개인의 욕구를 종속시키는 결과를 가져왔다. 이와 같이 하나의 단순한 원리적 (선천적) 형식에서 근대과학과 실천의 모든 영역을 포섭시켜 탐구하려 한 칸트의 입장을 가장 잘 표현해주는 말이 '형식주의'다. 칸트의 형식주의는 셸러에 의하면 "강철과 청동으로 이루어져 있고",[8] 그런 까닭에 칸트 철학을 내재적으로 비판하는 것에 의해서는 결코 분쇄되지 않는다. 그러나 이런 난공불락의 형식주의라 할지라도 관점을 바꿔서 보면, 이미 확립된 형식적 개념에 근거하여 실질내용을 재구성하려는 시도에 불과한 것이다. 이 점에서 본다면 칸트의 윤리학은 당시의 프러시아적 에토스를 반영한 것에 지나지 않는다고 할 수 있다.

이런 칸트의 형식주의에 항거한 셸러로서는 실천의 영역에서 기존의 형식에 가치를 끼워넣는 것이 아니라 가치 현상을 있는 그대로 기술하고, 또한 가치 현상에 대한 우리의 태도를 어떻게 결정할 것인가 하는 점이 중요한 과제가 아닐 수 없다. 이런 태도결정에 가장 유효한 방법이 다름 아닌 현상학이었다. 현상학은 '사상 그 자체로'(zur Sache Seblst)라는 모토가 말해주듯이, 근세의 관념론에 의해 부당하게 취급되어온 '객관'으로 다시금 전회할 것을 요구한다. 칸트의 코페르니쿠스적 전회가 일방적으로 우리의 의식과 의식의 형식 및 기능을 향하는 반면에, 현상학의 '객관으로 전회'는 모든 철학함의 출발점인 동시에 확고한 정위점(Orientierungspunkt)을 '현상'(Phänomenon)에 둔다.

현상이란 우리의 의식에 주어지는 직접적인 소여(所與, Gegebenheit)의 총체를 의미한다. 이와 같이 소여하는 것으로서 현상은——실재하는 것의 측면에서 보면——실재의 '나타남'(Erscheinung)이고, 그것은 사상(事象, Sache)의 본질성을 의미한다. 현상학에서 현상과 본질은 서로 대립하는 것이 아니며, 오히려 하나의 사상(事象)은 실재하는 현존재(Dasein)를 소유함으로써 시간-공간적인 인과관계 속에서 '지금-여기'에 실존하는 것이다. 이런 현존재의 계기들을 배제함으로써 우리는 사상의 구체적인 본질존재(즉 '그렇게 있음', So-Sein)를 소유하게 되는데, 셸러에 의하면 이런 사상의 본질존재를 증류하는 '장치'가 곧 현

8) M. Scheler, *Der Formalismus in der Ethik und die Materiale Wertethik*, p.30.(이을상 외 옮김, 『윤리학에 있어서 형식주의와 실질적 가치윤리학』, 서광사, 1998, 40쪽.)
9) H. Spiegelberg, *The Phenomenological Movement* I, The Hague: M.

상학이다.[9] 따라서 셸러에게 현상학은 하나의 인식비판이론이라기보다 '방법'으로서 의의를 갖는다고 하겠다.

방법으로서 현상학은 (현상학적) 경험에서 근원적으로 본질을 '직관' 하는 방식이다. 이때 말하는 직관이란 단순한 감각적 지각과 달리, 근원적 방식에 의해 본래적인 존재자 자신에게로 향하는 감지(感知, Wahr-Nehmung), 즉 지각이다. 이 점에서 셸러는 후설의 전통에 서 있다. 후설에 의하면 직관이란 우리에게 존재와 존재의 원리적 형식을 매개하는 근원적 방식이고, 이를 '본질직관'이라 부른다. 그리고 이것이 학적으로 확정되고 전달될 수 있기 위해 후설은 직관의 내용을 현상학적으로 '기술'하고 '분석'할 것을 요구했던 것이다. 이와 같이 후설이 인식론적 비판에 천착하는 반면에, 셸러는 후설의 현상학을 계승하여 다만 '가치파악'에 적용했을 따름이다. 그리하여 셸러의 현상학적 방법의 가장 근본적인 특징은 '세계 그 자체와 가장 강렬하고 생생한 그리고 직접적인 결합'에 있다고 할 수 있고, 이런 맥락에서 셸러는 또한 자신의 현상학을 '근본적인 경험주의와 실증주의'라고 부른다.[10]

그러나 셸러가 실증주의라는 용어를 사용한다고 하여 그것이 콩트의 실증주의와 같은 것은 아니다. 비록 셸러가 (현상학적) '환원'이라든지 '직관'이라는 실증주의적 용어를 사용하고 있지만, 셸러의 현상은 콩트의 '감각적 소여'와는 전혀 다른 본질적 존재를 가리킨다. 이런 본질을 직관하는 방식인 셸러의 경험주의도 또한 동일하거나 유사한 '다수'로 부터 하나의 법칙을 도출하는 귀납법이 아니다. 종래의 경험주의 및 실증주의와 달리, 셸러의 현상학은 현상학적 환원(직관)을 통해 하나의 사상을 있는 그대로 직관, 즉 무매개적으로 본질을 간취하는 것이다. 이 본질직관의 내용을 셸러는 '현상학적 사실' 또는 '순수사실'이라 부른다.[11] 현상학적 사실은——현상학적 방법이 다른 방법(경험주의와 실

Nijhoff, 1960, p.240 참조.

10) M. Scheler, "Phänomenologie und Erkenntnistheorie", *Schriften aus dem Nachlaß* Bd. 1, 전집 10권, Bonn, 1986, pp.380~381.

증주의)과 구별되듯이 ——다른 사실, 즉 '자연적 사실'이나 '과학적 사실'과 구별될 때 가장 분명해진다. 먼저 자연적 사실이란 우리의 일상적인 경험에 의한 소박한 신념으로부터 도출된다. 예를 들어 매일 아침 태양이 동쪽에서 떠오른다고 믿는 프톨레마이오스적 관념이 이에 속한다. 이런 견해는 우리의 감각에 근거하여 확실한 것처럼 보이지만, 자연과학적 세계관에 의해 단호히 배격된다. 또한 과학적 사실은 자연적 영역으로부터 고도의 상징적 추상화에 근거한다. 예를 들어 천문학에 관한 코페르니쿠스적 구성이 이에 속한다. 그러나 이 견해는 매우 인위적이고, 현상학적 사실은 이런 인위적 조작을 배격한다. 바로 이 점이 셸러가 실증주의를 비판하는 근거이기도 하다.

이와 같이 자연적 사실이나 과학적 사실과 구별되는 현상학적 사실은 우리 체험 속에 소여된 직관적 내용을 가리킨다. 셸러에 의하면 이 직관적 내용에서 '순수사실', '본질', '선천성' 등은 모두 동일한 것이다. 그것은 모두 귀납적 경험에 선행하여 주어지는 '무엇'(Washeit)의 가장 근원적인 특징을 나타내는 말들이지만, 다른 한편으로 칸트적 의미에서 오성의 구성물과도 전혀 다른 것이다. 이와 같이 셸러의 현상학적 방법은 우리 지식이 근거하는 전제비판을 통해 '사실 그 자체'를 지향하려는 것인데, 이런 전제비판이 셸러 지식사회학의 인식론적 토대가 된다.

지식의 사회적인 피제약성: 지식과 사고의 성격에 관한 셸러의 견해

현상학적 사실을 확정지은 다음, 셸러의 학문적 관심은 점차로 지식 일반의 문제를 향하는데, 이와 함께 셸러의 지식사회학도 비로소 그 모습을 드러낸다. 셸러는 먼저 콩트의 3단계 법칙과 마르크스의 상부구

---

11) M. Scheler, "Lehre von den Drei Tatsachen", *Schriften aus dem Nachlaß* Bd. 1, 전집 10권, Bonn, 1986, p.443 참조.

조-하부구조 도식에 대항하여 특정한 세계관과 이론이 생성되고 보급되는 사회적 조건에 관한 일종의 형이상학적 이론을 전개한다. 이로써 사고와 사회의 관계에서 역사적·사회적 조건으로부터 독립적인 정신의 영역을 증명하려는 노력에 의해 셸러의 지식사회학은 주형된다. 이하에서 우리는 먼저 콩트의 3단계 법칙과 관련하여 셸러의 '지식유형론'을 살펴보고, 다음으로 마르크스의 상부구조-하부구조의 도식과 관련하여 셸러의 '사고유형론'을 살펴볼 것이며, 끝으로 '이데올로기와 진리'의 문제에 관해 언급할 것이다.

지식유형론

셸러는 콩트의 3단계 법칙과 대결하면서 자신의 '지식유형론'을 확립한다. 콩트의 3단계 법칙이란 인류의 정신적 진보과정이 최초의 종교(신학)적 단계에서 형이상학적 단계를 거쳐 최종적인 단계로서 실증적 단계에 이른다는 이른바 지식이 역사적으로 발전해온 단계를 말한다. 그러나 셸러에 의하면 이런 콩트류의 지식발전단계설은 유럽 중심의 편협한 시야에 불과한 것이고, 이런 유럽중심주의는 결국 실증적 사고에 입각한 자연과학을 한갓 자연의 인식과 지배를 위한 수단으로 전락시키고 말았다는 것이다. 그리고 바로 이 점에서 셸러는 후설이 제기한 '유럽학문의 위기'를 간파했던 것이다.

콩트의 오류는 종교와 형이상학이 과학이 발달함으로써 점차 해체되고 사멸한다고 본 점이다. 셸러에 의하면 여기서 콩트는 근대 시민사회의 발흥과 더불어 생겨난 인류의 한 작은 집단의 종교적·형이상학적인 현대사적 퇴폐(Dekadenz)——즉 근대 자본주의 시대에 부르주아지들의 퇴폐——를 종교적·형이상학적 정신 일반의 사멸과정으로 오해한 것이다.[12] 이런 오해는 셸러의 입장에서 볼 때 현상학을 몰랐기 때문에 생겨난 불가피한 현상이다. 이에 대해 현상학적 방법에 기초한 셸

---

12) M. Scheler, "Probleme einer Soziologie des Wissens", p.68 참조.

러는 종교적·신학적 인식과 사고, 형이상학적 인식과 사고 및 실증적 인식과 사고는 지식발전의 역사적 단계가 아니라 인간정신의 본질 그 자체와 함께 주어지는 본질적·지속적인 정신태도와 인식의 형태라고 본다.

물론 셸러는 콩트가 지식의 형태를 세 가지 ——종교적 지식, 형이상학적 지식, 실증적 지식 —— 로 구분한 것을 수용한다.[13] 그러나 역사적 발전단계설은 부정한다. 이와 같이 지식의 역사적 발전단계설이 부정됨으로써 종교적 지식과 형이상학적 지식, 실증적 지식은 모두 독립적이고 자율적인 형태로서 존재하게 된다. 그리고 이런 세 가지 지식유형의 배후에는 동기(충동), 지식의 사회적 기능, 이 지식유형에 전형적인 지도적 인물, 이 인물과 관련된 지식의 전달 형태, 사회적 기원 등이 작용하고 있다고 보는데, 바로 이들 지식의 배후요소들에 대한 탐구가 셸러에 있어서 지식사회학의 과제인 것이다(다음의 〈표〉 참조).[14] 이를 요약하면 다음과 같다.

① 먼저 동기의 측면에서 종교는 세계를 조종하는 어떤 신성한 힘, 즉 절대자의 의지에 귀의하려는 충동에 기인한다면, 형이상학은 아리스토텔레스가 말했듯이 '무엇이 존재한다'는 것에 대한 새로운 '경이'에 기인하며, 실증과학은 직업적으로 노동하는 인간의 목표와 목적에 따라 자연과 사회를 조종하려는 욕구에 기인한다.

② 인식행동의 측면에서 종교는 인간정신의 수용적 특수한 행동(신과

13) 셸러는 세 가지 지식형태를 다른 말로 형이상학 또는 구제의 지식, 본질 또는 교양의 지식, 지배 또는 성취의 지식으로 구별한다. 같은 글, 29쪽. 그리고 이에 대한 자세한 설명은 M. Scheler, "Die Formen des Wissens und die Bildung", Philosophische Weltanschauung, in Späte Schriften, 전집 9권, Bern, 1976, p.77 이하 참조.

14) 같은 글, 68쪽 참조. P. Hamilton, Knowledge and Social Structure, An Introduction to the Classical Argument in the Sociology of Knowledge, London: R.K.P., 1974, p.86.

인지양식	동기(충박)	지식습득의 원천과 그 방법	이념형적 지도자	사회형식	사회적 기원
종교	구원을 통한 자기유지	신과의 접촉을 통한 구원	카리스마적 지도자, '신성한 사람', 성직자, 종교인	교회 종파 공동체	계급
형이 상학	세계와 사물에 대한 의심	본질직관을 통한 지혜	현명한 사람, 현자	학교	직업
실증 과학	자연과 사회에 대한 통제 욕구	실험, 연역, 귀납을 통해 만들어지는 수학적 상징의 세계상	연구자-학자	국제적 과학공화국	신분

의 접촉을 통한 구원 행동. 예를 들어 소망, 공포, 사랑, 의지, 인식 등)에 기초하고, 형이상학은 본질인식('본질직관'), 실증과학은 관찰과 실험, 귀납, 연역에 기초한다.

③ 종교의 목표는 인간과 집단의 구원이고, 형이상학의 목표는 지혜를 통한 최고의 인간 형성이며, 실증과학의 목표는 수학적 상징 속에 세계상을 수립하는 것이다.

④ 종교는 자신의 지도적 유형을 '종교인'(homo religious)에서 찾는데, 이런 인간유형은 그의 배타적인 카리스마로 인해 믿음, 추종, 신뢰를 요구한다. 형이상학에서 지도자 유형은 '현자'(der Weise)인데, 현자는 세계의 본질구조에 대한 지식체계를 제공해준다. 실증과학에서 지도자 유형은 '연구자'(Forscher), 즉 학자다. 학자는 세계의 전체 과정을 연구하는 것이 아니라 세계의 한 부분이나 한 측면을 연구한다.

⑤ 종교인에 상응하는 사회적 범위는 교회, 종파, 교단이고, 현자에 상응하는 것은 고대적 의미의 학교(즉 학파. 예를 들어 피타고라스 학파 등)이며, 연구자에 상응하는 것은 연구조직(예를 들어 대학, 연구소, 아카데미, 학회 등)을 갖고 있는 국제적 과학공화국

(wissenschaftlichen Republik)이다.

⑥ 종교로부터 사회적 '계급'이 유래하고, 형이상학으로부터 '직업'이, 실증과학으로부터 '신분'이 유래한다.

셸러는 지식의 유형을 설명할 때도 실증주의에 대한 비판의 고삐를 놓지 않는데, 그 이유는 당시 유럽학문의 위기와 관련하여 그의 지식사회학에서 무엇보다 중요했던 것은 모든 지식의 최고 규범으로서 통용되고 있는 실증주의의 지배적 지위를 타파하는 것이었기 때문이다. 셸러는 실증주의적 방법과 현대과학에 대해 단지 서구사회가 취득한 극히 중요한 획득물임을 인정할 따름이다.[15] 다시 말하면 셸러에게 과학이란 기술합리적인 (실증적) 방법에 의해 자연과 사회를 통제하는 수단을 창조하는 데 관심을 가진 근대 자본주의 사회에서 부르주아지 계층의 계급적 산물인 것이다.[16]

사고유형론

셸러는 지식의 유형에 따른 사회적 기원을 계급, 직업, 신분으로 정리한다. 이들 계급, 직업, 신분은 다시금 역사적 · 사회적으로 형성된 무의식적인 집단 편견적 프리즘을 통해 세계를 지각하고 평가하게 되는데,

---

15) 이런 셸러의 생각은 자연지배를 향해 정위된 서구의 실증과학적 사고에 대항하여 '영혼기술'(Seelentechnik)을 지향하는 동양의 형이상학과 종교에 높은 가치를 두고 있으면서 궁극적으로는 서양의 실증과학과 동양의 영혼기술 사이의 조화를 요구하는 것으로 정리된다. 이런 유럽과 아시아의 조화는 근본적으로 유럽 중심의 편협한 실증주의 지식을 지양시켜 장엄한 하나의 문화적 종합(예를 들어 디오니소스적인 것과 아폴론적인 것의 종합)을 이룰 것으로 기대한다. 바로 이 거대한 문화적 종합에서 셸러는 명실상부한 본질적으로 가능한 '전인'(全人, Allmensch)이 탄생할 것이라고 생각한다. M. Scheler, "Die Formen des Wissens und die Bildung", p.146; M. Scheler, "Erkenntnis und Arbeit", *Die Wissensformen und die Gesellschaft*, 3판, 전집 8권, Bern, 1980, p.210 참조.
16) P. Hamilton, 앞의 책, 75쪽 참조.

이때 편견 그 자체는 정당화 이데올로기로서 의식적으로 제시되는 경향이 있다. 이런 정당화 이데올로기에 의해 근대 자본주의 사회에서 사회집단은 필연적으로 상부구조와 하부구조라는 두 계급으로 분화된다.[17) 물론 이 구분은 마르크스가 처음 한 것이지만, 셸러는 이 두 계급——즉 상층계급과 하층계급——의 '이해관심의 전망'(Interestsperspektive)을 그 법칙성의 측면에서 파악함으로써 지식사회학이 각 계급 성원에게 편견에 경도된 이해관심을 극복할 수 있는 실천적 · 교육적 가치를 부여할 수 있다고 생각한다. 상층계급과 하층계급의 전형적인 사고경향을 셸러는 다음과 같이 정리한다.[18)

① 시간의식의 가치전망주의＝하층계급, 가치회고주의＝상층계급
② 형성고찰＝하층계급, 존재고찰＝상층계급
③ 기계론적 세계관＝하층계급, 목적론적 세계관＝상층계급
④ 실재론(현저한 '저항'으로서 세계)＝하층계급, 관념론(현저한 '이념의 왕국'으로서 세계)＝상층계급
⑤ 유물론＝하층계급, 유심론＝상층계급
⑥ 귀납, 경험론＝하층계급, 아프리오리한 지식, 합리론＝상층계급
⑦ 실용주의＝하층계급, 주지주의＝상층계급
⑧ 미래에 대한 낙관주의, 과거에 대한 비관적 회고주의＝하층계급, 미래에 대한 비관주의, 과거에 대한 낙관적 회고주의('고대의 황금시기')＝상층계급
⑨ 모순을 발견하는 '변증법적' 사고양식＝하층계급, 동일성을 추구하는 사고양식＝상층계급
⑩ 환경결정론＝하층계급, 생득주의적 사고＝상층계급

---

17) 이 구분은 셸러에 의하면 방법적인 것이 아니라 '존재론적'인 것이다. M. Scheler, "Probleme einer Soziologie des Wissens", p.20.
18) 같은 글, p.171.

이 구별은 셸러에 의하면 계급적으로 제약된 잠재의식적인 경향을 나타낸 것이고, 한 계급이 지닌 '편견'이 아니라 편견을 형성하는 작용의 형식적 법칙을 나타낸 것인데, 이 점이 중요하다. 이를 셸러는 '사회학적 우상론'이라 불렀다.[19] 그것은——외부지각에 관한 베이컨의 우상론과 달리——사고와 직관, 가치평가를 그 대상으로 삼는 내부지각에 관한 우상론을 말한다. 이와 같이 사회적으로 규정된 우상은 그 성원에게 일반적으로 주어지는 대상에 관한 형식으로 계급 내부에서 전통적으로 계승되어온 것이며, 그런 한에서 세계 그 자체를 제공하는 각종 형식의 신념들을 이루고 있다. 그런데 특이한 점은 상층계급과 하층계급이 모두 대립적인 방향에서 세계를 관조하고 사고하는 경향을 갖고 있다는 점이다. 그 이유를 셸러는 다음과 같이 설명한다.

1. 하층계급은 언제나 과거의 역사를 탄핵하고 비난하는 경향을 띠는데, 그 이유는 역사야말로 그들을 지금 위치에 처하게 해준 장본인이라고 보기 때문이다. 이에 반해 상층계급은 늘 감사하고 공경하는 마음으로 과거를 조망한다. 그런 까닭에 그들은 결코 인류역사가 유죄인 것으로 생각할 수 없다. 그러나 하층계급은 '문화'에 대해 그 기원을 자연주의적인 충동요인에 귀착시켜버리고, 최고선을 미래의 영역으로 이행시켜버린다. 예를 들어 신앙심 깊은 시대에는 신의 기적에 따라 생겨나는 것을 간절하게 기다려온 것이 최고선이며(종말론), 이상적 사회주의자들(utopischen Sozialisten)은 최고선을 '당위'의 과제라고 생각하고, 마르크스주의 사회주의자들은 계급 없는 사회를 목표로 하는 '자유를 향한 비약'이 곧 최고선이라고 직관한다.[20] 이에 반해 상층계급은 미래에 대해 항상 불

---

19) 같은 글, 172쪽.
20) 마르크스주의는 바로 고대 유대교의 메시아주의를 합리화한 형태이고, 신의 영역에 대한 희망을 세속화시킨 것에 불과하다는 점에서 하층계급에 전형적인 이데올로기라고 하겠다. 같은 글, 171쪽 이하 참조.

안에 가득 찬 시선을 보낸다. 왜냐하면 상층계급은 현실 속에서 늘 하층계급에 의해 위협받고 있다고 느끼기 때문이다.

2. 역사를 보는 시각에서도 하층계급과 상층계급은 차이를 보이는데, 하층계급이 생성을 고찰하는 반면에, 상층계급은 존재를 고찰하는 경향이 있다. 즉 하층계급은 언제나 새롭게 생성되는 것을 쫓아가고, 상층계급은 역사상의 모든 시점에서 비교적 안정된 것을 추구한다는 것이다. 이런 경향의 차이는 하층계급이 역사과정을 활발한 힘의 상호 '변증법적인' 반발관계에서 이끌어냄으로써 '끊임없는 생성의 흐름' 속에 다시금 침전된 것을 역사로 보는 반면에, 상층계급에게 역사과정은 고정된 '과거의 왕국'이라는 구조로 되어 있고, 이들은 역사를 마치 '위인과 영웅의 기념관'처럼 생각한다.

3. 기계적으로 '왜'라고 묻는 것은 사물을 적극적으로 분해하고 작동시켜 재합성하려는 경향이 있다. 왜냐하면 이유를 구하려는 욕구는 변화 그 자체를 문제삼는 경우에 '추론'의 직접적·부정적인 평가에서 더 많이 일어난다고 보기 때문이다. 이에 대해 목적론적 고찰과 '의미 충만한' 세계의 인상은 모두 '좋다'고 판단되는 변화를 통해 생겨난다고 보고, 이런 변화에는 우리가 관여할 필요도 없고, 그 운동인(運動因)에 대해서도 '왜'라고 묻지 않는다는 것이다. 이런 기계론과 목적론의 두 범주는 모두 인간행위를 통해 체험된 것이고, 다음으로 자연으로 전용(轉用)된 것인데, 이것을 조금 과장해서 말하면, 명령하는 사람〔상층계급〕에게 범주는 모든 행위 속에 들어 있는 목표이념으로서 나타나지만, 명령에 따르는 사람〔하층계급〕에게 범주는 같은 행위 속에 담겨 있더라도 본능적 충격충동(또는 '추진력')으로 나타난다는 것이다. 예를 들어 상층계급은 언제나 소여된 사회 상태를 안정되고 유의미하며 목적론적이고 객관적인 세계질서의 소산으로서 체험한다. 이에 대해 하층계급이 실재론적인 사고양식에 애착을 느낀다. 왜냐하면 모든 실재성의 체험은 의욕과 관심의 활동에 대한 저항의 체험에 기인하기 때문이다.

이런 하층계급과 상층계급의 차이는 다른 대립 항에 대해서도 마찬가지로 논증할 수 있을 것이지만, 셸러는 이것만으로도 '이해관심의 전망주의'를 확립하는 데 충분하다고 본다. 이로써 셸러는 더 이상 에토스의 각 대립 항을 언급하는 대신, 마르크스의 경제주의가 봉착하는 물신화와 유물론에 대한 비판으로 눈을 돌린다. 즉 셸러는 이해관심의 전망주의가 물신화될 때 과학도 계급 상대주의를 벗어나지 못한다고 본다. 그리하여 마르크스의 경우에 '부르주아지' 과학과 '프롤레타리아' 과학을 각기 특수한 논리를 가지고 정초하려는 난센스가 생겨난 것이다.[21] 이 난센스로부터 마르크스는 "사회적 존재가 필연적으로 의식의 형태를 규정한다"는 근본적인 오류에 빠지고 만 것이지만, 셸러에 의하면 이런 계급적으로 제약된 사고양식은 근대 (독점) 자본주의의 '이익사회'라는 상황에서 취해진 것이지, 결코 마르크스가 생각한 것처럼 역사의 발전 단계에 따라 진행되어온 것이 아니라는 것이다.

이를 발판으로 하여 셸러는 유물론 비판으로 나아간다. 즉 근대 (독점) 자본주의적 상황에서 마르크스의 경제주의는 옳다. 그러나 마르크스의 경제주의는 다음과 같은 경우에 오류를 범하고 만다. 즉 첫째로 계급적으로 제약된 우상의 체계들을 사물의 존재 형식 및 생성 형식과 동일시할 때, 둘째로 사상적으로 타당한 사고와 직관, 평가의 형식과 동치시키고, 계급적 이해관심이라는 범주적 전망주의와의 유추를 통해 평가할 때, 셋째로 경제주의를 '필연적인' 사고경향과 직관의 동인으로 생각할 뿐만 아니라 계급에 속하는 모든 개인의 인식적 정신활동이 반드시 이런 경향과 동인에 따라야만 한다는 주장을 인과적 필연이라고 생각할 때 오류가 생겨난다. 이런 사고양식은 셸러에 의하면 원리적으로 극복 가능한 것이다. 즉 그것은 사회학적 우상론에 의해 그 사회학적 법칙성이 인식됨으로써 비로소 가능한 것인데, 바로 이 점에서 셸러는 이른바 지식사회학의 실천적 · 교육적 가치를 찾는다.[22]

---

21) 같은 글, 175쪽.

이데올로기와 진리

셸러의 지식사회학은 우리의 사고가 계급적으로 구속되어 있음을 간파하고, 이런 계급편견과 계급이데올로기는 원칙적으로 극복될 수 있음을 역설한다. 그렇다고 하여 이데올로기적으로 드러나는 계급 구속적 사고를 우리는 '비진리'라고 섣불리 속단해서는 안 된다. 여기서 비진리란 일종의 '허위의식'을 말하는데, 이런 허위의식은 셸러에 의하면 거대한 형이상학적 도식을 간과함으로써 생겨난 것이다. 이에 반해 셸러에게 진리란 구체적인 역사 속에 나타난 인간의 실천에 의해 산출되는 것이 아니라 다양한 사회집단들과 계급들이 몫을 나누어 가지는 영원한 객관적 '로고스'(Logos)를 말한다. 이 로고스는 역사 초월적인 하나의 원리다. 다시 말하면 세계 그 자체는 상이한 계급——상층계급과 하층계급——에게 '상이한 종류의 형식적 각인'을 자신의 모습으로 보여준다. 따라서 각 계급의 보편적 이해관심의 전망주의는 다양한 전망들이 다만 부분적인 진리를 지니고 있음을 확인해주는 데 지나지 않는다.

셸러에 있어서 영원한 객관적 로고스와 계급 전망적 사고, 진리와 이데올로기의 관계는 전체와 부분의 관계와 같다. 그런데도 부분적 진리인 이데올로기를 실체화할 때, 여기서 사고는 필연적으로 '허위'의 사고, 즉 허위의식으로 나아가게 된다. 셸러는 마르크스주의를 피억압자 이데올로기의 한 형태로 파악한다. 그렇다고 하여 마르크스주의가 '허위'인 것은 아니다. 오히려 셸러는 마르크스주의가 (근대 자본주의 사회에서) '사고의 계급적 피제약성'에 대한 탁월한 통찰을 한 것으로 높이 평가한다. 다만 마르크스의 교리가 허위로 되는 것은 계급의 이해이데올로기와 마찬가지로 그것이 하나의 세계관 지식으로 실체화되고, 이 실체화가 '본질지식'을 대신할 때 생겨나기 때문이다.

바로 여기에 이데올로기 비판으로서 지식사회학의 의의가 있고, 지식

---

22) 이러한 점에서 셸러는 지식사회학을 특히 '계급의 지식사회학'(Wissenssoziologie der Klassen)이라 부른다. 같은 글, 173쪽.

사회학은 특정한 이념의 진리 또는 허위에 관해 결정을 내릴 수 있는 보편적 기준을 필요로 한다. 그것이 다름 아닌 '이념요인'(Idealfaktoren)과 '실질요인'(Realfaktoren)이다. 이념요인이란 역사적 · 사회학적인 실질요인과 독립적인 가치영역과 정신영역이 존재한다는 것을 말한다. 또한 실질요인으로서 셸러는 혈연, 권력, 경제 등 세 가지 '충동'을 든다.[23] 이와 같이 셸러가 이념요인과 실질요인이라는 두 영역의 존재론적 이원론에 지식사회학을 정위한 것은 마르크스의 상부구조-하부구조의 도식에 존재론적 위엄을 부여하기 위한 것으로 보인다.

그런데 여기에 하나의 문제가 있다. 그것은 다름 아닌 "서로 독립적이고 이질적인 이념요인과 실질요인이 어떻게 상호 작용하느냐?" 하는 물음이다. 이 물음에 대한 전통적인 철학적 대답은 관념론과 유물론이다. 그러나 순수정신적인 것으로부터 물질적인 것을 추론(연역)하는 관념론이나, 순수 물질적 · 경제적인 것으로부터 정신적인 것을 추론(귀납)하는 유물론은 그 자체 편협한 대답일 수밖에 없다는 것이 셸러의 생각이다. 셸러에 의하면 인간의 행동은 "정신적인 동시에 본능적이다."

그런 만큼 셸러의 지식사회학은 마르크스의 상부구조-하부구조의 도식에서 출발하지만, 경제적 결정론의 견해에 서 있는 마르크스의 '경제주의'에 대항하여 정신과 자연(충동)의 관계에 대한 엄밀한 재규정을 역설한다. 즉 인간에 있어서 정신과 자연은 셸러에 의하면 원리적으로 분리되어 있으며, 어느 한쪽이 다른 쪽으로 환원되어도 안 되고, 다른 쪽의 표현이나 유출로 간주되어도 안 된다는 것이다. 이러한 셸러의 입장은 전통적인 관념론과 유물론의 견해 및 이로부터 파생되는 의식과 존재의 관계에 대해 중립적인 태도를 취한다고 볼 수 있는데, 이것은 어떻게 가능한가? 이에 대한 대답으로서 셸러는 "충동의 의미맹목성과 정

---

23) 같은 글, 17쪽. 이에 따르면 위에서 말한 계급 구속적 사고의 일면적 실체화란 실질요인에 의해 제약되고 있는 사고를 보편적인 이념요인에 의해 일방적으로 설명하려 할 때 생겨나는 것이며, 또한 사실에 부합하는 객관적으로 타당한 사고를 가치평가의 형태와 동일시할 때 생겨나는 것이다.

신의 무력성"이라는 공리를 제시한다.[24] 이 공리는 실제로 독일 지식사회학의 중심적 모티프가 되었지만, 동시에 셸러의 '철학적 인간학'의 핵심이기도 하다.

지식사회학의 종착지로서 철학적 인간학

지식의 사회적 피제약성 분석에서 출발한 셸러의 지식사회학은 존재론적으로 구분된 두 영역——이념요인과 실질요인——이 역사 속에서 보여주는 협동을 인과적으로 분석하는 데 이르러 마침내 완성된다. 셸러에 의하면 인간의 역사는 영원한 정신(즉 이념요인)과 의미맹목적인 생물학적으로 구조화된 충동(즉 실질요인) 사이의 상호작용의 산물이다. 이 상호작용은 어떻게 일어나는가?

먼저 셸러는 실질요인(즉 혈연, 권력, 경제)이 정신사에 미친 영향을 분석하는 것에서 출발한다. 이 분석은 문화발전을 설명하는 종래의 지배적인 시각, 즉 인종생득주의, 정치주의, 경제주의를 상대화하는 것으로 나아간다. 왜냐하면 이들 각 견해는 모두 위에서 언급했듯이 하나의 충동을 유일한 결정요인으로 삼는 실체화의 오류를 범하고 있기 때문이다. 이에 대해 셸러는 세 요인이 역사적으로 불변한 것이 아니라 발전의 도식 위에서 서로 상이한 작용적 우위를 나타낸다고 본다. 이로써 문명성장의 세 단계가 확정된다.[25]

① 혈연관계가 사건의 독립변수를 이루고 집단의 조직형태를 결정하는 단계
② 정치적 권력의 요인들이 국가의 효력에 관련된 활동을 지향하는 단계

---

24) 같은 글, 21~22쪽.
25) 같은 글, 44~45쪽.

③ 경제가 인과적으로 우월성을 갖고 있으며, 경제적 요인이 '정신의 수문'을 열고 닫는다는 의미에서 실제적인 사건을 결정하는 단계

　이 단계들은 마르크스의 경제주의적 분석이 ──경제적 충동이 봉건 사회의 권력의지를 대신한 근대적 특성에 비춰볼 때── 정당한 것임을 보여준다. 그러나 역사적 유물론의 경제주의적 역사해석은 셸러에 의하면 오직 근대 독점자본주의 상황에서만 통용된다. 그런데도 역사적 유물론이 역사적 일반성을 주장하는 것은 잘못이다. 역사적 유물론이 잘못이라 하여 셸러는 사회적 존재에 대한 정신적인 것의 자율성에 대한 믿음에 근거하는 종래의 관념론으로 되돌아갈 수도 없는 노릇이다. 왜냐하면 역사적 유물론은 이미 '이성의 간지'를 주장하는 헤겔의 관념변증법에 대한 안티테제로서 의의를 갖고 있기 때문이다.
　이와 함께 오늘날 인간의 문화적 성취는 또한 그때마다 주어진 역사적 상황에 연원하며, 이때 진리란 특정한 시간의 진리라고 보는 역사적 사고가 사회학적 분석의 공리로서 자리 잡게 된다. 이를 셸러는 이념이 역사적 현실 속에서 살아남기 위해 사회적 기초를 필요로 하는 동시에 사회집단은 자신들의 성격과 열망을 표현해주는 적합한 이념을 찾는다는 말로 해석한다. 이와 같이 인간의 역사를 구성하는 두 요인을 이념과 존재로 구분한 것은 마르크스의 상부구조-하부구조 도식을 차용한 것이지만, 마르크스가 하부구조를 나타내는 집단들이 자신에게 유용한 이념들을 인식하고 선택할 수 있는 충분한 이성을 지닌 존재로서 전제한 것과 달리, 셸러는 "실질적인 역사의 흐름은 정신적 생산의 의미논리적 요구에 대해 전혀 무관하다"는 말로서 이념과 존재 사이의 선택적 친화성을 배격한다. 실질적인 역사와 정신의 역사가 서로에 대해 전혀 상관이 없고, 이념요인과 실질요인이 내용상으로 서로 하등의 형성력을 가지고 있지 않다면, 그럼에도 불구하고 두 영역이 특정한 역사단계에서 서로 조화를 이루는 것은 무슨 까닭인가?
　이 물음과 관련하여 셸러는 실질요인에는 이념과 관련한 사실연관성

만을 인정하고, 그 타당성연관은 이념 그 자체에 부여한다. 이것은 예를 들어 1592년에 발발한 임진왜란이 그 사실연관에서 보자면 일본이 조선을 침공한 것이지만, 그 타당성연관에서 보자면 임진왜란의 성격을 '도자기전쟁'으로 규정되는 것에서 잘 드러난다. 셸러에 따르면 여기서 이념요인은 사실의 인과관계로서 설명될 수 없는 '엘리트'의 자유의지와 자유행동으로 환원된다.[26] 위에서 우리가 특정한 이념과 가치라고 부른 것도 결국 엘리트의 자유의지와 행동을 가리키는 말인데, 인간의 역사에서 실질요인은 이러한 엘리트의 특정한 이념과 가치가 구체적·역사적 상황에서 어떻게 활성화되는지를 결정한다. 이 점에서 엘리트는 인간역사의 '적극적인 실현요인'이라고 할 수 있고, 또한 이들 엘리트는 역사에서 활성화된 이념들의 효과적인 문화보급을 수행한다고 할 수 있다.

그런데 구체적 역사에서 엘리트의 역할이 강조되고 있는데도 위에서 말한 실질요인의 의미 맹목적 작용에 대한 정신의 무력함이란 무엇을 가리키는가? 셸러에 의하면 그것은 다음과 같다. 즉 이념의 구체적·역사적 운명은 실질요인에 의해 규정되지만, 실질요인 그 자체는 완전히 의미 맹목적으로 발전한다. 정신은 이런 실질사(實質史)에 대해 지체시키거나 촉진시킨다는 의미에서 다만 소극적으로 관여할 따름이다. 그리하여 이념요인과 실질요인은 각기 존재론적으로 독립적인 영역을 구축하고 있고, 각기 자신의 법칙에만 복종하며, 서로에 대해 질적으로 영향을 미칠 수도 없다. 그러나 이 두 요인이 구체적인 역사 속에서 실현되었을 때 정신과 충동은 상호작용이 가능하지만, 어떤 경우에도 정신은 스스로 자신의 내용에 생명을 불어넣을 힘을 가지고 있지 않다. 바로 이 점에서 정신은 무력한 것이다.

이와 같이 정신의 무력함은——관념론과 달리——실질요인의 가치 맹목적 작용에 대해 어떤 식으로든지 형성적 또는 변화적 간섭을 하지

---

26) 같은 글, 39쪽.

않음을 나타낸다. 그렇다고 하여 유물론자들이 주장하듯이 실질사의 변화 가능한 운명이 정신작용의 지적 내용을 결정하지도 않는다. 오히려 구체적 역사 속에서 실질요인은 정신이 현실화되어 출현하는 것을—— 비유적으로 표현하면——(정신의) 갑문(閘門)을 열거나 닫는다는 측면에서 규제할 따름이다.[27] 여기서 정신과 충동(즉 자연의 충동구조)이 관계하는 고도의 메커니즘이 필요하게 된다.

　이런 메커니즘이 실제로 일어나는 장소가 '인간'이라는 점에서 셸러의 지식사회학은 마침내 '철학적 인간학'으로 이행한다. 철학적 인간학이란 지식의 산출자인 '인간' 그 자체에 대한 근원적 통찰을 말하며, 이런 인간학적 문제제기는 셸러 철학 전반을 관통하는 일관된 생각이다. "어떤 의미에서 철학의 모든 중심문제들은 인간이 무엇이며, 인간이 존재 전체와 세계, 신 가운데서 어떤 형이상학적 지위와 위치를 차지하는가라는 물음에 귀착된다."[28] 철학적 인간학의 문제란 다시 말하면 근본적으로 존재 전체 속에서 인간이라는 생물학적 종(種)이 차지하는 형이상학적 위상에 관한 것이고, 여기서 문제의 핵심은 '정신'과 (생물학적) '충동'의 관계에 관한 물음이다. 이것은 근본적으로 지식사회학의 '이념요인'과 '실질요인'의 개념을 정신과 충동의 개념으로 바꿔놓은 것에 다름 아니다.

　셸러의 철학적 인간학은 먼저 '정신'과 '충동'의 개념을 해명하는 것에서 출발한다. 이것은 구조적으로 볼 때 데카르트(R. Descartes)의 '심신이원론'의 구조와 유사한 이원론적 구조를 이룬다. 물론 데카르트와 셸러는 정신의 존재가 외연을 갖지 않는다는 점에서 서로 일치하지만, 데카르트의 정신이 '자족적' 특징을 갖는 반면에, 셸러의 정신은 충동과 조화를 이루지 않는 한에서는 단지 가능성을 지닌 속성일 뿐이며 또한 충동과의 조화를 능동적으로 이끌어가려는 어떤 적극적인 '힘'도

---

27) 같은 글, 40쪽 참조.
28) M. Scheler, "Zur Idee des Menschen," *Vom Umsturz der Werte*, 전집 3권, Bern, 1972, p.273.

지니고 있지 않는 무력한 존재다. 그럼에도 불구하고 정신의 존재가 의의를 가지는 것은 삶의 충동과 더불어 인간존재의 완성(즉 인간됨)에 관계한다는 점 때문이다. 이런 의미에서 정신의 존재는 가장 넓은 의미에서 '생명'(Leben)이라 불리는 모든 것의 바깥에 놓여 있고, 정신이라는 말은 "아마도 이성이라는 개념도 포함하기는 하지만, 관념적인 사고와 동시에 또한 일종의 직관, 즉 근원적인 현상 또는 본질적인 내용에 대한 직관도 포함하고, 나아가 호의, 사랑, 후회, 외경, 정신적 경탄, 지복과 절망, 자유로운 결단과 같은 특정한 부류의 의지적이고 정서적인 작용도 포함하는 말이다."[29]

이와 같이 정신을 생명과 분리시킴으로써 셸러는 '초월'과 '비약'이 가능하다고 말한다.[30] 즉 정신은 초월과 비약에 대한 '작용'(Akt)이고, 그 작용의 중심에 인격(Person)이 존재한다. 인격이란 셸러에 있어서 매우 특수하면서도 중요한 의미를 갖는데, 그것은 인간성의 이념인 동시에 고대 그리스와 중세 그리스도교 신화(神化, Gottwerden)의 핵심이기도 하다. 이런 인격의 개념이 정신의 작용 가운데 실존한다는 것은 정신이 인간의 생명과정을 이념화한다는 것을 말하고, 이러한 의미에

---

29) M. Scheler, *Die Stellung des Mensch in der Kosmos*, p.38.(이을상 옮김, 『우주에 있어서 인간의 위치』, 지만지, 2008, 79쪽.)

30) 여기서 말하는 초월과 비약이란 정신적 존재로서 인간이 그의 신체와 환경의 시·공간적 한계를 넘어설 수 있고, 그것을 넘어서 전진적으로 비약할 수 있는 운동을 말한다. 이로써 인간은 자연과 신 사이에 놓여 있는 '고정된 장소'가 아니라 두 영역 간의 '다리' '이행' 또는 '운동'임을 나타내게 된다. 초월과 비약에서 인간은 모든 자연과 본질적으로 구별되고 모든 삶을 능가하는 한편, 또한 대상을 파악하는 작용으로서 대상 존재의 '여기 지금'(hic et nunc)의 현존재로부터 독립하여 내용의 연관에 관계하는데, 이를 셸러는 '세계개방성'이라 부른다. 즉 세계개방성이란—동물이 그의 환경 속에 몰아적으로 몰입해 있음에 반해—인간의 정신은 동물과 반대로 환경을 저항의 중심체로 파악함으로써 세계를 소유하는 능력을 말한다. 즉 세계개방성은 환경을 세계로 확대시키는 능력이다. 이로부터 또한 인간 정신에 의한 이념화도 가능해진다. 이에 관한 자세한 논의는 이을상, 「막스 셸러에 있어서 인간의 본질과 형이상학의 문제」, 『철학논총』, 제9집, 1993, 79~101쪽 참조.

서 이념화는 하나의 영원한 과제이고, 영원히 빛나는 목표다. 그런데 이념화는 위에서 말한 정신의 '무능력'과 관련하여 하나의 문화적인 내용을 실행할 수 없다. 다시 말하면 셸러에게 이념은 하나의 '결정요인'(Determinationsfaktor)이지 결코 '실행요인'(Realisationsfaktor)이 아니다. 여기서 셸러의 견해가 확연하게 드러나는데, 정신이란 일종의 소극적 능력으로서 '제지(hemmen)하거나 제지하지 않는(enthemmen)' 능력이다. 따라서 실제적인 행동에서 정신의 능력은 셸러에 의하면 언제나 '소극적'(negativ)일 수밖에 없다. 그런 만큼 정신은 순수하면 순수할수록 사회와 역사에 대해 '힘없이' 작용한다.

그렇다면 문화의 결정요인으로서 정신에 대응하는 실행요인은 무엇인가? 그것은 다름 아닌 충동이다. 충동이란——정신이 우주(또는 가능한 모든 세계)의 관념, 근원현상, 가치, 목표들이라면——일종의 (근원적) 물질, 에너지, 적극적 능력, 힘 등을 말한다. 이런 의미에서 충동 그 자체는 정신과 함께 지고(至高)한 존재, 즉 신의 두 속성 가운데 하나다. 이런 기원을 지닌 충동은 그 자체로는 가치중립적이고 어떤 목표도 갖고 있지 않지만, 정신에 실질적인 힘을 실어주어 정신이 의도하는 바를 활성화시킨다. 이와 같이 정신이 의도한 바를 활성화시킨다는 점에서 본다면, 충동은 또한 정신에 의해 제지(non fiat)당하거나 제지당하지 않거나(non non fiat) 하는데, 충동은 실행력만 가지고 있을 뿐이고, 결정력은 정신에게 있다. 여기서 우리는 정신이 부재한 충동 그 자체를 상정할 수 있는데, 셸러에 의하면 정신이 충동을 제지하지 않을 때 그 실재성(Realität)은 최대에 이른다. 이와 같이 충동으로부터 형성되는 실재성에 '생명 그 자체'가 포함됨으로써 생명은 정신에 대비된다. 그리하여 인간에 있어서 정신과 생명이란 동전의 양면과도 같이 불가분적으로 결합되어 있고, 정신과 생명의 이원론이야말로 셸러가 철학적 인간학에서 해결해야 할 문제의 핵심이다.[31]

31) 생명과 정신을 존재론적으로 분리시킴으로써 셸러는 정신의 정체성에 관해 언

정신과 생명의 상호작용에 관해 셸러가 제기하는 문제는 다음과 같다. 즉 그것은 위에서 언급한 것처럼 '무력한 정신이 한 특정한 문화적 시기에 어떻게 나타나는가?' 하는 점이고, 또한 '충동이 맹목적이라면 무력한 정신과의 조화도 순조롭지 않을 것이 아닌가?' 하는 점이다. 사실 이런 문제제기는 이원론이 봉착하는 공통된 문제의식 가운데 하나다. 이에 셸러도 또한 정신과 충동이 서로 활발하게 조화를 이룰 수 있도록 일종의 매개적 역할을 해주는 '사랑'(Liebe)을 요청하게 되고, 이로써 사랑은 인간의 가장 심층적 부분에 놓이게 된다.[32] 이런 사랑의 활동에 대해 셸러는 가치를 발견하는 기능을 부여한다. 이 말의 의미는 셸러의 인식론과 밀접한 관련이 있는데, 셸러는 인간의 '앎'(Wissen)을 단순히 새로운 개념의 취득이라 보지 않고, 모든 (가능한) 사물의 본성에 관계하는 일종의 '존재관계'라고 이해한다.[33] 바로 이런 존재관계를 일깨워주는 것이 사랑의 역할이다. 이로부터 "우리는 어떤 사물을 사랑의 눈으로 바라보아야 한다"는 말이 의미를 지니게 된다. 그뿐만 아니라 사랑은——정신의 이념화 작용과 관련하여——지고한 존재인 신에게까지 확대된다. 그리하여 어떤 지고한 앎의 목표가 (사랑에) 주어지면, 우리는 이를 단순히 수용하는 것이 아니라 앎의 주체 스스로가 다른 존재인 신과 역동적으로 관계하는 일종의 '됨'(Werden)인 것이다.

이로써 인간의 정신은 신과의 수동적 관계에 서는 것이 아니라 나 스스로 "신 속에서 사랑하고 관조하며 생각하고 의지하는 것으로서" 하나

급하지 않을 수 없다. 이와 관련하여 셸러는 인격의 개념을 제시하는데, 셸러에 의하면 인격은 첫째로 어떤 대상화할 수 없고, 둘째로 인간과 동물을 구별하는 본질적 징표가 되며, 셋째로 이로 인해 인간은 전 우주와 본성적으로 동일하고(소우주), 넷째로 인간이 인격으로 나아가는 그 지점에 정신의 핵심적인 측면, 즉 '삶의 정신화'가 놓여 있다는 것이다. 셸러의 인격론에 관한 자세한 논의는 이을상, 『가치와 인격』, 서광사, 1996, 149쪽 이하 참조.

32) 셸러의 사랑에 관한 자세한 논의는 이을상, 「막스 셸러의 사랑의 본질교(本質巧)」, 『철학논총』, 제6집, 1990, 159~185쪽 참조.
33) M. Scheler, "Erkenntnis und Arbeit", p.204.

의 구체적 세계인 대우주와 결합하게 된다.[34] 이로부터 그리스도교의 철저한 '자기희생'에 기초한 아가페적 사랑도 의미를 갖게 된다. 이때 신적인 일에 관여하는 것은 오직 정신 혼자서 가능한 것이 아니고 반드시 충동과의 합일이 있어야만 하는데, 문제는 정신의 활동이 (사랑에 있어서) 신적인 것을 지향한다 하더라도 충동이 이에 동의해주리라는 보장이 있겠느냐는 점이다. 더욱이 무력한 정신이 충동을 강요할 수도 없지 않은가? 이에 셸러는 다시금 사랑이 어떻게 충동을 정신과의 조화로 유도해갈 것인지의 문제에 천착하지 않을 수 없는데, 이것은 사랑을 통해 정신과 충동을 매개하려 한 셸러의 철학적 인간학이 봉착하는 새로운 문제인 셈이고, 이에 대한 대답은 결국 그의 종교철학에서 구해질 수밖에 없다.

그러나 이와 같이 셸러의 철학적 인간학이 새로운 문제에 봉착한다고 하여 그것이 무의미해지는 것은 아니다. 오히려 이런 새로운 문제제기는 셸러의 거대한 철학체계가 지닌 유기적 생명력과 역동성을 말해준다. 셸러의 철학은 영원한 '생성' 속에 있다. 즉 셸러는 현상학적 방법론과 가치론에 대한 관심으로부터 지식사회학의 핵심적 물음에 도달했고, 지식사회학적 물음은 철학적 인간학을 정초하는 토대가 되지만, 철학적 인간학은 다시금 '신 생성'이라는 새로운 종교철학의 물음을 향한 길을 열어준다.

맺음말

지식사회학에 관한 셸러의 견해를 요약하면 다음과 같다. 첫째로 그는 지식 형성의 인식론적 전제에서 불변적인 이성의 절대적 원칙을 부정한다. 이를 바탕으로 칸트 식의 형식주의는 모든 인간에게 타당한 인

---

34) M. Scheler, *Der Formalismus in der Ethik und die Materiale Wertethik*, p.396.(이을상 외 옮김, 『윤리학에 있어서 형식주의와 실질적 가치윤리학』, 서광사, 1998, 473쪽.)

식범주라기보다 유럽적인 사고체계의 기반이라는 점을 규명하려 했다. 둘째로 그는 지식의 이데올로기적 · 주지주의적 · 자연주의적 개념의 특수성을 극복하고 역사에서 지식이 평가되는 과정과 그 다양한 지식의 형태를 찾아내고, 이로써 20세기 초 근대 유럽적 사고의 편협성에 기초한 실증주의에 의해 왜곡되어온 종교와 형이상학적 지식의 존재 의의를 재평가하려 했다. 셋째로 종래의 세계를 인식하는 범주적 형식과 대상을 위한 이론적이고 관조적인 정신적 태도와 대조적인 실질적 · 기술적인 태도가 지식 형성에 미친 영향과 유의성을 파악함으로써 궁극적으로 형이상학적 지식과 공리주의적 지식 간의 종합을 이루고자 했다.

이런 셸러의 노력이 가능했던 것은 원천적으로 현상학이 있었기 때문인데, 현상학은 세계를 '감각적 소여'(sense-data)로 환원시켜 파악하려는 실증주의에 대항하여 현상 속에서 직접적으로 본질을 직관하는 방식이다. 이런 연유로 셸러의 지식사회학은 처음부터 반실증주의적 태도를 취한다. 더욱이 셸러는 칸트의 형식주의 비판을 통해 현상학에 접근했고, 현상학을 다시금 가치파악에 적용했다. 그리하여 그의 현상학적 가치론은 자명한 가치기준을 상실한 역사주의와 같은 가치 상대주의적 지향을 공격하고, 절대적으로 존재하는 가치존재 그 자체의 내용적 파악이 가능하다고 주장한다. 이런 가치절대주의에 기초하는 셸러의 지식사회학은 나아가 근대 자본주의 사회를 '경제결정론'에 의해 설명하려는 마르크스의 경제주의를 그 근원에서 비판한다. 이로써 셸러는 역사적으로 제약된 우리 사고를 유형화하는 데——콩트의 지식발전의 3단계설 비판을 통해 지식의 형태를 유형화한 것과 마찬가지로——성공했다. 이런 그의 방법론적 논리는 '지식과 사회의 관계' '인식의 주관적 · 정신적 과정들' '지식 범주들의 성격 규명'에 이르는 다양한 영역에 적용된다.

그렇다고 하여 셸러의 지식사회학이 전혀 문제가 없는 것은 아니다. 예를 들어 만하임이 셸러의 지식사회학을 '정태적'이라고 비판한 것이라든지, 아도르노가 셸러의 상층계급과 하층계급의 도식이 너무 조잡하고 역사의식을 결여한 것이라[35] 비난한 것은 그만큼 셸러 지식사회학이 현실사회에 적용될 가능성이 낮음을 말해준다. 이런 비판과 비난은 셸러의 학문적 의도가 지식과 사회 간의 경험적 연관성을 논리적으로 파악하려는 것이 아니라 좀더 근원적인 '인간'에 관한 탐구인 철학적 인간학을 개진하기 위한 발판으로 삼았기 때문에 생겨난 것으로 보인다. 위에서 언급했듯이 셸러의 철학은 방법론으로서 현상학과 가치론, 지식사회학, 철학적 인간학, 종교철학을 모두 아우르고 있다. 이런 관심의 다양성을 간파한 머턴(R. Merton)은 "항상 마지막 통찰력을 위해 지적 영감을 발휘해온 (셸러의) 논리전개의 독특성은 그의 지식사회학적 인식체계 전반에 대한 성격 규명에 어려움을 더해준다"고 평가한다.[36]

이런 저간의 평가에도 불구하고 셸러 지식사회학의 의의를 찾는다면, 역사적 사회와 이념적 문화세계를 창조적인 현실 인간 의식의 지평에서 탐구하여 지식의 사회적 속성을 근원적으로 밝혔다는 점을 들 수 있겠다. 이런 셸러의 지식사회학은 1960년대 이후 '현상학적 사회학'의 대두에 기여했는데, 현상학적 사회학은 사회학에서의 계량적 방법이 지닌 한계점이 드러나면서 새롭게 각광받고 있다.

---

35) Th.W. Adorno, 앞의 글, 173쪽.
36) R. Merton, *Social Theory and Social Structure*, New York: Free Press, 1968, p.534.

참고문헌

송호근, 『지식사회학』, 나남, 1990.

오명근, 「장래 지식사회학의 과제」, 『사회학연구』, 제2집, 1984.

이을상, 『가치와 인격』, 서광사, 1996.

──, 「막스 셸러의 사랑의 本質巧」, 『철학논총』, 제6집, 1990.

──, 「막스 셸러에 있어서 인간의 본질과 형이상학의 문제」, 『철학논총』, 제9집, 1993.

전태국, 『지식사회학』, 사회문화연구소 출판부, 2001.

──, 「지식사회학의 방법론적 지향」, 『한국사회학』, 제11집, 1977.

차인석, 『사회인식론』, 민음사, 1987.

허재윤, 『인간이란 무엇인가』, 대구: 이문출판사, 1986.

Th. W. Adorno, "Beitrag zur Ideologienlehre," *Kölner Zeitschrift für Soziologie*, Jahrg. 6, Heft 3/4, 1954/55.

P. Hamilton, *Knowledge and Social Structure, An Introduction to the Classical Argument in the Sociology of Knowledge*, London: R.K.P., 1974.

Ed. Husserl, *Die Krisis der europäischen Wissenschaften und die transzendentale Phänomenologie*, 전집, *Husserliana* VI, Haag, 1962.

K. Lenk, *Ideologie*, Berlin, 1970.

K. Mannheim, *Essays on the Sociology of Knowledge*(London: R.K.P., 1952).

──, *Ideologie und Utopie*(5판), Frankfurt/Main, 1969.

R. Merton, *Social Theory and Social Structure*, New York: Free Press, 1968.

G. Remmling(ed.), *Towards the Sociology of Knowledge*, London: R.K.P., 1974.

M. Scheler, *Die Stellung des Menschen im Kosmos*, Bern, 1978(이을상 옮김, 『우주에 있어서 인간의 위치』, 지만지, 2008).

──, *Der Formalismus in der Ethik und die Materiale Wertethik*(이을

상 외 옮김, 『윤리학에 있어서 형식주의와 실질적 가치윤리학』, 서광
사, 1998).

M. Scheler, "Zur Idee des Menschen," *Vom Umsturz der Werte*, 전집 3권,
Bern, 1972.

──────, "Probleme einer Soziologie des Wissens," *Die Wissensformen
und die Gesellschaft*, 3판, 전집 8권, Bern, 1980.

──────, "Erkenntnis und Arbeit," *Die Wissensformen und die Gesellschaft*,
3판, 전집 8권, Bern, 1980.

──────, "Die Formen des Wissens und die Bildung," *Philosophische
Weltanschauung, in Späte Schriften*, 전집 9권, Bern, 1976.

──────, "Phänomenologie und Erkenntnistheorie," *Schriften aus dem
Nachlaß*, Bd. 1, 전집 10권, Bonn, 1986.

──────, "Lehre von den Drei Tatsachen," *Schriften aus dem Nachlaß*,
Bd. 1, 전집 10권, Bonn, 1986.

H. Spiegelberg, *The Phenomenological Movement* 1, the Hague: M.
Nijhoff, 1960.

W. Stark, *The Sociology of Knowledge*(이면석 옮김, 『지식사회학』, 범한서적
주식회사, 1976).

지식의 형태와 사회 1

지식사회학의 문제들

지식의 형태와 사회 2

인식과 노동
세계인식에서 실용주의적 동기의 가치와 한계에 관한 연구

대학과 시민 단과대학

유고로 남겨진 수고手稿에서 보완

일러두기

1. 이 책은 Max Scheler, *Die Wissensformen und die Gesellschaft*(Ges. Werke, Bd. 8, Bern, 1980), 제3판을 텍스트로 삼았으며, 사회학에서 일반적으로 통용되는 용어 외에 셸러 철학의 특징이 잘 드러나도록 셸러의 다른 저작과 관련하여 번역어를 선택했다. 예를 들어 Vorziehen이라는 단어를 셸러는 가치론과 관련하여 매우 독특한 의미로 사용한다. 일반적으로 '우선'(優先), '선호'(選好)라고 번역되지만, 셸러의 윤리학 관련 저작에서는 '선취'(先取)라고 옮겼다.

2. 본문에서 〔 〕속의 말은 옮긴이가 의미를 명확히 하기 위해 덧붙인 것이다. 전집의 편집자 후기에 편집자인 프링스(Manfred S. Frings) 교수와 셸러의 아내인 마리아 셸러(Maria Scheler)가 추가한 내용을 〔 〕로 처리한다고 밝혔는데, 이 경우에는 옮긴이주에서 밝혔다.

3. 주에는 원주와 편집자주, 옮긴이주가 있는데, 아무 표시가 없는 것은 원주이고, 편집자주와 옮긴이주는 각각 ─편집자와 ─옮긴이주로 표시했다. 전집의 본문 중에는 원주만 들어 있고, 편집자주는 *로 표시하여 부록에 일괄적으로 나타냈으나, 이 책에서는 하단에 원주와 함께 수록했다.

4. 원서에 이탤릭체로 쓴 것은 고딕으로 표기했다.

5. 원서의 단락이 지나치게 길 경우 독자가 읽기에 편하도록 행을 나누었다.

제1판 서문

『지식의 형태와 사회』(*Die Wissensformen und die Gesellschaft*)라는 제목으로 출간된 이 책은 최근 10년 동안 연구해온 나의 사회학적·인식론적 연구성과의 핵심부분을 담고 있다. 하나의 동일한 저작 속에 **지식사회학**의 논문과 그 연장선상에 있는 **인식론적·존재론적** 저작을 동시에 수록함으로써 언뜻 보면 놀라움을 금치 못할 것이다. 여기에는 그럴 만한 의미심장한 이유가 있다. 즉 인간적 지식과 인식의 최고 유형의 **사회적·역사적인** 발전을 **동시에 탐구**하지 않는 인식론적 연구는 공허할 뿐만 아니라 아무런 결실도 맺을 수 없다는 확신이 원칙적으로 나를 그렇게 인도해갔던 것이다. 그러나 인류의 지식이 발전해간다는 발전이론과 사회학의 시도──그 연장선에서 콩도르세(M.J.A. Condorcet)와 콩트(A. Comte)가 처음으로 이에 대한 연구를 시도했다──는 자명하게 자각되는 인식론적인 사실 확신을 이끌어내지 못한다면, 아무 방향도 못 잡고 아무 근거도 없으며〔학문의〕궁극적인 토대마저 상실하고 말 것이 틀림없다. 생성과 발전 속에는 '인간'을 함께 규정하는 가장 형식적인 본질에 따른 인간적 '이성'이 있는 것이 아니라 우리가 통상적으로 인간의 '조직'과 주관적·범주적 장치라고 부르는 것이 존재한다.

이때 발전이란 아마도 성장과 상실을 동시에 의미할 것이다. 대체로 지금까지 기존의 모든 인식론이 탐구해야만 할 불변적인 대상으로서 소박하게 전제해온 '인간적인' 이성의 형식과 이성의 원리가 지닌 절대적·역사적 **불변요소**는 이 책이 표방하는 대표적 견해에 따르면, 하나의 우상(idol)에 불과하다.

이 책에 수록된 두 편의 장편 논문, 「지식사회학의 문제들」과 「인식과 노동: 세계인식에서 실용주의적 동기의 가치와 한계에 관한 연구」는 서로 보완해주는 관계에 있다. 그리고 이 보완관계는 더욱이 두 논문이 ——엄밀한 의미에서 방법론적으로 서로 무관하게 연구되고 서술되어 왔는데도——자유롭고 전혀 강제되지 않은 상태에서 동일한 결과를 향해 수렴(收斂)되어간다는 의미에서 그러하다. 바로 이 '자유로운 수렴' 속에서 '인간적 지식의 형태들'에 대한 결론과 이 인간적 지식의 형태들 속에 들어 있는 인식의 법칙에 관한 결론을 서로 확신하고 검증하면서 저자는 스스로 연구하는 것의 주요가치와 저자의 근본이론이 나타내고자 한 진리에 대한 확신을 갖게 되었다.

이와 같은 수렴은 특히 다음과 같은 의미에서 일어난다. 즉 유럽의 근대 인간이 (순수 이론적이며 사랑하는 마음을 가지고 관조하는 근본 태도와는 정반대로) 실천적·기술적으로 세계를 지배하면서 취해온 태도가 이미 고유한 방식의 출발점을 형성하고 있고, 또한 목표와 세계인식의 범주적 형식을 형성하기 위해 소유했으며 지금도 부분적으로 여전히 소유하고 있는 그런 의미를 정확하게 규정해야 한다는 점을 문제 삼는 곳에서 일어난다. 우리 시대는——이른바 지금까지의 근대역사에서 처음으로——각 민족과 시대가 지닌 지식문화와 인식형태의 비교가능성이 크게 증대되었다는 사실을 통해, 그리고 적지 않게 근대 세계상의 거의 모든 토대가 심각하게 동요되고 있다는 사실 덕분에 인간의 지식과 지식형태의 발전법칙에 관해 새롭게 언급하기 위한 완전히 주체적인 자유와의 충분한 거리를 우리에게 부여한다. 이 새로운 언급은 동시에 철학과 과학에서 우리가 가진 모든 이론적인 세계상을 좀더 발전시키기 위한 미래에 대한 전망을 열어줄 것이며, 이런 전망은 실증주의와 비판주의에 기초한 거의 모든 철학이론과 발전이론의 형식이 우리에게 부여하고 가설적으로 부여해야만 하는 것과는 본질적으로 다른 것이다. 여기서 인간적 지식의 발전에 관한 본래의 포괄적인 이론을 제시한 것은 지금까지 오직 (콩도르세, 콩트, 스펜서에서 마흐, 뒤르켐과 레비-브륄에 이르기까지) 실증주의적 사상권역에 속하는 철학뿐이었다.——이것은 대단한 공적이다. 독일 철학이 특히 칸트에 치우쳐 있었기 때문에 전체적으로 볼 때 이 영역에서는 아무 성과도 거둘 수 없었다.[1] 예를 들어 콩트의 '3단계 법칙'[2]과 관련하여 지금까지 많은 비판적 연구가 행해져 왔지만, 유럽인의 교양형성에 실증주의보다 더 암시적으로 영향을 미친 학설은 없다. 실증주의는 바로 우리 시대에 과학적으로 교양을 갖춘 사람들이 논증을 위해——공개적으로 천명하거나 암묵적으로——사용하는 근본신조다. 바로 이 책에서 이런 실증주의 이론이 지닌 다양한 오해의 근원을 밝힘으로써 실증주의는 단지 혹독하게 논박받는 데 그치는 것이 아니다. 동시에 새롭고 전혀 다른 모습을 형성하는 발전상에 의해 실증주의는 적극적 방식으로 대체된다. 여기서 콩트가 말한 인류의 지식이 지향하는 근본적인 발전방향으로서 나타낸 것은 단지 세계사적인 지식운동의 작은 모퉁이에서 솟아난 하나의 특이한 곁가지에 불과하고, 많은 점에서 퇴행적인 서구적 사고의 곁가지에 지나지 않는다. 〔이 책에서는〕 이런 퇴행적인 곁가지가 생기게 된 원인, 특히 형이상학적으로 이를 인식하기 위한 시도가 이따금 한편으로 실증과학의 그늘 속에 숨어 버리게 된 원인과 다른 한편으로는 교회에서 말하는 부활이라는 그늘

---

1) 오직 카시러(Ernst Cassirer)만이 최근에(1921) 그의 훌륭한 저작 (지금까지 알려진 언어와 신화에 관한) 『상징형식의 철학』(*Philosophie der Symbolischen Formen*)에서 유사한 시도를 하고 있다. 유감스럽게도 나는 그의 저작 중에서 특히 여기서 문제되는 제2부에 관해 늦게 알았기 때문에 이 책에는 활용하지 못했다. 그렇지만 독자들은 많은 본질적인 점에서 카시러의 결론이 (실제적인 철학적 전제는 근본적으로 다른 것임에도) 나의 결론과 일치한다는 점을 알게 될 것이다.

2) 콩트에 따르면 인류의 지식은 3단계에 걸쳐 발전해왔다. 첫째는 신학적·가공적 단계로 준비 단계이고, 둘째는 형이상학적·추상적 단계로 과도기 단계이며, 셋째는 과학적·실증적 단계로 결정적 단계다. 그러나 이러한 발전사상은 콩트에 앞서 튀르고(A.R.J. Turgot)와 생-시몽(Saint-Simon)도 갖고 있었다-옮긴이.

속에 숨어버리게 된 원인에 관해서도 충분히 검토할 것이다.

『지식사회학』은 제1부에서 '역사적 인과요인의 본질과 질서'에 관한 문제를 다룬다. 동시에 이 책은 마르크스의 경제주의(Ökonomismus)를 필두로 한 자연주의적 역사이론과 (헤겔과 콩트의) 이데올로기적 역사관과 과학주의적 역사관의 일면성 및 근본오류를 원리적으로 극복하려는 최초의 적극적인 시도다. 여기서 우리는 역사적·사회적 삶에 관한 정신적·이념적인 결정요인과 충동적·현실적인 작용요인 사이의 공조(Zusammenspiel)방식이 시대적으로 어떻게 변모해왔고, 문화시기에 따라 어떻게 변해왔는가 하는 발전의 근본법칙을 전개하고 있지만, 이 책의 범위 내에서 다뤄질 수 있었던 것보다 훨씬 심오한 토대의 정초가 머지않아 완성될 저자의 『인간학』(특히 노화의 심리학을 다루는 부분)에서 전개될 것이다.[3]

그러나 두 편의 장편 논문은 〔첫째로〕 저자가 이미 발표한 논문과의 관계에서 그리고 저자의 정신적 발전과의 관계에서——이 관계에서 다뤄지는 특수한 대상에 대한 이 논문의 고유한 자기 가치와는 무관하게——엄밀한 방법적이고 형이상학적인 인식과 사고에 대한 출입문을 열어주는 중요한 의미를 지닌다. 이런 사고방식에 자유로운 길을 터주는——동시에 신비주의(Mystik)와 모든 종류의 몽매주의(Obskurantismus), 실증주의에 대항하는——것이 이 책의 주요목표 가운데 하나다. 둘째로 이 책은 저자가 구상하는 형이상학의 서론에 해당한다. 이런 생각은 최근 5년 동안, 특히 저자의 종교적 사상세계가 심각한 동요를 일으키면서[4] 서서히 성숙되고 명료해진 것이다. 바로 이 책에 수록된 두 편의 장

---

3) 이 책에서뿐만 아니라 다른 책에서 여러 번 암시한 『철학적 인간학』을 셸러는 생전에 출간할 수 없었다. 그렇지만 그는 1921년에서 1928년 사이에 쾰른대학교에서 여러 차례 '철학적 인간학'에 관한 강연을 개최한 바 있다. 본문에서 언급한 문제에 관해서는 저자 사후에 발간된 유고집에 잘 나타나 있다. 이 책의 원문 27쪽에 있는 저자 주(이 책, 68쪽 주 20)를 참조-편집자.
4) 셸러는 청년기에 가톨릭으로 개종했다가 1921년에 가톨릭과 결별한다. 이 시기

편 논문을 통해 저자는 한편으로 형이상학적 인식방식과 방법이 역사적으로 '시대에 뒤처진' 인간정신의 단계라고 설명하는 (콩트, 스펜서, 딜타이 등의) 역사적·사회학적 시도를 논박했고, 다른 한편으로 우리의 인식을 이른바 '가능한 경험, 관찰, 측정의 한계' 내에 제한하려는 인식론적 시도를 준열하게 논박했다고 생각한다. 철학적 형이상학 그 자체의 논리학, 인식론 및——가장 중요한——인식의 기술을 여기서는 단지 원리적인 측면에서만 서술하지만, 이 문제에 관해서는 형이상학적 인식의 본질과 가능성까지 배타적으로 논의한 저자의 『형이상학』 제1권에서 별도로 좀더 상세하고 근본적으로 설명하고 있다.[5] 저자의 형이상학은 오직 이 책을 읽은 사람들만이 이해할 것이다. 그 책에는 한때 이 책의 일부로 수록하려 했던 「창시자의 물신화에 대한 사회학」(Soziologie der ding-lichen Vergottung des Stifters)이라는 논문도 포함되어 있는데, 이 논문은 '지식의 형이상학'에서 이미 암시된 몇몇 시사점에 대한 정초다. 그리고 이 논문은 형이상학을 좁게 한정하는 동시에 경직된 계시교회의 주장에 대항하여 형이상학의 생존권을 새롭게 정초하려 한 간접적이고 부차적인 의의도 지니고 있다. 그러나 '창시자(또는 창시자의 가르침, 예를 들어 코란)의 물신화'는 역사 속에서 교회와 교의(敎義)가 형성되는 곳이라면 어디서나 일어나는 일차적인 근본과정이고, 이른바 모든 과정의 제1원인(prima causa)이다. 이 과정은 다시 말하면 서양에서 단지 실증주의적·실용주의적인 노동과학과 성취과학(Leistungswissen-schaft)에 관한 이론과 이들 과학의 일면적이면서도 때로는 거의 배타적일 정도로, 실천보다 훨씬 더 자립적인 형이상학적 인식과 사고를 깊

가 중기의 '가톨릭적·현상학적 시기'에서 후기의 '범신론적·형이상학적 시기'로 철학사상이 전환하는 시기이기도 하며, 두 번이나 이혼을 하고 세 번째 부인과 결혼하는 등 개인적으로나 사상적으로 많은 혼란을 겪었던 시기다—옮긴이.

5) 본문에서 말하는 『형이상학』에 관해서는 위에서 말한 『철학적 인간학』의 경우와 마찬가지로 저자 생전에 출판되지 않았다—편집자.

고 강력하게 파고들어간다. 이 논문은 한 작품에 수록하기에는 분량이 너무 많아 이 책에 수록하지 않았다. 그런 까닭에 이 논문은 다른 기회에 발표할 것이다.[6]

그리하여 여기에 출판된 이 책은 한편으로 저자의 형이상학과 그 시도를 정당화하기 위한 '서론'이며, 그런 한에서 미래를 선취하는 것이다. 다른 한편으로 동일한 문제권역에 속하는 것에 관해 저자가 옛날부터 해온 작업을 명료하게 해설하는 것이다. 저자가 이 책에서 말하는 문제들에 대해 일찍이 말한 것을 알고자 하는 독자들을 위해 다음과 같이 언급해둔다.

1. 강연 「지식의 형식과 교양」(Die Formen des Wissens und die Bildung, Bonn, 1925)은 이 책에 수록된 논문에서도 저자가 서술한 '지식의 종류들'에 관한 이론을 좀더 심도 있게 정초하고 있다. 동시에 이 강연은 이 지식이론을 인간형성의 이념과 과정에 밀접하게 결부시키고, 또한 저자의 인간학과 형이상학에 관해서도 약간 암시적으로 언급해두었다.[7]

2. 논문 「지식의 실증주의적 역사철학에 관하여」(Über die positivistische Geschichtsphilosophie des Wissens) 및 인식사회학의 문제들(콩트의 3단계 법칙)과 「세계관학, 사회학 및 세계관의 정립」(Weltanschauungslehre, Soziologie und Weltanschauungssetzung, 이 두 논문은 모두 『사회학 및 세계관학 논문집』[8]Schriften zur Soziologie und Weltanschauungslehre, 제1권, 라이프치히, 1923에 수록되어 있다)은 지식사회학을 수립하기 위한 예비작업이고, 어떤 점에서는 이 책의 범위 내에서 가능했던 것보다 더 상세한 내용을 다루고 있다.

---

6) 이 책의 136쪽에 발표된 내용 참조—편집자.
7) 이 강연에서 특히 강연을 개최하면서 첨가된 상세한 저자의 주석을 참조할 것. 이 강연은 『철학적 세계관』(Philosophische Weltanschauung)에 다시 발표되어 있다—편집자.
8) 전집, 제6권—옮긴이.

3. 이 책에서 '노동'이 세계인식에 관한 노동의 형성력이 어느 정도인지를 기준으로 연구했다면, 『사회학 및 세계관학 논문집』, 제3권(라이프치히, 1924)[9]은 모든 가치의 나라에서 노동이 차지하는 지위에 주목하여 노동을 자세하게 파악했다(이 점에 관해서는 『가치전도』*Vom Umsturz der Werte*[10]에 수록된 논문, 「도덕의 구축에 있어서 르상티망」Das Ressentiment im Aufbau der Moralen과 「독일증오의 원인들」Die Ursachen des Deutschenhasses을 참조). 이들 논문을 이 책과 함께 수용함으로써 저자가 말하는 '노동철학'의 전체 모습을 잘 파악할 수 있을 것이다.

「지식사회학의 문제들」이라는 제목을 붙인 〔첫 번째〕 논문은 처음에 쾰른 사회과학연구소에서 기획한 논문집 『지식사회학에 대한 시론』(*Versuche zu einer Soziologie des Wissens*, München, 1924)의 서론 부분으로 발표되었다.[11] 이 논문의 별쇄본을 찍는 것이 계약상으로는 허용되지 않았지만, 여러 방면에서 〔별쇄본 인쇄에 대한〕 강렬한 희망이 있어 이 논문을 이 책에 새롭게 수록하게 된 것이다. 새로 수록하면서 전체적으로 꼼꼼히 읽어보고 여러 곳에서 문장을 고쳤을 뿐만 아니라 또한 아주 대폭적으로 (약 3분의 1 정도) 확대·보완했다. 예를 들어 '계급의 논리학'에 관한 이론은 완전히 새롭게 첨가한 것이다.

두 번째 논문 「인식과 노동」은 여기서 처음 발표된 것이다. 이 논문은 저자가 이미 몇 년 전에 했던 약속을 지킨 것이다.[12] 이 논문은 우선 〔첫째로〕 이른바 **실용주의**(Pragmatismus)라는 다양한 형태의 철학적 사고운동 속에 들어 있는 참된 것과 거짓된 것을 엄격하게 구별하려 했다. 여기서 저자는 모든 종류의 실용주의 **철학**에 철저하게 반대할 뿐만 아니라 특히 독일에서 지금까지 발견된 **엄밀과학**에 대해 실용주의가 또한 그

---

9) 현재는 전집, 제10권에 포함되어 있다—옮긴이.
10) 전집, 제3권—옮긴이.
11) 제2판 편집자 후기 참조—편집자.
12) 제2판 편집자 후기 참조—편집자.

방법론적인 의미에서 일면적이고 경솔하게 거부해온 모든 것에도 반대한다. 둘째로 이 논문은 기계적 **자연론**에 대한 실제로 가능한 모든 **철학적인 해석**에 대한 상세한 이론을 제시하고, 이런 자연철학의 중심문제에 관해 아주 균형 있는 결정을 내린다. **자연인식의 종류**에 관한 부분은 또한 형이상학의 인식이론에서도 중요한 의미를 지닌다. 셋째로 이 논문은 **지각의 철학과 상상활동 및 실재성 체험의 철학을 정초**하는데, 이것은 또한 형이상학의 인식이론에서도 결정적인 의미를 갖는다. 저자가 이 부분에서 제시하는 것은 다름 아닌 철학의 근본문제에 대해 매우 성과가 있었던 최근 독일 실험심리학의 광범한 지반 위에서만 찾아볼 수 있는 것이다. 이 점에 관해 독자들도 머지않아 곧 알 것이다. 유감스럽게도 저자는 지각과 실재성 체험의 철학에서 매우 중요한 업적을 남긴 카츠(David Katz)의 『촉각세계의 구조』(*Der Aufbau der Tastwelt*, Leipzig, 1925)를 충분히 언급할 수 없었다. 머지않아 많은 독자들은 의학에 종사하는 저자의 친구들이 참신하게 떠올리는 정신병리학에서 이룬 업적과 저자를 하나로 묶어주는 돈독한 끈에 관해서도 알게 될 것이다.

세 번째 논문, 「대학과 시민 단과대학」은 최근 폰 비제(L. von Wiese)가 편집하고 쾰른의 사회과학연구소가 간행한 총서 『시민교육제도의 사회학』(*Soziologie des Volksbildungswesens*, München, 1921)에 처음 게재된 것이다. 이 논문을 (개정하여) 이 책에 수록한 이유는 우리 독일의 교육제도 형성에 관해 이 논문이 담고 있는 요구가 여기서 제기하는 지식형태 이론과 지식형태의 사회학을 배경으로 해서 볼 때 비로소 그 진가를 발휘하며, 좀더 심오한 토대를 갖게 될 것이기 때문이다.

1925년 11월, 쾰른에서
막스 셸러

지식사회학의 문제들

"어느 정도 호기심이 도야된 것이 바로 지식욕이며,
지식욕은 이미 알고 있는 것을 스스로 지향할 수 있다.
이 지식욕에서 비로소 욕정과 충동이 생겨 나오는데,
지식욕은 좀더 높은 지식의 양태와 결합해 있고
또한 이 충동을 정신적인 가공의 형식으로 나타낸다."

I. 문화사회학의 본질과 개념

문화사회학과 실질사회학, 이념적인 요인 및 실질적인
요인을 작동시키기 위한 질서법칙

아래의 서술에서 나는 다음과 같은 특정한 목표를 추구한다. 그것은
문화사회학(Kultursoziologie)의 일부로서 지식사회학의 통일성을 분명히
하려는 것이며, 특히 이 학문의 문제들을 체계적으로 전개하려는 것이
다. 물론 아래의 논술이 이런 문제들을 궁극적으로 해결해줄 것이라고
주장하는 것은 아니다. 그러나 저자가 볼 때 해결의 실마리를 보여준다
고 생각되는 방향과 방도에 대해서는 상세하게 논의할 것이다. 아래의
논술은 하나의 광시곡(Rhapsodie) 속에서, 즉 부분적으로는 과학에 의
해 완전하게 파악되지만, 부분적으로는 반쯤만 파악되거나 예감될 뿐인
현존하는 문제들의 무질서한 집합 속에서 어떻게 과학이 모든 지식의
사회적 본성에 관한 기초적인 사실을 정립하고, 또한 지식을 보존하고
계승하며 방법적으로 확대하고 촉진하는 것에 관한 기초적인 사실을 정
립하는지 체계적으로 통일해보고자 한다. 이런 노력 속에서 지식의 기
원 및 타당성이론(인식론과 논리학)에 대한 지식사회학의 관계와 동물
에서 인간으로, 어린아이에게서 어른으로, 원시인에서 문명인으로, 성
숙한 문화의 어떤 한 단계에서 다른 단계로 발전해가는 지식의 발달·
생성적 고찰 및 발달심리학적 고찰에 대한 지식사회학의 관계, 다시 말
하면 발달심리학과 모든 종류의 지식에 대한 실증적 역사, 지식의 형이

상학, 문화사회학의 다른 부분들(종교사회학, 예술사회학, 법률사회학 등), 실질사회학(혈연, 권력, 경제집단과 그 '구조'의 변천에 관한 사회학)에 대한 지식사회학의 관계를 우리는 반드시 언급해야만 할 것이다.

일반적으로 '사회학'이라는 상위개념을 확정지어주는 것에는 다음과 같은 두 개의 특징이 있다. 첫째로 이 학문은 시간(역사)의 내부에서 개별적인 사실과 사건에 관계하는 것이 아니라 규칙, 유형(평균적인 이념형과 논리적 이념형) 그리고 어디서나 가능한 법칙에 관계한다. 둘째로 이 학문은 (특히) 인간적이며 객관적이고 주관적인 삶의 내용이라고 일컬어지는 것을 전체적으로 분석하고, 시간적으로 연속하는 동시적인 결합형식과 관계형식을 통해 그 사실적 피결정성(Determiniertheit)을 인과적·기술적으로 탐구하는 것이지, '규범적'이거나 이상적으로 존재해야만 하는 피결정성을 탐구하는 것이 아니다. 이때 결합형식과 관계형식은 인간들 사이에서 체험하고, 의욕하고, 행위하고, 이해하며, 작용과 반작용하는 것 속에 있을 뿐만 아니라 객관적·현실적·인과적 방식, 다시 말하면 어떤 방식으로든 관여하는 인간의 '무엇에 관한 의식'에 빠질 필요가 없는 방식 속에 있다.[1]

여기서 자세하게 정초하지 않고 다만 언급할 뿐인 사회학의 가장 중요한 분류법은 다음과 같은 관점에 따라 정리된다. 1. 본질 고찰과 우연적인 사실의 연구, 즉 순수 아프리오리(apriori)한 사회학[2]과 경험적·귀

---

1) 따라서 사회학을 이해가능한 주관적·객관적인 '의미내용'(=객관적 정신)에 한정하는 막스 베버류의 사고를 우리는 배척한다. 누군가 어떤 특권신분에 속하거나 피억압층에 속하기 '때문에' 또는 그가 프로이센의 관료이거나 중국의 하층민(Kuli)이기 때문에, 그가 이러저러한 인종의 혼혈이거나 아니기 때문에, 신적인 것에 관해 또는 자기 민족의 역사과정에 관해, 아니면 천체의 구성에 관해 어떤 확신을 품는다고 하더라도 그 자신이나 다른 누군가가 이런 〔인과적〕 사실을 '알고 있을' 필요도 없고, '예감할' 필요도 없는 것이다. 확실히 모든 인간의 가능한 '의식'과 '지식', 그리고 이해와 체험의 한계를 정위(定位)하는 것은 인간의 존재(물론 이 존재가 마르크스가 등치시킨 것처럼 오직 경제적 '물질적'인 것만을 의미하지는 않는다)라는 마르크스의 명제는 궁극적으로 우리에게도 전적으로 타당한 것이다.

납적인 사회학. 2. 인간과 집단 사이의 결합과 관계를 공시적(共時的)으로 받아들이는 연구와 통시적(通時的)으로 받아들이는 연구, 즉 정학(Statik)과 동학(Dynamik, 콩트). 동학은 객관적으로 생각되는 목적·가치·규범에 대한 고찰을 배제한다는 점에서, 따라서 엄밀하게 인과적이고 (인위적으로) 몰가치적인 입장에 서 있다는 점에서 모든 역사철학과 구분된다.──물론 동학이 심적·역사적인 인과요인으로서 가치평가와 이상적인 것 등을 끌어들이는 것을 배제하는 것은 아니다. 3. 주로(vorwiegend) 정신적으로 제약되고 있으며, 정신적 목표, 즉 '이상적인'목표를 향한 인간의 존재, 행위, 가치판단과 태도에 관한 연구와 주로 충동(번식욕구, 식욕, 권력욕)에 의해 결정되며 동시에 실질적인 현실의 변경을 지향하는 행위, 가치판단, 태도를 그 사회적 피결정성에 따라 연구하는 것.

이 '주로'라는 말──왜냐하면 한 인간이 행하는 현실적인 활동은 모두 정신적인 동시에 충동적이기 때문이다──과 좀더 엄밀하게 말하면 이상적이거나 현실적인 것을 결정적으로 향하는 목표지향이야말로 우리가 문화사회학과 실질사회학을 구별하는 기준이다. 실험 물리학자·화가·음악가는 각자 실험하고, 그림을 그리며, 연주하고 작곡하는 것을 통해 현실을 변경시킨다. 그러나 이들은 오직 이상적인 목표에 도달하는 한에서만, 예를 들어 자연에 관한 참된 지식을 발견하고, 예술적으로 가치 있는 의미내용을 자기 스스로 직관하고 향유하거나 다른 사람의 직관과 향유에 맡기고 있는 한에서만 현실을 변경시킨다. 다른 한편으로 경영자도, 자질 면에서 가장 열등한 단순 공장노동자도, 일반적으로 생산하고 소비하는 존재로서 인간도, 현실의 변경을 궁극목표로 삼는

---

2) 우리의 순수 사회학의 주요부분인 인간적 조직의 본질적인 형식에 관한 이론은 『윤리학에 있어서 형식주의와 실질적 가치 윤리학』(*Der Formalismus in der Ethik und die materiale Wertethik*, Bern, 1976, 제4판) Ⅵ을 참조(이 책의 한국어판은 이을상 외 옮김, 서광사, 1997을 참조. 이하에서는 『형식주의』로 약칭함─옮긴이).

노동자(예를 들어 지식인, 과학기술자와 구별되는 노련한 기술자)도, 정치지도자도, 선거에서 한 표를 행사하는 유권자도 모두 충분히 준비해온 특별히 정신적인 활동과 이상적인 것을 지향하는 활동에 관계한다. 그러나 그 활동은 다만 현실의 목표를 위해 행해지는 것이고, 현실을 변경시키는 데 영향을 주기 위해 행해질 따름이다. 활동목표는 한편으로는 이상 세계에서 완성되고, 다른 한편으로는 현실 세계에서 끝난다. 이를테면 식욕에 대해 고려하지 않고 경제를 규정하고, 권력충동에 대해 생각하지 않고 국가 및 국가와 유사한 조직체를 규정하며, 성충동에 대해 고려하지 않고 결혼을 규정하는 모든 이론을 우리는 어리석은 유심론(Spiritualismus)으로 배척한다. 경제 그 자체가 식욕 및 가족부양과 무관하다고 주장하는 것은 난센스다. 물론 출판업자도 있고, 미술상도 있다. 우리는 책이나 꽃을 사고팔 수 있다. 동물도 식욕을 지니고 있으며 경제 없이 자신의 생계를 꾸린다고 생각할 수도 있다.

그런 식으로 본다면, 따라서 경제도 예술, 철학, 과학 등과 똑같은 의미에서 정신적인 것이고 합리적으로 규정되며, 목표에 따라 결정될 것이다. 그러나 그렇지 않다. 식욕과 생물학적으로 따르는 객관적 목표인 식욕 없이 경제는 존재하지 않을 것이다. 또한 출판사도 미술상도 존재하지 않을 것이다. 권력충동 없이는 어떤 국가도 존재하지 않을 것이고, 국가의 문화정책도 존재하지 않을 것이다. 하물며 어떻게든 판결을 내려야 할 공소(公訴)사건이 언제나 일어날 것이지만, 이를 해결할 국가적으로 정립된 법률은 존재하지 않게 될 것이다. 오직 위에서 말한 〔유심론적인〕 테제에 따라 볼 때 다음과 같은 것만이 옳은 것이다. 즉 정신과 정신의 규범적 통제가 없다면, 경제도, 국가도 존재할 수 없다는 사실 말이다. 그리고 그렇기 때문에 문화사회학에서는 인간의 정신이론이, 실질사회학에서는 인간의 충동이론이 하나의 필수적인 전제인 셈이다.

이와 같이 사회학을 문화사회학과 실질사회학으로 구분하는 것, 즉 인간의 총체적인 삶의 내용을 **상부구조**의 사회학과 **하부구조**의 사회학으로 구분하는 방식은 물론 양 극단을 설정하는 구분이지만, 양 극단 사이의 영역에는 서로를 매개하는 **연결통로들**이 많이 존재한다.

　예를 들어 기술의 형성은 경제적 요인뿐만 아니라 국가 법률적 · 과학적 요인에도 의존한다. 또는 '순수' 예술과 대조적으로 합목적적 · 공리적인 예술 내지 때로는 권력자, 이를테면 종교적 지배계층의 가치평가와 이상적인 것에 의해 규정되는 예술도 있다. 그러나 바로 이 양 극단에 따라 사회학적으로 제약되는 현상들을 유형적으로 나타내고, 규칙에 따라서는 다음과 같은 것을 규정한다. 즉 현상 속에서 **정신의 자율적인 자기전개**, 예를 들어 법의 논리적 · 합리적 발전이라든지, 종교사의 내재적인 의미논리에 의해 제약되는 것과 다른 한편으로 언제나 '충동구조'에 의해 제약되는 그때마다 '제도'의 사회학적 실질요인을 결정하는 것과 실질요인의 고유한 인과성에 의해 제약되는 것을 규정하는 것, 이것이야말로 사회학의 중심과제다. 문화사회학과 실질사회학을 방금 말한 것처럼 구분하지 않는다면, 사회학은 이 과제를 해결할 수 없을 것이다.

　더욱이 이 구분은 단지 '방법적' 구분에 불과한 것이 아니라 **존재론적** 구분이다. 그렇긴 하지만 사회학의 궁극적이고 본래적인 과제가 언제나 사회적 · 본질적으로 공동제약을 받는 인간 삶의 내용이 지닌 이념요인과 실질요인, 정신적인 규정요인과 충동적으로 제약된 규정요인 사이의 **상호작용**이 어떤 방식으로 존재하고 어떤 순서에 따르는지를 찾아내는 것에 있다면, 그런 한에서 이 구분은 사회학의 궁극목표에 대한 잠정적 구분에 불과할 것이다. 아니 내가 모든 서술과 분류를 넘어서는 사회학, 즉 **인과사회학**(kausal Soziologie)의 최고목표로 간주하는 것은 인간집단의 전체적인 삶의 내용을 결정하는 **이념적이고 실제로 제약되는** '사회학적인' 결정요인, 즉 인간들 사이의 관계, 관계양식, 집단화에 의해 제약되는 결정요인들의 **작용**에 관한 최고의 **서열법칙**을 인식하는 것이다.──방금 말한 이 서열법칙은 현상들이 인류의 역사에서 실제로 계속해서 일어난다는 의미에서 말하는 시간계열의 법칙이 아니다. 그런 법칙은 논리적으로 잘못된 콩트류의 이상(理想)에 불과한 것이다. 즉 인간역사의 과정이 단지 **일회적으로만** 일어나기 때문에 그것은 잘못이다.

따라서 여기서 문제되는 것은 상이한 집단과 문화가 시간적으로 생성되는 가운데 드러나는 (실질요인의 일차적인 구분에 관해 말한다면) 단지 경제-권력-번식의 관계와 형태에 해당하는 단계법칙(Phasenregeln)이거나 '이념적 요인'으로서 시간적으로 생성되는 종교, 형이상학, 과학, 예술, 법에 해당하는 단계법칙이 아니라 이런 서술적 과제도 잠정적으로 중요한 것이긴 하나, 우리에게 문제되는 것은 전혀 다른 것, 즉 이념요인과 실질요인이 미치는 작용의 질서에 관한 법칙이다. 집단의 생활내용을 분할시키지 않고 전체를 역사적·시간적으로 연속하는 사회적·인간적 생활과정의 모든 시점 위에 구축하는 것도 이 법칙에 기초한다. 즉 시간계열 가운데 이미 생성된 것에 관한 법칙이 문제인 것이 아니라 시간적 작용의 질서 속에 이미 형성된 것이 무엇을 역동적으로 생성시킬 수 있는지에 관한 법칙이 문제인 것이다.

이런 '법칙'은——나는 몇 년 동안 이런 법칙을 찾고자 열망해왔고, 원리적으로 찾아낼 수 있다고 믿고 있지만, 물론 여기서 이에 대한 충분한 논증[3]을 제시할 수는 없다——우리가 정확하게 열거할 수 있는 일련의 특성을 지닐 것이다.

1. 이 법칙은 첫째로 다음과 같은 공조(Zusammenwirken)의 원리적인 방식을 규정한다. 즉 이 법칙은 이념요인과 실질요인, 객관적 정신과 이에 대한 인간의 주관적 대응물과 같은 실질적인 삶의 관계, 즉 그때마다 '정신구조'와 '충동의 구조'에서 사회적·역사적인 존재와 사건(Geschehen)의 가능한 진행, 즉 그 진행의 지속과 변화에 영향을 미치는 방식을 규정한다. 여기서 우리의 테제는 다음과 같다.

정신은 주관적·객관적 의미에서, 나아가 개체적·집합적 정신으로서 정신 속에서 생성될 수 있는 문화내용에 대해 오직 배타적으로 그 본질존재적인 특성(Soseinsbeschaffenheit)을 규정한다. 그러나 정신 자

---

3) 이 법칙에 관한 좀더 상세한 정초는 '역사철학의 문제들'이라는 제목의 나의 『사회학 및 세계관학 논문집』 최종 권을 참조(그러나 이 책은 발간되지 못했다—편집자).

체는 근원적으로 본래 자신의 내용을 현존재로 파악하는 '힘'과 '작용'에 대한 흔적을 조금도 가지고 있지 않다. 물론 정신은 가능한 문화생성의 '결정요인'이긴 하지만, '실질요인'은 아니다. 오히려 부정적인 실질요인 또는 객관적인 활동무대로부터 정신적으로 이해 가능한 동기에 의해 가능한 것을 실제로 선택하는 요인은 언제나 현실에서 작동하는 충동에 의해 제약되는 생활관계들, 즉 권력관계, 경제적 생산요인, 질적·양적인 인구의 구성, 특히 그때마다 그 앞에 놓여 있는 지리적·지정학적 요인 등 실질적인 요인들을 특수하게 결합시키는 것들이다. 정신은 '순수'하면 할수록 더욱더 사회와 역사 속에서 역동적으로 활동한다. 이런 의미에서 정신은 점점 힘을 상실해간다.[4] 이것은 모든 회의주의적 역사관과 비관주의적 역사관, 자연주의적인 역사관, 즉 경제적이고 인종적인 역사관, 권력 정치적이고 지정학적이며 지리적인 역사관이 공통적으로 지니는 위대한 진리요소다. 즉 어떤 '이념', 예를 들어 종교적·과학적 이념이 이해관심, 충동, 집합충동 또는 우리가 '경향'이라 부르는 바와 하나로 통일될 때, 비로소 우리는 간접적으로 힘과 활동 가능성을 획득한다.

그러나 순수문화적 의미내용을 적극적으로 실현해가는 요인은 언제나 '소수의' 인격, 특히 지도자·전형·선구자 등의 자유로운 행위와 자유로운 의지다. 그리고 '다수'인 대중은 잘 알려진 감염의 법칙과 자의적이고 비자의적인 모방(모사)의 법칙 덕분에, 이 소수자의 행위를 모방한다.[5] 그리하여 문화가 널리 '유포'되는 것이다.[6]

---

4) 그렇기 때문에 모든 정신적 사상(事象, Sache), 예를 들어 특정한 종교와 예술 형태가 점차 대중적으로 보급되고 영향력을 행사하게 되면서 이와 함께 가치 수준도 저하된다는 것은 모든 인간적인 의미와 가치를 실현해가는 데 불가피한 법칙이다.

5) 유고, 「전형과 지도자」(Vorbilder und Führer, in *Schriften aus dem Nachlaß*, Bern, 1957, 전집 10권) 참조—편집자.

6) 소수의 선구자와 다수의 모방자에 관한 법칙을 처음으로 명확하게 제시한 것은 타르드*의 저서, 『모방의 법칙』(*Les lois de l'imitation*, 1895)이다.

 *타르드(G. Tarde, 1843~1904): 프랑스의 사회학자. 원시사회의 고찰을 통해 인식의 사회적 기원을 밝히려고 한 뒤르켐학파에 대항하여 심리학적 사회학의

그때마다 존속하는 특정한 이념요인+실질요인의 결정관계와 인간 (정신구조와 충동구조) 속에 들어 있는 두 요인의 주관적 상관물은 새롭게 생성되는 실질요인——예를 들어 국제관계에서 정치권력관계, 경제적인 생산관계, 인종 간의 혼합과 인종 간의 긴장관계 등이 새롭게 생성되는 실질요인에 속한다——과 다른 것이다. 이 새로운 실질요인을 객관적·현실적으로 '생성할 수 있는' 활동공간은 현존재와 본질존재 일반에 따르면, 이념요인에 의해 규정되는 것이 아니라, 오직 그때마다 앞서 주어진 실질요인과 그 소질들에 의해서만 규정된다. 이에 반해 우리가 '정신'이라 부르는 것은 (위의 경우와는 정반대로) 오로지 소극적으로 '제어하는', 즉 억제하거나 해방시키는 인과적 의미만 지니고 있을 따름이다.

그것은 물론 원리적으로 다만 소극적으로 실현되는 것을 의미할 뿐이고,——따라서 본질존재(相在, Sosein, 그렇게 있음) 일반을 규정하는 결정을 나타내는 것이 전혀 아니다. 인간의 정신과——그것이 단일한 개인의 정신이든, 집단의 정신이든 간에——의지는 여기서 오직 하나, 엄밀하게 자율적이고 현실적으로 '의식적'이며 감각적으로 맹목적인 발전의 인과성에 근거하여 일어나는 것을 억제하고 해방시킬 (풀어줄) 따름이다. 정신에 실질요인의 본질존재와 개혁의 목표가 주어진다 할지라도, 적어도 실질요인이 지닌 고유한 인과적 연관이 활동할 수 있는 공간속에 정신이 미처 주어지지 않는다면, 정신의 노력은 허사이며 정신이 꿈꾸는 '유토피아'는 무(無)로 귀착되고 만다. 예를 들어 이른바 계획경제라든지, '세계 정치체제' 또는 계획적인 우생학과 인종개량의 실시 등이 이런 유토피아의 예들이다.

다른 한편으로 기존의 종교·예술·철학·과학·법률제정 등을 혈연적·경제적·권력정치적이거나 지정학적인 현실생활의 관계들에서 일의적으로 연역하려는 시도는 언제나 근본적으로 잘못된 것이다. 종교·

견해를 취한다. 즉 모방을 사회관계의 한 형식으로 보고, 이에 따라 사회현상을 설명하려고 시도한다—옮긴이.

법·정신의 역사가 본질존재를 내적이고 의미법칙적으로[7) 결정하는 작용공간에서는 아무것도 생겨나지 않는다는 오직 이 사실을——물론 그것은 순수 정신사적으로 볼 때 잠재적으로 생겨날 수 있을 뿐만 아니라 실제로 생겨난 것이지만——실질관계의 지위, 즉 그때마다 실질요인과의 결합이 '설명'해준다. 라파엘로(Raffaelo)가 그림을 그리는 데는 붓이 필요하지만,——그의 이념과 예술가적 비전이 그에게 붓을 만들어주지는 않는다. 그는 정치적·사회적으로 힘 있는 후원자가 필요하고, 후원자는 그에게 **후원자의** 이상을 찬미하라고 주문한다.——그렇지 않았다. 그는 그의 천재성을 발휘할 수 없었다. 루터(M. Luther)도 군주와 도시, 특히 지방군주 판정을 받은 영주들의 이해관심이 필요했고, 태동하는 시민계층이 필요했다. 이런 요인들이 없었더라면, 성경을 읽고 '내적인 성령'(spiritus sanctus internus)에 따르고 '오직 신앙에 의해서만 구제받는다'(sola-fides)는 가르침을 널리 보급할 수 없었을 것이다.

  그리하여 우리가 한편으로 정신문화의 **의미내용**이 어떻게 형성되었는지에 대한 모든 자연주의적 견해와 사회학적 견해를 단호하게 배제하듯이, 다른 한편으로 (헤겔에게서 보이는 것처럼) 문화사적 과정이 순수 정신적이고 **의미논리적으로** 결정되는 과정이라고 말하는 이론도 순수문화사회학의 견지에서 볼 때 거부되지 않으면 안 된다. 현실관계를 부정적으로 선택하는 힘이 없다면, 그리고 '지도적인 위치에 있는' 인물의 자유로운 의지가 인과적으로 작용하지 않는다면,——물론 이 자유는 오직 행위 '할 것'인지 '말 것'인지에만 관계하고, 결코 '무엇인가'를 묻는 의미 논리적인 물음에는 관계하지 **않는다**——순수하고 가장 순수한 정신문화의 지반 위에 있는 순수 정신적인 결정요인에서 우리는 아무것도 이끌어내지 못할 것이다. 실질사회학이 관계하는 현실성의 지반 위에서도 당연히 아무것도 나오지 않는다. 이러한 현실성은 현존재, 본질존재, 가치(따라

---

7) 의미법칙성이 다양한 가치의 대립, 참과 거짓, 선과 악, 아름다움과 추함, 성스러움과 세속적인 것, 그밖에 이와 유사한 가치의 대립과 전혀 무관하다는 점에 관해서는 말할 필요도 없다.

서 이른바 '진보'와 '퇴보')에 따라서 엄밀하게 필연적인 길을 가고, 주관적인 인간정신의 가치사상과 의미사상(Wert- und Sinnegedanken)에서 본다면[8] '맹목적인' 길, 즉 운명적인 길을 간다. 그렇다 하더라도 한 인간의 변하지 않는 지고한 특권은 여전히 남아 있다. 즉 자신의 정신을 통해 나타나야만 하는 것을 계산할 수는 없지만, 언제나 가설적·개연적인 것에 머물고 마는 기대를 형성함에 따라 '예상되는 것을 계산'할 수 있다. 나아가 자신의 의지에 의해 생겨나는 다른 것이 현실화되는 것을 이따금 방해하고 저지하지만, 어떤 것의 시간적 계속과 템포(그러나 이것은 미리 정해져 있고, 변경시킬 수 없는 시간적 질서 속에 있는 것이 아니다)를 촉진시키거나 저지하는——그것은 화학적 결합과정에서 촉매와도 같은 역할을 한다——것과는 매우 다르다.

그리하여 이런 정신적·문화적 영역에는 그 본질존재, 의미, 가치에 따른 사건의 잠재적인 '자유'와 자율이 존재한다. 그러나 그것이 현실적으로 표현될 때는 언제나 '하부구조'의 본래적인 인과관계에 의해 중단될 수 있다. 이것을 우리는 '수정(중단)할 수 있는 자유'라고 부르고 싶다.

실질요인의 영역에는 거꾸로 콩트가 적절하고 올바르게 말한 '수정할 수 있는 숙명'[9]이라 부른 것이 있다.

저기서[10] 현실관계는 정신적 가능에서 현실로 이행되는 것을 저지하는 것으로 작동한다.

여기서[11] 정신은 역사적 경향의 운명적인 진행이라 불리는 것에 대해 시간을 연기시킨다는 의미에서 저지하는 것으로 작동한다.

---

8) 이런 운명의 형이상학적 '의미'에 관해 여기서는 완전히 무시한다.
9) 콩트는 인류도 진화해왔다는 근본법칙을 근거로 인간이 어떤 한계 내에서 이용할 수 있는 전체적인 결정론을 발견하는 것이야말로 사회를 재조직하기 위한 '과학의 임무'라고 보았는데, 바로 이 결정론을 '수정할 수 있는 숙명'이라고 부른다—옮긴이.
10) 정신적·문화적 영역을 말한다—옮긴이.
11) 실질요인의 영역을 말한다—옮긴이.

2. 인과적 요인을 추구하는 법칙이 지닌 두 번째 특징은 이 법칙이 세 종류의 동적이고 정적(靜的)인 관계를 포괄하고, 통일적으로 결합시키고 있다는 점이다. 즉

1) 이념요인 상호간의 관계: ① 정적으로 ② 동적으로 파악되고, ③ 그 결과 그때마다 '상태' 또는 '정지 상태'가 도출되며, 동학(動學)을 상대적으로 구성하는 계기로서 생겨난다는 것, 즉 그때마다 언제나 좀더 낡은 힘과 좀더 새로운 힘이 작용하는 층을 (모든 구체적 문화가 곧 층이다) 이루는 것으로 나타난다.

2) 개별적인 실질요인 상호간의 관계: 이것도 방금 말한 세 관점에서 다시금 나타난다.

3) 실질요인의 세 주요그룹이 개별적인 이념요인에 대해 갖는 관계: 물론 이 관계는 바로 규정되고 표시되는 이념요인과 실질요인 일반의 보편적인 법칙성이 작용하는 활동영역 속에 주어진다.

모든 시대와 장소에 걸쳐 인간사회와 관계하는 곳이라면, 어디서라도 우리는 어떤 '객관적 정신',[12] 즉 어떤 물질이나 재생산이 가능한 정신 물리적 활동 속에서 고형화된 의미내용을 마주치게 된다. 예를 들어 유물, 예술작품, 언어, 문서, 제도, 습속, 습관, 제의, 의식 등이 이런 객관적 정신에 속한다. 그리고 주관적으로 잘 상응하는 집단의 정신이 지닌 변전하는 구조, 즉 개별 인간에 대해 다소 구속하는 것이거나 '구속적인' 것으로서 체험되는 의미와 힘을 소유한 집단정신의 구조변동이 또한 이 객관적 정신에 속한다. 그런데 이 모든 문화의 객관적 의미내용과 의미내용이 이룩하는 정신적 활동조직, 즉 '지속'할 뿐만 아니라 변전하는 정신적 활동조직을 서로 법칙적으로 정초하는 하나의 질서가 존재하는가?

---

12) '객관적 정신'의 종류에 관해서는 최근 프라이어(Hans Freyer)가 『객관적 정신론』(*Zur Theorie des objektiven Geistes*, 1923)에서 행한 분류에 주목할 필요가 있다.

예를 들어 신화와 종교, 신화와 형이상학, 신화와 과학, 전승이나 전설, 역사는 발생적으로 어떤 관계에 있는가? 종교와 예술은 어떤 관계에 있는가? 예술과 철학은? 신비주의와 종교는? 예술과 과학은? 철학과 과학은? 타당한 가치의 영역은 이론적으로 '가정된' 세계의 현존재와 본질존재에 어떻게 관계하는가? 이런 객관적인 의미들의 체계 사이에는 동시적인 의미연관과 생성관계(동기 부여)가 엄청나게 많이 있고, 또한 이 모든 관계는 광범위하고 특별한 연구를 필요로 한다. 이에 대한 수많은 견해들이 있을 수 있으며, 이 모두는 당연히 대체로 '서로' 의존적인 관계에 있고 이른바 동기를 교환하는 가운데 존립한다.──그러나 이것을 정초하는 어떤 법칙적 질서도 존재하지 않는다. 이제 우리는 이와 정반대되는 견해를 취하지만, 여기서 자세하게 논증할 수는 없다.

이념적 요인들 사이에는 그 존재와 생성에 따른 우연적·현실적인 상호의존관계가 있을 뿐만 아니라 본질적인 의존관계도 있다.──하지만 이 점을 분명히 하는 것은 언제나 어려운 일이다. 예를 들어 종교와 형이상학, 실증과학 사이에 이런 의존관계가 있고, 철학과 실증과학 사이에도, 기술과 실증과학 사이에도, 종교와 예술 사이에도 바로 이러한 의존관계가 있다. 이러한 의존관계는 인간정신의 본질과 함께 주어지는 작용의 근원적 질서 및 구성적 질서('정초')와 정확하게 일치한다. 한편으로 가치와 존재를 인식하는 것과 가치를 평가하거나 가치를 선취하는 것(Wertvorziehen)이,[13] 다른 한편으로 의욕하고 행위하는 것, 대상을 지각하거나 표상하는 것과 (이런 지각의 조건으로서) 특정한 욕구방향

---

13) 가치선취는 셸러의 매우 독특하면서도 중요한 용어다. 즉 '가치의 높이'를 인식하는 작용을 말하는데, 그것은 두 개의 가치를 비교한 후에 하나를 선택하는 행위와 달리 좀더 높은 가치를 '즉각적으로' 미리 취하는 정서적 작용이다. 예를 들어 생명가치는 감성적 쾌보다 선취되고, 정신적 가치는 생명가치보다 선취되며, 인격적 구제의 가치는 정신적 가치보다 선취된다. 이런 가치의 선취작용이 있음으로써 가치의 서열화가 가능하고, 이에 따라 선악의 도덕적 가치가 결정된다. 이에 관한 자세한 설명은 『형식주의』나 이을상, 『가치와 인격』(서광사, 1996)을 참조─옮긴이.

의 충동자극을 통해 운동하는 것, 실천적 의지의 충동과 운동충동, 목적에 얽매이지 않는 표현충동, 사고와 언표 등이 예를 들어 '한때는 이것에' '또 다른 때는 저것'에 서로 얽히는 것이 아니라 그 본질의 엄밀한 법칙[14]에 따라 구축된다. 따라서 우리가 경험적으로 발견하는 객관적 문화내용의 실제적인 의존관계도 결국 인간정신에 관한 가장 보편적인 본질론 속에 뿌리박고 있다. 그렇기 때문에 임의의 '상호작용'을 말하는 사람은 잘못이다.

그러나 이런 정신작용 일반의 법칙이 갖는 매우 보편적이고 형식적인 구조 속에는 교차하고 생겨나며 소멸되는 집단정신의 특수한 구조와 기능 조직이 들어 있다. 이 구조와 조직을 그때마다 규명하는 것이야말로 개별적이고 역사적인 집단문화를 모든 측면에서 그리고 모든 가치와 재화의 관점에서 서술적으로 시작해야 하는 인식을 설정하는 최고 목표다. 정신에 관한 저 가장 보편적인 본질법칙을 제외하면,——이것은 바로 일반적으로 '하나의' 현실적인 정신의 법칙, 즉 어떤 현실적인 집단이나 개인의 법칙이 아니다——정신은 처음부터 무한히 많은 집단과 문화의 구체적인 다양성 속에서만 존재한다. 역사와 사회학의 전제로서 어떤 실질적인 '인간성의 통일'이 있다고 말하는 것도 무익하다, 아니 유해한 것이다. 하나의 공통적인 구조적 법칙성과 양식의 법칙성은 그때마다 한 집단

14) 나아가 활동의 기저에 관한 정적인 본질법칙 곁에는 지금까지 그 논리적 의미가 거의 인식되지 않았던 발전적 진보의 법칙이 있다. 이 법칙은 다양한 사실의 발전계열에 관한 이른바 단계규칙과는 (이것은 계열의 비교에 의해 획득된다) 무관한 것이고, 또한 하나의 반복되지 않는 사실의 발전(예를 들어 이 지상의 인류의 발전이나 프로이센 국가의 발전)에 관한 어떤 '방향' 등이라는 것에 관한 법칙을 말하는 것이 무의미한 것과도 관계가 없다. 확실히 '방향'은 어떤 집단의 시대적인 국면을 비교하는 것에 의해 분명해질지 모르지만(주요 방향, 부차적인 방향, 궁지, 타개책 등), 결코 '법칙'일 수는 없다. 이에 대해 발전적 진보의 법칙은 발전의 어떤 단계에서 다른 단계로 이행해가는 것에 관한 본질적 법칙이기 때문에 발전의 출발점과 도달점을 실제로 어디에 두는지는 그때마다 임의로 변경된다. 이 법칙은 모든 가능한 사실의 발전을 지배할 뿐이다(이에 관해서는 『형식주의』의 작용에 관한 정초법칙을 참조—편집자).

의 생생한 문화요소만을 두루 섭렵하고 있고, 또한 하나의 구체적인 문화를 형성하는 종교와 예술, 과학과 법률을 두루 섭렵하고 있다. 발전의 주요국면에서 모든 집단에 관한 이런 법칙성을 분명히 하는 것이 정신사에 부여된 최고의 목표 가운데 하나다.[15] 따라서 실제로 모든 인간에게 처음부터 함께 주어진 이성이라는 '생득적인' 특정한 기능장치를—이것은 계몽시대의 우상이고, 칸트의 우상이다—사회학의 전제로 삼는 것을 우리는 무조건 거부한다. 또한 대체로 단선적인 인간의 계통발생론도 이와 밀접한 관계가 있는데, 마찬가지로 이 점을 사회학의 전제로 삼는 것도 우리는 무조건 거부한다. 모든 인종이 혈연관계를 이루듯이 정신적인 통일을 이루는 것이 모든 역사의 목표일지 모르지만,—실제로 모든 역사는 피의 균질화를 추구해온 역사다—사회학에서 그것은 분명히 사건의 출발점도 아니고, 전제도 아니다.[16] 오히려 집단과 문화형태의 다원론이 모든 사회학의 출발점이 되어야만 한다.

상대적으로 '근원적인' 것으로서 받아들여져온 정신구조의 생성에 관해 우리는 다만 원리적으로 '이해'할 수 있을 따름이지만, 아직 구체적으로 '이해'한 것은 아니다. 즉 우리는 전통에 의해 전달되는 정신구조 일반처럼 그것이 생겨날 때 무정형의 정신으로부터 생겨날 수 있고, 또한 생겨나야만 한다는 점을 이해할 수 있다. 말하자면 정신구조는 ('우연적인' 현실에 따라) 참된 이념과 이념연관을 파악하는 것이 점차 '기능화'됨으로써[17] 생겨난다.——여기서 말하는 '기능화'란 처음에는 선구

---

15) 여기서 말하는 정신사는 말하자면 정신 그 자체의 형성, 성장, 쇠퇴, 구조변화의 역사이지, 정신의 성과와 작품의 역사를 말하는 것이 아니다.
16) 여기서 거부된 '이성적 인간성'의 통일이라는 이론은 그 자체로 단지 유럽의 '휴머니즘'의 전제일 뿐이다(따라서 트뢸치E. Troeltsch가 말하는 '역사주의'의 전제다). 유럽의 '휴머니즘'은 이 이론을 교회의 교의에서 이끌어냈지만, 그때 타락과 원죄의 교의는 삭제되었던 것이다.
17) 대상적인 본질인식의 '기능화'에 관해서는 저자의 『인간에 있어서 영원한 것』(Vom Ewigen im Menschen, Leipzig, 1921)에 수록된 「종교의 문제들」(Probleme der Religion)에서 상세하게 다루고 있다(전집, 제5권—옮긴이).

자에 의해 행해지고, 다음으로 대중에 의해 '공(共)수행되고 추(追)수행'되는 것으로서 운동과 행위처럼 외적으로 '모방'되는 것이 아니다. 그런 한에서 모든 위대한 문화권과 모든 위대한 문화시기에 나타나는 정신과 이성장치는 그 수가 많고 다양하지만 매우 부분적이고 부적절하게 참일 수 있고 또한 존재 타당할 (비록 당연히 그래야 할 필요까지는 없다 할지라도) 수 있다. 왜냐하면 이 정신과 이성장치는 모두 바로 '우연적'인 세계를 현실적으로 엮어주는 하나의 존재적 관념의 영역과 가치서열의 영역을 파악함으로써 생겨나기 때문이다. 따라서 우리는 이성조직의 다수성을 가정함에도 불구하고 예를 들어 슈펭글러(O. Spengler)가 빠진 철학적 상대주의를 모면할 수 있다.

그러나 우리는 값싼 현대의 절대주의적 가치철학처럼 이성조직 자체가 상대성을 지니고 있다는, 명료하게 인식될 수 있는 사실을 부정하거나 제한하는 것에 의해 이런 상대주의를 모면하려는 것이 아니며, 마찬가지로 값싼 '유럽주의'에 빠지거나 그렇지 않고 하나의 문화를 유일한 기준으로 삼아 이 '입장'을 모든 인류와 모든 역사에 대해 타당한 것으로 간주하는 입장에 빠짐으로써 상대주의를 모면하려는 것도 아니다. 또한 우리는 예를 들어 트뢸치가 매우 간절하게 소망했듯이[18] 이런 우리의 유럽적 입장에 관해 그 상대성을 인식하고 있는데도 하나의 단순한 '요청'에서, 즉 "이처럼 소망하고, 이처럼 명령하라"(sic volo, sic jubeo)라는 요청에서 바로 '긍정'하는 것을 통해서도 상대주의를 모면하지 못한다. 오히려 우리는 다음과 같이 하여 상대주의를 모면할 수 있다. 즉 우리는——아인슈타인(A. Einstein)의 이론에 기초하여 행하는 것과 유사한 방식으로——인간의 본질이념에 부응하는 절대이념의 영역과 가치의 영역을 역사적으로 지금까지 실제로 존재해왔던 모든 가치체계보다 훨씬 높게 그리고 매우 힘차게 끌어올림으로써 상대주의를 모면할

18) 트뢸치, 『역사주의와 그 극복』(*Der Historismus und seine Überwindung*)을 참조. 나아가 휘겔(Friedrich v. Hügel)이 편찬한 영국에서 행한 트뢸치의 강연집(76쪽 이하)을 참조.

수 있다.──그래서 예를 들어 윤리 · 종교 · 법 · 예술에서 인간사회가 지닌 모든 재화의 질서와 목적의 질서, 규범의 질서 등은 단적으로 상대적인 것으로 간주되며, 또한 역사적으로도, 사회학적으로도 각 입장에 따라 제약되는 것으로 간주될 따름이다.──영원히 객관적으로 존재하는 로고스의 이념 이외에 아무것도 존속해서는 안 된다. 지금까지 정신의 본질 필연적인 역사라는 형식에서 흘러넘치는 이 로고스의 비밀을 탐지하기 위해 하나의 국민과 하나의 문화권을 가지고는 접근해갈 수 없고, 지금까지 문화시기의 한 시대 또는 모든 시대를 통해서도 접근해갈 수 없다. 오히려 개인적이기 때문에 대체 불가능한 일회적인 문화주체가 그때마다 시 · 공간적으로 연대하면서 협력하는 것만이 이 비밀을 탐지하는 데 적합할 것이다.[19]

그러나 우리는 인간의 역사, 아니 인간 자체(와 인간 '이념')의 근원적인 전제로서 '정신' 일반을 인간의 동물적 조상이 지닌 심적 기능으로부터 설명할 수 없는 것처럼, 또한 '근원적'인 것으로서 받아들여지는 집단의 정신구조에 관해서도 구체적이고 개별적으로 설명할 수가 없다.[20] 우리는 예를 들어 서양의 예술양식이 종교형식에서 결과하는 것처럼 기껏해야 어떻게 구조가 구조로부터 의미 법칙적으로 발전해왔고 이해될 수 있는 형태로 발전하는지를 보여줄 따름이다.

발전국면의 법칙에 따라 정신구조가 서로 발전한다는 것과 날카롭게 대립하는 것으로 우리는 그때마다 하나의 정신구조와 그때마다 시간적 · 장소적으로 제약된 문화통일에만 언제나 상응하는 업적의 축적이라는 현상을 든다. 우리는 인간정신이 모든 주관적 · 기능적으로 아프리오

---

19) 개별적인 문화주체와 본질적 · 역사적 가치전망의 연대적 협력에 관해서는 『형식주의』, VI. B. 4와 보유 4를 참조─편집자.

20) 여기서 말하는 명제와 인간의 '이념'을 '인간 동물'이라는 경험적 개념과 구분하여 나타내려는 것의 정당화에 관해 나는 『인간학』에서 엄밀하게 논증할 것이다(이에 관해서는 『형식주의』, V. 4와 셀러의 후기 저작인 『우주에서 인간의 위치』 *Die Stellung des Menschen im Kosmos*, 1927을 참조─편집자).

리한 구조를 가지고 진실되고 **진정으로** 생겨난다고——칸트처럼 인간정신의 구조가 늘 일정하다고 생각하지 않고——가정하기 때문에, 인간의 역사 속에서 단지 업적과 노력의 축적만을 보이는 학설과 모든 이론들을——이것은 인간의 정신적 능력의 발전과 변형이 아니며, 또한 우선 모든 방식의 사고와 가치판단의 아프리오리한 주관적 장치가 **발전하고 변형된 것도 아니다**——가장 특정한 것으로서 거부해야만 한다. 우리의 견해에 따르면, 적어도 (최근의 엄격한 유전이론을 신봉하는 바이스만 Weismann과 붐케Bumke처럼)[21] 이른바 획득된 심리적인 특질이 모두 문화적으로 유의미한 형태로 유전된다는 생각을 무조건 거부하기 때문에, 이미 전제된 문화 그 자체의 영향에 따른 것일지라도 역사시대에는 인간의 심리·생리적 유기체가 본질적으로 변하지 않는다는 점은 확실하다. 따라서 스펜서의 사회학 전체를 통해 영향을 미치는 학설, 즉 정신구조가 이른바 '유'(類, Gattung)에 의해 획득되고, 다음으로 유전에 의해 각 개체에 전달된다는 학설을 우리는 거부한다.

그러나 모든 문화사 전체가 단지 축적에 불과하다는 바이스만류의 추리도 우리에게는 전혀 타당한 것이 아니다. 물론 바이스만도 스펜서처럼 우리가 본질적으로 고등 유인원과 공유하는 저 심적 생명——이 심적 생명을 우리도 긍정한다——뿐만 아니라 인간의 '이성'을 정신물리적인 체계에 의해 **일의적으로** 제약하는 '정신'이 존재한다는 점을 전제한다. 그러나 이 전제를 우리는 부정한다.[22] 오히려 우리는 다음과 같이 주장한다. 즉 사회학, 심리학, 생물학, 역사학에서 인간의 정신은 단순히 〔현실을〕 받아들여야만 하는 전제다.——그리고 정신이란 기껏해야 형이상학적·종교적인 질서의 문제이지, 결코 실증적 경험과학의 질서

---

21) 붐케, 『문화와 퇴화』(*Kultur und Entartung*, 제2판, Berlin, 1922)를 참조.
22) 나는 여기서 또한 몇 년 전부터 제창해온 것으로 머지않아 간행될 『인간학』을 참조할 것을 요청해야만 하겠다. 이 문제에 관해서는 이미 『가치전도』에 수록된 논문, 「인간의 이념에 관하여」(Zur Idee des Menschen, 1915)에서 약간 시사한 바 있다(전집, 제3권 참조—편집자).

에 관한 문제가 아닌 것이다.

그러나 이것이 사실이라면, 정신 그 자체와 정신의 힘은——단지 정신이 발전해가는 일정한 단계에서 피와 환경조건의 변화에 의해 생겨나는 업적들의 총계가 아니라——바로 참되고 실제적인 자기 전개에 종속되는 것이고, 자기 전개는 진보 및 발전과 함께 퇴보나 쇠퇴를 의미할 수도 있다. 그리고 이것은 모든 경우에 정신이 스스로 구성한 것의 변화다. 예를 들어 레비-브륄(L. Lévy-Bruhl)이 최근 서술한 것처럼 '원시인들의 심성'(mentalité primitive)이 문명화되고, 더욱이 모순율과 동일성의 원리에 따르는 현대인의 사고방식으로의 이행처럼 사고와 직관형식이 변해가는 경우, 또한 어떤 동일한 가치선취법칙이나 에토스에 따라 성립하는 단순한 재화의 평가가 아니라 가치선취 자체의 형식인 에토스 형식이 변화해가는 경우 (리글Riegl 이후 우리가 문화사에 관해 가정하는 것처럼), 양식을 느끼는 것(Stilfühlen)과 예술을 의욕하는 것 자체가 변해가는 경우, 13세기까지 신봉되어온 서양 고대의 유기체적 세계상에서 기계론적 세계상으로의 변모, 국가 권위가 없는 씨족단체에 따른 인간의 강력한 집단화로부터 '정치사회'의 시대와 국가시대로의 이행, 또는 강력한 '생활공동체적' 집단형성으로부터 이익사회적 집단형성으로의 이행, 또는 강력한 마술적 기술로부터 강력한 실증적 기술로의 이행, 이 모든 변화는 이를테면 서양적 사고방식과도 일치하는데, 이미 형성된 오성을 축적하여 적용한 결과로서 생겨난 변화와는 전혀 다른 (양이 아닌) 양적 질서의 변화이거나 '실천도덕' 그 자체의 변화이고, 어떤 에토스의 형식을 단순히 역사환경의 변화[23]에 적용시킨 결과(예를 들어 그리스도교적 에토스를 고대 말기, 중세, 근대의 경제적·사회적 상태에 적용시킨 결과)로서 생겨난 변화이거나 단지 강력한 유기체적 세계관과 기계적 세계관 사이의 긴장관계 속에서 일어난 변화다.

---

23) 이 점에 관해서는 나의 『형식주의』, 특히 가치와 가치판단의 상대성에 관한 단계에 관한 장(章), V의 6을 참조.

지식동학(Wissensdynamik)의 사회학에서는 세계 그 자체에 관해 사고하고, 가치평가하며, 직관하는 형식들이 변화 속에 포함되어 있는가, 아니면 단지 경험의 소재가 양적·귀납적으로 확대된 것에 저 형식들을 단순히 적용시킨 것에 불과한 것인가 하는 구분보다 중대한 것은 없다. 다만 이 구분과 구분의 단계들을 특정하게 결정하는 기준에 관한 엄밀한 이론은 아직 형성되고 있는 중이다.

　　나아가 모든 정신적 발전의 보편적 현상은 이미 스펜서가 정확하게 본 과정, 즉 문화영역과 그 근저에 놓여 있는 정신활동과 가치체험이 분화되고 통합되는 과정이다. 이 과정은 집단의 지도자 및 선구자의 유형, 정신적 소임, 예를 들어 주술사·의사·사제·기술자·철학자(현자)·학자·연구자 등이 점차 서로 분화되어가는데 가장 조잡하면서도 가장 예리하게 반영되어 있다. 그러나 분화와 통합이라는 이 명제를 적용할 때 근본적으로 중요한 것은 이 분화의 단계적 질서를 충분히 확정짓는 일이다. 바로 이 단계가 잘못 설정됨으로써 큰 오류가 생겨난다.

　　그래서 우리는 예를 들어 종교적·형이상학적·실증적 지식, 또는 구제·해탈의 지식, 교양의 지식, 작업·자연지배의 지식이라고도 부를 수 있는 것이 근원적으로 동등하게 자연신화적이고 역사신화적인 사고와 직관의 선행단계——'민중의 백일몽'——로부터 분리된 후에 고유한 발전 과정을 거친다는 점을 인정하지 않으면 안 된다. 예를 들어 콩트는 신화적인 것을 종교적인 것으로 간주하고, 나아가 서양의 근대에 와서 종교가 형이상학에 대해 의미를 빼앗아버린 것이 아니라 다만 중세에는 종교가 훨씬 더 예리하게 형이상학과 분리되어 있었고, 이에 못지않게 실증과학과 형이상학도 서로 예리하게 구분되어 있다고 오해했으며, ——이로써 비로소 형이상학이 무한한 과정으로 나타나고, 종교가 인격과 결부되어 있는 완결된 '체계'로서 나타나는 것으로 보았다. 이에 의해 이른바 '3단계 법칙'이라는 근본적으로 잘못된 이론, 즉 형이상학적인 본질에 대한 사고는 종교적 사고에서 '발전'해왔고, 실증적 사고는 형이상학적 사고에서 '발전'해왔다는 이론이 생겨난 것이다. 그리하여 콩트는 실제로 단지 정신의 **분화과정**에 불과한 것을 시간적인 발전단계로 간주했던 것이다.[24] 아니면 근원적으로 동등하게 자연적 힘을 지배하는 주술적 기술이 있었고, 이 기술로부터 한편으로 **실증적인 지배**의 기술이 분화되었고, 다른 한편으로 신성한 과정을 **종교의식적으로** 표현하는 기술과 의례적으로 표현하는 기술이 분화되었는데, 이 점을 오해할 때 중대한 오류가 발생한다. 마찬가지로 예술과 공예기술(공구기술)도 틀림없이 영적인 과정을 표현하는 형상 속에 하나의 공통된 출발점을 갖고 있다. 이 형상은 **동시에** 유용한 목적에 지속적으로 기여할 수 있다.[25]

그러나 그것이 노동과 기술에서 예술을 도출하려는 것(예를 들어 젬퍼[26]가 양식의 발전에 관한 저서에서 행하고, 뷔허[27]가 『노동과 리듬』에서 궁극적으로 행한 것처럼)이거나, 거꾸로 예술에서 노동과 기술을 도출하려는 것(이것은 바로 낭만주의자들이 했던 방식인데, 오늘날 프로베니우스[28]가 행하는 것은 경솔한 짓이다)이거나 간에 모두 그 연관을 오해한 것이라면, 여기서도 또한 중대한 오류가 발생한다. 형이상학이란 '개념에 따른 시'라고 말한 랑게(Albert Lange)의 학설이나, 예술이 '학문을 예감하는 선행형태'라는 오스트발트(Wilhelm Ostwald)의 테제, 그리고 종교란 본질적으로 대중이나 민중의 형이상학이 '형상' 속

---

24) 이 점에 관해서는 콩트의 3단계 법칙에 관한 나의 논문, 「지식의 실증주의적 역사철학에 관하여」(Über die positivistische Geschichtsphilosophie des Wissens)를 참조. 이 논문은 『사회학 및 세계관학 논문집』에 수록되어 있다 (전집, 제6권 참조―편집자).

25) 이 명제는 매우 일반적으로 모든 원시적인 발명품과 작업도구, 예를 들어 토지를 경작하기 위한 모든 원시적인 형태(괭이, 쟁기) 또는 불을 일으키기 위한 모든 원시적인 형태(부싯돌 등)에 대해서도 타당한 것이다. 이것은 언제나 내적 체험을 나타내는 의례적인 표현형식인 **동시에** 도구다. 이런 물건의 발명을 선도한 모델은 대부분 인간적인 성교(性交)의 관념과 풍요한 어머니로서 땅에 대한 생각이다.

26) 젬퍼(G. Semper, 1803~79): 독일의 건축가―옮긴이.

27) 뷔허(T.C. Bücher, 1847~1930): 독일의 경제학자―옮긴이.

28) 프로베니우스(Leo Frobenius, 1873~1938): 독일의 민족학자―옮긴이.

으로 침잠한 것이라는 '그노시스적' 오류(스피노자, 헤겔, E. v. 하르트만, 쇼펜하우어 등), 또는 거꾸로 형이상학이란 언제나 민중종교가 추후에 합리화된 것, 즉 개인을 매개로 한 계시나 근원적 계시로 소급되는 민족종교라고 하거나, 아니면 형이상학이란 부당하게 합리화된 것으로 추후에 체계 속에 삽입된 종교적이거나 시적인 성격을 지닌 예언(막스 베버[29]와 야스퍼스의 『예언자의 철학』)이라는 점에서 보날드(de Bonald)와 메스트르(de Maistre)가 범한 오류 등이 그것이다.

일반적으로 좁게 한정된 어떤 문화, 예를 들면 근대 서구문화라는 전적으로 특수한 발전추이에 기초하여 위에서 언급한 세 가지 지식 중에서 한둘은 간단하게 '사멸해버린 것'으로 간주하는 모든 학설, 예를 들어 콩트는 구제의 지식과 형이상학적 지식을 사멸해버린 것으로 간주하고, 딜타이는 단지 '형이상학적' 지식을 사멸해버린 것으로 간주하는데,[30] 이 학설들도 모두 동일한 유형의 중대한 **오류**에 빠져 있다. 이런 오류는 해당 정신의 모습이 분화되고 통합되는 과정과 특히 이 정신의 형상이 어느 정도 근원적인지에 관한 잘못된 단초에서 생겨난 것이며, 나아가 최상위에 있는 정신적 문화형상이 **2차적으로 교차되고 혼합되는 현상**을 논리적 · 이념형적으로 받아들임으로써 생겨난 것들이다. 그래서 예를 들어 신비주의──신비주의는 일반적이고 엄밀하게 규정할 수 있

---

29) 이에 관해서는 부록 I의 4를 참조─편집자.

30) 딜타이, 『정신과학 서설』(*Einleitung in die Geisteswissenschaften*, 1883), 나아가 『정신적 세계』1, 2권(*Die geistige Welt*, 전집 제5권, 1924)을 참조. 미슈(Misch)는 『정신과학 서설』「서문」에서 딜타이가 '형이상학이란 개념의 시'*라고 한 실증주의적 색채가 강한 초기 입장에서 훨씬 벗어났다는 점을 자세하게 논증하고 있는데, 이것은 적절한 것이다(같은 책, 37쪽과 61쪽을 참조). 그러나 『철학의 본질』(*Das Wesen der Philosophie*, 1907)이라는 후기 저작에서는 다음과 같이 서술되어 있다. "왜냐하면 형이상학이란 보편타당한 학문이 결정적으로 붕괴된 후에……"(371쪽 참조).

* 셸러는 유고로 남겨진 형이상학에 관한 수고에서 이 이론에 관해 설명하고 있다. 이에 관해서는 『독일 기고문』(*Deutsche Beiträge*, München, 1947) 제2권에 수록된 유고 논문, 「형이상학과 예술」을 참조─편집자.

는 정신적 태도의 범주이며, 말하자면 직관과 감정 속에 몰아적이고 직접적으로 일체화해가는 지식이다──는 특정한 종교와 교의(힌두교, 그리스도교, 수피즘, 유대교, 도교적 신비주의)뿐만 아니라 철학적 형이상학(예를 들어 플로티노스, 스피노자, 쇼펜하우어, 셸링, 베르그송)과도 결부해 있고, 또한 유심론적 세계관뿐만 아니라 자연주의적 세계관(예를 들어 플로티노스의 냉정한 지적인 신비주의와 디오니소스 숭배와 같은 삶에 도취된 신비주의)과도 결부해 있으며, 또한 훌륭한 이론적인 태도(사변적 신비주의)뿐만 아니라 실천적 태도(실천적·금욕적 신비주의와 예를 들어 토마스 아 켐피스Thomas a Kempis처럼 특정한 최고 규범을 의지적 행위를 통해 완수해가는 가운데 신과의 합일도 성취된다는 신앙)와도 결부될 수 있다.

그러나 신비주의 '그 자체'는 지식이 존재하는 방식의 유일한 범주이고, 결코 자신의 지식원천 그 자체에서는 생겨나지 않은 하나의 전제된 절대적으로 존재하는 것과 가치 있는 것에 관여하는 방식의 유일한 범주다. 이 관여는 언제나 (발생적으로) 완전히 비창조적·2차적인 현상이고, 후기현상이며, 하나의 퇴행이다. 이 점을 오해하면, 예를 들어 많은 교회 저술가들이 그리스도교의 정통적인(orthodoxe) 신비주의를 '유일한' 신비주의로 삼으려 한 것처럼, 신비주의 그 자체의 초종파적 성질, 아니 초종교적 성질을 오해하게 된다. 그렇지 않으면 신비주의를 '종교적' 인식의 독립적인 원천으로 삼거나[31] 예를 들어 쇼펜하우어와 베르그송의 '직관주의'처럼 '형이상학적' 인식을 가능하게 하는 원천으로 삼으려고 할 것이다. 이런 혼합 형태들은 모두 바로 순수 유형의 요소를 전제로 한 것들이다.

이상에서 개관한 문화사회학의 부분들은 다소간 조직된 것과 조직되지 못한 것의 차이는 있지만, 엄밀한 의미에서 정신적 협력의 사회형태에

---

31) 예를 들어 최근 숄츠(H. Scholz)가 『종교철학』(*Religionsphilosophie*, Berlin, 1923) 제2판에서 행한 것처럼.

관한 두 번째 부분이다. 우선 지식의 가장 **중요한 세 종류**는 모든 시대에 걸친 사회형태 속에서 생겨난 것들이다. 사회형태는 본질적으로 지식이 지향하는 최고목표에 부응하는 것이지만, 그때마다 전제된 대상의 본질 존재(Sosein)에 의해 필연적으로 차이가 난다. 그러나 이것은 특수한 정신적 · 문화적 활동의 근본적인 모든 방식에 대해 똑같이 타당하다.

　구제의 지식(Heilswissens)이라는 훌륭한 종교적인 형태에 관한 것에 는 교단, 교회, 종파, 그리고 거의 조직을 갖추지 못한 '유동적인' 신비주 의 단체나 다만 신학적으로 통일되어 있을 뿐인 사고방향 등이 있다. 다 른 한편으로 고대적 의미에서 말하는 '**현자들의 학원**'과 교양인의 공동체 가 있는데, 이들의 가르침은 그 성원들이 지닌 학설 및 연구, 삶의 실천 이 초생명적인 생활공동체와 결부되어 있고, 때로는 초민족적 통일체와 도 결부되어 있으며, 세계 전체에 관련된 이념과 가치의 '체계'를 공통적 으로 승인한다. 끝으로 대상의 분할과 분업에 근거하는 **실증과학의 교육 및 연구조직**이 있는데, 이것은 다소 차이는 있지만 기술과 산업의 조직 내지 법률가 · 의사 · 공무원 같은 특정한 직업집단과 결부해 있다. 즉 우 리가 일반적으로 '학회'(wissenschaftlichen Körperschaften)라고 부르 는 조직과 결부해 있다. 예술가들도 그들의 '유파'(Meisterschulen)를 이와 유사하게 전개시킨다.

　이런 [사회] 형태는 모두 그 종류에 따라 교의(敎義) · 원리 · 이론 등 여러 형식으로 전개되지만, 자연언어를 넘어 '교양언어'의 영역으로 자 신을 고양시키거나 언제나 공통적으로 승인하는 측정법과 '공리'에 대 해 협정을 맺음으로써 '인위적' 기호체계를 통해 자신을 표현한다.

　물론 이런 지식조직은 전체적으로 '학교', 즉 다양한 연령층에 속하는 아이들이 그때마다 포괄적인 생활공동체(부족, 민족, 국가, 국민, 문화 권)의 문화수준을 처음으로 **획득하는** 탐구형태와 구분된다. 생활공동체 에서는 평균적인 지식, 즉 그때마다 사회에서 일반적으로 필요로 하는 지식수준이 다만 한 세대에서 다음 세대로 **전달될** 뿐이고, 지식수준 자체 는 그때마다 카스트 · 신분 · 계급에 따라 다시금 다양화된다. 이런 **교수**

조직과 교육조직의 관계 속에서 방금 서술한 단체[학회]는 하나의 상부구조를 형성한다. 그리고 이 단체에서 각기 새롭게 획득된 지식은 지방자치단체, 도시, 국가, 교회 등에 소속된 '학교조직'의 교원층에 아주 천천히 영향을 미친다.

더욱이 위에서 서술한 지식내용은 [같은] 신분·직업·계급·당파 등에 속하는 사람들이 공통적으로 갖고 있는 집단이익의 혼성체와 구분되고, 신분과 직업계급, 당파 등에 기인하는 일반적으로 '편견'(Vorurteile)이라 부르는 (추정적인) 지식내용과도 구분된다. 이런 가상적 지식이 갖는 특징은 언제나 이런 '지식'의 집단 이익이 생겨나는 근원을 일찍이 공통적으로 지식을 소유한 사람들조차 의식하지 못한다는 점이고, 또한 이들이 단지 집단으로써 그리고 해당 집단에 속함으로써 이런 지식을 공통적으로 갖는다는 사정을 전혀 의식하지 못한다는 점이다. 의식적인 반성 속에서 자동적·무의식적으로 생겨나는 이런 '편견'의 체계를 종교와 형이상학의 사고 또는 실증과학적 사고가 향하는 방향의 배후에서 정당화시키려고 할 때, 또는 고도의 지적인 조직에서 유래하는 교의·원리·이론 등을 동원하여 이 편견을 정당화시키려고 할 때, '이데올로기'라는 새로운 혼성물이 생겨난다. 근대 역사에서 이런 이데올로기의 가장 주목할 만한 사례는 일종의 '피억압자의 이데올로기'인 마르크스주의다. [마르크스주의자들이] 모든 지식의 생성을 이데올로기 생성의 법칙에 종속시킨 것은 경제주의적 역사관에 기초한 특유한 주장이다. 그러나 이런 편견과 이데올로기를 위한 한 여과지(濾過池)를 형성하는 것이 '여론'[32]이고,——여론이란 한 집단의 '교양인'이 공통적으로 갖는 판단태도다.[33]

---

32) 퇴니에스의 걸작, 『여론의 비판』(*Kritik der Öffentlichen Meinung*, Berlin, 1922)을 참조.

33) 국가 이데올로기의 본질과 기원에 관해서는 『사회학 및 세계관 논문집』(국민)*을 참조할 것. 그밖에 『전쟁의 천재와 독일전쟁』(*Der Genius des krieges und der Deutsche Krieg*, 1915) 부록에 수록되어 있는 '정치 슬로건'에 관한

문화사회학은 이런 정신적 협동의 형식들을 **이념형**에 따라 구분하고 정의해야 한다. 그리하여 일찍이 하나의 문화적 전체 내부에서 이 형식들이 어떤 단계적 순서를 거쳐 진행되는지를 연구하지 않으면 안 된다.—— 이 단계적 순서는 이러한 지식조직의 형식들 사이의 권력관계가 어떻게 변해왔는지, 예를 들어 교회와 철학 사이의 권력관계, 이 양자와 과학 사이의 권력관계 등이 어떻게 변해왔는지에 기초를 둔다. 여기서 우리는 지식내용——예를 들어 교의적으로 정의되거나 비교의적으로 정의되는 신앙의 내용——과 조직형태 사이에 있는 관계에 주의해야 한다. 따라서 예를 들어 유대의 야훼종교(Jahwereligion)는 다음과 같은 내용, 즉 스스로 비선교적인 선택받은(nichtmissionierende auserwählte) 민족종교, 즉 하나의 '민족'이 자기 종교의 담지자일 것을 요구한다.

모든 다신교와 단일신교의 내용은 (이미 **요구로서**) 보편종교를 배격한다. 플라톤의 이데아론 내용은 플라톤 아카데미의 형태와 조직을 강하게 요구한다. 나아가 프로테스탄티즘의 교회와 종파조직도 일차적으로 신앙내용 그 자체로부터 규정되며, 이 신앙내용은 다름 아닌 그 사회형태 속에서만 존재할 수 있고, 다른 사회의 형태 속에서는 결코 존재할 수 없다.[34] 또한 실증과학의 대상과 방법론도 필연적으로 대체될 수 있는 협동의 **국제적인** 형식과 조직을 요구한다. 이에 반해 형이상학의 내용과 과제는 개인에 따라 다르고, 대체될 수도 교체될 수도 없는 국민정신 내지는 그 대표자들에 의해 행해지는 공동작업의 **세계시민적**(kosmopolitische) 형식을 취한다.

그러나 지식을 가능하게 해주는 조직형태의 **일차적인** 구분에 따른 가장 일반적이고 대규모의 질서는 인간을 **집단화시키는 것** 일반의 본질형식

연구 참조.

*전집, 제6권에 수록된 「국민과 세계관」 참조 – 편집자.

34) 이 점에 관해서는 트뢸치의 『그리스도교회의 사회론』(*Soziallehren der christlichen Kirchen usw.*, 1912)을 참조. 여기서 이 내용관계를 아주 적절하게 묘사하고 있다.

을 제시하는 문화의 존재방식과 결합된 것이다. 그리고 인간집단의 본질적 형태란 말하자면 불안정한 집단들, (퇴니에스가 말하는 의미에서) 지속적인 **생활공동체**, 이익사회 그리고 자립적이고 자기 책임과 공동책임을 져야 하는 개인들로 형성된 인격주의적인 **연대성**의 체계라는 형식이다.[35] 왜냐하면 이런 구분은——아래에서 밝혀지듯이——언제나 필연적으로 사고형식과 직관형식의 구분을 동반하기 때문이다. 예를 들어 어떤 역사적 집단 가운데서 우세한 생활공동체의 사고는 필연적으로 다음과 같은 점에서 우위를 점하는 것이어야만 한다. 즉 1) 전통적으로 주어지는 지식과 진리의 장(章)들이 반드시 **보존되고** 입증되어야만 하며,——따라서 이들은 탐구와 발견의 대상이 아니다. 이들이 활용하는 생생한 논리와 '사고법'은 '논증술'(ars demonstrandi)이며, 결코 '발견술'(ars inveniendi)이나 구성술(ars construendi)이 아니다. 2) 이들의 방법은 특히 존재론적이고, 교의적이어야만 하며,——인식론적이고 인식 비판적인 것이 아니다. 3) 이들의 '사고법'은 개념 **실재론적이어야**만 하고, 이익사회에서처럼 유명론적인 것이어서는 안 된다. 그러나 이런 사고법은 여기서 **단어** 그 자체를 원시집단에 속한 사람들이 생각하듯이, 더 이상 사물의 속성이나 힘으로 간주해서는 안 된다. 단어를 사물의 속성이나 힘으로 보는 견해에 관해서는 레비-브륄이 적절하게 설명했는데, 이에 따르면 모든 지적 획득물이란 자연현상 속에서 나타나는 정령이나 귀신과 인간이 나누는 '대화'에 기초한다는 것이다. 4) 이들의 범주체계는 특히 **유기론적**(organologische)인 것(다시 말하면 유기체에서 이념화되고 난 후에 모든 것에 알맞게끔 일반화된 것)이고, 따라서

---

35) 이런 인간 결합의 본질형태에 관한 분명한 특징에 대해 나는 이미『형식주의』, V. B. 4의 보유 4에서 자세하게 제시했다. 여기서 거론된 구분을 슈타인(Edith Stein)이『철학과 현상학 연보』제5권 및『심리학 내지 정신과학의 철학적 기초에 관한 논문집』에서 좀더 발전시켰다. 리트(Th. Litt)도『개인과 공동체』(*Individuum und Gemeinschaft*, Leipzig, 1924)에서 유사한 목표를 설정하고 있다.

세계도 이에 대해 일종의 '생물'이지 않으면 안 되고,——이익사회에서처럼 기계론은 인정되지 않는다.

따라서 어떤 한 정신문화와 정신문화가 형성되는 역사는 구체적으로 매우 다양한 과정을 거쳐 진행되지만, 그럼에도 역사의 특정한 매우 형식적인 국면은 사회학적으로 제시된다. 본래 '역사적인 것', 즉 개인적이고 불가역적인 것은 모두 그런 국면에서 벗어날 수 없다. 이를테면 중세시대의 대학(파리, 프라하, 하이델베르크 등)은 그 역사적 사실성에서 그리고 절대주의 국가에서의 근대 대학은 그 근본적인 개혁에서——이 개혁은 먼저 종교개혁과 인문주의를 통해 일어났으며, 다음으로 절대주의 시대에 일어났고, 마침내 프랑스혁명 이후 자유주의 시대에 와서 완성되었다——다양화해가는 국민들 내부에서 전혀 다르게 전개되어온 것을 다만 역사적으로 묘사하는 하나의 확실한 대상이다. 그러나 근대 대학도 그 교육조직과 교육계획 속에 중세사회와 신분에 따른 신학·철학·과학의 지배관계를 예리하게 반영하고 있고, 본질적으로 살아 있는 언어로 탐구하는 연구시설이 아니라 하나의 죽은 언어[死語]로 '학문적' 전통과 전승을 계승하는 시설일 뿐이라는 게 사실이다.——이런 사실은 결코 역사적 사실이 아니라 하나의 사회학적 사실이다.

따라서 우리는 이런 사실을 아라비아, 유대, 중국의 문화사에 나타나는 특정국면들 속에서도 찾아볼 수 있다. 예를 들어 [청]왕조 멸망 이후의 중국과 비교해본 고대 중국의 교육제도 속에서 우리는 이런 국면을 찾아볼 수 있다. 마찬가지로 중세철학에서 이른바 '보편논쟁'의 과정도[36] 단지 역사적으로만 인식되어야 할 사실이다. 그러나——논리적인 '이론'으로서가 아니라——'생각한다'는 것 자체의 생생한 방식으로서 중세에는 개념 실재론적 사고방식이 우세했던 반면에, 근대에는 유명론적 사고법이 우세했다.——이것은 하나의 사회학적 사실이다. 중세적 세

---

36) 보편논쟁 진행과정에 관한 충분한 논의에 관해서는 오늘날 프란틀(K. Prantl) 의 『서구에서 논리학의 역사』(Geschichte der Logik im Abendlande, Leipzig, 1855~70) 참조.

계관의 대상을 구성하는 유기론적인 범주적 구조가 플라톤주의와 아리스토텔레스주의의 지배 아래서 표현되고 있다는 것과 기계적·기술적 사고가 길버트[37], 갈릴레이, 우발디스(Ubaldis), 데카르트, 홉스, 호이겐스(Huygens), 돌턴(Dalton), 케플러, 뉴턴과 함께 발단하여 점차로 고양되어왔다는 것은 모두 역사적 사실이다.──그러나 모든 실재하는 것, 즉 생명 없는 물질의 세계 및 정신적 세계, 사고형식과 존재형식을 일차적으로 살아 있는 유기체에 기초해서 보는('형상'과 '질료'로 보는) 사고의 해체, '생명 없는 물질의 질량 운동'과 이 운동의 법칙 속에서 형식을 간취하는 사고로 물질의 운동과 법칙을 기능화시켰듯이, 생생한 사회적·경제적·정신적·정치적 세계를 차례로 정돈시키거나 정돈 '시켜야만' 한다는 것은 역사적인 사실이 아니다. 그것은 하나의 사회학적 사실이다. 이런 사회학적 사실은 새롭게 등장한 개인주의와 분리될 수 없고, 자유시장을 위해 생산하는 (상품경제) 사회에서 공동체가 해체되기 시작하면서 수작업을 위한 도구보다 공작기계가 우위에 서기 시작한 것과도 분리될 수 없다. 또한 생명과 결부된 연대성의 원리가 소멸되고, 오직 자기 책임만이 강조되는 경쟁원리가 서양사회의 에토스와 의욕 속에 대두했다는 사실과도 분리될 수 없다.

본질적으로 무한한 과정 속에서──이것은 아리스토텔레스와 중세에는 전혀 알지 못했던 이념이다──개인과 특정한 기술적 과제에서 풀려난 방법적 '연구'를 통해 축적해온 자연에 관한 지식을 임의로 활용해왔고, 이 새로운 '실증적' 과학이 근대 초기에는 철학 및 신학과 함께 개인적으로 결합된 폐쇄적인 체계 속에 머물러 있었지만, 점점 철학과 신학에서 분리되어 나왔다.──이 모든 것은 동시에 중세적인 자급경제가 붕괴하고, 경제에서 (오직 상호경쟁에 의해서만 제한되는) 원칙적으로 무한하게 이윤을 추구해가는 정신이 새롭게 등장했다는 사실 없이는 설명될 수 없다. 이것은 또한 교황과 황제 아래 있었던 '그리스도교적 서양과

---

37) 길버트(Gilbert, 1504~1603): 영국의 의사─옮긴이.

는 매우 대조적으로 '힘의 균형'(balance of power)이라는 원리에 따라 통합되는 '유럽협조'(europäische Konzert)[38]를 만들어낸 절대주의적이고 중상주의적인 국가 간의 새로운 다면적인 결합이 없었더라면 불가능했던 일이다.

일반적으로 문화사회학의 다른 하나의 과제는 **문화영역** 내지 문화영역 내의 특정한 요소, 예를 들어 예술의 **양식**과 예술적 **기술**이 어떤 본질적인 **운동형식**을 취하고, 어떤 운동으로 개화 · 성숙 · 쇠퇴해가는가 하는 문제다. 각종 지식의 운동형식이라는 문화의 **동학**을 이 거시적이고 포괄적인 문제에 적용시킨 특수한 경우에 불과하다.

내가 볼 때 이 문제영역에서 일어나는 것이 훨씬 더 크고 복잡한 문제인 것 같다.

[첫째로] 생물학적 집단과 혈통의 통일성은 모든 정신문화의 담지자였고 생산자였으며, 지금도 여전히 정신문화를 담지하거나 생산하고 있다. 이때 정신문화는 여전히 특별한 **생물학적인 집단**과 **혈통**을 하나로 묶어주는 원리적인 **가사성**(可死性)에 관여하는가? 관여한다면 어느 정도 관여하는가? 또는 정신적 문화영역들, 예를 들어 종교는 철학에 대해, 철학은 과학에 대해 (양적인 크기가 아니라) 규모 면에서 얼마나 지속적인가? 이 문제를 우리는 문화를 산출하는 집단이 현존하기 위한 '**문화의 잔존가능성**'(Überlebensfähigkeit der Kultur)의 **정도**에 관한 문제라 부른다. 나아가 문화란 문화를 담지하는 생물집단의 집합적 심성이 지닌 일회적이고 비가역적인 생명을 **표현한 것**이고, **영혼을 표현한 것**(슈펭글러가 말하는 '관상론 Physiognomik'[39], 그는 이 운동형식을 모든

38) 유럽협조는 빈(Wien)회담 이후 제1차 세계대전에 이르기까지 약 1세기 동안 유럽을 지배해온 국제 정치체제를 총칭하는 말이다. 이 기간에는 우세한 영국의 경제력 · 군사력에 의해 근본적으로 규정된 '먹이사슬의 균형'(Balance of Fie)이 유럽을 실질적으로 지배했다—옮긴이.

39) 슈펭글러에 따르면 생성되는 '현존재'를 스스로 말하는 형태에서 근원적 사실을 '직관하는' 방법을 말한다. 슈펭글러는 『서구의 몰락』에서 세계사에서 모든 문화를 지배하는 '운명'을 해명하려 했고, 이때 그 방법론으로 삼은 것이 바로

문화에 적용시키는 오류를 범했다)이며, 따라서 문화가 생물집단의 총체적인 현존, 예를 들어 인종·민족·부족을 〔문화에〕 종속시키는 사회학적 실질요인과 그 지속성을 필연적으로 소멸시켜버린다는 것은 문화의 어느 영역에서 일어나는 것인가?[40]

둘째로 저 특별한 방식의 문화 '성장'은 어떤 가치영역과 어떤 사실영역에서 우위를 나타내는가? 성장이란——시대적으로 한 민족에서 다른 민족으로 변해가는 단지 정신적인 〔문화의〕 계승(전통과 수용)에 기초하여——옛날에 획득한 문화내용을 보존하고, 새로 생겨나는 것의 문화적 종합 속에서 기존의 것을 극복하고 고양시키는 것——헤겔이 말하는 이중적 의미에서 '지양'——이고, 따라서 1) 이를 통해 진행되는 기간에 살아 있던 문화의 의미가 상실되지 않고, 2) 문화내용의 타당성과 의미내용도 물론 상실되지 않지만, 문화의 근원이 원리적으로 대체 불가능하고 교체 불가능한 방식으로 특정한 개별적인 문화주체를 시대의 흐름 속에 그리고 동시대적으로 병렬시키는 것을 말한다. 이런 〔제2의〕 운동형식에서 우리는 다만 민족의 초생물학적인 생존과 무관한, 따라서 혈통, 정치·경제적인 생존과 무관한 문화의 의미내용과의 협동, 예를 들어 고대문화의 '정신', 유교윤리의 '정신' 또는 불교예술의 '정신' 등이 '세계'적이고 보편적인 문화를 창출하면서 행한 협동에 관해 말해야만 한다고 말할 수 있을 따름이다. 이 협동은 개별적인 문화주체(시대 또는 문화권)가 오직 그 주체를 통해서만 부과할 수 있는 특수한 개별적인 '문화적 사명'을 위해 일회적으로 결정된다는 사실에 기초한다.[41] 이런 운동형식 속에서 '지식'의 특수영역에 속하는 다음과 같은 지식이 발견될 수 있다는 것은 쉽게 통찰된다. 첫째로 귀납적인 경험의 양과는 무관한 지식, 즉 본질의 지식이 존재한다. 둘째로 이 지식은 범주적 구조 속에 기능화되어 있다. 셋째로 이 지식은 보편적인 역사의 발전 속에 들어 있는 오

이 관상론이다—옮긴이.

40) 이것은 바로 '제1의 운동형식'이다—옮긴이.

41) 이 책, 68쪽의 주 19)를 참조—편집자.

직 하나의 특정한 국면과 특정한 구체적인 주체의 실질사회학만이 '접근해갈 수 있는' 지식이다. 이런 운동형식을 나는 "현존하는 정신구조의 착종과 수용에 따라 새로운 구조 속으로 **성장해가는 문화**'라 부른다.

　나는 트뢸치, 만하임, 그밖에 다른 사람들이 사용한 헤겔식의 '변증법적 성장'이라는 표현을 피한다.──비록 헤겔이 이 성장의 형식을 형식으로서 통찰했다는 점을 인정한다 할지라도, 이 범주를 역사철학적으로 **적용**하면서 매우 소박하게 유럽적이라는 좁은 지평에 시선을 한정시켰기 때문에 매우 불충분한 것에 그치고 말았던 것이다. 헤겔이 이 형식을 직관했다는 **사실**은 한편으로 범주의 발전에 관한 그의 학설을 입증해주는 것이고,──이것은 이성이 안정된 것이라고 설명하는 칸트의 학설에 대립하는 것이고, 단지 양적으로 성장해가는 경험의 실질들에 이성을 **적용**시킨 것을 단순히 진보라고 생각하는 것과도 예리하게 구별되는 것이다──다른 한편으로 초시간적이지만, 역사적 시대에 축차적으로 나타나는 모든 역사적 문화의 의미연관이 세계사의 총체적 의미를 결정한다는──시간적으로 멀리 떨어져 있는 어떤 목표, 예를 들어 콩트와 스펜서가 실증주의적 체계 내에서 생각했던 이른바 연속적으로 '진보해가는 것'의 '최종 상태'가 아니라는──그의 학설을 입증해주는 것이다. 랑케(Leopold v. Ranke)에 따르면 모든 문화의 국면은 '다 같이 직접적으로 신에 접근해가고', 모든 시대와 민족은 자신의 '고유한 자아'를 지니고 있으며, 이런 이상적 본질에 따라 시대와 민족은 평가되고, 단순히 '한 시대가 후속하는 시대에 의해 매개된다'는 것은 없다.

　이런 심오한 진리를 띤 랑케의 말도 여기서 말하는 '성장'이라는 이념의 부분요소에 불과하다.──비록 단 하나의 부분요소에 지나지 않는다 할지라도 말이다. 물론 개별문화가 이룩한 업적 및 작품과 마찬가지로 또한 대체할 수 없는 어떤 지식의 유형〔을 결정하는 데〕에 대해서도 초기 또는 청년기의 문화가 〔다음 시기에 대해〕 **독점권**, 말하자면 우선권을 가질 수 있다는 종래의 사상은 최근 인류가 대체로 그때마다 성숙된 시기에 (예를 들어 특히 구제의 지식과 교양의 지식에) 관해 거의 고려

하지 않았던 것처럼 거의 고려되지 않는다.[42]

제3의 운동형식은 우리가 시간의 계기에 따라 **축적해온 진보**(또는 퇴보)를 나타내는 형식과 동시대에 일어나는 '국제적' 협력을 나타내는 형식이다. 종교·예술·철학이 그 핵심인 기술을 넘어 특히 부분적으로 제2의 운동형식에 속하는 반면에, **정밀과학**은 계산과 측정에 기초해 있는 한에서 축적해온 가능한 진보의 중요한 토대가 된다. 나아가 자연을 지배하고 사회조직을 위한 (국가경영기술의 형식과 구별되는) 실증적 **기술** 및 의학에서 '의료기술'과 구별되는 의학과 의술의 발전에 근거하는 (예를 들어 먼저 외과술) 모든 것도 축적해온 진보의 중요한 토대가 된다. 이런 〔제3의〕 운동형식과 제2의 운동형식 사이의 차이는 분명하다. 제3의 운동형식에서는 오직 재화만이 문제되는데, 재화는 사고방식, 에토스, 정신구조 그 자체의 필연적인 변화를 동반하지 않은 채 누적되어온 것들이다. 따라서 모든 세대는 단순히 과거세대가 남긴 성과에 의지한다. 나아가 가치재(Wertgüter)도 문제가 되는데, 가치재도 한 시대에서 다른 시대로, 한 민족에게서 다른 민족으로 **끊임없이** 전달되고 수용될 수 있으며, 가치재를 획득하고 증식시키는 것에 관한 하나의 '방법'이 다시금 발견되고 개발된다면,──이 발견과 개발 그 자체는 물론 특수한 역사적·개인주의적인 정신구조의 결과에 불과하며, 예를 들어 우리의 실증과학과 기술에서 나타나는 후기 서양 문화연관의 일회적인 구조

---

42) 이에 관해서는 『인간에 있어서 영원한 것』에 수록된 나의 논문, 「종교의 문제들」의 결론부분을 참조할 것. 바흐오펜(J.J. Bachofen)은 형이상학적 지식에 대한 어린 시절의 독점권과 우선권을 매우 일면적인 방식으로 전제한다. 그 방법에 관해서는 베르누이(C.A. Bernoulli)가 바흐오펜에 관한 그의 위대한 저작, 『바흐오펜과 자연의 상징』(*J. J. Bachofen und das Natursymbol*, 1925)에서 매우 교훈적으로 설명한다. 클라게스(L. Klages)는 (베르누이 참조) 『인간과 지상』(*Mensch und Erde*, 1920), 『본질과 의식』(*Vom Wesen des Bewußtseins*, 1921), 『세계발생적 에로스』(*Vom kosmogonischen Eros*, 1922)에서 신랄하게 비판한다. 인간성에 관한 총체적인 지식의 역사는 이런 낭만주의자(Savigny)에게서 출발하는 학설에서 일면적으로 진행시킨 '데카당스'가 되었고, 실증주의자에게는 하나의 끊임없는 진보가 되었다.

에 따라 생겨난 결과에 불과하다——모든 문화적 총체를 구성하는 구성
원도 원리적으로 대체되고 임의로 교차될 수 있다. 이 운동형식은 모든
민족의 몰락을 넘어 진행해가고, 또한 내가 말하고 싶은바, 당연히 민족
혼의 표현구조를 넘어 끊임없이 진행해간다. 이 운동형식은 적어도 제2의
운동형식이 나타내는 운동국면과 이른바 비마술적인 종합을 통해 진행
해가는 것이 아니다. 여기에는 확실히 문화성장의 경우에서와 마찬가
지로 (알프레드 베버가 이름 붙인) '문명이라는 우주'(Zivilisations-
kosmos)[43]가 진보해가는 시대의 순서형식이 현존한다.

그러나 이 '진보' 속에서 시간적 순서의 자리를 충족시켜주는 것은 오
로지 인간이 겪는 점점 증대해가는 **우연적인 경험의 양**에 관련해 있고,
일찍부터 알려진 수행의 크기에 관련된 것이며,——결코 적극적이고 개
인적인 '문화적 사명'과 구체적인 문화주체를 내용적·질적으로 규정하
는 정신문화에 관련된 것이 아니다. 그렇기 때문에, 오직 그렇기 때문에
여기서 뒤따르는 것에 필연적으로 관련된 것의 '진보'와 함께 옛날의 낡
은 단계의 **가치**는 상실되고 마는데, 이것은 제2의 운동형식과 확실히 다
른 것이다. 따라서 여기서 문화내용의 초시간적인 의미연관과 유사하거
나 언제나 새롭게 일어나는 문화적 종합 속에서 행해지는 '세계시민적'
협동과 유사한 것은 아무것도 없다.——있다면 그것은 오직 하나의 궁
극목표를 향한 통일적·지속적·잠재적으로 뻗어가는 무한 진보뿐이
다. 여기서 **궁극목표**란 1) 하나의 세계상이고, 정신적 생명주체가 (심
적·사회적·무생명적인) 자연에 대해 가지는 지배가치와 지배의지에
따라 선별된 세계상의 요소는 현상의 시·공간적 일치를 규제하는 법칙

---

43) 알프레드 베버(Alfred Weber, 1866~1958)는 독일 문화사회학의 선구자다. 그
    는 인간사회의 역사를 사회과정, 문화과정, 문화운동이라는 세 계기를 종합하
    는 것이라고 설명한다. 이에 따르면 "전체적인 역사의 과정은 각 부분에서 고
    유한 각종 역사적 주체의 숙명에 기초하여 진보해가는 인류의 보편적인 '문명
    이라는 우주'를 통일적으로 표현하는 과정이다"(『문화사회학에 대한 원리적인
    것』*Prinzipielles zur Kultursoziologie, Archiv für Sozialwissenschaten
    und Sozialprinzip*, 47권, 15쪽 참조)—옮긴이.

의 총체를 포함한다. 따라서 이 세계상은 문화 담지자의 심적·생명적 자연과 무관할 뿐만 아니라 정신적·인격적 개체성과도 무관한 것이지만, 자연을 임의적인 목적에 따라 제어하는 것을 허용한다. 2) 그리고 궁극목표란 이런 〔자연의〕 제어를 위해 필요한 장치(기술)들의 총체를 말한다. 여기서 이 제3의 운동형식은 통일성·연속성·운동단계에서의 예측 가능성·보편성·보편타당성에서 다른 모든 〔운동형태〕보다 훨씬 뛰어나고, 나아가 적극적인 가치고양, 즉 (퇴보와 반대인) 진보적 성격에서, 그리고 확실성과 직선성, 원리적인 무한성에서도 뛰어나다. 그러나 이 제3의 운동형식에 따른 의미부여와 가치평가 그 자체는 다시금 형이상학적 지식의 내용에 의해 전적으로 제약되고, 사실영역 전체의 운동은 형이상학적 지식유형들 가운데서 매우 특정한 한 유형에만 상응할 따름이다.

지금까지 개괄적으로 살펴본 것은 단지 정신 그 자체의 산물들 사이에 존재하는 합법칙적인 생성조건에 관한 문제에 지나지 않는다. 그러나 문화사회학의 가장 심오하고 내용적인 문제는 다른 종류의 문제권역(Problemkreis)에 포함되어 있다. 이 문제권역은 지도적 엘리트의 충동구조에 그때마다 객관적으로 상응하는 현실제도가 어떤 법칙적인 질서 속에서 이념적인 의미세계를 생산하고 유지하며 조장하거나 방해하는지의 문제에 의해 제한된다. 그리고 이념적인 의미세계란 현실적인 사건과 생성의 역사 속에 있는 모든 시점에서 그 현실 역사를 넘어 떠오르지만, 미래의 가능한 역사에 앞서 계획과 기대·신념·프로그램으로서 떠오르는 것을 말한다. 아니 우리는 인간의 역사에서 확실히 생성된 것으로부터 생성되는 과정을 추론하고 이른바 내삽(內揷, interpolieren)할 수 있을 뿐만 아니라 이러저러한 역사적 현실이 처음으로 흘러나오는 이해·노력·계획·프로그램·기획과 실패한 '시도'를 스스로 추체험하기 때문에 생성된 것의 생성 그 자체를 함께 추구할 수 있다. 이런 사실들은 인간의 역사에는 고유한 것이면서 모든 자연인식과 이른바 자연의 역사에는 전적으로 결여되어 있는 인식의 가능성이다.

역사적 현실은 미리 주어진 현실에 선행하는 이념과 의욕, 기도와 계획에서 흘러나오는 단지 최소한의 부분에 불과하다.──또한 역사적 현실은 일정한 역사적 역할을 펼치는 어떤 집단이나 개인이 의욕하고 의식하며 기대하는 것과 언제나 원리적으로 다른 것이다. 이런 정신적으로 가능한 역사, 즉 모든 시점에 잠재해 있으면서 생성되고 있는 역사가 사건과 업적, 현실적인 상태로 되어버리는 그 역사와 언제나 양적으로도, 질적으로도 완전히 다르다는 점을 우리는 한편으로 계획·기도·이념의 추체험과 [다른 한편으로] 현실적으로 일어나는 것으로서 인식되는 모든 것이라는 이중적인 인식의 원천 덕분에 분명하게 인식할 수 있다.

그런데 이렇게 생성되는 것과 이미 생성된 것 사이에는 언제나 불변적으로 존재하는 차이가 있다. 이 차이는 실질요인의 작용이 정신과 그 관념적 업적을 나타내는 역사 속에 개입하는 곳과 의미론적으로 기대할 수 있는 것을 전혀 실현시키지 못하거나, 그 '의미의 연속성'을 단절시키고 파괴시켜버리거나, 촉구하고 '확산'시키는 곳에서 분명히 드러난다. 역사를 모두 자연주의적으로 설명하려 할 때 범하는 근본오류는 실질요인을 ──그것이 인종이건, 지정학적 구조이건, 정치적 권력관계이거나 아니면 경제적 생산관계이건 간에──이른바 결정적인 것으로 간주하고, 우리가 정신적 노작 속에 구체화된 이 실질요인을 찾아내고 정신적 노작에 따라 이해하듯이, 이 이념적인 의미세계를 일의적으로 결정하는 역할을 이 실질요인에 부여하고 있다는 점이다. 한마디로 말하면 자연주의자는 이념적 세계를 현실의 역사세계에서 '설명'할 수 있다고 생각한다. 그러나 거꾸로 현실적인 사건, 제도, 대중의 상황 등이 직접적이거나 우회적으로 정신의 역사가 펼쳐지는 일직선상에서 파악될 수 있다고 생각하는 것은 적어도 모든 이데올로기적인 유심론적·인격주의적 역사관이 다 같이 범하는 심각한 오류다.

이에 대해 우리는 다음과 같이 말한다. 고유법칙에 따라 자동적으로 일어나며, 또한 인간의 의지와 무관하고 정신과 가치에 맹목적인 사건과 상태를 확정 짓는 질서에 따라 진행되는 국면을 지도(Leitung)하고 통제

(Lenkung)하는 것만이 현실적인 역사과정에 인간의 정신과 의지가 기여할 수 있다.[44] 인간의 정신과 의지는 이외에 아무것도 아니다. 이념은 어떤 힘과 이해관심, 정열, 충동과 제도 속에 객관화되어 있는 충동의 '활기'를 이끌어낼 수 없기 때문에,──그 정신적인 자기 가치가 아무리 높다 하더라도──현실 역사적으로 볼 때 전혀 무의미한 것이다. 또한 이른바 이념의 배후에는 이해관심과 정욕을 '활용'하고 지배할 수 있을 만한 '이념의 간지(奸智)'(헤겔)라는 것도 존재하지 않는다. 어떤 상황과 사건도 이런 추정적인 '간지'에 대해 설명하려고 애쓰지 않는다. 헤겔이 '이념의 간지'라 부른 것은 18세기의 자유롭고 정태적인 조화체계를 역사단계의 진행 중에 나타나는 역동성으로 치환한 것에 불과하다. 그런 한에서 현실적인 역사의 진행은 정신적 생산물의 의미론적 요구와 전혀 무관하게 완성된다. 그러나 현실적인 역사의 진행이 정신문화의 의미내용과 가치내용을 일의적으로 규정한다는 것도[45] 또한 마찬가지로 있을 수 없는 일이다. 현실적인 역사과정은 단지 정신적 잠재력이 영향을 미치는 방식과 크기를 조장하고, 제한하거나 방해할 뿐이다. 영향을 미치는 것이 무엇이며, 얼마나 영향을 미칠 수 있는지는 언제나 비교할 수 없을 만큼 매우 다양하고 풍부하지만, 실질요인에 따른 '일의적' 규정에 상응할 것이다. 그것은 다음과 같다.

현실상태와 사실을 정신사의 발전에 따라 '설명'할 수 있다는 것은 언제나 의미법칙에 따라 잠재적으로 가능한 노작과 실제적인 노작의 차이를 나타낼 뿐이다. 따라서 현실적인 역사의 '수정할 수 있는 숙명'(fatalité modifiable)은 결코 정신의 노작이 지닌 적극적인 의미내용을 결정할 수

---

44) '지도'가 정신의 일차적 기능이고, 통제는 이차적 기능이다. 지도는 가치를 강조하는 이념의 질책이고, 통제는 충동적 충격을 방해하고 해방시키는 것이다. 충동에 종속된 운동은 이념을 현실화시킨다. 지도가 통제의 방식을 결정한다(정신의 근본작용으로서 '지도와 통제'에 관해서는 『우주에서 인간의 지위』, 1927과 『지식의 형식과 교양』, 1925를 참조─편집자).
45) 예를 들어 경제적 역사관이 가정하듯이.

없지만, 이런 의미내용이 작품화되고 현실화되는 것을 방해하고 해방시키며, 억제시키거나 촉진시킨다. 비유적으로 말하면 현실적인 역사는 특정한 존재방식과 질서 속에서 정신적 흐름의 갑문(閘門)을 열고 닫는 것과 같다.[46)]

제도와 주어진 사실, 상태의 현실역사가 정신사에 대해 그리고 정신사의 의미논리가 요구하는 바에 대해 갖는 이런 주권적인 무관심에도 불구하고, 그때마다 경제의 형태화와 정치적 권력관계, 양과 질에 따른 인구관계, 인종의 혼합과 분리라는 관점에 따른 인구관계가 나타내는 형태화는 언제나 대중('다수자')과 지도적 엘리트('소수자')가 좀처럼 일치할 수 없다 할지라도, 동시대의 정신구조를 형태화하는 것으로써 어떤 의심의 여지없이 존립하는 전체적인 양식의 동일성을 제시한다. 그렇다면 ──일찍이 이데올로기적이고 인격주의적인 역사이론 또는 자연주의적이고 집합주의적인 역사이론이 가정하듯이──결코 한편의 계열이 자신의 기준에 따라 다른 한편의 계열을 형성하기 때문에 이런 사태가 발생한 것은 아니다. 따라서 여기서 말하는 '일치'란 오히려 현실역사를 '지도하고' '제어하는' 기준과 정신사의 매우 다양한 영역에서 산출되는 작품의 생산에 기준이 되는 한 시대와 집단의 최고 높은 곳에 있는 정신구조가 그때마다 동일한 구조를 지닌다는 점을 의미한다.

상대적으로 폐쇄적이고 함께 관련된 문화과정의 진행 가운데 '지도'와 '제어'가 일련의 현실역사에 미치는 영향의 크기는 결코 모든 시대에 동일한 것이 아니라는 점을 여기서는 다만 부수적으로 언급할 따름이다. 문화의 세 주요단계, 즉 문화가 태동하는 청년기의 국면──그 전성기

---

46) 다른 기회에 상세하게 논의할 수 있을 것으로 생각하지만, 일반적으로 정신사와 현실역사의 근본관계에 관해 다른 점에서는 서로 대폭적으로 견해를 달리하는 연구자, 딜타이(『시인의 구상력』Die Einbildungskraft des Dichters, 1887 참조), 트뢸치(『그리스도교회와 집단의 사회론』Die Soziallehren der christlichen Kirchen und Gruppen, 「서문」, 1912 참조), M. 베버(『종교사회학』Religionssoziologie, 「서문」, 1915/1919 참조)도 본질적으로는 위의 논의에 찬성한다고 나는 확신한다.

──과 완숙기, 쇠퇴기로 향한 국면은 지도할 수 있고 제어할 수 있는 양적 질서를 명백하게 제거해버린다. 이 과정에서 **집합주의적인 숙명적 계기**와 함께 사람들의 결정론적인 감정은 증대된다. 이와 함께 현실역사과정의 지도 불가능성과 제어 불가능성도 **증대한다**. 이 과정의 최종국면은 모두 **삶의 대량화**다. 다른 한편으로 이 과정은 정신적·이상적인 문화내용을 해방시키고, 문화의 인격적 담지자를 이 최종국면에서 언제나 완벽할 정도로 현실역사를 지도하고 제어해야 한다는 '임무'에서 해방시키며, 자기 자신을 위해 현존하고 살아가는 것이다. 현실적인 역사에 대해 일찍부터 미리 주어진 인과적 요인──아니면 또한 인과적 요인──이었던 것은 (비록 지도와 제어를 임무로 삼는다는 점에서만 그렇다고 할지라도) 점점 더 **자기 목적** 또는 자기 가치로 되어간다. '예술을 위한 예술' '과학을 위한 과학' 등의 언표가 이런 후기단계의 슬로건이다. 전적으로 자기 자신과 자신의 교양을 위해서만 살아가는 개인주의자는 예를 들어 '댄디즘'(Dandyism)[47]에서 보듯이 이 〔시대적〕 현상을 나타내는 가장 명료한 현상 중의 하나다.

　문화사회학에서 가장 핵심적인 문제는 다음과 같다. 즉 인간사의 역사적 지속 속에는 하나의 **불변적인 것**이 있는가,──또는 상대적으로 완결된 문화물이 진행해온 발전국면의 질서와 함께 **법칙적으로 교체되는** 질서가 존재하는가 하는 물음이다. 우리는 이 질서에 따라 실질요인이 저 갑문을 열고 닫는 것을 실질요인이 정신사에 영향을 미칠 수 있는 근본적인 방식으로 인식한다. 여기서 다음과 같은 점을 언급해야 한다. 즉 **소박한 인종생득주의**(Rassennativismus), **정치주의, 경제주의**라 불릴 수 있는 저 역사적·사회적 사고의 세 **중요한 방향** 사이에 오랜 세월에 걸친

---

47) 댄디즘은 19세기 초 영국의 상류사회 젊은이들 사이에서 유행하던 사조(思潮)를 말한다. 이들은 복장, 장식, 행동거지에 이르기까지 귀족적·남성적 우월성을 드러내는 우아하고 세련된 생활태도를 고집했다. 즉 사회적 관습의 범주를 넘어서지 않는 선에서 자기만의 개성을 찾으려 했던 강렬한 자기예찬 현상을 나타냈다─옮긴이.

투쟁과 대립을——우선 **실질사회학**에 관련한 것과 반대로——**정신문화의 역사와 사회학**에서 나타내지 않으면 안 된다. 여기서 한편으로 굼플로비치(Gumplowicz), 고비노(Gobineau) 등이, 다른 한편으로 랑케주의자, 신랑케주의자들이, 그리고 마르크스의 경제주의가 이 관점에서의 일방적인 사고방향을 대표한다.[48] 이 세 방향이 모두 갑문의 개폐를 말하는 대신 정신문화 내용의 일의적인 내용규정을 정립하려 했다면 모두 '자연주의'에 빠지고 말 것이며, 이런 자연주의를 우리는 이미 부정한 바 있다. 우리가 일반적으로 의존하는 규칙을 도입하여 다음과 같이 묻는다면, 당연히 자연주의에 대한 내적 대립이 드러난다. 즉 정신적 잠재력을 발휘하기 위해 그때마다 실질요인이 채비를 갖추는 가운데 실질요인의 어떤 부분이 **일차적으로** '갑문'을 열고 닫으며, **이차적으로** 또는 **삼차적으로** '갑문'을 열고 닫을 것인가?

여기서 나는 이 문제들에 대해 몇몇 테제만을 제출하는 데 그치고, 이에 대해 충분한 정초는 다른 기회로 미루고자 한다.[49]

위에서 언급한 사회학적 방향들 간에——대부분 은밀하고 무의식적으로 수행된——하나의 싸움을 가정하는 것은 특히 다음과 같은 가정인 것처럼 보인다. 즉 혈연, 정치적 지배관계, 경제라는 세 가지 요인 가운데 독립변수는 전 역사과정에 걸쳐 언제나 **동일한 것**이라는 가정이거나, 아니면——순수 경험주의적 낙관주의자들이 방법을 가정하듯이——여

---

48) 여기서 인종생득주의자로 거명된 굼플로비치(1838~1909)는 오스트리아의 사회학자인데, 그는 국가가 형성된 계기를 '인종투쟁'에서 찾는다. 또한 고비노(1816~82)는 프랑스의 외교관인데, 『인종불평등론』을 저술했으며 니체에게 영향을 주었다. 정치주의자의 예로 든 신랑케주의자란 랑케에 의해 시작된 정치사의 학문적 방법을 계승하면서 고도의 정치적인 관점에서 역사서를 쓴 이른바 '프로이센학파'(드로이젠, 지벨, 트라이치케 등)를 지칭하는 말이다―옮긴이.

49) 이것은 나의 『철학적 인간학』(*Philosophischen Anthropologie*) 및 『사회학 및 세계관학 논문집』 제4권('역사철학의 문제들')에서 시도되었다(그러나 이 책들은 발간되지 못했다―편집자).

기서는 대체로 역사적으로 형성된 확고한 힘의 질서도 있지 않고, 이러
저러하게 경우에 따라 다르게 나타난다는 가정이 그것이다.

　서로 논쟁하는 부분들이 이와 같이 공통적으로 잘못 가정하고 있는
각자의 입장에 대해 처음으로 돌파구를 연 것은 민족학자들(Ethnolo-
gen)이다. 민족학자들은 국가 이전의 '사회'와 정치 이전의 '사회'의 많
은 형식세계, 즉 지배자가 등장하기 이전의 씨족단체가 지배력을 행사하
던 시대를 언제나 분명하고 명료하게 발견했고, 유감스럽게도 역사학자
들과 철학자들 사이에 매우 광범위하게 퍼져 있던 고대-그리스도교적인
편견, 즉 '국가'가 인간본성의 본질을 규정한다는 편견을 타파해주었다.

　국가가 인간의 본성이라는 이 본질규정은 의심할 것 없이 이익사회 생
활 일반을 말하는 것이고, 나아가 '소수의' 지도자와 '다수의' 복종자라
는 형식적인 법칙을 말하는 것이다.――아니 이 법칙은 동물사회에도
확실히 타당하다. 또한 우리가 씨족단체의 지배력이 끝나는 시기에――
반쯤 개화된 민족이나 완전히 미개한 민족뿐만 아니라――문화민족의
초기시대를 좀더 심오하게 통찰하고, 초기 '국가', 즉 끊임없이 생겨나
는 전쟁의 영웅들과 이들을 따르는 청년 무리들이 씨족단체의 질서에
대항하고 반항할 뿐만 아니라 다양한 조직과 법적 형식, 성스러운 곳, 습
관, 관습, 의식, 제의, 세계상과 심성 등에 대항하면서 수백 년에 걸쳐
투쟁해온 결과, 도처에서 이런 정치 이전의 인간세계를――이 세계는 모
든 견지에서 혈연관계, 연령 및 각자가 사회화해가고 역사를 형성해가는
힘이 우위를 차지하는 질서에 기초한다――타도하고 멸망시키려 했다
는 사실은 모두 오늘날에 원시사회 연구를 통해 얻은 가장 확실한 성과
중의 하나로 손꼽힌다.[50]

50) 이 점에 관해 분트(W. Wundt)의 『민족심리학』(Völkerpsychologie, 제3권),
　　'정치적 사회'를 참조. 최근에 오펜하이머(F. Oppenheimer)가 저술한 『사회
　　학 체계』(System der Soziologie, Jena, 1922) 제1권에서도 매우 적절하게 지
　　적하고 있다. 이 문제에 대한 비판적 논의는 피어칸트(A. Vierkandt)의 『사회
　　이론』(Gesellschaftslehre, Stuttgart, 1922), 320쪽 이하 참조. 그러나 우리는

저 공통적인 편견에 대한 두 번째 돌파구는 전혀 다른 지반, 즉 후기서양사라는 지반 위에서 개시되었다. 그것은 내가 아는 한에서, 좀바르트(Werner Sombart)가 젊은 시절에 사상적으로 매우 근접해 있던 마르크스와 논쟁하는 과정에서 처음으로 통찰하고 제창한 특수한 역사적·사회적 성과다. 여기서 좀바르트는 자본주의 이전의 유럽세계가——초기자본주의 이후 특정한 국면에서 언제나 강력한 힘을 띠고 나타나 영향을 미쳐온 방식의 자본주의 세계와 달리——주로 경제적 요인에 의해 규정되는 것이 아니라, 국가와 경제 사이에서 그리고 정치와 경제, 권력의 지위와 부 사이에서 형성되는 역사적으로 발생해온 과정과는 전혀다른 법칙에 의해 규정된다는 점을 통찰했다. 따라서 경제주의가 (마르크스가 생각했듯이) 서양의 모든 역사나 인류역사 전체에 타당하다거나, 또는 적어도 모든 계급투쟁을 지양해가는 사회주의적 미래사회에서저 신비로운 '자유에 대한 비약'이 종점에 도달할 때까지 타당하다고는도저히 말할 수 없다. 그러나——일반적으로 경제주의를 본래적인 경제적 '유물론'으로 보고, 이에 따라 말하자면 정신적 본성의 내용이 지닌경제적 관계를 분명하게 설명하려는 '자연주의적인' 보편적 성격에서경제주의를 벗어난다면——경제주의는 후기서양의 역사라는 하나의 좁게한정된 시대에 대해, 오직 서양의 역사에 대해서만 상대적으로 비교적 사실에 다가가는 타당성을 지닌다.

그 이후에 나 자신도 이런 통찰을 좀더 분명히 하기 위해 약간 공헌한바가 있지만,[51] 좀바르트는 이 생각을 위대한 양식으로 전개해간다. 특히 그는 위대한 저서 제2판 "권력이 만든 부(富)와 부가 만든 권력"이라는 장(章)에서 이 점을 적나라하게 드러낸다.

국가가—단순히 지배조직일 뿐만 아니라—순수 단체로'도' 성립할 수 있다는 피어칸트의 견해를 따를 수 없다.

51) 『가치전도』에 수록된 「자본주의」(Kapitalismus, 1914)에 관한 나의 논문을 참조. 이 논문에서 나는 처음으로 권력에서 생겨나는 부와 부에서 생겨나는 정치권력 사이의 대립을 분명하게 제시했다.

〔좀바르트와 나〕 두 사람이 통찰한 성과는 다음과 같다. 즉 역사의 진행 속에서 혈연·권력·경제라는 실질요인의 가장 중요한 세 그룹 가운데 변하지 않는 독립변수란 없지만, 이 요인들이 정신사의 진행을 방해하고 촉진하는 활동 속에서 그때마다 우위를 나타내는 **질서법칙**은 있다. 다시 말해 한 문화의 역사과정에서 드러나는 특정한 발전단계에 관해 각기 다른 질서법칙이 존재한다는 것이다. 역사가들의 경우에 여러 국면을 지배하는 역사의 경험적·방법론적 기회주의(Opportunismus)는 이 성과에 의해 위에서 말한 세 가지 사고방향 속에 공통적으로 잘못 전제되어 있는 여러 요인 가운데서 하나가 갖는 불변적 우위와 마찬가지로 그 근거가 미약한 것이다.

몇 년에 걸쳐 작업해온 사회동학의 문제에서 나는 우선 현실역사 자체에 관해, 따라서——여기서 다만 논의되고 있을 뿐인——현실역사가 정신사에 미친 영향에 관해 탐구하려는 것이 아니라 위에서 서술한 생각을 여러 방면에서 정초하려고 했다. 특히 이 점을 나는 **인간충동의 발전질서**에 관한 이론 속에서 좀더 깊이 정초하려 했다.[52] 그런 노력의 결과가 바로 내가 말한 **질서법칙**이다. 그 내용은 다음과 같다.

상대적으로 시간·공간에 따라 **완결되는** 문화과정과 관련한 모든 흐름 속에서 세 개의 위대한 발전단계가 구분된다. 여기서 생물학적으로 **통일된** 하나의 동일한 민족자료에 따라 서로 관계하는 흐름이란 사실(de facto) 본래 존재하지 않았고, 또한 어디에도 존재할 수 없다는 점은 어떤 논쟁거리가 아니라 처음부터 가정된 것이다. 그러나 추상하고 확정하며 비교하는 방법을 통해 역사의 흐름에 영향을 주는 근원적 요소를 분리하여 우리가 발전의 원인을 적어도 사고실험이라는 형식에서 내적·토착적인 것과 외부에서 생겨난 다소 '파국적인' 것(전쟁, 민족이동, 자연재해 등)으로 구분하려는 시도가 일어난다. 이런 이상적인 가정

---

52) 이 충동이 발전해온 질서에 관한 이론 자체는 머지않아 나타날 인간학의 중요한 부분을 구성한다.

가운데 오직 내적인 원인을 통해서만 제약되고 또한 기대해야만 하는 과정에는 다음과 같은 〔세〕 발전단계가 있다. 제1단계: 여기서 모든 종류의 혈연관계와 혈연관계를 합리적으로 규제하는 제도(부권, 모권, 혼인형태, 족외혼과 족내혼, 씨족단체, 법적이거나 풍속에 의해 주어진 '장벽'을 포함한 인종의 혼합과 분리)가 사건의 독립변수를 형성하고, 적어도 집단을 집단화하는 형식을 일차적으로 규정한다. 즉 예를 들어 항상 정치 또는 경제라는 다른 현실적 원인으로부터 그때마다 생겨날 수 있는 것에 대한 활동범위를 규정한다는 것이다. 제2단계: 여기서 정치권력에 대한 이런 작용의 우위(Wirkprimat)가——이 말을 우리는 활동범위의 설정이라는 좁은 의미로 이해한다——우선 국가의 활동 쪽으로 이행해 간다. 제3단계: 여기서는 경제활동이 작용의 우위를 나타내고, 우선 현실적 사건을 규정하는 '경제적 요인'이 정신사에 대해 '갑문을 열고 닫는' 역할을 한다.

이렇게 볼 때 서로 대립하는 역사를 보는 방식과 역사를 설명하는 방식 사이의 낡은 투쟁은 그 자체로 역사적으로 상대화된 것이다. 더욱이 이 대립은 모든 다른 국면의 질서, 예를 들어 특히 인격주의적으로 제약된 역사의 진행 및 특히 집합주의적으로 제약된 역사의 진행이라는 국면의 질서와 내적으로 관련해 있고, 마찬가지로 또한 가장 일반적인 집단화의 형식법칙에 관한 (무리, 생명공동체, 이익사회, 대체할 수 없는 개인들로 구성된 '총체인격'에서[53] 결합되는 인격적 연대의 형식이라는) 국면의 질서에도 관련해 있고, 끝으로 이들 단계 내에 있는 각 집단의 세계상이 지닌 내적 구성의 원리와도 또한 밀접한 관련이 있다.

제1단계와 관련해볼 때, 모든 고급문화(Hochkulturen)의 생성에 대해 이미 매우 큰 보편성을 지닌 규칙을 설정하고 있는 것처럼 보인다. 즉 여기서 특별히 토착적이고 모권적인 정령숭배의 문화와 특별히 부권

---

53) 『형식주의』, VI, B. 4, 보유 4를 참조. 특히 색인의 '총체인격' 항목을 참조—
    편집자.

적이며 공간적 확대를 노린 원격무역을 필연적으로 동반하는 활동적인 인격문화를 아무 가감 없이 혼합시킨 두 문화의 혼합이 나타난다. 나아가 이들 가운데서 가장 풍부하고 가장 다양한 역사적 삶을 보여주는 것은 인종적으로 다층화되어 있다는 사실이다.——그리고 이런 이중의 층에서 카스트, 신분, 계급, 분업 등으로 분화되는 모든 고급문화의 생성에 대한 가장 강력한 동기 가운데 하나가 설명된다.[54)

먼저 이런 두 문화의 혼합과 성층화 가운데서 고급문화가 생성됨으로써 발산되는 동적인 대립과 긴장이 산출된다. 남성과 여성 사이의 긴장, 인종들 사이의 전쟁, 그리고 바로 이런 대립의 평준화가 진행되면서 수반된, 세력을 강화시키는 정치적인 '국가권력'을 통해 점차로 이 전쟁을 조정해가는 것, 이 모두는 고급문화를 생성하는 가장 중요한 요인이다. 또한 카스트·신분·계급을 분화시키는 제1원인은 마르크스주의자와 뷔허가 생각하는 것처럼, 제3단계의 후기단계에 나타나는 법칙성을 제1단계에 미리 적용함으로써 경제적 소유자계급의 분화 속에서 구해질 수 있는 것이 결코 아니다.

그러나 마찬가지로 슈몰러가 가정하듯이[55) 직업의 구분이 세습화에서는 구해질 수 없고, 오히려 인종들 사이에 나타나는 성층화 속에서 그 인종이 타고난 역동적인 힘, 특히 지배욕구와 복종욕구에 기초한 인종들 사이의 위계적 기준에서 구해질 것이다.——실질사회학자인 굼플로비치가 기여한 훌륭한 업적이 이 점을 분명히 해주는 것처럼 보인다. 상

---

54) 이 점에 관해서는 그래브너(Fritz Graebner)의 『원시인의 세계상』(*Das Weltbild der Primitiven*, München, 1924)을 참조. 이 책은 부권사회와 모권사회의 대립이 세계관 전체와 기술, 법의 성격 등에 관련한다는 점을 매우 설득력 있게 제시하고 있다. 나아가 고등문화는 이 두 문화[부권사회와 모권사회]의 혼합물이고, 언제나 다소 독재적 형식을 취하는 군주제를 통해 양자의 내적 대립을 조정하려는 경향을 띠고 있는데, 이런 생각들을 이 책은 훌륭하게 설명하고 있다.

55) 슈몰러(G. Schmoller)의 『사회적 물음』(*Die soziale Frage*, München, 1918) 제1권을 참조(슈몰러: 1838~1917, 독일의 경제학자—옮긴이).

층계급과 하층계급, 나아가 남자와 여자의 종교적 · 형이상학적 숙명, 예를 들어 죽어야만 하는 것과 영원히 죽지 않는 것, 사후 생명의 존재 방식[56] 등과 관련한 견해들은 매우 다양할 뿐만 아니라, 나아가 종교적 · 형이상학적인 지식의 분배 자체도 카스트적 질서에 의해 제약되고 있다(예를 들어 인도에서 수드라 계급에게는 '성전'이 알려져 있지 않다). 이런 한에서 그리고 바로 이 점에서 이 **인종사회학적** 사실이 미치는 문화적 영향이 나타난다.

모든 역사 속에 나타나는 **종교적 · 형이상학적인 민주제**(Demokratie)는 정치, 경제, 사회 등 모든 다른 종류의 민주제가 가정하는 대전제다. 그러나 형이상학적으로 민주적인 직관을——이런 사고방식은 우리가 살펴본 바에 따르면, 아시아의 경우와 대조적으로 서양 전체의 발전에서 이미 본질적으로 대전제를 이루고 있으며 또한 출발점이 되고 있다—— 준비하는 것은 언제나 (통상 군주제의 형태를 띤) 혈연적인 **정치권력**이고, 이 정치권력은 거의 도처에서 상대적으로 '하층민'의 도움을 받아 혈연 · 인종 · 부족의 대립을 조정하고 평준화한다. 그들의 모든 역사가 기꺼이 복종하는 인종혼합체를 지배하는 이민족(타타르인, 스웨덴인, 폴란드인, 게르만인, 유대인)의 교차지배에 의해 규정되는 러시아를 제외한다면, 서양의 신분과 계급의 역사는 처음부터 특히 정치적인 원인에 의해 규정되어왔다. 따라서 위에서 서술한 역사적 특징에 의해 사회적 계층을 형성하는 제1단계의 법칙은 드러나기보다 오히려 은폐되어 있다. 다만 고대 말기부터 시작된 '게르만-로마 민족'(germano-romanischen Völker, 랑케)의 역사단계로 이행하는 시기에 **혈연적 요인**이 다시금 **일차적**인 것으로 나타났지만, 이것도 물론 고대 말기 문명에 내재하는 많은 다른 '몰락의 원인'과 결부되어 있기 때문에, 우리는 여기서 또한 막스 베버가 그의 『로마 농업사』(*Der römischen Agrargeschichte*)에서 행했듯이, 혈연적 요인을 문제 삼을 수 있는 것이다.

---

56) 앞에서 말한 그래브너의 책, 48쪽 이하에서 든 예들을 참조.

정치적 권력의 원리는 계급을 형성하는 제2의 요인이지만, 정치적 권력의 입장에서 볼 때는 모든 계급분화를 위한 도약판이고 맹아인 동시에 절대주의와 중상주의 시대가 끝날 무렵까지 가능했던 경제형태의 활동공간을 부추기는 진자 역할을 했다. 왜냐하면 '자본주의'도 또한 그 시점까지는 먼저 정치적 기원(Provenienz)을 지닌 권력의 도구에 불과했기 때문이다.──동시대의 경제적 발전이라는 국면이 정치적 권력에 도움을 주었더라도, 이 정치적 권력이 경제적 원인에 의해 정초되는 것은 아니다. 그러나 (석탄의 힘에 의해) 고도로 발전한 자본주의 시대에 오면 비로소 상대적으로 우세한 '경제주의적'(ökonomistisch)이라는 말로 표시되는 시대가 천천히 시작된다.──마르크스는 자연주의의 입장에서 이 시대에 고유한 운동법칙을 '역사 유물론'으로 격상시키는 일을 했을 뿐만 아니라 이 법칙을 보편적인 역사 전체에까지 일반화시키는 잘못을 범했다. 그럼으로써 마르크스에게는 종래의 '모든' 역사가 다만 경제적 계급투쟁의 연속으로만 보였을 뿐이다.[57)]

그럼에도 실질요인이 그때마다 특히 인과적 우위를 차지한다는 우리의 3단계 법칙은 그렇게 파악되어서는 안 되며, 유일하게 관계하는 보편사의 3단계에 대해서 타당한 법칙이어야만 한다. 이것은──관계하는 역사과정이 경험적으로 생겨나는 것이 아니라 단지 내적 진행에 불과하다는 위에서 말한 제약 아래서──다만 운명적으로 연대하는 역사과정 속에 편입되는 집단적 통일 중에서 상대적으로 작은 집단적 통일에 대해서만 타당하고, 좀더 큰 집단적 통일에 대해서는 타당하지 않다. 이와 같이 말해야 하는 것의 예를 들어 설명해보자. 정치적으로 하나인 거대한 '국민적' 조직체의 형성에 즈음하여 대체로 경제적 통합에 앞서 정치세력이 먼저 형성된다. 자유주의와 자유무역은 절대주의와 중상주의 시대의 국가 자본주의에 따라 나온 것들이다. 독일의 관세동맹도 철

---

57) 좀바르트는 계급투쟁이론의 역사적 성립과정에 관해 「계급투쟁의 이념」(Die Idee des Klassenkampfes)이라는 논문에서 훌륭하게 설명한다. 『세계경제잡지』(*Weltwirtschaftliche Archiv*, 제21권 1호, 1925) 참조.

저하게 정치적 기원에 의한 것이고, 정치의 도구에 불과한 것이었다.[58] 그러나 이런 경제와 무역의 통일이 '국가'를 통일시키는 길을 열어주었다면, 이 통일 내부에서——그러나 국가의 내부에서만 그렇지, 결코 유럽의 모든 국가 상호간의 관계에서 그런 것은 아니다——모든 국내관계와 관련하여 경제적인 것의 우위가 천천히 표면화된다.

이에 반해 포괄적인 '유럽'의 통일 속에서 이른바 '세계'경제가 출현했는데도,——실제로는 국민경제에 결합된 것에 불과하며——여기서는 당연히 정치권력의 우위가 나타난다. [확실히 제1차] 세계대전 이전 유럽 동맹정책의 형성에 즈음하여 각국 사이에는 경제적 동기가 작동하고 있었고, 특히 인구를 거대하게 증대시키고 언제나 산업화가 강력하게 추진되는 유럽 사회를 위해 유럽 바깥에서 경제시장을 획득하려고 전쟁이 벌어졌다는 사실은 다음과 같은 점을 주목하게 한다. 즉 열강의 지위와 경제적 동기와는 확실히 구별되는 강렬한 정책목표는 결코 경제적 근원에서 유래하는 것이 아니라 대체로 유럽의 권력정치 시대로부터 나온 변함없이 존속하는 잉여라는 점이다. 이 물음에 관해 매우 훌륭하게 서술한 것으로 슘페터[59]의 『제국주의 사회학』(Soziologie des Imperialismus)이 있는데, 이 책에서 그는 권력정치에 관해 깊이 천착했다. 유럽 대국의 경제적 팽창주의와 제국주의는 결코 세계대전을 유발시킬 수 없었고, 또한 유럽 대국에서 정치적·군사적 권력을 결합시킨 권력복합체도 존재할 수 없었다. 이런 정치적·군사적 권력을 결합시키는 실재와 본질, 정신은 모두 자본주의 이전의 권력정치 시대로부터 유래한 것이거나 봉건사회 시대까지 소급된다. 그러나 슘페터는 '세계자본주의'가 세계대전의 궁극 원인이라는[60] 통속적인 마르크스주의의 테제를 훌륭하게 반

---

58) 막스 베버의 경제사회학(『경제와 사회』 Wirtschaft und Gesellschaft, Tübingen, 1922) 참조. 이 책에서 베버는 관세동맹의 정치적 본성, 라인-베스트팔렌 및 슐레시아 지방의 산업과 동프로이센의 농업 등에 관해 경제적으로 결정되는 경향들에 대해 적절하게 지적하고 있다.
59) 슘페터(J. Schumpeter, 1883~1950): 독일의 경제학자—옮긴이.

박한 후에, 한 시대의 경제적인 생산관계가 지닌 정치적 상부구조가 바로 당대의 **경제적 발전단계보다 훨씬 앞선** 단계에 대응한다는 점을 인정했다. 그리하여 그는 매우 부자연스런 방식으로 경제주의를 구원하려했다. 이 얼마나 우스꽝스런 착각인가! 슘페터가 말하듯이 '역동적인' 자본주의의 경제발흥 이후 중대한 시대적 흐름 속에서 경제적 생산관계가 정치적·법적인 상부구조를 개혁할 수 있는 힘을 갖추지 못했다면, 경제주의적 단초는 완전히 잘못된 것이 아닌가?

지금까지 나는——여기서는 다만 암시적으로만 언급하고 상세하게 논의할 수 없다——세 단계에서 서로 관계하는 역사의 진행에 관해 말하자면 이와 같은 방식으로 제약된 '인과적 요인의 질서법칙'을 다만 귀납적으로 실증하려는 것이 아니라, '**인간욕구의 기원론**'——나는 정신이론을 문화사회학의 근저에 두는 것과 마찬가지로 이 욕구론을 모든 실

---

60) 여기서 문제되는 것은 단지 통치자의 자유로운 의지결정을 포함한 일회적인 원인이라는 역사적 의미에서 말하는 전쟁의 원인이 아니라, 전쟁의 전제가 되는 긴장상태라는 사회학적 원인, 즉 전쟁이 일어날 '가능성'의 원인이다. 유럽의 중앙세력*과 이에 적대적인 세력을 결집시키는 데 가장 강력한 촉매역할을 한 프랑스 사이에는 경제적 방식의 긴장이라 부를 수 있는 것은 아무것도 존재하지 않았다. (이때 주어진 긴장의 힘을 정신적·인격적으로 억제하고 해방시키려는 '책임'의 문제는 어디서도 생겨나지 않으며, 일반적으로 책임의 문제는 전쟁발발 가능성의 사회학적 설명과도 무관한 것이다.) 대신에 유럽이 최종적으로 새로운 방식을 취함에 따라 경제와 경제적 이해관계가 권력정치와 정치적 정신에 대해 승리를 거두었다고 가정한다면, 경제가 역사형성의 요인으로서 각국의 권력정치에 대해 완전히 승리한 이 새로운 유럽과 유럽 외의 세계 사이에는 당연히 본질적이고 중요한 관계로서 권력정치가 존재하고 있다고 말할 수 있을 것이다. 아니 제3의 경우로 일본과 (풍부한 인구를 지닌 일본의 팽창을 저지하려는) 미국, 호주 사이에도 강력한 힘의 대결이 있었지만, 거기서는 다른 많은 것들이 대립하고 있지만 인종과 혈연의 대립과 이 대립의 근저에는 백인종과 황인종 사이의 문화적 대립이 짙게 드리워 있다. 위대한 동아시아 문명의 '첨병'인 일본이 서양문명의 새로운 '첨병'인 미국에 승리를 거두었다면, 정치권력 형성을 위한 가장 오래된 동기인 인종투쟁이 다시금 역사의 중요한 인과적 요인으로 고양되었을 것이다.

* 제1차 세계대전을 치를 때 독일과 오스트리아 지역을 말한다—옮긴이.

질사회학의 근저에 둔다──과 동시에 인간의 특정한 근원적 충동이 가장 중요한 시대적 국면에서 다른 근원적 충동을 지배한다는 생명적·심적 노화의 법칙으로부터 인과적 요인의 질서법칙을 연역적으로 이해하려는 것이다. 여기서 나는 모든 특수한 충동이 한편으로 생명적·심적 분화과정 자체에 의해 생겨나고, 다른 한편으로 욕구충동이 정신적으로 가공되는 것과의 결합에 의해 생겨나는 그런 욕구체계를 근원적 충동에서 이해한다. 본질적으로 종의 보존을 위한 성충동과 생식충동, 개인과 집단의 이익이 뒤섞인 권력충동, 본질적으로 개체의 보존을 지향하는 식욕,──이 모두는 실질사회학적 현실성을 지닌 제도 속에서만 객관화되고, 동시에 법의 형식 속에서는 그때마다 다양한 방법으로〔충동의 발현이〕방해받고 해방되어왔다.──이 모두는 말하자면 충동의 지배와 복종에 따른 역동적인 상호관계를 개조시켰다.

이에 따라 현실적인 역사적 인과요인의 질서와 변경된 질서에 관한 3단계의 법칙을 단순한 노화의 법칙, 즉 문화를 담지하는 동시에 문화의 근저에 놓여 있는 한 민족의 소질이 노화해간다는 단순한 법칙으로서 통찰하는 것도 머지않아 가능할 것이다. 노화의 법칙이란 다시 말하면 원리적으로 '죽지 않는'(不死, unsterblichen) 이념적 문화내용을 어떤 방식으로도 규정하거나 관여하지 않고, 단지 2차적으로만 이에 대해 언급할 뿐이지만, 동시에 모든 실질요인과 실제적인 제도를 근원적으로 파악하는 하나의 과정에 관한 법칙을 말한다.[61]

18세기의 유토피아적 이성사회주의(Vernunftsozialismus)의 테제에 역사적 '진화론'이라는 포장을 씌워 새롭게 단장한 모든 이론이 장차 어떤 역사적 시점에서 이념요인과 실질요인의 관계를──이미 언급한 것

---

61) 나는 여기서 서술된 것을 논증하기 위해 나의 철학적 인간학, 특히 '욕구이론'과 '노화와 죽음의 이론'에 관한 장을 언급하지 않을 수 없다. 그리고 근원적 욕구의 근본적 질서에 관해서는 실더(Paul Schilder)의 『의학적 심리학』(*Medizinische Psychologie*, Berlin, 1924)을 참조. 이 책은 욕구이론에 관한 독일어 문헌 가운데 최고다.

처럼 두 요인의 관계는 실질요인에 의해 정신적 잠재력을 억제하고 해체하는 형식과 엘리트가 지닌 정신과 인격의 인과성에 의해 실질역사를 '지도하고 제어'하는 형식이라는 이중적 형식을 띤다——원리적으로 정반대의 것으로 전환시켜버릴 수 있다는 가능성을 전제할 뿐만 아니라 그때마다 인간정신과 이념요인이 일정한 계획에 따라 실질요인을 적극적으로 지배할 수 있다는 의미로 전환시킬 수 있다면, 이 이론은 모두 거부되지 않으면 안 된다. 피히테와 헤겔이 꿈꿔왔고('이성의 시대'), 또한 이들의 뒤를 이어 마르크스가 '자유에 대한 비약'이라는 이론에서——이 이론에서 마르크스는 여전히 헤겔의 제자이고, '이념의 자기 힘'의 가능성에 관해 헤겔이 품었던 편견까지도 마르크스는 계승한다——단지 미래의 어느 한 역사적 시점에서 일어날 것이라고 생각했던 것은 어느 시대나 품을 수 있는 단순한 꿈에 지나지 않는다. 이런 현실역사——그 자체 숙명적으로 시대적 순서를 따라 진행되는 과정을 단순히 지도하고 제어하는 대신에——에 대한 적극적인 '이성의 지배'가 가능하다는 이 학설의 배경에는 마르크스주의자들이 시사하듯이, 인류의 과거역사를 핵심적으로 원고(Ankläger)의 입장에서 관찰하려는 풍자(Zerrbild)가 일어날 수 있다는 점을 유의해야 한다. 또한 마르크스주의 이론은 계급투쟁 일반을 종식시키기 위해 프롤레타리아에게 세계사적 '사명'을 부여하고, 이로써 역사적 이상 형성이 경제적으로 결정된 세계로 지양된다는 철저한 '메시아주의적' 이론에 불과한 것이다. 그러나 우리가 볼 때 사태는 마르크스가 생각했던 것과는 정반대로 가고 있다.

실질요인의 작용적 우위 속에 결코 불변적인 사실은 없다. 이 속에는 곧장 정돈된 가변성이 놓여 있다. 물론 (우리가 이미 규정한 것처럼) 실질요인 일반에 대한 이념요인의 근본적인 관계가 존재한다. 이 관계야말로 인간의 역사에서 가장 불변적인 것이고, 이 관계를 역전시키거나 변경시키려는 것은 결코 용납되지 않는다.[62]

---

62) 메타역사(Metahistorie) 또는 역사형이상학이 이 점에 관련된다는 사실을 여

그러나 다양한 질서의 각 단계 내부에서 작용하는 세 가지 실질요인
이 그때마다 고유한 법칙에 따라 진행해야 하는 이념요인의 영역에 미
치는 작용방식은 우리가 볼 때 의심의 여지없이 '발전이라는 진보'
(Fortschritt der Entwicklung)를 의미한다.――물론 진보란 단지 정신
적 잠재력의 발현이 혈통, 정치적 권력의 결정, 경제라는 세 단계에서 언
제나 좀더 풍부하고 다양해진다는 특수한 의미에만 한정된 것이다. 그러
나 이 진보는 정신적 잠재력이 발현될 때 어떤 대립이나 가치평가 없이
즉자적으로 충족된다는 사실에만 관계할 따름이며,――정신적 잠재력이
'참과 거짓' '선과 악' '아름다움과 추함' 등 어떤 대립적인 가치에 의해
평가되는 한, 진보는 정신적 잠재력에 결코 관계하지 않는다.

　집단의 정신적 잠재력이 어떻게 발휘되는지는 모든 세 종류의 실질요
인의 제도적 상태에 의해 한편으로 방해받고, 다른 한편으로 해방된다.
그러나 이 억제와 해방은 그 크기와 힘에서 각기 다른 방식의 인과적 우
위가 나타나는 세 단계에서 모두 같은 것이 아니다. 특히 경제적으로 결
정되는 시대와 그런 시대에 속하는 집단에서 정신적 잠재력이 실질요인
에 의해 경험되는 억제와 선택은 최소한이지만, 풍부한 잠재력을 해방시
키는 양은 최대한이다. 생산관계와 소유관계, 노동의 형태 속에 들어 있
는 단지 경제적인 것에 불과한 억제가 정신적인 잠재력이 현실화되는 가
운데 최초의 '선택'을 행한다면, 업적이라는 이념적 계열의 내부에서 행
해지는 정신적 생산의 측면과 역사라는 현실적인 계열을 지도하고 억제
한다는 측면에서 말해지는 정신적 잠재력은 더욱더 많고 풍부하게 실현
될 것이다. 그렇지 않고 반대로 집단의 혈연적 구성원, 나아가 한 집단의
성적 구성원과 연령적 구성원이 직·간접으로 집단의 정신적 잠재력을
얼마나 발현시킬 수 있는가 하는 가능성을 결정해야 하는 경우에, 정신
적 잠재력을 억제하는 크기는 가장 높아지고, 해방시킬 가능성은 가장 낮
아진다. 특수한 권력정치 시대는 그 한가운데 있다.

기서 상세하게 논의할 수 없다.

따라서 언제나 주로 **노동과 소유**의 정도를 결정하면서 현존하는 정신적 잠재력을 발휘할 수 있는 가능성을 우선적으로 결정해야 하는 어떤 최고의 성장단계에서 정신문화가 반드시 적극적으로 '가장 가치가 큰' 것이어야 하는 것은 아니다.――그러나 이때 정신문화는 언제나 **가장 풍부하고, 가장 크게 차별화되며, 다채롭고 다층적인** 것이 된다. 더욱이 일반적으로 인간정신에만 매우 좁게 한정적으로 부여된 활동력은 숙명적인 현실관계에 따라 지도하고 제어하는 **질서**를 모색해갈 때 **최대**가 될 가능성이 있다. 단지 낭만주의적인 정념과 낭만주의적 사고만이――마르크스도 그 자신이 의식했던 것 이상으로 이런 낭만주의의 중요한 부분을 계승한다――특히 낭만주의적 화폐경제와 이를 혹독하게 비판하는 '자유주의'를 끌어넣을 때 어디서나 감성적으로 '영혼'을 '정신'에서 떼어내고, '삶과 혈연'을 '화폐와 정신'(슈펭글러)에서 떼어내려고 노력해왔고, 또한 정신의 최대자유, 발현과 경제주의를 떼어낼 수 없는 연관을 와해시키려 노력해왔지만 모두 무익한 것이었다. 왜냐하면 이런 노력은 비극적인 것이고, 우리의 생각에 따르면 궁극적으로 형이상학적 영역 그 자체에 뿌리박고 있는 다음과 같은 사실이기 때문이다. 즉 **실제적인 역사관계**와 사회관계의 전개(Entfaltung)를 위한 모든 발전(Entwicklung)의 '몰락과 생성'은 인간적 문화의 **이념적** 영역을 충족시키는 전개에 대한 발전과는 원칙적으로 다른 것이기 때문이다.[63]

---

63) 우리는 점점 다가오는 분명한 순수 경제시대에 정신적 문화를 조금도 걱정할 필요가 없다. 나아가 경제 전체의 근원적 생산과 에너지 공급을 장악한 일련의 산업적 부는 지금까지 국가와 국가가 정신적 문화에 대해 그랬던 것을 가장 발전적으로 대신할 수 있을 뿐만 아니라 국가가 권력정치적 기원을 보호해온 만큼, 정신적 문화가 정치적 지배계급의 이익에 얼마나 기여할 것인지를 전혀 고려하지 않는다. 내 생각에는 바로 미국이 이 점에 대한 좋은 예가 될 것이다.――국내뿐만 아니라 예를 들어 국외(중국)에 사는 미국인들이 이런 예를 만들어냈다. 이것은 이런 관점에서 거의 밝혀진 것이 없는 우리 유럽의 산업에 대한 위대한 전형이라 할 수 있다. 이런 관점에서 산업주의와 자본주의의 결점은 확실히 이미 지나간 현상이고, 분명한 경제주의야말로 이런 결점을 제거해줄 것이다.

II. 지식사회학

위에서 언급한 문화사회학의 테두리 내에서 우리는 **지식사회학**을 하나의——아마도 가장 중요한——문화사회학의 한 부분으로서 정리한다면, 지식사회학과 관련한 문제들도 이제 어렵지 않게 전개시킬 수 있을 것이다.

1. 형식적인 문제들

우선 지식사회학은 한편으로 인식론 및 논리학과 밀접한 관련이 있고, 다른 한편으로 발달심리학과 밀접한 관련이 있다는 일련의 **형식적인 문제들**이 생겨난다. 이런 모든 문제들은 다 함께 지식이 사회에 대해 갖는 세 개의 **가능한 근본관계**에 기초한다. 첫째로 어떤 집단의 구성원 상호 간의 지식과 구성원 각자의 '이해' 가능성은 한 사회적 집단에 부과되는 어떤 것이 아니라 '인간적 사회'의 대상을 함께 **구성하는** 그 무엇이다. 단지 우리의 사고를 통해 객관적으로 총괄되는 것은 (예를 들어 머리색, 두개골의 형태와 같은 객관적 징표에 따른 종의 발생계통이나 1914년 쾰른 시민들의 사망자 수와 같이 통계적 개념) 결코 사회학적 대상이 아니다. 한 집단의 존재에 관한 지식과 나아가 공통적으로 인정되는 **가치와 목표**에 관한 **지식**은 아무리 애매모호한 것일지라도 하나의 '집단'에 속하는 것이다(따라서 계급의식 없이는 계급도 없다). 〔둘째로〕 모든 지식과 특히 **동일한** 대상에 대해 공통적으로 알고 있는 지식은 가능한 모든 관점에서 사회의 본질존재(Sosein)를 규정한다. 끝으로 〔셋째로〕 그러나 모든 지식은 거꾸로 사회 및 사회구조에 의해 규정된다.[1]

(1) 지식사회학의 최고 공리

다음과 같은 일련의 원칙들이 지식사회학의 **최고 공리**(obersten Axiome)를 형성한다. 그러나 이 공리의 의미를 우리는 아직 충분히 인식하지 못하고 있다.

1) 인간이 일반적으로 사회의 '구성원'이라고 알고 있는 모든 인간에 관한 지식은 경험적인 것이 아니라 '아프리오리한' 지식이다. 이런 아프리오리한 지식은 발생학적으로 볼 때 이른바 각자의 자기의식과 자기가치의식의 단계를 선행한다. '우리' 없이 '나'는 존재하지 않는다. '우리'는 발생학적으로 보아 언제나 '나'보다 앞서 내용적으로 완성되어 있다.[2]

2) 어떤 사람이 동료들 사이에서 체험한 것에 경험적으로 참여하는 경험적 관계는 그때마다 집단의 본질구조에 따라 다양한 방식으로 실현된다. 이 '방식들'은 **이념형**으로 이해되어야만 한다. 이 '방식'의 이념형의 한쪽 끝에는 **일체화**(Identifizierung)가 있고, 이것은 예를 들어 원시인들이나 대중 속에서도 발견되며, 또한 최면상태, 특정한 병리상태, 어머니와 자식의 관계에서 발견되는 것과도 같다.[3] 다른 한쪽 끝에는 몸짓으로부터 체험의 본질존재를 유추하는 추론이 있다. 이것은 오직 '일

---

1) 계몽시대는 가장 일면적으로 지식에 의해 사회가 규정되는 것만을 인정할 뿐이다. 사회에 의한 지식의 규정을 파악한 것은 19세기와 20세기 초에 이룩한 위대한 인식이다.
2) 이 명제의 상세한 인식론적 기초는 나의 저작, 『동정의 본질과 형식』(*Wesen und Formen der Sympathie*, 1923), 제3부를 참조(이 책의 한국어 번역본은 이을상 옮김, 『동정의 본질과 형식』, 울산대학교 출판부, 2002를 참조. 그리고 이하에서는 『동정』으로 약칭함─옮긴이).
3) 『동정』, 제1부, II 참조. 이 책에서 이런 형식적 문제에 관한 모든 것을 상세하게 설명하고 있다.

자'라는 개인주의적 · 이익사회적인 형식에서 예를 들어 '이방인'에 대립해 있는 '타자'의 삶을 파악하고 이해하는 형식이다. 그러나 '이방인'이란 처음으로 의식적인 '계약'을 체결하는 당사자다. 계약이 의지적 주체를 법적으로 결합시킬 때, 거기서 인식적으로는 간접추리(mittelbare Schluß)가 일어난다.[4]

이런 전이(轉移, Übertragung)의 형식들 중간에는 많은 다른 형식들이 개재해 있지만, 이에 관해 나는 여기서 열거하는 데 그친다. 첫째로 '감염'(Ansteckung)에 의한——공동체험을 통한 앎 없이 이루어지는——공동체험이 있다. 이것은 행위와 (다음 단계의) 표현운동이라는 비자의적인 각종 모방과 목적운동에서 이른바 '모방'(Kopieren), 집단 전체의 한 세대에서 다음 세대로 이행되는 관계에서 '전통'이라 부르는 것이며, 다시 말하면 모든 '역사적인' 지식과는 근본적으로 다른 하나의 과정이고,——역사에 관한 지식이 아니라 역사의 가능성, 즉 삶의 역사성 그 자체를 비로소 구성하는 그런 과정이다.[5] (이미 고등동물의 세계에서 나타나는) 이런 전이형식들과 첨예하게 대립하여 다음과 같은 이해가 나타난다. 즉 그것은 동기를 부여받은 체험의 흐름이 지닌 의미법칙에 따라 타자의 체험에 대한 주관적 · 직접적인 '이해'(Verstehen)이고, (예술작품, 기념비, 도구, 비문 등) 자료적 사물에 부대되거나 대상적인 '언명'(言名, Meinen) 또는 '명명'(命名, Nennen)이라는 방식에

---

4) 『형식주의』, VI. B. 4, 보유 4와 『동정』, 제3부 '타아에 관하여' 참조—편집자
(간접추리란 하나의 판단을 전제로 하여 결론을 도출하는 직접추리와 달리 2개나 그 이상의 판단을 전제로 판단 상호간의 관계로부터 하나의 결론을 도출하는 추리를 말한다. '계약'이 체결될 때 간접추리가 행해진다는 것은 그 체험의 함께 느끼는 것〔공감, Mitfühlen〕 및 따라 느끼는 것〔추감, Nachfühlen〕이 계약에는 가능하지 않기 때문에 '다른 사람'의 감각에 정초된다는 것과 그렇기 때문에 계약설에는 유추이론과 〔유명론을 포함한〕 주관성 이론이라는 인식론이 대응한다는 것, 계약설에서 이익사회이론이 구성된다는 것 등을 말하고 있는데, 이 모든 것에 관해서는 위의 편집자를 참조—옮긴이).
5) 『형식주의』에 나타난 '전통'과 역사에 관해(특히 색인의 해당항목을 참조) 그리고 『동정』에 나타난 '전통'과 역사에 관한 설명 참조—편집자.

서 재생될 수 있는 활동들과 결부된 의미내용에 대한 객관적 이해다. 예를 들어 '언어'는 비록 풍부하긴 하지만, 오직 내면적인 상태를 나타내는 특수화되고 차별화되어 있는 표현과 구별된다. 유인원의 경우에는 22개에 달하는 욕정을 표시하는 **표현**이 관찰된다.

그러나 우리가 수천 개의 욕정표현을 관찰한다 하더라도 언어를 통한 '명명기능'의 흔적은 어디서도 찾아볼 수 없었다.[6] 묘사, 즉 춤추고 노래하는 것에서 묘사되는 자기 묘사 또는 객관적인 자료로 '의미'를 나타내는 것, 예를 들어 그림문자와 예술, 나아가 습관 · 관습 · 제의 · 숭배 · 의식 · 기적 등은 모두 이해될 수 있는 객관화된 태도양식이고, 또한 이런 태도양식은 그 **집단**에 **공통적**인 것이다. 모든 종류의 이해와 다르고 감염과도 다른 모든 종류의 **동감**(Mitfühlen)은 인간사회에 특수하고 고유한 것이며,──동물은 이런 것을 하나도 가지고 있지 않다.

이런 전이형식들에는 교시와 지도, 정보의 교환, 공개와 비약, 명령과 복종, 인내와 용서 등이 있고, 다시 말하면 '사회적'으로 의미가 충만된 특수한 모든 **정신작용**이 이에 속한다. 그러나 모든 '의식'의 피안에서 수행되고, 유전을 통해 실현되는 그런 전이형식이 존재하는지를 우리는 지금까지 단지 불충분하게만 알고 있을 따름이다. 특정한 대상들에 관한 '생득적' 지식이 있는 것이 아니라 어떤 특정한 종류의 지식을 획득하기 위한 단지 그때마다 좀더 보편적이고 좀더 특별한 생득적인 **기능**들이 존재할 뿐이라는 사실은 확실해 보인다. 나아가 이미 유전된 이른바 '천성'과 '재능'도 지식의 획득이라는 점에서는 개인에 따라 다르고, 종족의 계보에 따라 근원적으로 다르다는 점도 확실해 보이며, 또한 이런 차이에는 계급적 소질, 사회적 필요나 어떤 환경적 작용 일반의 구별이 들어 있는 것이 아니라 민족 내부의 카스트 · 신분 · 직업 등이 근원적으로 분화되어 나오는 최고 근거가 들어 있다는 사실도 확실해 보인다. 그런

---

6) 『가치전도』에 수록된 셸러의 논문, 「인간의 이념에 관하여」(Zur Idee des Menschen, 1915) 참조─편집자.

데 재능은 유전학의 입장에서 심적인 것에 관해서 말할 때 그럴듯해 보이듯이, 유전적으로 획득된 기능들이 아무것도 없을 때도 유전적으로 축적된 것으로 간주된다. 그러나 천재에 관해서는 사정이 전혀 다른 것처럼 보인다.[7] 천재성은 유전법칙적으로 나타나는 것이 아니라 현존재 속에 '유성처럼' 나타나는 것이고, '재능'의 축적과는 좀처럼 관련이 없다. 재능의 유전은 멘델의 법칙에 따르는 것처럼 보인다. 천재성은 어디에 나타나든 재능처럼 특정한 작업에 대해 특수화되어 있지 않고, 또한 특정한 작업과도 충분히 분리될 수 있다. 따라서 천재성은 (음악적 재능, 기술적이고 구성적인 재능이라는) 특수한 재능과 결합에 의해 비로소 작용의 어떤 특수한 방향을 가정한다. 천재성의 특징은 대체로 이념과 가치에 대한 몰아적 헌신에 이르기까지 나타나는 사상에 대한 사랑(Liebe zur Sache)이고, 생물학적으로 유의미한 것을 넘어 나오는 정신의 과잉이며, 어떤 규칙에도 따르지 않는 노작의 독창성이다(칸트).[8]

그런데 '공동으로' 사고하고, 의욕하며, 사랑하고 미워하는 등의 작용이 발생적으로 어떻게 생겨나든지 간에, 이들 작용 없이 지식사회학 또한 성립할 수 없다. 그러면서도 공동으로 사고하고, 의욕하며 사랑하고 미워하는 등의 작용은 두 범주, 즉 한편으로 집단심성(Gruppenseele)과 다른 한편으로 집단정신(Gruppengeist)을 정초한다. 이 두 범주는 우리의 공동생활과 공동체험을 실체적으로 선행하는 형이상학적 실재가 아니라 공동으로 언제나 새롭게 산출하는[9] 심적이거나 정신적인 내용의 주체일 뿐이다.──이 둘은 결코 개인의 지식과 이 지식에 단지 전달을

---

7) 『동정』, 143쪽 참조(같은 책, VII 참조─편집자).
8) '천재'에 관해서는 (이미 언급한 유고집 I에 수록된) 「전형과 지도자」(Worbilder und Führer) IV 및 보유 B, C를 참조─편집자(칸트의 '천재' 정의에 관해서는 『판단력비판』 *Die Kritik der Urteilskraft* 제1부 46절, 『인간학』 제1부 57절 '인식능력의 독창성 또는 천재에 관하여' 참조─옮긴이).
9) 공동이 '생산적'이라는 것은 슈판(O. Spann)의 중요한 통찰인데, 그것이 제대로만 이해된다면 이와 같은 것이다. 『사회이론의 체계』(*System der Gesellschaftslebre*, Berlin, 1914) 참조.

'더한' 총합에 불과한 것이 아니다. 다만 자기 자신과 자신의 본질존재에 관한 개인의 지식에서 공동지식은 동시에 하나의 제한을 가하는 것에 불과한 것이다. 이 제한은 집단이 언제나 덜 발전되고 원시적일수록 좀더 강력해진다. 여기서 우리가 '집단심성'이라 표시한 집단주체는 표현활동 또는 그밖에 자동적이거나 반자동적인 정신물리적 활동처럼 '자발적으로'(spontan) 수행되는 것이 아니라 '스스로 수행한' 저 심적 활동에 지나지 않는다. 이에 반해 우리가 어떤 집단의 '정신'이라 생각하는 주체는 대상적·지향적으로 관련된 충분히 의식적이고 자발적인 작용을 공동으로 수행해가는 가운데 구성되는 주체다. 그렇기 때문에 신화, 저자 미상의 동화, '자연적'이고 특수한 민족방언, 민요, 민족종교, 나아가 습관, 관습, 민족의상 등은 모두 집단심성에 근거한다.

다른 한편으로 국가, 법, 교양언어, 철학, 예술, 학문, 집단의 '여론' 등은 모두 특수한 집단정신에 기초한다. 집단심성은 비록 모두가 자고 있을지라도 모든 사람들 속에서, 말하자면 '활동하고, 성장한다.' 집단심성의 작용은 낭만주의자들이 말하듯이, 오직 '유기체적'일 뿐이다. 집단심성은 그 근원에 따르면 몰인격적인 것이고 익명적인 것이다. 이에 반해 집단정신은 다만 인격적인 대표자들 가운데 드러난다. 집단정신은 인격적인 지도자와 전형에 의해, 언제나 '소수자'(비저),[10] 또는 '엘리트'(파레토)[11]에 의해 근원적으로 그 내용·평가·목표·방향에서 규정되며, 언제나 새롭고 자발적으로 수행되는 작용을 통해 그 대상과 재화를 '담지'한다.──따라서 대상과 재화는 이런 작용이 언제나 새롭고 자발적으로 수행되지 않는다면, 허무에 빠지고 만다. '정신적' 문화를 소유한다는 것은 모두 변함없이 재획득되고 동시에 새롭게 획득되는 이른바 연속적인 창조(creatio continua)다. 집단 속에서 집단심성은 '아래'에서 '위'로 작용하고, 집단정신은 '위'에서 '아래'로 작용한다.

---

10) 비저(F. v. Wieser, 1851~1926): 오스트리아 사회학·경제학자─옮긴이.
11) 파레토(Vilfredo Pareto, 1848~1923): 이탈리아 경제학·사회학자─옮긴이.

지식이 사회의 정점(지적 엘리트)에서 아래로 파급되는 법칙과 리듬을 추적하는 지식사회학은 어떻게 지식이 시간적으로 집단과 계층에 할당되고, 나아가 사회가 이 지식의 할당을 어떻게 조직적으로 규제하는지를——지식의 사회적 규제는 한편으로 학교와 신문사 같은 **지식보급시설**을 통해 행해지고, 다른 한편으로는 기밀, 금서목록, 검열, 나아가 어떤 카스트,[12] 신분, 계급에 대한 특정 지식의 취득금지라는 제한을 통해 행해진다——확인하기 위해 먼저 집단정신에 관계한다.

3) 지식사회학의 세 번째 원칙은 동시에 인식론의 명제(Lehrsatz)인데, 그것은 다음과 같은 것을 말한다. 실재성, 즉 '작용가능성' 일반에 관한 우리 지식의 근원적 질서와 인간의 의식에 불변적이고 고유한 지식의 영역 및 이와 상관적인 **대상영역**을 충족시키는 질서 속에는 하나의 확고한 **질서법칙**이 있다.[13]

그러나 이 법칙에 관해 서술하기 전에 먼저 결코 서로 환원시킬 수 없는 존재영역과 대상영역에 관해 말해야겠다. 그것은 ① 현실적인 것과 가치 있는 것, 신성한 것의 절대영역, ② **공동세계**, 앞 세대와 뒤 세대 일반의 영역, 즉 사회와 역사의 영역 또는 '타자'의 영역, ③ 외부세계와 내부세계의 영역 및 자신의 고유한 신체와 그 환경영역, ④ '살아 있는' 것으로 생각되는 것의 영역, ⑤ '생명이 없는' 것으로서 현상하는 **물체세계**의 영역이다. 종래의 인식론은 이 존재영역을 탐구해왔는데(이에 관해 여기서는 더 이상 서술하지 않겠다), 이 존재영역에 설정된 내용은 자연적·역사적으로 끊임없이 변화해왔고, **서로 환원시켜왔다.**——즉 내부세계를 외부세계로 환원시키려는 (콩디야크, 마흐, 아베나리우스 및 유물론자들의) 시도, 또는 외부세계를 내부세계로 환원시키려는 (데카르트, 버

---

12) 극단적인 예로 인도의 종교, 형이상학에 관한 신성한 책은 수드라(Sudra)라는 최하층 카스트에게는 열람이 금지되어 있다. 나아가 중세 교회에서도 평신도에게 성경의 자유로운 강독(講讀)은 (매우 부분적인 것이지만) 허용되지 않았으며, 마찬가지로 오늘날 행해지고 있는 비밀외교 등도 이런 예에 속한다.

13) 나는 곧 출판될 『형이상학』, 제1권에서 이 질서법칙을 충분히 정초할 것이다.

클리, 피히테의) 시도들이 있어왔다. 더 나아가 (예를 들어 신적인 것 일반의 본질과 존재를 인과적으로 '해명'함으로써) 절대영역을 다른 영역으로 환원시키거나, 생명 세계들, 생명 없는 세계의 선소여성(Vorgegebenheit)으로 환원시키려는 시도가 (데카르트, 리프스 Theodor Lipps의 삶의 '감정이입론') 있었다. 공동세계의 수용을 받아들여야만 하는 것의 고유한 내부세계 및 외부에 있는 물체세계의 선소여성으로 환원시키려는 시도 (타자의식에 대한 철학적 유추론과 감정이입론), 또는 주관과 객관 일반의 구별을 '동료사회'(Mitmenschen)의 선소여성으로 환원시키려는 시도도 있었다.——이 '동료사회' 속에는 처음부터 예를 들어 '이 나무'라는 환경구성요소가 '투입'되어 있고, 다음으로 관찰자 자신이 투입된다(아베나리우스). 또한 자신의 고유한 '신체'를 고유한 자아 및 기관감각, 외적으로 지각되는 고유한 물체를 지각하는 자기 지각의 단순한 연상적 첨가물로 환원시키려는 시도가 있었다. 그러나 이 모든 시도들은 원리적으로 잘못된 것이다.

본래 각 영역들은 서로 환원시킬 수 없는 것들이고, 모든 인간의 의식과 함께 동등하게 근원적으로 주어진다. 그리고 인간이 발전할 가능성이 많은데도 불변적으로 존속해온 이 영역의 소여성(Gegebenheit)과 선소여성 속에는 본질법칙적인 질서가 있지만, 이것은 엄밀하게 증명될 수 없다. 즉 다른 영역이 아직 충족되지 않았을지라도 그때마다 발전의 모든 단계에 있는 이 영역은 이미 '충족'되어 있다.——다른 영역이 무규정적으로 충족될지라도, 이 영역은 이미 규정적으로 충족되어 있다. 나아가 다른 영역의 본질존재적으로 규정된 대상의 실재성에 관해 더 이상 의심할 수 없거나 미결정인 채로 있을 수 없는 경우에도 그때마다 이 영역 내부에서 본질존재적으로 규정된 대상의 실재성에 관해 더 이상 의심할 수 없거나 미결정인 채로 있을 수 있다.

이 질서에서 절대영역이 차지하는 장소를 제거한다면, 우리 지식사회학의 목적에 대해 토대가 되는 다음과 같은 명제는 타당하다. 즉 '사회적인' '공동세계'의 영역 및 역사적으로 '앞 시대'의 영역은 모든 뒤따르는 영역에 대해 ① 실재성이라는 의미에서 ② 내용, 그것도 규정된 내용이라는 의미에서 선소여된〔미리 주어진〕 것이다. '너'(Du-heit)란 인간적 사고의 가장 근본적인 실존범주다. 그렇기 때문에 원시인의 경우에 너의 개념은 모든 자연현상에 똑같이 적용된다. 왜냐하면 자연 전체는 원시인에게 일차적으로 모든 현상의 배후에 있는 정령과 귀신이 나타나는 표현영역이고, '언어'이기 때문이다. 여기서 똑같이 중요한 선소여성의 법칙이 부가된다. i) 외부세계 영역은 내부세계 영역에 대해 언제나 미리 주어진다. ii) '살아 있다'고 생각되는 세계는 '죽어 있다'고 생각되는,——즉 다만 '생명이 없다'고 생각될 뿐인 세계에 대해 미리 주어진다. iii) 공동세계의 공동주관에서 '그' 외부세계는 개별존재로서 '내'가 외부세계에 관해 파악하고 '아는' 것에 대해 언제나 미리 주어지며, 적어도 '나의' 공동세계 밖에 있는 세계가 '나의' 공동세계 안에 있는 세계에 대해 언제나 미리 주어지는 것이 아니다. iv) 동시대인, 앞 세대와 (기대전망으로서) 뒤 세대의 내부세계는 영역으로서 '나' 자신의 내부세계에 대해 언제나 미리 주어진다. 다시 말하면 이른바 모든 자기관찰은——이미 홉스가 확실히 인식했듯이—— '마치' 내가 '타자'인 것처럼 나 자신에 대해 '행동하는 것'에 불과하다. 그렇기 때문에 자기관찰은 타자관찰의 전제가 되는 것이 아니라 타자관찰의 귀결이고, 모사다. v) 나 자신의 신체와 타자의 신체는 (물체적 대상으로서가 아니라) **표현의 장**으로서 물체-신체와 신체-영혼(즉 '내부세계')으로 구별하는 모든 것에 대해 미리 주어진다.

따라서 인간이 서 있는 **사회**와 **역사**의 실재성 및 특정한 소질들의 수용은——여전히 많은 사람들이 생각하고 있듯이——이른바 '물체세계' 또는 내적인 자기 지각의 내용이 지닌 실재성과 특정한 소질을 수용함으로써 정초되는 것과는 거리가 멀다. 그밖에 생명 없는 실제적인 연장세계가 존재한다는 것을 의심하지 않았던 많은 철학자들(플라톤과 아리스토텔레스, 버클리와 피히테, 라이프니츠와 칸트 등)이 말하는 것은 더 이상 논쟁거리가 되지 않는다.——그러나 식물의 존재(Existenz), 심지어 동물존재의 실재성까지 논쟁하는 철학자는 거의 없다. 극단적인 '관념론자'인 버클리조차도 '존재하는 것은 지각되는 것이다'(esse = percipi)라는 등식을 식물의 경우에도 관철시켜야 좋을지 어떨지 머뭇거렸다는 것이다. 어디에도 '유아론자'(Solipsisten)는 없다. 이것은 바로──발달심리학의 모든 부분에서 나타나지만, 여기서 모두 언급할 수 없는 많은 증명과 함께──사회의 실재성에 관한 확신이 모든 다른 존재영역과 지식영역에 속하는 다른 대상의 실재성 영역보다 훨씬 깊게 우리에게 뿌리박고 있다는 사실을 나타낸다. 실제로 우리는 이 사회의 실재성을 더 이상 의심할 수 없는 경우에도 다른 모든 실재성을 '의심'하고, 미해결인 채로 방치해두기도 한다.

그런데 지식사회학에 관한 이상의 법칙들로부터 무엇이 귀결하는가? 그것은 다음과 같다. 즉 첫째로 모든 지식, 모든 사고의 형식과 직관, 인식형식의 사회학적 성격은 더 이상 의심할 수 없는 것들이다. 그뿐만 아니라 모든 지식의 내용과 그 사상적 타당성도 의심할 수 없지만, 지식의 대상은 지배적인 사회적 관심 전망에 따라 선택된다. 나아가 지식을 획득하는 정신적 작용의 '형식들'은 언제나 필연적으로 사회학적으로 제약된다는 것, 다시 말하면 사회 구조에 의해 함께 제약된다는 것이다.[14] 설명한

---

14) 나는 '함께 제약된다'고 말하지만, '사회학주의'(심리학주의의 상대물)는 이렇게 말하는 것을 거부한다. 그들은 사고형식과 직관형식을 '존재형식'과 구별하지 않으며, 두 형식의 계기적이고 반성적인 인식을 두 형식 그 자체와 구별하지도 않는다. 그들은 (칸트와 함께) 존재형식을 사고형식과 직관형식으로 환원시키지만, (칸트와 반대로) 이 주관적 형식 자체를 다시금 '사회'의 노동형식과 언어형식으로 환원시켜버린다.* 이런 사회학주의에 토대를 부여하는 것이 논리학과 인식론의 인습주의(Konventionalismus)다. 이것을 처음으로 홉스가 천명했고('참과 거짓은 다만 인간의 언어 가운데 존재한다'), 최근에는 푸앵카레가 대표한다. 이 '사회학주의' 이론에 따르면 비단 역사만이 아니라 과학적 세계상 일반까지도 약속된 우화(fable convenue)로 되어버린다. 보날드가 사회적 합의(consensus)를 진리의 기준으로 드높이려 하고 모든 지식을 '언어의 전통' 속에서 찾고, 언어 그 자체를 근원적인 계시로 환원시키려 할 때, 그 역시도 사회학주의와 똑같은 전철을 밟고 있는 것이다. 보날드의 주장은 예를 들어 뒤르켐의 실증주의적 '사회학주의'에 대해 정통파 교회 쪽에서

다는 것은 언제나 상대적으로 새로운 것을 이미 알고 있는 것에다 환원시키는 것을 말하며, 사회성은 (위에서 언급한 원칙에 따라) 언제나 다른 모든 것보다 '먼저 알려지기' 때문에 이제 우리는 사회학적 연구의 충족이 우리에게 다음과 같은 점을 제시해주리라고 기대할 수 있다. 즉 주관적인 사고와 직관형식뿐만 아니라 여러 범주 속에서 세계를 분류하는 것, 다시 말하면 알 수 있는 사물 일반을 분류하는 것이 사회를 구성하는 **집단**(예를 들어 씨족)을 구분하고 분류하는 것에 의해 함께 지양된다는 점이다.[15]

레비-브륄, 그래브너, 투른발트,[16] 그밖에도 많은 민족학연구자들은 원시적인 집단세계의 진기한 사실을 분명히 이해하고 있었다. 그뿐만 아니라 자연적 앎과 정신적 앎,[17] 나아가 형이상학적이고 종교적인 '앎'의 내용구조와 정치시대에 사회 각 부분들을 지배하는 질서 속에 들어 있는 **사회구조** 및 사회조직 사이의 뚜렷한 **구조적 유사함**까지도 충분히 이해할 수 있었다. 세계상, 정신적 형상, 신상(神像)과 사회적 조직단

만들어낸 보완물에 지나지 않는다. 우리가 기능적 사고형식 모두를 사물 그 자체에 따른 본질파악의 기능화로 환원시키고, 이 기능화의 근저에 놓여 있는 그때마다 선택에서 '순수'의미 영역에 대한 사회의 노작과 사회의 이해관심의 전망(Interessenperspektive)을 인정한다면, 사회학이 빠진 이러한 사도(邪道)는 피할 수 있을 것이다. 그러한 연후에 레비-브륄이 정당하게 가정한 것처럼 인간사회의 '전(前)논리적 단계'가 존재할 수 있다고 말할 수 있다. 이것을 나는 간략하게 『쾰른 사회과학 계간지』(*Kölner Vierteljahrsheften für Sozialwissenschaften*, 1921) I. 3에 수록된 예루살렘(W. Jerusalem)의 논문에 대한 나의 '주석'에서 보여준다.
 * 사회학주의의 비판에 관해서는 보유 A의 a, b, c를 참조—편집자.
15) 부권적인 토템신앙의 문화를 정초하려는 이 구별에 관해서는 앞에서 말한 그래브너의 『원시인의 세계상』을 참조. 나아가 레비-브륄의 『원시민족의 사고』(*Das Denken der Naturvölker*, Wien, 1921)를 참조.
16) 투른발트(R. Thurnwald, 1869~1954): 독일의 민족학자—옮긴이.
17) 『가치전도』에 수록된 나의 논문 「자기인식의 우상」(Die Idole der Selbsterkenntnis, 1911)의 결론부분 참조. 플라톤이 영혼의 능력을 세 부분으로 나눈 것은—국가란 '거대한 인간'이라는 그의 명제에 어울리게—마찬가지로 플라톤이 수용한 국가를 구성하고 있는 자연적 '세 신분'에 상응한다.

계가 구조적으로 동일하다는 것은 지식사회학에서 추적되어야 할 매력적인 대상이다. 그뿐만 아니라 지식의 모든 근본양태(종교적 앎, 형이상학적 앎, 실증적 앎)와 사회의 모든 발전단계에서도 지식사회학은 매력적인 대상이 된다. 그러나 이런 구조적 동일성을 아직 아무도 체계적으로 서술하지 않았다.[18] 아니 발견된 동일성을 단순한 법칙 속에서 파악하려는 최소한의 시도조차도 일어나지 않았다. 이런 모든 시도는 각 영역의 선소여성의 법칙에서 도출되는 우리의 형식적 원리에서 궁극적으로 정당화될 것이다. 그러나 모든 지식의 발달 속에서 언제나 발생적으로 선행하는 어떤 '생태론적'(biomorph) 세계관의 요소는 생명 없는 것의 고유성과 고유한 합법칙성을 승인하거나 살아 있는 것을 죽은[생명 없는] 것으로 환원시켜버리는 (근대의 기계론적 생물학에서처럼) 세

---

18) 독일에서 이 문제가 밝은 빛 속의 사회영역에서 추구되기 시작한 것은 베버와 슈미트(C. Schmitt)의 주목할 만한 저작, 『정치신학』(Politische Theologie, 1922), 그리고 슈펭글러의 잘 알려진 저작*에서 행한 심오한 통찰에서 비롯되었다. 높은 문화권에서 정치적 군주제와 일신교의 구조적 동일성에 관해서는 앞에서 언급한 그래브너의 책, 109쪽 이하 '신의 신앙과 국가사상'을 참조.
나는 이런 구조적 동일성을 다음과 같이 제시한다. 즉 그리스 도시국가의 분립주의와 다신교(또한 플라톤의 '이데아' 개념의 다수성)에 관해, 세계는 고양될수록 보편주의와 개인주의가 서로 제약되어 하나의 큰 공동체(Kosmopolitie), 즉 하나의 큰 '제국'이 된다는 스토아학파의 학설에 관해, 중세의 최전성기에 목적론적 형상력의 '위계영역'으로서 세계를 파악한 것과 신분제적 · 봉건적인 사회구성에 관해, 데카르트와 그의 추종자(말브랑슈)의 세계상 및 정신상과 절대주의적 봉건국가에 관해, 나아가 칼뱅주의와 새로운 주권개념에 관해(이 두 경우에 중간세력과 '제2원인'causae secundae은 '제1원인' causa prima 때문에 배제된다), 정치학 이외의 방법에서 이신론(理神論, Deismus: 엔지니어와 기능공의 신), 자유무역, 정치적 자유주의, 연상심리학, 비중이론 등의 본질적인 결합에 관해, 계몽시대의 사회적 개인주의와 라이프니츠의 단자론 체계에 관해, '생존경쟁'으로서 유기적 자연이론과 실천윤리상의 공리주의에 관해, 경제적 경쟁체계와 계급투쟁적 관점(마르크스, 맬서스, 다윈)에 관해, 오성이 감각과 욕구의 혼돈에서 자연과 도덕적 세계의 질서를 생겨나게 한다는 칸트의 학설과 프러시아 국가의 생성과정에 관해(나의 저작, 『독일증오의 원인』 참조), 러시아 황제주의(Zarismus)의 사회학적 기초와 그리스 정교회의 종교적 사상내용의 연관에 관해 이런 구조적 동일성을 제시

계관에 선행한다. 나아가 원시인에 관한 사회학과 아동심리학에서 다 같이 잘못인 투영적 감정이입[19]이론에서 근본적인 오류는 이른바 질서 법칙에 의해 비로소 충분히 밝혀질 것이다.

(2) 지식의 최고 양태들

지식사회학의 '형식적' 문제는 나아가 사회학적으로 탐구되는 지식의 최고 양태들을 구분하는 문제와 지식의 사회적 기원을 밝히는 문제, '지식의 양태들이 운동하는 형식'의 문제다.

인식론자들은 '자연적 세계관'이라 부르는 것을 구제의 지식, 교양의 지식, 실증적 수행의 지식이든, 종교적인 지식, 형이상학적인 지식, 이론적인 지식 또는 '가치'의 지식이든 간에 모든 인위적이고 좀더 높은 역사적 · 실증적인 지식의 토대로서 간주하려는 경향이 있다. 이로써 자연적 세계관은 확실히 언제 어디서나 만나게 되는 최소한의 불변적인 것을 구성하는 그런 세계를 직관하는 하나의 양식을 나타내고, 그 세계에 바로 '인간'이 살고 있다. 자연적 세계관은 대부분 세계직관의 '출발

한다. 『동정』에서 무신론, 유물론 및 일신론적 체계와 국가의 특정한 정체가 구조적으로 유사성을 지니고 있음에 관해 상세하게 설명한 부분을 참조. 또한 위에서 말한 슈미트의 책 참조.
  * 『서구의 몰락』(1918~22)을 말한다—옮긴이.
19) 나의 저작, 『동정』, 277쪽 이하를 참조.* 앞에서 말한 그래브너의 책, 132쪽에서 다음과 같이 말한다. "원시적 사고에서는 속성이 우리에게 좀더 큰 역할을 행사하고, 실체는 좀더 작은 역할을 한다. 그리고 동물유기체와 인간의 유기체는 실체적으로 가장 엄격하게 파악된다." 나아가 레비-브륄의 『원시민족의 사고』(1921), 근본적인 새로운 저작, 『원시인의 심성』(La mentalité primitive, Paris, 1922)을 참조. 또한 내가 편집한 『지식사회학에 대한 시론』(Versuche zu einer Soziologie des Wissens, 1924)에 수록된 예루살렘의 논문 참조.** 이런 유추를 다만 원시적인 의인관으로만 간주한다면, 그것은 큰 오류다. 이런 유추는 가장 높은 문화 속에도 있다.
  * 『동정』, C. III 참조—편집자.
  ** 이 논문 제목은 「사고의 사회학적 제약과 사고형식」(Die soziologische Bedingtheit des Denkens und der Denkformen)이다—편집자.

점'이 되고, 경우에 따라 '자연 성장적'이거나 '실천적'이라고도 말해진다. 그러나 이 '자연적 세계관'이라는 개념은 낡은 교회적인 자연법이나 반교회적인 자연법에서 말하는 사회의 '자연상태'와 동일한 속임수를 지니고 있다. 교회적 자연법은 자연상태를 '낙원'과 동일시하지만, 이때 '타락'(Falles)이라는 교의적인 의미에 따라 자의적으로 '자연상태'(status naturae)를 죄의 상태와 유사하거나 유사하지 않은 것으로 만들어버린다. 홉스는 교회의 가르침에 의식적으로 대항하여 자연상태를 '만인의 만인에 대한 투쟁'(bellum omnium contra omnes)과 등치시킨다. 루소는 자연상태를 사적 소유가 없는 목가적인 상태(Idylle)와 동일시하고, 마르크스주의자들은 공동소유와 집단혼인에서 '근원적'으로 생겨난 '자유롭고 평등한 사람'들과 등치시킨다. 그러나 우리는 실제로 이런 '자연상태'에 관해 아무것도 알지 못한다.

실제로 여기서 그때마다 자의적으로 받아들인 자연상태의 내용은 모두 전형적인 '이데올로기'를 정당화시키려는 장래의 이해관심을 정략적으로 흡입한 것이고, 그 배경에 불과한 것이다. 이것은 이제 인식론자들이 '자연적 세계관'에 관해 말하는 것보다 사정이 나을까? 그렇지 않다. 예를 들어 버클리는 자연적 인간을 그 자신의 의미에 따라 관념론자로 간주하며, '자료'란 다름 아닌 '학자들'의 착종된 '발명품'에 불과하다고 말한다. 다른 사람들은 자연적 세계관을 실재론적(realistisch)이라고 생각하며, 예를 들어 시간·공간 속에 있는 무생명적 사물의 수다성(Vielheit)과 사건(Geschehen)의 제일성(齊一性, Gleichförmigkeit), 교호작용(Wechselwirkung) 등 특정한 범주적 구조를 그때마다 자연적 세계관에다 끌어다 붙인다. 칸트, 아베나리우스, 베르그송과 오늘날 N. 하르트만 등은 모두 자연적 세계관을 근본적으로 다르게 서술하지만, ──유감스럽게도 각자 증명하려는 미리 파악된 지식론의 '출발점'으로 삼기 위해서는 자연적 세계관을 언제나 그렇게 파악할 수밖에 없었다.

따라서 종래의 절대적이고 불변적인 자연적 세계관의 개념을 지식사회학은 단호히 거부한다. 그러나 지식사회학은 대신에 '상대적으로 자연적인 세계관'[20]이라는 개념을 도입하지 않으면 안 되고 또한 도입을 허용한다. 상대적으로 자연적인 세계관의 개념은 다음 명제에 의해 정의된다. 즉 어떤 집단의 주체(일차적으로 종족의 통일)가 지닌 상대적으로 자연적인 세계관에는 일반적으로 그 집단 속에서 아무 의문의 여지없이 '주어진 것'으로서 통용되는 모든 것이 속한다. 또한 특별한 자발적 작용 없이 '주어진 것'[所與]의 구조형식에서 생각되는 모든 대상과 내용도 상대적으로 자연적인 세계관에 속한다. 주어진 것이란 일반적으로 정당화를 필요로 하지 않으면서도 가능한 것으로서 작동하고 지각되는 것을 말한다. 그러나 상대적으로 자연적인 세계관은 다른 집단에 대해서는 근본적으로 다른 것일 수 있고, 또한 여러 발전단계에 있는 동일한 집단 내에서도 근본적으로 다른 것일 수 있다.[21]

이른바 원시인의 지식사회학 및 근대 초에 이르기까지 서구 전체가 지녔던 생태론적 세계관과 아이들이 지닌 생태론적 세계관의 지식사회학이 우리에게 알려주는 통찰과 생태론적 세계관과 위대한 문화권의 상대적으로 자연적인 세계관을 비교해봄으로써 또한 우리에게 가르쳐주는 가장 확실한 통찰 가운데 하나는 바로 다음과 같은 것이다. 즉 인간 '의' 유일하고 불변적인 자연적 세계관이란 일반적으로 존재하지 않고, 오히려 세계상의 차이가 주어진 것 그 자체의 범주적인 구조에까지 영향을 미친다는 것이다. 우리에게는 확실히 정령과 귀신이 주어져 있지 않다. 그러나 원시인에게 정령과 귀신은 너무나 '자연스러운' 것이며, 의문의 여지없이 지각작용 속에 주어지는 것이다. 따라서 절대적으로 유일한 자연적 세계관이란 상대적으로 자연적인 세계관의 발전단계를 평가하는 것에 봉사하는 한계개념(Grenzbegriff)에 불과한 것이다.

절대적으로 불변적인 자연적 세계관, 즉 종래의 인식론이 지닌 편견(우상, Idol) 대신에 상대적으로 자연적인 세계관 구조의 상호변환의 법

---

20) 『사회학 및 세계관 논문집』에 수록된 나의 논문, 「세계관학, 사회학 및 세계관의 정립」을 참조.
21) 위의 논문 가운데 설명된 각종 사례를 참조.

칙을 이끌어내려는 시도[22]가 나타났다. 슈펭글러는 그의 저작, 『서구의 몰락』, 제1권에서 '칸트의 범주표는 서구적 사고의 범주표에 불과하다'고 내가 1914년에 서술한 것[23]과 같은 말을 하고 있는데, 그것은 지당한 말이다. 그러나 상대적으로 자연적인 세계관의 상호변환론(Transformationslehre)에 관한 시도는 다만 지식사회학이 발달심리학과 매우 밀접한 관계 속에서 스스로 정립하고, 또한 여기서 발견된 발전단계의 평행등위관계를 자신의 목적을 위해 이용하는 경우에만 비로소 몇몇 사람에게 유망한 것이다. 이런 종류의 평행등위관계는 다양한 계열 사이에 존재한다.[24] 위대한 문헌 속에서 탐구되는 심적 발전단계의 평형등

---

22) 범주상의 가장 큰 차이는 모권적 문화와 부권적 문화의 차이에서 주어질 것이다. 이에 관해서는 앞에서 말한 그래브너의 책을 참조.
23) 『전쟁의 정신과 독일정신』(*Der Genius des Krieges*, 1915)에 수록된 '서구의 정신적 통일성'이라는 장을 참조.
24) 여기서 나는 가장 중요한 것만을 다시금 언급해둔다. (나는 이 평형등위관계를 『철학적 인간학』에서 좀더 상세하게 연구할 것이다.)
  1. 두 살이 끝날 무렵, 즉 본래적인 '인간이 되기'까지 인간의 심리적 기능의 발달단계와 성숙한 고등 척추동물의 심리적 기능 및 능력 사이(에딩거).
  2. 병리적인 탈락현상에 의해 변화되는 인간의 정신상과 해당기능이 결여되어 있는 동물의 심리 사이(예를 들어 유인원에서 전두엽 기능의 결여).
  3. 원시집단에서 정상적인 심리적 태도와 비교적 높은 문명단계에서 성인의 병리심리적인 (또는 이상심리적인) 태도 사이(실더, 슈토크 참조).
  4. 원시인의 심리적 생활과 어린아이의 심리적 생활 사이(슈테른, 옌쉬, 뷜러, 코프카, 레비-브륄 참조).
  5. 비교적 높은 문명 속에서 사는 사람의 경우에 군중심리가 생성될 때 고등 중추기관을 배제하는 것과 동물심리 및 동물사회 사이(『동정』 참조).
  6. 문명 내부에서 군중심리가 순간적으로 형성되는 것과 원시적인 '군집' 속에서 계속되는 심리적인 경향 사이(프로이트의 『집단심리학과 자아의 분석』 참조).
  7. 군중심리와 병리적이거나 이상적인 의식 사이(히스테리, 대인기피증, 최면 상태. 프로이트의 앞의 책; 실더의 『최면(상태)의 본질에 관하여』 참조).
  8. 군중과 어린아이의 태도 사이.
  9. 어린아이의 정상적인 거동과 성인의 병리적이거나 이상적인 거동 사이('발달억제'와 유치증).
  10. 개인의 노령단계에서 심리적 기능의 구성과 노령화된 민족 및 문명의 평

위관계는 모두 상대적으로 자연적인 세계관과 그 상호변환을 다루는 지식사회학에서 매우 중요한 것이다. 아니 많은 점에서 에딩거, 맥두걸(McDougall), 토른디케(Thorndicke), 쾰러, 코프카, 슈테른, 옌쉬, 나아가 정신분석학자와 신경학자인 실더, 비른바움(Birnbaum), 슈토크, 프로이트, 민족학자와 사회학자인 프로이쉬, 그래브너, 레비-브륄, 뒤르켐, 니체포로(Niceforo) 등의 연구가 암시하듯이, 이미 중요한 것이 되어버렸다. 지식사회학이란 결코 단순히 진리에 관한 지식의 사회학이 아니다. 오히려 그것은 사회적 망상과 미신의 사회학이고, 사회학적으로 제약된 착각과 기만의 형식을 대상으로 삼고 있는 것이다.

'상대적으로 자연적인 세계관'은 단지 매우 큰 시간의 차원에서만 계속 운동해온 유기적 변식물이다. 가르침을 통해 그것은 충분히 언급될 수 없다. 그것은 깊은 의미에서 다만 인종 간의 혼혈에 의해 그리고 점차적인 언어상·문화상의 혼합에 의해서만 변화될 수 있다. 어떤 경우에나 그것은 자동적으로 작동하는 '집단심성'의 맨 아래층의 핵심에 속하는 것이지, 결코 집단 '정신'에 속하는 것이 아니다.

상대적으로 자연적인 이 세계관을 견고한 토대로 하여 그 위에 비로소 상대적으로 인위적이거나 '교양적인' 세계관 형식이라는 지식의 양태가 구축된다. 이런 지식양태를 그 인위성의 정도에 따라 가장 희박한 것에서 시작하여 다음과 같이 말할 수 있을 것이다. 1) 종교적, 형이상학적, 자연적, 역사적인 지식이 아직 미분화된 형태로 남아 있는 신화와 전설. 2) (교양언어, 즉 고양된 시적 언어나 학술용어에 대립하는) 자연적인 민

형단계에서 심리적인 기능의 구성 사이(『쾰른 사회과학 계간지』 최신호에 수록된 셸러의 「문화의 노령화」 참조—결국 이 논문은 발표되지 못했다—편집자).

11. 어린아이의 심리적 생활과 여성의 심리적 생활 사이(여성의 정신물리적인 유기체가 가진 '체질적인' 어린아이다움). 나아가 이성심리학(異性心理學)과 부성·모성 문화 사이.

12. 하층계급이 그때마다 갖는 심리 및 교양상태와 2, 3세대 또는 몇 세대가 지난 후 '엘리트'가 갖는 교양상태 사이(지식의 '계층이론'과 계급분화).

족 언어 속에 함축적으로 함께 주어지는 지식. 이것은 훔볼트(Wilhelm v. Humboldt)가 (최근에는 핑크와 보슬러가) '내면적인' 언어형식과 세계관에 관한 연구에서 이미 파악한 것들이다.[25] 3) 신앙이 깊고 정감적이며 희미하게 직관하는 것에서부터 목회자교회의 고정된 교의에 이르기까지 다양한 응집상태에 있는 종교적 지식. 4) 신비적인 지식의 근본양태. 5) 철학적·형이상학적인 지식. 6) 수학, 자연과학, 정신과학이라는 실증적 지식. 7) 기술적인 지식.

또한 상대적으로 자연적인 세계관이 역사 속에서 운동하는 형식(Bewegungsform)은 시간적으로 가장 완만하고 둔중한 것이다. 그렇다면 지식양태의 인위성이 증대됨에 따라 지식의 운동도 촉진될 것으로 보인다. 실증종교가 본질적으로 형이상학보다도 훨씬 완만하게 움직여온 것은 분명하다. 형이상학은 활동공간에 따라 우선 위대한 세계종교를 수많은 교파로 분열시킨다. 형이상학의 주요 유형은 그때마다 하나의 문화권에서 상대적으로 수가 적다. 그리고 시시각각으로 그 결과가 변전되는 실증과학보다 승인과 타당성이라는 점에서 볼 때 훨씬 오랜 기간에 걸쳐 지속되고 있다.

모든 지식의 양태는 그 지식을 정식화하기 위한 특유한 언어와 양식을 발전시켜왔다. 이때 종교와 철학은 필연적으로 순수 인위적인 학술술어를 전개해가는 과학들, 특히 수학과 자연과학에 비해 훨씬 자연적인 민족언어나 교양언어에 좀더 강하게 결부되어 있다.[26] 수학과 자연과학은 —— 모든 출판업자들이 알고 있듯이 —— 정신과학과는 비교가 되지 않을 정도로 국제화를 강화시켜왔다. 그렇다 하더라도 이것은 대상의 내면적 근거를 고려하지 않은 언어상의 사실에 근거한 것들이다. 인식의 신비적인 양식은 말하자면 언어와 정식화된 표현 일반에 대해서는 생득적인 적대자일 뿐이다. 이런 연유로 이미 인식의 양식은 개인주의화되

---

25) 이에 관해서는 앞에서 말한 그래브너의 책, 제4장 '세계관과 언어'를 참조.

26) 퇴니에스의 『철학용어사』(*Versuch einer Geschichte der philosophischen Terminologie*, 1906)에 대한 투철한 연구를 참조.

고, 고립·고독화되어가는 강한 경향을 띤다. 이런 경향은 당연히 세계 시민적인(kosmopolitischen) 경향과 결부된 것들이다. 아니 신비적인 지식이란 당연히 원리적으로 '말로 할 수 없는' 것들이다. 이것은 '밝은' 정신적 이념의 신비주의에도 타당하며, 능산적 자연(natura naturans) 이라는 근원에서 일체감을 이루는 '어두운' 활력의 신비주의에도 타당한 것이다.──우리가 모든 문화권의 신비주의 역사에서 발견한[27] 신비주의의 이런 대립은 아마도 모계문화와 부계문화 사이의 대립과 긴장에서 연유한 것일 게다.

플로티노스부터 베르그송에 이르기까지 신비주의는──종교적이든, 형이상학적이든──언어 속에서 단지 사상을 불충분하게 서술하는 수단일 뿐이고 신비적인 '합일'(unio)을 이루고 '몰입'(extasis)해가는 가운데 체험되고 직관되는 것을 불충분하게 서술하는 수단일 뿐인 것이 아니다. 오히려 신비주의의 대표자는 언어와 '담론'(discursus) 속에서 신비주의자로서 얻고자 노력하는 그런 '지식'에 대한 가장 뿌리 깊고 극복하기 힘든 기만과 오류의 근원을 찾아내려는 경향이 있다. 즉 모든 신비주의자는 다음과 같은 실러(Friedrich Schiller)의 말을 가슴속에 새겨두고 있다. "마음은 한번 말하고 나면, 더 이상 아무것도 말하지 않는다." 그렇기 때문에 우리는 모든 문화권 속에 있는 모든 종류의 신비적 수도회, 교단과 종파에서, 그리고 '정신'을 인위적으로 배제해버리는 저 활력 넘치는 '어두운' 도취신비주의 속에서, 충동과 감각을 배제해버리는 정신적이고 밝은 지성적인 이념신비주의 속에서 마침내 실증적인 내용과는 전혀 무관한 종교와 형이상학의 (하물며 이러한 전제가 주어지지 않는다면, 신비주의는 근원적으로 나타날 수 없다) '침묵의 신성한 장소'(sanctum silentium)라는 지식사회학적인 근본개념을 발견한다. '신비한 것'에 대한 침묵은 직무나 직책상의 비밀처럼 국외자에 대한

---

27) 저자의 유고 속에서 발견된 신비주의 형식과 사회적 형식의 연관에 관한 노작은 불충분하게 남아 있다. 저자의 유고는 저자의 형이상학과의 연관에서 공개될 것이다−편집자.

명령이나 규범일 뿐만 아니라 지식을 발견하는 것 그 자체의 **방법론적**으로 한 구성요소다. 예를 들어 퀘이커교도들(Quäkersekte)에게 공동체 구성원들 사이의 의견일치와 의지의 일치는 침묵의 기도를 통해 일어나는데, 그들은 '성령 그 자체'에 사로잡힌 구성원들이 각자의 적절한 때를 필연적으로 나타내는 말을 찾아내고, 이로써 공동체와 신 그 자체의 참된 의지목표를 나타낼 때까지 참고 기다린다.[28]

다소간의 인위적인 지식양태의 기원에 관한 문제는 제1서열에 속하는 지식사회학의 문제다. 여기서는 다만 **지식의 최고 양태**를 그 기원에서 탐색해가야만 할 것이다.

모든 종류의 지식을 향한 노력은 고등 척추동물, 특히 유인원과 공유하는 인간의 생득적 충동자극에서 유래한다. 원숭이도 이미 생물학적 종적으로 그리고 개체적으로 자기 자신에게 유용도, 손해도 끼치지 않은 것처럼 보이는 대상과 사상을 조사하고 음미하는 데 큰 **호기심**을 나타낸다. 모든 신기한 것, 즉 직접적인 기대연관을 돌파하는 것은 이런 충동활동을 해소시킨다. 이런 충동은 의심할 것 없이 권력충동이라는 거대한 계보에 속하고 또한 구성하며 놀이하는 충동과 밀접하게 결부되어 있다. 이 충동욕정(혼미상태와 호기심)에서 새롭고 다양한 종류의 정서적 운동요인이 갈라져 나온다. 어느 정도 호기심이 도야된 것이 바로 지식욕(Wißbegier)이며, 지식욕은 이미 알고 있는 것을 스스로 지향할 수 있다. 이 지식욕에서 비로소 욕정과 충동(Affekte und Triebe)이 생겨나오는데, 지식욕은 좀더 높은 지식의 양태와 결합해 있고 또한 이 충동을 **정신적인 가공의 형식**으로서 나타낸다.

첫째로 이런 욕정과 충동은 1차적으로 **전체적인 집단의 충박(Drang)**이며, 2차적으로 비로소 개별인격의 충박이다. 개별인격의 충박은 개별

---

28) 그리스도교 문화권 내의 종교공동체 내부에서 '성령의 언표'와 결부된 집단, 기술, 권위는—예를 들어 교황제도, 종교회의, 교단, 루터의 경우에는 '내적인 성령'(spiritus sanctus internus) 등은—아마도 이런 공동체의 가장 중요한 종교사회학적 성격을 형성하게 될 것이다.

인격의 존재와 운명, 은총을 '은폐'하고 '구원'한다. 또 이 충박은 '강력하고 신성한 것'으로 직관되는 현실성과의 지적인 결합 속에서 나타나며, 이 현실성은 최고선인 동시에 '만물'의 현존 근거로서 타당한 것이다. 이것은 모든 종교적인 지식이 추구해가는 지속적인 정서의 뿌리다.

둘째로 그것은 기절초풍, 경악, 놀라움, 마비라는 혼미한 욕정과 근본적으로 다른 것이며, 적어도 구원, 안전, 보호와도 구별되는 놀라움(θαυμάζειν)이라는 좀더 정신적이고 지향적인 감정이다. 이 놀라움이 새로운 종류의 지식을 정초한다. 모든 대상, 비록 잘 알려져 있고 가장 익숙해 있는 대상이라 할지라도 모두를 이 놀라움이 돌연 일깨워준다. ——단지 하나의 이념형, 즉 본질성의 범례(Beispiel)와 대표자로서 파악하는 하나의 제약 아래서만 놀라움이 모든 대상을 돌연 일깨워준다. 따라서 대상은 시·공간적으로 직·간접적인 환경에 관련되지 않으면서, 철학이 '2차적인 원인'이라고 부르는 데는 관련되어 있지 않고, 오히려 정신 앞에서 다음과 같은 물음, 즉 '그러한 것'(etwas dergleichen)이 '일반적으로' 왜, 어떻게, 무엇 때문에 여기에 있고, 저기에는 없는가[29] 하는 물음을 제기하는 것과 관련 있다.

방금 말한 이 물음이 세계 전체의 현존재와 본질구조 일반을 지향한다면, 거기서 우리는 순수 '형이상학적인' 놀라움에 도달한다. 이 놀라움의 작용과 이 작용을 수반하는 감정은 모두 형이상학적인 지식을 추구하는 영속적인 뿌리다.——이 점을 이미 아리스토텔레스가 명확하게 인식했다. 이런 지적 태도에서는 다음과 같은 것이 본질적이고 또한 본질적인 것으로 남아 있다. 즉 '이념에' 정립된 대상을 그 우연적인 지금-여기에 현존하는 것과 그렇게 존재하는 것에 근거하여 탐구하지 않고, 이 우연적인 현존재와 본질존재에 대한 근거에 따라 탐구해야 한다는 것이고,——따라서 그것이 왜 지금 바로 여기에 있고 저기에는 있지 않

---

29) 이에 관해서는 『인간에 있어서 영원한 것』에 수록된 논문, 「철학의 본질에 관하여」를 참조—편집자.

으며, 왜 지금 존재하고 그때는 존재하지 않았는지를 탐구하는 것은 아니다. 다시 말하면 시·공간적 질서구조 속에 있는 저 대상의 위치가치(Stellenwert)에는 전혀 주목하지 않는다. 덧붙여 최근의 레비-브륄의 연구에 따르면[30] 그 시·공간적 질서구조란 원시인이 물체적인 형태의 질료와 미분화된 것을 순수하게 소유하도록 허용된 것이 아니라, 대상이 그 이념적 본질유형의 대표자로서 직접적이고 무매개적으로 제1원인(causa prima)에 관련되는 것을[31] 말한다.

새로운 종류의 지식욕을 야기하는 제3의 정서는 세계에 관해 행위하고 노동하는 것에서 먼저 우연적으로 생겨나는 경험에 대해 2차적으로 의욕하는 탐구로부터 유래한다. 이것은 자연과정, 인간과 사회화과정, 심적·유기적 과정의 진행에 대한 권력추구와 지배노력이며, 아니 마술적 기술에서 초자연적이거나 우리에게 그렇게 보이는 '힘' 그 자체를 조종하려는 시도를 지배하는 것이나 이로써 우리는 현상을 '예견'한다.

이 충동은 근원적으로 목적과 관계없는 구성충동, 놀이충동, 공작충동, 실험충동에 자신의 깊은 토대를 두고 있다. 동시에 이 충동은 모든 실증과학과 모든 방식의 기술이 지닌 충동적 뿌리다. 본래 실증과학과 기술은 그 충동적 토대에서 고찰할 때 매우 밀접하게 공속(共屬)한다. 고등 척추동물의 경우에 하등 의심할 여지가 없어 보이는 능력, 즉 본능행동과 '시행착오'의 법칙에 따른 자기 순치를 넘어서는 행동 속에서 아무 검증 없이 새로운 비정형의 환경상황에 자신을 적응시켜 생명을 촉진하는 행동을 다른 행동보다 우위에 두는 능력은, 다시 말해 '실천적·기술적 지능'(이에 대한 심리학적 정의[32])를 지금까지 우리는 매우 불충분하

---

30) 『원시인의 심성』(La mentalité primitive, 1922), 520쪽 참조. "거기서 공간은 이해된다기보다 느껴진다. 여러 방향은 질을 향한다. 그리고 공간영역 어디서나 이미 살펴본 것처럼(231~239쪽 참조), 단지 거기에 있는 모든 것의 성질을 띠고 있다."

31) '2차적인 원인'(causae secundae)에 대해 원시인들이 결여하고 있는 감각에 관해서는 레비-브륄, 앞의 책, 특히 결론부분을 참조.

게 제공할 수밖에 없었다[33])은 이런 지배충동과 매우 밀접한 관계가 있고, 또한 정신화된 권력충동과도 밀접한 관계가 있다. 그렇기 때문에 '실천적 지능'의 기원에 대해서는 다음과 같은 것이 본질적이다. 즉 (오늘날 과학적으로 확실한) 충동과 주의작용에 의해 제약되는 경우에 아무리 단순한 감각이나 지각이라 할지라도,[34] 이미 우리의 자연적 지각세계 자체는 그런 성질을 띠도록 되어 있다는 사실과 실제적인 자연과정의 상대적으로 불변적인 것과 시간적으로 규칙적인 것이 감각과 지각을 통해 상대적으로 비불변적인 것과 시간적으로 일회적인 것으로 표시될 전망과 기회가 원리적으로 좀더 높다는 사실, 따라서 이른바 자극의 물결에 끊임없이 함께 부가되는 인지의 물결이 불변적·규칙적이라는 사실, 나아가 시·공간에서 감각적으로 통일된 형태를 나타내는 모든 것——예를 들어 대칭적으로 정돈된 것——을 조장한다는 사실이 그것이다. 끝으로——엔쉬가 그럴듯하게 행한 것처럼——불변적·규칙적인 것을 선택하려는 이런 경향이 비로소 지각의 이미지들에서 표상의 이미지로 이행해가는 것이 아니라 두 이미지 계열이 모두 근원적으로 동시에 생겨나온다. 왜냐하면 이 두 계열은 '직관하는 이미지'라는 원형에서 발전해오기 때문이다. 이 이미지는 성인의 지각에 비해 자극에 덜 비례적이

---

32) 동물의 경우에 '통찰'에 대한 논쟁에 관해서는 쾰러(W. Köhler)의 『유인원의 지능검사』(*Intelligenzprüfungen bei Menschenaffen*, Berlin, 1921), 제2판을 참조. 나아가 이에 대한 비판적이고 논증적인 논평에 대해서는 다음을 참조. 즉 뷜러(K. Bühler)의 『아동의 정신적 발달』(*Die geistige Entwicklung des Kindes*, 1923), 제3판; 코프카의 『심리적 발달의 기초』(*Die Grundlagen der psychischen Entwicklung*, 1921); 셀즈(O. Selz)의 『정돈된 사고과정의 법칙에 관하여』(*Über die Gesetze des geordneten Denkverlaufs*, 1913/22); 카프카(G. Kafka)의 『비교심리학 핸드북』(*Handbuches der vergleichenden Psychologie*, 1922), 제1권에 수록된 '동물심리학'(Tierpsychologie).

33) 이에 관해서는 『우주에서 인간의 지위』(*Die Stellung des Menschen im Kosmos*, 1927)를 참조—편집자.

34) 이에 관해서는 이 책, 2권에 수록된 다음의 논문, 「인식과 노동」, 특히 V장을 참조—편집자.

다.[35] 따라서 모든 실증적 학문연구를 이끌어내는 자연의 시·공간적 본질법칙성의 확신에 대한 궁극적 토대는 이른바 순수이성(합리주의 칸트)도 아니고, (경험론자가 생각하듯이) 감각적 경험도 아니다.—— 아니 감각적 경험은 오히려 가능한 주의작용의 선택경향에 따라, 그리고 선택경향에 적합하게 형성된다. 이와 달리 그 궁극적 토대는 철두철미하게 **생물학적인 지배와 권력에의 충동**이고,——전혀 합리적인 것도, '정신적인' 것도 아니다. 그리고 이 충동은 그 자체로서 지각하고 표상하며 사고하는 가운데 세계에 대한 지적인 태도를 규정하고, 마찬가지로 행동하는 가운데 세계에 대한 실천적 태도와 환경세계사물의 운동에 대한 실천적 태도를 **균등하고 등근원적으로** 규정한다. 이로부터 세계에 대한 이론적 태도와 실천적 활동의 태도가 하나로 **통일**되고, 이론적 태도와 실천적 태도 양자에 **공통적인** 구조형식이 보증받는다.

법칙에 따라 작용하는 '2차적인' 원인추구에 대한 요구가 점점 비등해지고 있는데, 이 요구는 종교적인 구제의 요구와 구별되어야만 하며, 마찬가지로 어떤 '이념'의 대표자인 현존재의 원인에 따라 '그 이념'이나 제1원인을 파고드는 형이상학적인 인과성의 요구와도 근본적으로 구별되어야 한다. 형이상학적인 지적 요구와 첨예하게 대립하면서 그 현존재와 본질이 (왜 죽는가? 왜 괴로워하는가? 왜 사랑하는가? 왜 인간인가? 등의) '놀라움'을 불러일으키는 '이념 속'으로 고양되는 대상의 최고 현존재 근거는 실증과학적인 물음의 객체가 아니다. 오히려 오직 시·공간적 연관 속에만 있는 어떤 대상의 위치가치가 자연에 대한 지배를 위해 미리 예견되어야 한다(예견하기 위해 본다,[36] 아는 것이 힘이다[37] 등). '왜 이것은 지금 여기에 있고, 저기에는 없는가?'——이것은 모두 **실증과학**의 물음이다. 그것은 언제나 동시에 사물을 분할하고,

---

35) 옌쉬의 『지각세계의 구성』(*Der Aufbau der Wahrnehmungswelt*, 1924)을 참조.

36) Voir pour prévoir. 이것은 콩트의 말이다—옮긴이.

37) Knowledge is power. 이것은 베이컨의 말이다—옮긴이.

시·공간적으로 바람직한 연관 속에서 새롭게 결합시키고, 따라서 자연 과정에 그렇게 개입함으로써 무엇이 생겨날 것인지를 예견하는 모든 기술의 선행적 물음이다.

콩트와 스펜서의 실증주의는——이것은 철학이라기보다 서구의 후기 산업주의가 나타내는 특수한 서구적 이데올로기에 불과한 것이다—— 인간의 지식욕의 세 번째 근거를 승인하는 데 불과하다. 그러나 그 생물학적 유래를 심각하게 고려하지 않았기 때문에 종교와 형이상학의 본질과 함께 역사도 완전히 오해하고 만 것이다. 실증주의는 전적으로 **불변적이며 서로 대체 불가능한 세 개의 인간적 지식형태**를 지식이 발전해온 역사적 선행형식과 시간적 '단계'로 삼지 않을 수 없다. 그러나 종교와 형이상학의 정서 및 정신적 인식방법이 '호모 사피엔스'에 특수한 독점물에 불과한 반면에, 기술과 실증과학이 지닌 하나의 뿌리는 (정신적으로 함께 제약되고 있다는 것이 자명한데도) '실천적·기술적 지능'이라는 이미 동물적 능력이 점차로 형성해온 것에 불과하다. 그렇기 때문에 콩트와 스펜서 이후 실증주의자들은 이런 이유에서 수미일관하게 인간과 동물 사이의 심리적·정신적인 본질적 차이를 부정해야만 했다.[38]

세 개의 지식양태가 지닌 서로 이질적인 뿌리를 분명히 통찰한 사람이라면, 누구나 다음과 같은 것도 명석하게 간파할 수 있을 것이다. 1) 이 세 지식영역 속에서 이념 유형적으로 구별되는 다른 **지도자상**(종교적 인간, 현자, 연구자와 기술자).[39] 2) 세 개의 서로 다른 지식을 획득해가는 가운데 나타나는 지도자상의 **기원**과 **방법**의 차이(카리스마적 지도자가 신과 접촉하는 것 및 이념적으로 사고하는 것, 연역적이고 귀납

---

38) 원시인과 유인원의 경험적 차이, 즉 해부학·생리학·심리학상의 차이와 전혀 다른 인간과 동물 일반 사이의 이런 본질적 차이에 관해서는 머지않아 출판될 나의 『철학적 인간학』을 참조. 나아가 이미 인용한 바 있는 『가치전도』에 수록된 나의 논문, 「인간의 이념에 관하여」를 참조.
39) 다양한 이념적 유형의 전형 형태에 관해서는 이미 언급한 '전형과 지도자'를 참조─편집자.

적으로 추론하는 것). 3) 세 개의 지식이 발전해가는 운동형식의 차이. 4) 각기 다른 지식을 획득하고 유지해가는 **사회적 근본형식**의 차이. 5) 인간사회에서 그런 세 지식양태가 부과하는 **기능**의 차이. 6) 계급, 직업, 신분에 따라 유래하는 각 지식의 **사회학적 기원**의 차이.[40]

여기서는 이런 거대한 문제영역에서 지식사회학을 정초함에 가장 중요한 것에만 한정하여 고찰해보자.

2. 실질적인 문제들

(1) 종교사회학에 관하여

1) 종교의 영역에서는 '창시자'의 인격적 종교에 앞서 신앙심 깊고 서로 영혼적으로 결부된 익명의 집단의식, 즉 토착화된 종족적 · 부족적 · 민족적인 종교가 반드시 선행한다.[41] 또한 종교적 통일, 즉 숭배와 의식에서 통일은 어디서나 1차적으로 성적인 유대와 혈연적인 유대에 따라 일어나는 것이고, 따라서 먼저 경제적 · 정치적 공동체 또는 교통의 공동체, 교양의 공동체에 결부되어 있는 것이 아니다. 다시 말하면 인격적으로 무제약적이고 합리적으로 어떤 근거도 없이 단지 '믿을' 만한 것에 가치를 두는——즉 그 자신의 신성과 맺고 있는 독특한 인격적 결합의 경험에 대한 신앙에만 가치를 두는——것으로서 나타나는 예외적인 '카리스마적'인 '종교적 인간'(homo religiosus)의 등장[42]은 그가 예언자이건, 자신의 권위를 종교적으로 정초하려는 전쟁의 영웅이건, 사제 또는 의식적인 '창시자'이건 간에 모두 **정치시대**에 들어오면 비로소 종

---

40) 콩트의 3단계 법칙에 관해서는 나의 연구를 참조(『사회학 및 세계관학 논문집』에 수록된 논문, 「지식의 실증주의적 역사철학에 관하여」 참조—옮긴이).
41) '민족종교'의 정의에 관해서는 디터리히(A. Dieterich)의 『어머니 대지』 (*Mutter Erde*, Leipzig, 1905), 제2판 서론부분을 참조. 종교 일반의 구별과 종교사의 구성에 관해서는 바흐(J. Wach)의 계발적인 논저, 『종교학』 (*Religionswissenschaft*, Leipzig, 1924)을 참조.
42) 「전형과 지도자」의 III장, '신성한 것'(Heiligen)을 참조—편집자.

교를 근원적으로 자기 선조들을 혈연적으로 구속시켜온 것에서 해방시킬 수 있다. 이때 마술사, 나아가 주술사[43]는 '종교적 인간'이라기보다 초자연적 '힘'에 따르는 기사(技士, Techniker)로 간주된다. 그리고 '성직자', 즉 직업적인 제사기사(祭祀技士, Kulttechniker)는 언제나 자신 위에 설정된 '종교적 인간'에 의해 인도된다.

성적 유대에 의한 씨족단체라는 선행형식들이 이미 대부분 군주제를 취하는 지배에 대한 대규모 **정치적** 결사체로 이행되면, 간접적으로 **창시자종교**로 이행하는 것도 그만큼 쉬워질 것이다. 적어도 이런 군주제의 지배에 의한 결사체는 성적 유대와 가족적 유대 및 가부장적 족장과 격렬하게 대립하는 가운데 성장해왔고, **끊임없이** 일어나는 전쟁상황에서 그 실마리를 발견할 수 있다. 그것은 성적 유대인 씨족단체의 족장이 지닌 **종교적 권위**를 떨어뜨리고, 대부분 소규모의 핵가족을 위해 대가족이 해체되는 경향을 나타낸다. 그렇기 때문에 창시자종교, 즉 일반적으로 **인격적으로** 결합된 종교운동과 종교단체는 분트가 '정치적 사회'(politische Gesellschaft)라 부른 사회발전의 단계 이전에는 어디서도 나타나지 않는다. 이 '정치적 사회'는 언제나 동시에 계급을 형성하기 시작하는 단계이고, 나아가 애니미즘적인 모성문화가 억압당하고, 여성이 억압당하는 단계다.[44] 창시자종교의 특징은 **남성적**이고 **정신적인** 기원을 지니고 있다는 점에 있다.

종교적 지식의 최초 원천은——우리가 오랫동안 생각해왔듯이——애니미즘도 아니고, 조상숭배도 아니다. 하물며 이성의 형이상학적 추론에 기인하는 것도 아니며, 오히려 일반적으로 탁월한 인격의 신성 그 자체와의 **접촉경험**을 집단이 수용하고 **신앙하는** 것에 기인한다. 이 접촉경

---

43) 이에 관해서는 그래브너의 책을 참조.

44) 그리스 종교에 관해 바호오펜의 『모권제』(*Das Mutterrecht*, 1861)와 비교해볼 것. 또 베르누이의 (이미 인용한) 바호오펜에 관한 저작의 풍부하고 예리한 비판을 참조(『J. J. 바호오펜과 자연의 상징』 *J. J. Bachofen und das Natur-symbol*, 1925—옮긴이).

험은 특정한 의식과 예배에 의해 증명되고, 확신을 주는 '기적'을 통해 증명된다. 창시자종교가 출현하기 이전에 이런 '카리스마적' 특성을 최초로 담지한 것은 혈연공동체의 족장이었다. 이에 반해 최고의 종교, 즉 창시자종교에서 이런 카리스마적 특성은 세습적이든 비세습적이든 간에 창시자에 의해 '임명된' 상임의 성직자 계급이다.

신적인 것으로 추앙되는 관념내용의 원천은 언제나 전혀 다른 종류의 연관에서 나타난다. 그것은 다음의 네 가지 속에 들어 있다.

① 대부분 종족과 부족이라는 선행적인 씨족집단의 고정된 **전통**(민족 종교) 속에 있다. ② 카리스마적인 '**종교적 인간**'의 광범한 변종 속에 나타나는 신에 대한 **생생한 직관** 속에 있다.——그것은 다만 '신성한 언어', 행위, 설교와 가르침 속에 전승되는 것이거나 이른바 '신성한 책'에 기록되어 있을 따름이다(교리종교). ③ 신적인 것과 신적인 태도에서 제사, 의식상의 관례를 수행함에서, 그리고 이 수행을 통해 행해지는 특수하고 새로운 경험 속에 있다.——종교역사의 일면적인 기술주의는 이런 종교적 경험의 원천을 흔히 모든 종교적 지식의 1차적인 원천으로 삼으려 한다. 그러나 그것은 종교적 지식에 변화를 줄 뿐이며, 결코 종교적 지식을 새롭게 주형(鑄型)하지는 못한다. ④ 그때마다 부가되는 형이상학적으로 유래하는 (예를 들어 그리스도교 신학에 부과되는 플라톤, 아리스토텔레스의 형이상학) 구제의 관념과 신의 관념 속에 있다. 이들 관념은 종교에 기여하고 변경시키면서 나타나는 것이 아니라 이들 관념이 우위를 나타내는 곳에서 실증적인 민족종교와 본래적인 '종교적 인간'의 권위를 해체하려고 한다(예를 들어 플라톤주의에서부터 에크하르트를 거쳐 헤겔에 이르는 '그노시스주의'[45]에 나타나는 현상들이 그것이다).

---

45) 그노시스(Gnosis)란 본래 '지식'을 의미하는 그리스어다. 이후에 신비주의적인 직관적 인식을 의미하게 되는데, 이 신비주의적 관념을 중심으로 삼은 종교사상이 그노시스주의이고, 그노시스주의는 서기 1, 2세기에 로마를 비롯하여 그리스문화가 미친 중동지역에 널리 유포되었다. 영혼과 물질을 구분하는 극단적인 이원론을 취하고, 신과 인간 사이에 상하계급을 이루는 수많은 중간

그밖에 보편타당해야만 하는 대중구제시설(Heilsmassenanstalten)이 형성되는 곳에서만 창시자의 이름 속에 권위적으로 규정되어 있는 신앙형식, 즉 이른바 '교의'(Dogma)가 나타난다.——이것은 교회의 통일을 파괴하거나 파괴하려는 '이단'에 대해 '부정하는 길'(via negationis)이라는 대처방법에 따라 완성된 하나의 형성물이다.[46] 그러나 교의가 존재함으로써 '신학'——종교적인 지식이 언제나 가장 잘 드러나고 합리화된 형태——과 같은 것도 존재할 수 있다. 종교적인 지식내용을 본래 사회학적으로 제약하는 것은 결코 방금 위에서 말한 지식의 원천에서 균등하게 흘러나온 것이 아니다. 먼저 종교상의 종족적 · 부족적 전통과 국가적 · 민족적인 전통에서 나오고, 다음으로 직업적인 제사기술에서 나온다. 이 두 원천은 다른 종교적 지식의 원천들과 첨예한 긴장관계를 이룬다. 그러나 이 두 원천을 통해——더 이상 사회학적으로 제약받지 않는 '종교적 인간'의 신 관념과 형이상학자의 신 관념을 통해서가 아니라——계급과 직업, 신분, 카스트의 분절화와 종교적인 대상세계의 만신전(Pantheon)과 복마전(Pandaimonion)으로의 분업화가 매우 충실하고 예리하게 자기 자신을 반영한 것이다(기능의 신).[47]

유대교에서 그리고 그리스도교적인 서구에서 좀더 많은 사람들이 사회적 요인과 사회형성적 요인으로서 계시종교를 여전히 자기 인식과 자발적인 자기 자신의 순수 형이상학 또는 반(半)종교적인 형이상학보다 현저하

적 영혼의 존재를 인정하는 것이 특징이며, 신플라톤학파에 가깝다–옮긴이.

46) 이에 관한 매우 적절한 지적이 르 루아(E. Le Roy)의 『가르침과 비판』(*Dogme et Critique*, Paris, 1907)에 나타나 있다. 또한 종교적 공동체의 여러 형태를 트뢸치가 그리스도교적 · 서구적 문화권에 관해 상세하게 언급하고 있기 때문에 여기서 우리는 이에 대해 언급하지 않아도 좋을 것이다(이와 관련하여 교회와 종파, 신비적 공동체는 트뢸치의 최고 개념이다).

47) 막스 베버는 『종교사회학』에서 계급구성과 종교적인 대상세계와의 이런 교호적 관계에 관해 매우 풍부한 사례를 들고 있다. 그러나 이런 사례들을 임의로 증대시킬 수는 없다. 이 두 의미상의 대응을 경제학적인 역사파악의 양식에 따라 파악하든 다른 역사파악의 양식에 따라 파악하든 인과적으로 해명하는 것을 종교사회학은 피하지 않으면 안 된다.

게 우위에 두는 것은——이 점에서 거의 모든 아시아와 대립하며, 교의
도 없고 교회도 없는 고대세계와도 예리하게 대립하지만——먼저 **사회
학적으로** 제약되고 또한 이들 민족세계가 지닌 특성에 의해 제약되고 있
다고 말해도 좋을 것이다. 특히 활동적으로 대지를 개척하고 나아가 정
치ㆍ기술ㆍ경제적인 힘의 확대를 갈망하는 서구 민족들의 생활심정은
저 궁극적인 현존재적 물음에 관해 사색하는 정신의 강건하고 무제약적
인 집단적 결속을 필연적으로 초래하고, 조직적인 집단의 진정(鎭靜),
궁극적인 마음의 안정과 안전보장을 초래하지만, 오직 인격적이고 신적
인 계시종교만이 이를 가능하게 해줄 수 있고 또한 고도의 정치시대에
는 언제나 **국가**에 모범이 되는 '**교회**'조직이 이를 가능하게 해줄 수 있
다. 삶의 형이상학적 의미에 대해 지속적인 고유한 힘에 따라 숙고하는
민족과 그들이 구제 또는 신적인 것으로 간주하는 것을 **스스로 능동적으**
로 추구하는 민족은 이 물음에서 계시, 권위, 교의 및 모두를 포괄하는
민중구제시설을 통해 **궁극적이고 절대적으로** 해결되는 것으로 생각하는
민족과 마찬가지로 그들의 정신력과 의지력을 쉼 없이 세속적인 사물에
종사하게끔 방치할 수 없다.

　로마교회가 신플라톤주의와 그노시스파를 압도한 사실이 알려진 이
후[48] 서구에서 계시종교의 자기 활동적인 형이상학적 정신에 대한 우위
는 엄청나게 강해졌다. 그 이후 서구에서 자발적이고 형이상학적인 사상
이 일반적으로 최소한의 사회적ㆍ역사적 영향력조차도 미칠 수 없었다
는 것은 경탄 그 이상의 것이다. 다만 데카르트의 형이상학 양식, 독일
의 고전철학, 특히 헤겔, 그 후에는 마르크스주의만이 때때로 민중에게
비교적 큰 영향력을 행사할 수 있었다.[49] 내 생각에는 대철학자 가운데

---

48) 하르나크(A. v. Harnack)의 그노시스주의자 마르키온(Marcion)에 관한 훌륭
　한 저작, 『마르키온: 소원한 신의 복음』(*Marcion: Das Evangelium vom*
　fremden Gott, Leipzig, 1921)을 참조.
49) 실증주의는 프로이센에서 문화부장관 알텐슈타인(Altenstein)의 후원을 받아
　헤겔철학이 그랬던 것처럼 브라질과 프랑스에서 때때로 국가철학에 유사한 역

서 오직 데카르트만이——그의 학설은 17, 18세기에 순전히 '새로운 철학'(la nouvelle philosophie)으로서 인정받았다——교양세계의 범주적 사고구조를 어떻게 개조해야 할 것인지를 이해하고 있었다.[50] 그러나 이 현상은 거론되어야 할 만큼 교회시설을 뒤흔들지 못했다. 또한 종교개혁 이후 서구에서 종교의 발전은 종파와 교회에서 하나의 일반적인 추세법칙에 따른다는 것이고, 이에 따라 계시와 은총은 종교적인 지식의 형성에 대한 좀더 큰 의미를 부여하며, 신적인 것에 대항하는 인간의 자유로운 활동과 이성적인 인식은 (이와 함께 또한 형이상학적 정신도) 지상을 향한 심정활동이 노동, 기술, 직업, 경제와 권력정치에서 점점 고양됨에 따라 점점 더 억압받았다. 이 점을 덧붙인다면, 우리는 다만 종교와 형이상학의 관계에 대한 서구적 발전이 그리스도교의 성립 이후 일반적으로 담지해온 그 추세법칙을 좀더 예리하고 정확하게 인식할 수 있을 것이다. 오늘날 교회신도들에게는 종교적 의식이 점점 경직되어가고, 비신도들은 완전히 제멋대로 날뛰고 무정부주의 상태에 빠져버렸으며, 고양되는 민주주의 덕택에 바로 법적으로 매우 견고하게 강화된 교회는 점점 고양되는 사회학적 권력을 장악한다.

그러나 먼저 정치적 집단목표를 위해, 다음으로 경제가 압도적인 시대에는 사회적 집단목표를 위해 교회의 동원력은 점점 증대된다. 이에 대한 주요원인은 한편으로 매우 폐쇄적인 계시교회를 통해 그리고 다른 한편으로는 실증과학을 통해 형이상학적인 지적 노력과 자유로운 종교적 사변을 이중적으로 억압해왔다는 점이다. 이에 딜타이, 막스 베버, 야스퍼스 같은 연구자들이 사상형이상학(Sachmetaphysik) 일반을 인간의 사고가 지닌 '단지 역사적인 범주'로만 간주했다는 점에서 이전의 실증주의자들과 일치한다는 점을 우리는 이해할 수 있다. 이들에 따르면 이 범주는 다만 이념형 속에 들어 있는 단지 다른 형식과 형태로 기술되며,

할을 수행했다. 소비에트 러시아에서는 마르크스주의가 국가철학이다.
50) 오이켄(R. Eucken)의 『철학용어의 역사』(Geschichte der philosophischen Terminologie, 1879)를 참조.

마찬가지로 또한 심리학적이고 역사적으로 이해되어야만 한다. 그러나 이전의 실증주의자들과 달리 이들 연구자는 종교를 인간정신의 본질적인 범주로 간주한다.[51] 그러나 우리는──철학자로서뿐만 아니라 사회학자로서도──이렇게 생각하는 모든 사람이 대단한 착각에 빠져 있으며, 머지않은 미래에 이와 전혀 다른 사태를 가르쳐줄 것이라는 사실을 믿어 의심하지 않는다.

그러나 창시자종교의 역사에서 가장 중요한 것이고 전적으로 **사회학적으로만 제약되는 과정**은──본래적인 교회의 형성을 가능하게 하고 또한 구제에 관한 것에서 교회의 절대적인 권위를 필요로 하는 요구를 가능하게 하는 바로 그 과정[52]은──창시자종교가 성립하는 곳이라면 어디서나 동일한 과정인 것처럼 보인다. 이 과정은 다소 철저하게 파악되어야 하는 이러저러하게 정식화된 **창시자를 대상적으로 신격화**한다. 또는 좀더 정확하게 말하면, 이 과정은 공동체의[53] 사회학적으로 제약된 **제사형식** 덕분에 종교의 '**주체**'로부터 생겨난 창시자의 변모다.──우리는 심정적으로 정신의 근본태도 속에서 자기 자신을 창시자와 '**일체화**'시키고, 창시자의 인격작용을 추(追)수행하는 작용 속에서 이론적 · 실천적으로 내면적인 마음에서 우러나는 창시자에 대한 복종을 실행에 옮긴다. 우리는 창시자의 지시에 따르고, 신적인 것에 관한 창시자의 가르침을 믿는다. 창시자는 본질적으로 '**전형**'(Vorbild)이다. 그것도 인간이 내면적 · 외면적으로 신에게 다가가는 도상에 있는 전형이다.──전형은 숭배할 만한 가치가 있는 **대상**, 종교의 객체이고, 동시에 우리는 신성에서

---

51) 이에 관해서는 딜타이의 『정신적 세계』(*Die geistige Welt*, Ges. Schriften, Band V, 1924, 339쪽 이하)에 수록된 논문, 「철학의 본질」(Das Wesen der Philosophie, 1907)을 참조. 이것은 지식사회학에 시사하는 바가 매우 큰 논문이다.

52) 이 점에서 나는 트뢸치에 관한 추도논문(「사회학자로서 트뢸치」-편집자)에서 내린 판단을 철회하지 않으면 안 된다. 『쾰른 사회과학 계간지』(*Kölner Vierteljahrshefte für Sozialwissenschaften*, Jahrg. III, 1923~24)를 참조.

53) 하나의 교단을 말한다-옮긴이.

기원하는 특수한 존재론적 근원을 이 객체에 부과한다. 무엇보다도 형이상학적인 원시불교의 구제론과 윤리학을 '종교'로 형성시킨 불타의 추후적 신격화가 있었던 것처럼[54] 바울과 더불어 충전된 위력과 팽창 속에서 출발하는 고양된[부활된] 그리스도의 숭배야말로 그리스도교회의 뿌리인 것이다. 이 신격화 과정에는 신격화가 형성되는 곳이라면 어디서나 바로 악마적이라고 일컬어지는 이중의 의미가 들어 있다. 신격화 과정은 한편으로 본질적으로 창시자를 모든 인간을 넘어 고양시키고, 그 존재론적 기원에 따라 창시자를 신성과의 배타적인 관계 속으로 가져간다. 그럼으로써 이 과정은 창시자의 권위를 '절대화'한다.──또한 이렇게 해서만 창시자의 권위는 '절대화'될 수 있다.

그러나 이런 절대화가 일어남으로써 동일한 과정은 동시에 공동체, 특히 공동체의 구성원인 대중을 창시자의 요구와 지시의 잔혹한 억압에서 구제하고 해방시킨다. 왜냐하면 인간은 존재론적으로 신이거나 신적인 기원을 지닌 존재자와 자신을 더 이상 진지하게 비교하고 대조할 수 없기 때문이다. 창시자의 신격화라는 것은 그렇기 때문에 언제나 동시에 거리를 두게 되는 것, 즉 내면적 소외인 것이다.──창시자의 신격화란 또한 창시자가 신격화되기에 앞서 종교의 주체로서 그리고 우리가 따라야만 하는 전형으로서 부과하는[55] 책임의 면제(Entlastung)다.

그것도 인간적 본성의 나약함을 강력하게 미화시키고, 그의 의지에

---

54) 공자는 1644년 이후 중국을 통치한 마지막 왕조인 청나라가 멸망하기 조금 전에 황제 포고령에 의해 신격화되었다(1907). 노자는 도교에서 이미 2천 년 전에 신격화되었다. 마찬가지로 불타(부처, 佛陀), 아크바르(Akbar), 알리(Ali)도 신격화되었다. '신격화의 형이상학'에 관한 이 책의 논문을 참조(그러나 이 논문은 발표되지 못했다-편집자).

55) 롤랑(R. Rolland)의 저작, 『마하트마 간디』(독일어 번역, *Mahatma Gandhi*, Zürich, 1923)에서 우리는 인도의 위대한 종교적 혁명지도자인 간디 자신이 인도의 여기저기서 일어나고 있는 그의 신격화에 대한 경향을 미리 포착하고 느낀 불안과 공포에 대해 독해한다. 간디는 그의 신격화가 달성되면 자신이 펼친 운동 전체가 실천적으로도 정치적으로도 사멸하고 말 것이라는 점을 알았던 것이다.

대항해서 나타나는 측정할 수 없는 그런 면제다. 신격화 과정은 대중의 압력과 대중지도자의 정신적 종교성이라는 좀더 고차적이고 순수한 형식에 대한 승리다. 특수한 '교회적' 발전이 나타내는 어디서나 볼 수 있는 다른 모든 물화(Verdinglichungen)와 물상화(Versachlichung), 예를 들어 개인적인 신앙이 '신앙되는 것의 신앙'(fides quae creditur)[56] 으로 물화되는 것, 창시자에 대한 근원적인 복종을 요구하는 행위와 수행이 '외관뿐인 일'(opus operatum)로 물화되는 것, 즉 교회가 규칙에 따라 신자에게 전하는 '공덕'(merita)이라는 객체적인 구제자금과 은총자금으로 물화되는 것, 나아가 1차적으로 언제나 카리스마적인 인격의 질에 기초하는 성직자계급의 객관적인 성전(聖典)과 규범에 따른 존경과 직업적 질의 발전은 모두 이 유일한 근본과정에 부수적으로 따르는 귀결에 지나지 않는다.[57]

2) 종교적 지식의 구성질서에 관한 사회학 자체에 관해서는 이 논문의 계획단계에서 이미 제외되었다. 이에 반해 종교와 교회가 어떻게 과학과 철학의 운동을 촉진하고 억압해왔는가 하는 유형적 영향에 관한 몇 가지 관점을 제시해야겠다. 이 거대한 대상이 지금보다 엄밀한 의미에서 객관적으로 신중하게 취급되어야 한다면, 이 관점은 꼭 필요한 것처럼 보인다.

지금까지 종교와 교회의 적과 친구가 대부분 매우 일면적인 방식에서 많은 **사실**들을 역사적으로 열거함으로써 종교 및 교회와 다른 양태의 지식들이 발전해온 것 사이의 관계를 때로는 억제하고 때로는 촉진된 것으로 기술해왔을 따름이다. 지식의 모든 양태를 정확하게 분리시킨 후

---

56) '신앙되는 것의 신앙'이란 객관적인 신앙내용을 의미하는 말이다. 주관적인 신앙태도를 의미하는 '그것에 의해 신앙되는 신앙'(fides qua creditur)과 대비되는 말인데, 후자가 종교에서 주관주의, 즉 인간의 행위로서 신앙을 강조하는 입장을 대표하는 말이라면, 전자는 객관주의, 즉 인간의 신앙보다 신앙대상으로서 교의를 강조하는 입장을 대표하는 말이라 하겠다—옮긴이.

57) 솜(R. Sohm)은 교회법 성립에 관한 경탄할 만한 저작에서 지금 내가 말한 모든 본질적인 것에 관해 언급하고 있다.

에 비교사회학적 방법론으로 이들 사이의 **법칙적이고 유형적인 관계를** 조직적으로 연구한 것이 종래에는 거의 없었다. 실제로 다음과 같은 역사적인 개별사실들에 눈을 돌려보더라도 이런 관계를 벗어나지는 못한다. 즉 서구에서는 그리스도교회와 수도원이 고대의 문헌이라는 보물을 충실히 지켜왔다는 사실, 스콜라신학 및 스콜라철학이 사고하는 기술과 분별하는 훌륭한 습관과 문화를 창조했다는 사실, 그러한 습관과 문화가 부차적으로 실증과학에도 성과가 있었다.

예를 들어 피르호[58] 같은 탁월한 연구자가 스콜라철학의 발전적 해체를 탄식한 것은 지극히 당연한 사실이며, 나아가 모든 전문영역의 여기저기서 신앙심 깊은 위대한 연구자가 존재했었다는 사실 등이 그것이다.――그러나 교회를 미신과 마녀숭배를 피할 수 있는 은신처로 묘사하고, 철학과 자연과학 및 정신과학에서 교의에 저촉되는 문제에 대해 회의하는 것을 금지한 원흉으로 묘사하며, 교회적 권위가 철학과 과학의 발달을 억압한 '사례'들 (갈릴레이 사건, 브루노G. Bruno, 바니니,[59] 세르베투스[60]의 복음비판, 비교종교사 등) 모두를 다소 완전하게 수합(收合)한다 할지라도 위의 관계는 드러나지 않는다. 여기서는 청산과 반목의 끝없는 논쟁만이 펼쳐질 뿐이고, 이런 방법으로는 단순한 당파적 입장조차 넘어설 수 없다. 좀더 큰 연관을 지닌 문화총체를 비교하는 가운데 비로소 종교체계와 다른 지식들의 체계 사이에 놓여 있는 양식상의 통일,――즉 위에서 언급한 '사례들'과 세계관적인 당파의 입장이 당당하게 맞서는 연관이 우리에게 나타난다. 여기서는 미시적인 관찰의 기술이 아니라 거시적인 관찰의 기술이 필요하다. 나아가 지식의 **양태들이** 정확하게 구분되지 않으면 안 될 것이다.

먼저 **실증과학과** 그 진보가 조금이라도 종교에 관여하고 싶어하고 또한 할 수 있다 하더라도,――그것이 본질상의 한계에 머물러 있는 한에

---

58) 피르호(R. Virchow, 1821~1902): 독일의 생물학자—옮긴이.
59) 바니니(L. Vanini): 이탈리아의 철학자, 1619년에 화형됨—옮긴이.
60) 세르베투스(M. Servetus): 에스파냐의 의사, 1553년에 처형됨—옮긴이.

서——종교도 또한 실증과학에 관여할 수 있다고 많은 사람들이 믿고 있는 오류를 완전히 일소하지 않으면 안 된다. 이 명제는——신도들이 제기했든 비신도들이 제기했든——언제나 똑같은 잘못을 저지르고 있다. 왜냐하면 종교는 형이상학과 과학의 선행하는 형식도, 추종하는 형식도 아니며, 그 핵심에서 완전히 **자율적으로** 발전해온 것이기 때문이다.[61] 나아가 또한 어떤 형이상학이나 과학이 나타나면, 언제나 이미 어떤 실증종교가 그 집단심성과 집단정신을 채워준다. 그렇기 때문에 형이상학과 실증과학의 연구를 위한 현존재 영역과 대상영역이 보편적인 현상이라는 사회학적 의미에서 '자유로워야' 한다면, 그것은 반대로 종교가 자신의 고유한 충동력으로부터 나온 자발적인 변모에 종속된 것임이 틀림없다. 지배적인 종교가 흔들린다면, 그것은 결코 과학 때문이 아니라 신앙상태 **자체의 고갈과 사멸** 때문이다. 말하자면 신앙상태 자체의 생생한 에토스가 고갈되고 사멸되었기 때문이다.——다시 말하면 '살아 있는' 신앙과 에토스 대신에 '죽은' 신앙, '죽은' 에토스가 나타나고, 특히 **새로운** 조짐의 종교의식 형식과 대중을 끌어들이는 새로운 형이상학이 기존의 종교를 밀어내버린 것이다.

터부, 즉 종교가 해당 사물을 '신성한 것'과 '신앙에 관한 것'이라고 선언함에 따라 종교가 그때마다 변전하는 사상영역을 인간의 인식에 각인시키는 터부는, 그것이 과학의 대상이 되어야만 한다면, 언제나 자신의 고유한 종교적이거나 형이상학적인 동기에서 그 터부적 성격을 상실해서는 안 될 것이다. 예를 들어 '신성한 것'이라고 널리 인정되어온 문서는, 그것이 종교적이거나 형이상학적인 동기에서 신성의 성격을 상실한 경우에만, 어떤 역사적인 문헌으로서 '과학적으로' 연구될 수 있다. 아니면 자연이 집단 속에서 인격과 의지에 상응한 신적이고 악마적인

---

61) 이에 관해서는 나의 『인간에 있어서 영원한 것』에 수록된 논문, 「종교의 문제들」을 참조. 나아가 숄츠(H. Scholz)의 『종교철학』(*Religionsphilosophie*, 1921), 오토(R. Otto)의 『신성한 것』(*Das Heilige*), 바흐(J. Wach)의 『종교학』(*Religionswissenschaft*, 1924)을 참조.

위력으로 채워져 있는 한, 이에 따라 자연도 과학에서는 또한 여전히 '터부'로 남아 있다. 정신적이고 생태론적이 아닌 신 관념, 그 자체 본질 법칙적으로 다소 일신교적인 신 관념——이런 신 관념은 정치적으로 동양의 광범위한 군주정체의 틀 내에 있는 사회의 군주제적 질서와의 긴밀한 의미결합에서 처음으로 좀더 강력하게 나타난다——에 대한 종교적 이탈이 비로소 종교를 혈연적·부족적 공동체라는 구속을 넘어서게 하고, 신의 이념을 정신화, 즉 탈생명화한다. 다음으로 점차 이른바 종교적으로 냉각되고, 상대적으로 대상적인 것으로 되고 '죽은' 것이 된 자연이나 종교적으로 냉각된 자연의 부분을 과학적 연구로 해방시킨다. 예를 들어 천체를 가시적인 신들이라고 생각하는 사람은 아직 과학적인 천문학에까지 성숙하지 못한 사람들이다.[62]

그런데 그리스도교·유대교적인 창조자의 일신교, 고대세계의 종교와 형이상학에 대한 일신교의 승리가 서구에서 조직적인 자연연구를 가능하게 해준 해방을 위한 최초의 기본적인 가능성이라는 사실은 의문의 여지가 없다. 과학에서 자연의 해방은 아마도 지금까지 서구에서 일어난 모든 것을 능가하는 최대의 사건일 것이다. 그리스인도, 로마인도,

---

62) 그러나 천체의 이런 생태론적·신학적 표상이 제거되기까지는 얼마나 많은 세월이 걸렸던가! 아리스토텔레스에게 그의 '이성'과 '하늘의 정령'은 아직 완전히 '천문학적인 가설'이었다(이에 관해서는 애거의 아리스토텔레스에 관한 저작을 참조).* 케플러조차 그의 저작, 『세계의 조화에 관하여』(De harmonice mundi, 1619) 서두에서 여전히 하늘의 정령을 끌어들이고 있다. 이것은 그의 혹성운동 제3법칙에 따른 것이다. 마침내 뉴턴이 그의 질량법칙에 따라 이 표상들을 완전히 추방시켜버렸다. 그러나 그의 '중력'도 어떤 가설을 형성하는 것조차 바라지 않는다는 그의 선언에도 불구하고, 마흐가 적절하게 언급한 것처럼(『역학의 발전』Die Mechanik in ihrer Entwicklung을 참조), 완전히 마술적인 것이다. 왜냐하면 그의 중력은 절대적이고 일정불변하는 공간에서 질량의 몰시간적인 원격작용 및 조화를 받아들인 것이기 때문이다. 그리하여 아인슈타인이 비로소 일반상대성 이론에 따라 '마술'의 최종적인 잔해를 우리의 자연상에서 제거했다고 할 수 있다.

* 애거(W. Jaeger)의 저작, 『아리스토텔레스』(Aristoteles, Berlin, 1923)를 참조-옮긴이.

플라톤도, 아리스토텔레스도 알지 못했던 의지하고, 노동하고, 창조하는 정신적인 신이――이것을 가정하는 것이 올바른지 아닌지에 관계없이 ――노동에 관한 생각과 인간보다 하등한 사물에 대한 **지배사상**을 가장 신성화시켰다. 동시에 그것은 **자연을** 가장 **탈정신화**하고, 죽은 사물화, 소외 및 합리화를 야기했다. 이것은 일찍이 아시아적 문화와 고대사회에 대한 관계에서 볼 때, 언제나 일어났던 것이다. 그러나 노동과 과학은 우리에게 보이는 그대로 긴밀하게 연관된 공속관계에 있다.

그리스도교적인 서구 자체의 역사가 진행해가는 가운데 사회에서 일반적으로 승인되고 믿어져온 '**신앙과 지식**'의 관계에 나타나는 주요국면은 더 이상 아무 의미도 없다. 신앙과 지식의 관계가 어떻게 전개될 것인지의 방향은 이미 확정되어 있다. 즉 신앙과 지식의 불분명한 뒤섞임에서 (**교부신학**[63])은 아우구스티누스에 이르기까지 믿어왔던 모든 신앙적 진리와 이성적 진리, 종교와 형이상학을 분명하게 구별한다. 이와 함께 아우구스티누스의 영향력도 매우 불충분해지고 말았다) 양자를 예리하게 구별하지만, 서로 조화를 이루고 있고 상호 보완하고 병존하며 상호 의존하는 관계로('**은총은 이성을 부정하지 않고 완성한다**' gratia percit non negat rationem : 토마스 아퀴나스) 이행하고, 이로부터 동시에 본질 필연적으로 신과 인간에서 의지와 오성의 이원론, 유명론적 사고양식의 전진을 의미하는 예리한 **이원론**(스코틀랜드학파와 프란체스코회의 자연철학)으로 이행하며, 나아가 이성적 형이상학을 모두 폐기해버린 종교개혁의 엄격한 은총설과 **이신론**(理神論, Vernunftdeismus) 사이에서 근원적으로 동일하게 태어난 대립에까지 이행해간다. 이신론에 따르면 신은 세계라는 기계를 움직이는 만능의 엔지니어로 나타난다(프라이마우어교단과 결부되어 있는 허버트[64]). 이런 전개과정은 가장 기본적인 영국과 독일의 계몽을 거쳐 급진적인 낭만주의적 계몽에까지 나아

---

63) 『인간에 있어서 영원한 것』(전집, 제5권)에 수록된 논문, 「종교의 문제들」을 참조. 색인 참조―편집자.

64) 허버트(Herbert von Chebury, 1581~1648): 영국의 이신론자―옮긴이.

간다. 낭만주의적 계몽은 가장 성과가 큰 산물인 실증주의적 사고양식에 의해 종지부를 찍는 동시에 극복된다(달랑베르, 콩도르세, 콩트 등).

그러나 이 전개과정이 동시에 하나의 **신분투쟁**과 **계급투쟁**을 얼마나 반영하고 있는지, 도시민과 부르주아지, 황제와 교황에 대항하는 종교적 분권주의와 결탁한 정치적 영주 권력을 통해 봉건적이고 관조적인(그 자체로 밀접하게 공속해 있는) 상류계급을 추방하고, 나아가 다양한 방식으로 (말브랑슈의 데카르트주의, 얀센주의, 갈리카니즘, 칼뱅주의와 볼츠만, 마키아벨리, 홉스의 '주권론'에서) '2차적인 원인'을 부정하는 가운데 **절대주의**와 **개인주의**를 생성시킨 민주주의와 '**국가**'를 어떻게 동시에 반영하고 있는지, 또한 종교적 사고양식과 사회적 구조 사이의 이런 결합이 자립적으로 생겨난 자유주의적 시민민주주의, 경제적 공업화, 기술과 실증과학이 '절대주의' 국가형태에 대해 승리를 거둠으로써 어떻게 와해되는지, 이 모든 것을 호니스하임(P. Honigsheim)은 막스 베버와 트뢸치의 방법론에 따라 제시하고 있다.[65] 보쉬에(Bossuet)의 '하나의 신, 하나의 군주'(un dieu, un maitre)에 이르기까지 매개적 원인과 위력(형이상학적 세계상에서 2차적인 원인, 국가 속에 있는 자주적 신분)을 배척하는 것은 그때 일어난 절대적 중앙집권 권력타파(유물론——프랑스혁명)와 함께 **의미법칙적으로 공속해** 있는 과정이다.

실증주의적 지식사회학과 마르크스주의적 사회학은 이와 같이 종교와 과학의 운동에 관한 문제들이 서로 복합된 가운데 드러나고, 지금까지는 거의 **당파적** 견해만 표명하는 것에 지나지 않는다. 그리고 양자는 언제나 새롭게 나타나는 '반동적' 낭만주의 운동에 의해 그들이 제창한 직선적 발전이 허위라고 비난하는 일격을 받는다 할지라도 하등 놀라지 않을 것이다. 완전히 낭만적이고 가톨릭식으로 생각하는 콩트에게 서구의 종교는 가톨릭교회와——그것도 프랑스 **전통주의자**들이 추후에 이해하고 긍

---

65) 특히 그의 얀센주의에 관한 귀중한 저작(1914) 참조. 나아가 막스 베버 기념 논문집(1925)과 내가 편집한 논문집, 『지식사회학에 대한 시론』(*Versuche zu einer Soziologie des Wissens*, München, 1924)에 기고한 논문을 참조.

정한 것과 같은 그런 가톨릭교회──완전히 부합하는 것이다. 즉 가톨릭
교회를 전적으로 중세적 제도로 보는 것과 부합한다. 또한 그에게 서구의
형이상학 일반은 스콜라학파에서 말하는 아리스토텔레스적 형상이론과
일치한다. 콩트는 비교적 새로운 형이상학 전체를 그의 사회학적 기능 속
에서 일반적으로 평가하지 않는다. 그러나 아시아 문화권에서, 아니 러
시아에서 종교, 형이상학과 과학에 관한 이 서구적 관계를 본다면, 우리
는 즉시 이 모든 투쟁을 포괄해야 하고 능가해야 하는 지식사회학적 양식
의 통일에 관해 언급해야 한다. 처음부터 종교적으로 좀더 슬라브주의자
인 사람이라면, 중세 전성기의 스콜라철학과 그 합리주의적인 '삼단논
법'에서도 이미 '서구적' 반종교적 계몽의 단서를 발견하게 될 것이다. 키
리에브스키[66]는 토마스 아퀴나스에서부터 볼테르에 이르는 발전의 전개
속에서 서구의 '신앙해체'라는 하나의 동일한 방향만을 인정한다.[67] 도
스토옙스키(Dostoevskii)도 대신문관역사(Großinquisitorgeschichte)
에서 같은 생각을 하고 있다. 독일에서도 E. v. 하르트만이 '사회복지주
의적 제수이트 교회'(sozialeudämonistische Jesuitenkirche)와 사회
복지를 주창하는 사회민주주의의 미래적 결합을 나타내려고 한 데서 오
늘날 우리가 언제나 거의 현실화시킨 것과 같이 생각할 수 있는 모든 것
을 예감했다는 점을 나는 꼭 지적하고 싶다.

　종교와 다른 지식의 양태 사이의 관계를 연구하는 것에서 개인적으로
찬성하는지 반대하는지에 더 이상 주목할 필요가 없는 두 번째의 근본
적인 사실은 다음과 같다. 즉 종교와 다른 지식의 양태 사이에는 상호
부조적으로 접촉하거나 적대적으로 접촉할 수 있는 면이 다음과 같은
경우에 생겨난다. 한편으로 종교가 '신학'이나 '신앙과학'의 대상과 대
전제로서 정식화된 교의인 경우에 생겨나고, 다른 한편으로는 지식이 순
수 형이상학적인 지식이거나 실증과학적인 지식이 그 한계를 뛰어넘어 자

---

66) 키리에브스키(J.W. Kirijewski, 1806~56): 러시아의 슬라브주의 철학자─
　　옮긴이.
67) 키리에브스키의 『세 개의 에세이』(3 Essays, München, 1921) 참조.

기의 성과를 부당하게 형이상학의 영역으로 끌고 가는 경우에 생겨난다. 예를 들어 갈릴레이의 유죄판결에서 교회는 코페르니쿠스주의의 과학적 내용과 갈릴레이의 역학에 대항한 것이 아니라, '코페르니쿠스주의 형이상학자'와 브루노에 대항한 것이다. 또한——뒤앙[68]과 푸앵카레가 갈릴레이와 소송을 제기한 추기경 사이에 교환된 왕복서신에 근거하여 명료하게 보여준 것처럼——갈릴레이에게 남아 있는 형이상학적 잔해(이것은 오늘날 이론물리학자들이 근거가 불충분한 것으로 보고 있으며, 상대성이론에 의해 마침내 과학에서 완전히 배제된 것이다)에 대항한 것이다.

코페르니쿠스는 교황 파울루스 3세(Paul III)에게 헌정된 천체운동에 관한 저서 서문에서 자신의 학설에 대해 '신중의 법'(lex parsimoniae)에 호소했고, 학설상의 원리와 절대적인 사물에 관한 이른바 '철학적 진리'를 구분했다. 추기경은 〔갈릴레이에게 보낸〕 한 편지에서 코페르니쿠스가 한 것처럼 할 것을 그의 재량에 맡겼다. 그러나 갈릴레이는 그렇게 하지 않았고 잘못된 곳에서 형이상학적 가설을 세웠다. 이런 것들이 마침내 그가 불운하게 소송을 당하는 데 결정적인 역할을 했다. 또한 교회가 과학의 진보에 마련한 다른 큰 방해들을 수없이 언급한다 하더라도, 그것은——철학적·형이상학적인 사고와 자유로운 종교적 사변에 대한 억압은 다른 점에서 확실히 공포를 느끼게 하는 것이지만, 이 억압에 의해——바로 실증적 정밀과학이 간접적으로 크게 촉진된 것에 비교한다면, 거의 문제되지 않는다. (물론 이것은 아시아 문화와의 비교에서 처음으로 인정된 사실이다. 아시아의 문화에는 형이상학적 사상을 억압하고 저지하는 이런 힘이 결여되어 있고, 또한 인간의 과잉 사고에너지가 형이상학적 숙고와 자발적인 자기 구제 속으로 흘러 들어간다.)

교회와 점점 증대되어가는 성직자 합리주의가 신화, 전승과 전설, 민족적 신앙심, '미신', 자유로운 신비주의와 기적신앙에 대항해 싸운 강

---

[68] 뒤앙(P. Duhem, 1861~1911): 프랑스의 과학자—옮긴이.

력한 투쟁도 간접적으로 과학에 기여했다. 물론 이런 경우에 진정한 형이상학은 높은 정신적 지식양태를 모두 동원하여 유기체적 · 심적으로 속박되어 있는 지식의 양태에 대해 동일한 하나의 전선을 구축할 것이다. 그러나 계시종교는 '초자연적' 신앙영역을 매우 예리하게 잘라내어, 신앙영역이 절대적으로 완결되어 있고 더 이상 신앙영역을 증대시킬 수 없다고 주장함으로써 바로 실증과학적 합리주의의 개척자가 된다. 바로 이런 길 위에서 인간의 사고에너지는 정밀한 연구를 위한 궤도 위에 뛰어든다. 이것은 동시에 기술적 · 실용주의적 사고의 궤도이기도 하다. 형이상학에 적의를 품은 실증주의와 교회철학이 합심해서 본래적이고 진지한 철학을 대학에서 멀리 내쫓아버린 것만큼이나 중요한 경우에 철학교수직의 인사를 둘러싼 정책에 이르기까지 오늘날 의사소통이 대단히 잘되고 있는 것[69]은 모두 다 이런 이유 때문이다.

종교적으로 정초된 금욕도 또한 니체가 정확하게 보았듯이, 그 자체로 금욕적인 과학적 진리의 양심을 형성하는 데 매우 중요하다. 반면 교회의 검열기관과 당국은 동시에 가능한 주장들에 대한 책임을 기르고, 또한 문체와 언표의 선택에서 정교함과 신중함을, 사고의 침착함과 용의주도함을, 그리고 언제나 익살스럽고 열광하는 몰이념적인 '시대정신'에 대한 비판과 주체적 초월을 육성한다.——이것은 간접적으로 순수과학에도 유익한 것이다. 그리하여 교회는 과학을 방해한다기보다 머지않아 과학 그 자체를 파기시켜버릴지도 모를 '과학적인 교회'(마흐)가 요구

---

69) 독일의 대학 내부 정치에 관해 잘 알고 있는 사람이라면, 교회에 예속된 교수 측에 선 사람들이 철학교수의 자리를 실험심리학자 또는 실증과학적 성과를 다만 부차적으로 어떤 종합 속으로 끌어가려는 연구자, 다시 말하면 교회의 가르침에 전혀 무해한 인물로 채우는 데 얼마나 영향을 미쳤는지를 잘 알고 있을 것이다. 교회와 교회의 대표자가 지도와 제어의 기술을 가지고 대중을 취급하고 실용주의적인 사람으로 되는 만큼, 내면적으로 교회와 노동, 기술, 산업 및 실증과학의 세계 사이의 협력관계는 점점 더 긴밀해진다. 그렇기 때문에 교회는 오늘날 시대의 신비주의적 경향(선한 것과 마찬가지로 악한 것, 예를 들어 인지학)에 대해 과학보다 열 배도 더 되는 강력한 방호벽을 쌓는다.

하는 파토스를 방해한다. 정밀한 유전이론이 생겨난 이후 거의 완전히
붕괴된 것으로 결론이 난 다윈주의의 역사는 이 명제에 대해 적나라한
한 예에 불과하다. 정신과학과의 마찰면이 아무리 증대한다 할지라도,
여기서 도그마적인 종교와의 긴장관계 속에서 나타나는 것은 (특히 성
모리학파[70]의 베네딕트수도회에 의해 정초된) 비판적 자료연구보다 역
사적 사실을 역사 · 문화철학적으로 파악하는 형식이다.

　종교와 세계관(Weltwissen) 사이의 가장 본래적인 대립은 언제나 형
이상학적인 지식이 문제되는 곳에서 먼저 나타난다.――여기서는 의심의
여지없이 교회의 교의와 교회가 모든 자립적 발전을 방해하는 가장 강력하
고 생래적인 적대자다. 종교는 과거의 어떤 형이상학적 체계를, 비록 그
도그마를 통한 것은 아니라 하나, 신학을 통해 의식적으로든 무의식적
으로든 동화시켜가는 정도에 따라 자립적인 발전의 적대자가 된다. 교
의학 그 자체 속에는 이미 특정한 철학체계의 형이상학적 근본개념이 들
어 있다. 로마 가톨릭의 경우에도 그렇다는 것은 의심할 바 없다. 예를
들어 화체(化體, Transsubstantiation)[71]의 교의에서 아리스토텔레스의
질료개념(제1질료, materia prima)과 빈공의회(das Konzil von
Vienne)에서 거의 완벽하게 교의화된 토마스적 영혼론, 나아가 '신의
존재증명'[72]과 선택의 자유로서 자유의지론 등이 그것이다.――그렇다

---

70) 17, 18세기에 프랑스 베네딕트회의 '성 모르수도회'(Congregation de Saint-
　　Maur). 수도회의 역사와 교부학을 배운다는 것에 세속의 역사와 그 보조학문
　　(고문서학, 연대학 등)을 연구대상으로 추가했다. 프랑스혁명 시기에 혁명정
　　부에 의해 해산됨―옮긴이.
71) 성찬에 관한 로마 가톨릭교회의 정통교의(正統敎義)를 나타내는 말이다. 성찬
　　의 빵과 포도주는 그 우연성(accidentia)이 있다 할지라도, 그 실체성(subs-
　　tantia)에서 볼 때 그리스도의 살과 피의 실체화를 믿는 것을 말한다―옮긴이.
72) 가톨릭교회의 가르침에 대한 나의 신 인식이론*이 빠진 모순에 대해 제수이트
　　파의 렌네르츠(P.H. Lennertz)가 상세하게 설명한 것은 '신의 존재증명'과 관
　　련하여 매우 옳다. 토마스 철학을 교회의 교의학 자체와 분리시킬 수 있다고
　　생각하는 것은―나 자신이 오랜 시간에 걸쳐 고통스럽게 인식해온바―모두
　　'현대주의' 신학의 완전한 잘못이다. 그러나 인과율의 존재론적 타당성은―

면 이로써 형이상학은 완전히 남김없이 확증된 셈이다.

　서구에서 계시종교와 정밀과학과 기술의 위력이 수세기에 걸쳐 **자발적인 형이상학적 정신**에 도전해온 **공동투쟁**에서 거의 언제나 승리해왔다는 것은 아마도 서구적인 지식형태 일반의 가장 중요한 지식사회학적 특징을 이룰 것이다. 계시종교와 과학기술을 결부시킨 것은 근본적으로 명상적이고 순수 이론적인 사상의 태도와 또한 그런 방법으로 '연구'하는 사상의 태도에 대해 로마적인 실천적 **지배정신**이 거둔 공동의 승리다. 거의 모든 아시아에서는 모든 것을 알고 있는 **'현자'**(der Weise), 요컨대 **형이상학**이 종교와 실증과학에 대해 승리를 거두었다. 이것이 서구의 **문화와 아시아의 문화를 구별하는 가장 중요한 점**이라고 나는 생각한다. 형이상학은 아시아에서 곧 자기 인식이고, 자기 구제다. 이런 의미에서 불교가 처음으로 형이상학이었던 것이 아니라 바라문의 '종교'가 이미 형이상학이었다. 중국, 인도 그리고 일본에서 **현자의 이상**[73]이 서구적 개념의 **영웅 및 구제의 이념**과 전형보다 우세한 것도 이런 이유 때문이다.——서구에서 구제의 이념과 전형은 베네딕투스(Benedictus)에서부터 본래적인 수도원 제도를 극복한 이그나티우스(Ignatius)에 이르기까지 언제나 실천적이고 행복주의적이며 사회적으로 이루어진 것이다. 또한 아시아 민족들의 신앙 가운데서 하나의 종교 또는 다수의 종교에 속하는 것에 관해 '관대'하다는 것은 잘 알려진 사실이다.

　그러나 아시아에는 합리적인 전문과학, 토착의 산업 및 생산기술도

　인과율뿐만 아니라 형이상학과 신 인식에서 인과적 추론에 따른 방법도 또한 —오늘날 그 자체가 도그마다. 렌네르츠의 『셀러의 동형성 체계와 가톨릭교회의 가르침』(*Schelers Konformitätssystem und die Lehre der katholischen Kirche*, Köln, 1924)을 참조.
　* 셀러의 논문, 「종교의 문제들」에서 서술한 신 인식론과 신학적 인과추리의 비판을 참조—편집자.
73) 중국에서는 서구적인 영웅 이상에 대해 현자의 이상이 우위를 차지하고 있다. 이에 관해 우리는 빌헬름(R. Wilhelm)의 『중국적인 삶의 지혜』(*Chinesische Lebensweisheit*, Darmstadt, 1922)에서 매우 흥미로운 언급을 본다.

없고, 마찬가지로 엄밀한 교의학과 함께 제국주의적이고 엄격한 위계질서를 갖춘 교회제도도 없다. 우리에게는 매우 이상하게 보이지만, 아시아 문화에서 넓게 퍼져 있는 신념, 즉 국왕과 제후, 최고 지도자가 세계에서 일어나는 모든 것에 대해, 그리고 자연현상·홍수·흉작 등에 대해서도 책임을 져야 한다는 신념은 마찬가지로 이 형이상학적인 자기구제의 사상에서 출발한다. 그런데 마술적 기술의 잔해를 종교개혁에 따라 배척함으로써 **마술적** 기술과 **실증적** 기술 사이에 있던 긴장관계도 모두 동시에 폐기되고 말았다. 그러나 마술적 기술의 잔해, 예를 들어 기상학적 기술(기우제), 의학기술(악마와 악령을 내쫓는 행위), 종부성사 등이 조금 남아 있는 가톨릭에서 그 잔존물은 실증적 기술의 진보에 대해 절제하는 의미 정도만 지니고 있다.

그러나 독단적인 교회의 손아래 있는 형이상학에 대한 가장 무서운 무기는 신앙적으로 중요한 명제와 사물에 대한 **회의를 금지시킨** 것이다. 이른바 오직 '방법적 회의'만을 제외하고 모든 회의가 '죄'라는 이 원리는 ──플라톤-아리스토텔레스적인 체계의 일체화(Idendtischsetzung)와 결탁하여, 다시 말하면 실증사적으로 특정한 그리스문화 전체의 특성과 분리시킬 수 없는 형이상학의 일체화와 결탁하여, 이른바 '영원의 철학'(philosophia perennis) 또는 '건전한 상식'론, '보편타당한' 인간 이성 그 자체와 결탁하여──실제로 모든 형이상학적 지식의 발전을 저지했을 뿐만 아니라 (예를 들어 아리스토텔레스의 신, 즉 '제1의 원동자'와 '사고의 사고' νόησις νοήσεως 와 유대적·그리스도교적인 신 사상 사이에 있는) 종말(Weltenfernen)이 지배하는 곳에서 동일성을 구성함으로써 실제로 일어난 모든 발전의 양식을 내용적으로나 역사적으로 완전히 오해하게 만들어버렸으며, 이로써 이 원리는 또한 어떤 **특정한** 형이상학을 교의화하고 경직화시키고 말았다. 그러나 제1의 원동자로서 신에 관한 아리스토텔레스의 이론을 그의 논리학, 천문학상의 천체체계와 분리시키고, 의지하고 창조하는 유대교적 신과 완전히 거리가 먼 그리스 종교의 근본정신에서 분리시킨다면, 그것은 다만 전혀 무의미한 것일 따름이다. 아리스토텔레스의 논리학[74]은 그 형식주의적 유희와는 별도로, 그의 '형상'과 '질료'의 형이상학 및 그의 자연철학의 적용에서 분리될 수 없다. 그의 모든 체계는 실증과학과 형이상학의 무차별적인 혼재에서 자유로울 수 없는데, 근대에 오면 이 점은 지식의 구조형식으로서는 아무 쓸모가 없게 된다. 또한 그의 모든 체계는 당시의 노예경제를 벗어날 수 없었다. 노예경제는 손으로 만져보고 가공하는 것보다 소수의 관조적 엘리트가 세계를 유의미하게 목적론적으로 정돈된 '형상'력의 왕국으로서 찬미하고 감탄하는 것을 허용한다. 나아가 그의 모든 체계는 사회를 본질적으로 **생태론적**(biomorphen)으로 규정하는 사고방식에서 벗어날 수 없다. 생태론적 사고방식은 **죽은** 세계의 본질적 고유성과 그 본질 고유한 법칙성을 아직 발견하지 못했고, 수학을 자연연구와 기술에 체계적으로 적용하지 못했으며, 기술적으로 볼 때도 아직 도구와 수공업에 본질적으로 한정되어 있다. 이런 역사적인 체계가 이른바 '**영원의 철학**'으로까지 확장된다면, 모든 생생하고 직관적이며 구체적인 내용이 공허해지는 것은 당연하다.

　이로써 필연적으로 이른바 '**스콜라적**'[75] 방법이 성립한다. 스콜라적 방법의 본질을 이루는 것은 철학적 권위를 철학사적으로 해석하는 동시에 일자 속에서 사태를 체계적으로 파악하는 것이다. 이것은 동시에 역사적 해석과 사태파악에서 **이중으로 착각에 빠지는 원천**이다. 역사적 해석과 사태파악은 완전히 별개의 것으로 **분리되어** 각자의 길을 간다. 여기서 실제로 형이상학적 사고의 매우 한정된 단계와 오직 역사적으로 이해되

---

74) 아리스토텔레스 체계의 생성에 관해서는 (이미 인용한) 훌륭한 저작, 애거의 『아리스토텔레스』를 참조.

75) 스콜라학(스콜라철학, Scholastik)의 이런 형식적인 의미 속에는 프로테스탄트적 '스콜라학'도 포함되지만, 두 계열이 있다. 즉 멜란히톤(Melanchthon)에 의해 도입된 강력한 아리스토텔레스적으로 칠해지고, 마침내 볼프학파로 흘러든 스콜라학과 19세기의 프로테스탄트적 스콜라학, 즉 칸트의 스콜라학이 그것이다. 칸트의 스콜라학도 마찬가지로 위에서 말한 '스콜라학 일반'의 징표를 나타낸다.

어야만 하는 단계가 신학을 위험에 빠뜨릴 수 있는 새로운 형이상학에 대한 공포에서 벗어나 그 사고방법이 양식적으로 전혀 다른 시대에 인위적으로 보존되는 것이다. 다른 시대에는 특정한 단계의 형이상학적 사고가——그것이 이해되는 한에서——다만 시대착오(Anachronismus)로서 작용할 것임이 틀림없다. 그러나 실증주의는 특히 콩트의 권위를 통해 '강력하게' 몰시간적 형식과 본질을 갖춘 형이상학, 즉 플라톤–아리스토텔레스의 체계가 스콜라의 형이상학과 합치한다는 스콜라철학의 사상을 공개적으로 수용할 뿐만 아니라 은연중에 수용하고 있다. 그리고 콩트가 분명하게 인식한 것처럼, 스콜라철학의 체계는 실제로 근대의 본질과 소원한 사회의 전체적인 사고양식에 예속된 체계이기 때문에, 이 체계에서 처음으로 형이상학을 유전적(atavistischen) 현상 일반으로서 설명하게 된다.

오늘날 교회와 특히 로마 가톨릭교회 및 가톨릭철학의 모든 부문(자연법이론과 사회철학)에서의 흡인력이 증대되고 있다. 이 점을 의아하게 생각하는 사람이라면, 형이상학적 사상을 형성하고 자유로운 종교적 사변의 사상을 형성해갈 때 일어나는 모든 자립적인 활동에 대해 오늘날 은연중이건 공개적으로건 간에 결탁해서 싸우는 모든 세력을 정확하게 측정해야만 한다.

하르나크(A. v. Harnack)가 종종 지적하듯이, 세계관에서 차별이 없는 대중은 가장 오래되고 경직된 보수세력의 가장 강력한 지지자이고, 살아남은 모든 사람들을 지켜주는 가장 확실한 수호자다. 교회의 생기 없는 성원들은 그 자체로 '그리스도라는 포도 줄기에 달려 있는 썩은 가지'에나 어울린다. 교회는 교회활동을 사회복지 문제에서 **대중을 제어하**는 데 한정하고, 프랑스혁명 이후 민주주의와 의사소통을 해왔고, 그 후에는 사회주의 우파와도 의사소통을 재개함으로써 적지 않게 이 썩은 가지를 떨쳐내려는 경향을 보여왔다. 실증과학은 이미 살펴본 것처럼, 교회가 찾아내려는 영원의 지식욕에 대해서 통상적인 경쟁관계에 빠질 수 없기 때문에 교회에 적대적인 것을 아무것도 유발하지 않는다. 과학주의적·실증주의적 사상의 흐름과 모든 종류의 형이상학적 '불가지론'(Agnostizismus)이——물론 이것은 그 자체로 반(反)교회적이다——여기서 또한 (비록 은연중에 그럴 뿐이라 하더라도) 교회에 가세한다. 왜냐하면 이들은 모두 형이상학을 억압하려 하기 때문이고, 하물며 자신의 고유한 인식론적이고 사회학적인 오류에 근거하여 형이상학을 억압하려 하기 때문이다. 즉 '나의 가장 큰 적의 적은 친구다'라는 말이 여기서도 유효하다.

다른 한편으로 메시아주의적 **마르크스주의**라는 종교의 대용물, 즉 '미래국가'도 날로 종교를 대체할 만한 지위를 잃어가고 있다. 마르크스주의가 지배하는 곳에서 문화정책은 러시아의 볼셰비즘(Bolschewismus)에서 보듯이, 단지 로마교회의 문화정책을 순수 귀환(Umkehrung)시킨 것에 불과하다. 이런 사실을 볼셰비키의 도서검열, 즉 '새로운 금서목록'(Index librorum prohibitorum, 거기에는 성서, 코란, 탈무드 그리고 아리스토텔레스에서부터 피히테에 이르기까지 서구의 모든 철학이 다 들어 있다)이 여실히 보여준다. 현대의 학파(Kreise)나 종파, 결사단체의 **신비주의도** 마찬가지로 참된 형이상학에 대해 함께 저주를 퍼붓는다. 그러나——일찍이 교회에 속박된 정신의 압제자에 대해 자유로운 연구와 철학이 연합해서 만들어낸——확장된 **민주주의**는 정신적 자유에 가장 위험한 것을 천천히 개조해간다.[76] 다른 가능한 유형의 민주주의,——우리가 젊은 시절에 그 타당성을 민주주의와 자유로운 학문의 연대로서 받아들인 것과는 다른——즉 아테네에서 소크라테스와 아낙사고라스에게 유죄판결을 내리고, 근대 일본에서 서구적인 과학기술의 수용에 근본적으로 맞섰던 그런 유형의 민주주의가 서서히 서구에 등장하기 시작하고, 북미에서도 다시금 등장하기 시작했다.[77]

---

76) 이것은 유럽에서뿐만 아니라 미국에서도 타당하다는 사실을 오늘날 '근본주의'(Fundamentalismus)의 운동이 잘 보여준다. 그것은 (대학을 포함한) 모든 국립학교에서 성경에 저촉되는 것, 특히 진화론의 어떤 형태도 가르쳐서는 안 된다는 점을 법률로 끌어올리려는 것이다.

비교적 '소수 엘리트'의 자기 격투, 특히 자유주의적 민주주의만이 종래의 사실들이 지금 우리에게 가르쳐주는바, 학문과 철학의 동맹자다. 마침내 여자와 청소년들에게까지 확대된 지배하는 민주주의는 이성과 학문의 친구가 아니라 기묘한 적이다. 우리 독일에서는 교회적 세계관을 품은 몇몇 교수들과 사회민주주의의 입장에서 '설교하는 교수들'이 출현하기 시작하고, 의회 쪽에서 오는 각종 압력과 함께 비교적 국가권력이 미치지 않았던 대학 내의 인사문제에도 관여하기 시작했다. 그러나——그 과정이 많이 진행되었다 할지라도——기다려보자. 새로운 상대주의적인 세계관학은——이런 상대주의적인 세계관학을 딜타이, 막스 베버, 야스퍼스가 도입했고, 법철학에서는 라드브루흐(G. Radbruch)가 도입했다——세계관에 떠오른 이 민주주의적 의회주의를 이론적으로 모사(模寫)한 것이다. 이 민주주의적 의회주의에서는 가능한 모든 견해들의 의미에 관해 환담하지만 주장하지 않고, 토의는 하지만 결정하지는 않는다. 그러나 의회주의는 그 전성기에 전제한 바 있는 그런 이유로 대립하는 것의 설득을 의식적으로 포기한다.[78]

(2) 형이상학의 사회학에 관하여

이제 형이상학 그 자체로 눈을 돌려보자. 지금까지는 형이상학의 지식사회학에 관해 최소한으로만 서술해왔다.[79]

---

77) 강연집 『지식의 형태와 교양』(*Die Formen des Wissens und die Bildung*, 1925) 서문 참조-편집자.

78) 나는 세계관학 자체를 얼마나 필연적인 것으로 허용하고, 특히 시민 단과대학(Volkshochschule)*에서 실천적으로 이용할 수 있는 것으로 생각하는지, 다른 한편으로 특히 순수 세계관학을 얼마나 스스로 정립하는 철학의 전제조건으로 간주하는지를 이미 인용한 논문, 「세계관학, 사회학 및 세계관정립」(Weltanschauungslehre, Soziologie und Weltanschauungssetzung)에서 제시했다. 그러나 이 분과는——종교학이 신학을 대체할 수 없듯이——형이상학을 대체할 그 무엇을 찾는 것이 아니다.

  * 이 책, 2권에 수록된 논문, 「대학과 시민 단과대학」을 참조-편집자.

79) 우리는 쾰른대학교 란츠버그(Paul L. Landsberg)의 학위 논문, 「플라톤 아카

형이상학은 사회학적으로 볼 때, 여러 종류의 지식형태 가운데 언제나 정신적 엘리트들이 지녀왔던 지식의 형태다. 정신적 엘리트란 그 자신이 살고 있는 생활공동체의 종교적이고 그밖의 모든 전통에서 해방되고, 경제적 노동으로부터도 자유로워짐으로써 세계를 자신의 관념적 본질구조에 따라 순수 이론적인 태도에서 관찰하고, 실증과학적 견지에서 그 시대의 지식계급과 결합해서 사물의 궁극적 근거에 대한 개연적인 가설을 세우는 여가를 지닌 사람들이다. 그러나 세계 총체성 자체에는 오직 한 사람의 인격 총체성만이 이론적으로 접근해갈 수 있기 때문에, 형이상학은 필연적으로 **인격적으로** 결부되어 있거나 각자의 인격을 집합시키는 이른바 형이상학적 지혜의 '학파들'에 의해 담지되어왔다. 나아가 형이상학은 본질적으로 **문화권**을 형성하고, 그밖에 **국민적인 천재**와도 관련 있다.——그렇기 때문에 형이상학은 국제적이고 분업적인 실증과학과는 비교도 할 수 없을 정도로 제한되어 있다.[80]

형이상학이란 언제나 아프리오리한 종합적인 본질지식을 실증과학의 귀납적 성과와 연역적 결과에 결부시킨 것이기 때문에, 그 가능한 유형은 하나의 문화권에 대한 하나의 순수 세계관학에 의해 어느 정도 아프리오리하게 구성될 수 있다.[81] 한 문화권에 속하는 형이상학의 가장 일반적인 유형은 역사적 각인을 띠면서 모든 문화과정을 통해 **병존**한다. 모

데미의 본질과 의미」(Wesen und Bedeutung der platonischen Akademie, Bonn, 1923)에 주목한다. 이 논문은 내가 편집한 철학과 사회학을 위한 논문집에 수록되었다. 나아가 내가 편집한 논문집, 『지식사회학에 대한 시론』(1915)에 수록된 란츠버그의 「아리스토텔레스학파의 인식사회학에 관하여」(Zur Erkenntnissoziologie der aristotelischen Schule)에서 언급한 것에도 주목한다.

80) 분트도 그의 저서, 『국민과 그들의 철학』(Die Nationen und ihre Philosophie, 1915)에서 이렇게 판단하고 있다.

81) 일련의 이런 구성은 매우 훌륭한 형식으로 하르트만(N. Hartmann)의 『인식형이상학 원론』(Grundzüge einer Mataphysik der Erkenntnis, 1921)에 잘 나타나 있다. 또한 딜타이의 『철학의 본질』(Das Wesen der Philosophie, 1907)을 참조.

든 형이상학의 유형은 이 문화과정 속에서 스스로를 적응시켜가는 귀납적인 실증과학적 경험의 성장과 함께 '성장한다.'──그러나 이 성장은 단지 이 귀납적 경험에만 의존하는 것이 아니다. 그렇기 때문에 모든 유형의 성장과 다른 제2의 차원에서 형이상학 그 자체가 세계내용의 충실과 총체화에 따라 역사 속에서 성장한다. 모든 새로운 형이상학이 적어도 모든 다른 형이상학적 체계의 진리계기를 자신 속에 수용하지만, 동시에 이 진리계기를 좀더 고차적이고 포괄적이며 창의적인 근본사상 속에서 상대화시키려는 한에서 형이상학은 성장한다.

형이상학들 간의 '저항'은 결코 실증과학의 저항과 같은 의미에서 그리고 같은 방법으로 조정되지 않는다. 이런 사실은 다음과 같은 사실들에서 나온 필연적 귀결이다. 즉 형이상학의 제1대상은 바로 정의될 수 없고, 다만 제시될 수 있을 뿐인 근본개념이며, 모든 가능한 논증을 위해 필요한 세계의 본질적인 연관에 대한 제시될 수 없는 원칙이다. 나아가 형이상학은 실증과학이 관찰, 계량 및 수학적 계산을 통해 결정될 수 없는 것으로서 입증될 수 있는 모든 물음과 실증과학에 대해 무의미한 것으로 배제해버리는 모든 물음을 자각하게 하고, 하나의 가설적인 전체상을 최고의 본질성에 따라 정돈시킨 모든 사물이 '절대적인 현실성' 속에 어떻게 뿌리박고 있는가에서 부여하려 하며, 그리하여 하나의 체계적 형상을 사물의 조직적 존재연관에 부여하려는 것이다. 형이상학은 이런 사실들에서 도출된 것이다.

따라서 형이상학은 실증적 전문과학 같은 의미에서 분업적으로 그 대상을 위해 조직될 수 없다. 왜냐하면 세계에 대한 전체성의 형상은 오직 하나의 인격, 즉 완전히 구체적인 하나의 인격에만 주어지기 때문이다. 그렇기 때문에 '현자'가 중심이 된 하나의 '학파'는──역사적인 우연에서 생겨난 것이 아니라──사태 필연적이고 사회학적인 형이상학의 실존형식이 된다. 따라서 형이상학의 궁극적인 인식가치는 실증과학의 인식가치와 달리 그 증명가능성의 정도에 따라 측정되어서는 안 된다.── 적어도 그 최초의 필연적인 구성요소, 즉 형이상학을 파고드는 아프리오리한 본질론과 관련하여 측정되어서는 안 된다.──형이상학의 인식 가치는 오히려 궁극적으로 종래의 역사적인 세계체험의 전체와 내면적으로 연대하고 참여함으로써 매개되는 형이상학자의 인격이 세계 그 자체와 연대적으로 결부된 그 풍부함과 충실에 따라서만 측정될 따름이다.

따라서 여기서 소우주의 이념이 반복된다. 이 소우주의 이념에 따라 인간은 일반적으로 세계와 세계 근거의 모든 본질영역과 합법칙성을 자기 자신 속에서 체현(體現)한다("인간은 어느 정도 모든 것이다" homo est quodammodo omnia).[82]

그러나 역사적으로 상대적인 의미에서, 즉 그가 종래의 세계체험과 사고를 통해 가공해온 세계체험의 전체성을 가장 깊게 자기 자신에게 집중시키고, 합리적인 형식으로 나타내는 사람인 한에서, 또한 가장 심원한 형이상학적인 인식의 가능성을 지닌 사람인 한에서 소우주의 이념은 반복된다. 이에 대해 실증과학은 인간의 관점에서 볼 때[83]──언제나 세계의 총체적인 현실연관에서 유리될 수 있는 추상적인 것에 지나지 않는── 자신의 특수한 대상의 '현존재 상대적인 것'(Daseinsrelativität)에 그 보편타당성과 모든 증명가능성을 지불한다. 이때 인간이라는 말은 이성적이고 생명을 지닌 존재자라는 본질적 의미에서 받아들여진 것이고, 세속적인 인간과 그 우연적인 징표라는 경험적 의미에서 받아들여진 것이 아니다. 왜냐하면 과학은 이 세속적인 '인간'을 넘어 자기 자신을 고양시켜가기 때문이다. 아니 과학은 그 세계상에서 오직 인간적으로 관련된 것을 모두 배제하면서 모든 가능한 방향에서 인간을 실증적 연구의 대상으로 삼으려 하기 때문이다. 그러나 형이상학은 언제나 인격적이고 인간을 형성하는 모든 인격적인 본질적 구상력과 함께 책임져야만 하는

---

82) "인간의 영혼은 어떤 의미에서 모든 것이다"라는 아리스토텔레스의 명제를 스콜라적으로 번역한 것. 브루노, 니콜라우스 쿠사누스, 라이프니츠는 근대철학의 여명기에 이 관념을 다시금 언급했다. 괴테도 완전히 이 관념에 정통해 있었다. 나의 책, 『형식주의』, VI, A 3에 있는 이 관념의 새로운 규정을 참조.
83) 다음 논문에 있는 학문의 현존재 상대성 참조─편집자.

이성의 모험이고, 이성은 절대적인 실재 속으로 돌진해간다. 그 결과는 실증과학의 가설[84]과 달리 영원한 가설로 남아 있고, 이미 자신의 두 번째 인식요소, 즉 실증과학적 인식요소를 위해 다만 개연적인 것에 그칠 따름이다. 형이상학은 다만 자기 자신의 고유한 본질이념형에 따라 자신의 본질과 형이상학자의 본질을 정신적으로 연대시키고 있는 것으로 느끼는 그런 사람들의 총체에 대해서만 '타당'하다.

실증과학이 그 완전성(Vollkommenheit)의 정도에 따라 모든 가치를 결정하는 것을 피해야 하는 반면에, 형이상학은 나아가 언제나 현실을 인식하는 이론인 동시에 절대적인 가치에 대한 이론이다. 형이상학은 종교와 함께 '절대적인 존재자'[85]에 참여하려는 시도를 공유하고 있다.── 그러나 그것은 종교처럼 신성과의 특수한 접촉경험, 즉 계시와 은총, 영감 또는 신성과의 어떤 특수한 존재상의 관계로 귀착되는 하나의 인격에 대한 신앙과 복종에 의한 것이 아니라, 자발적으로 모든 사람에 의해 추(追)수행되는 사상 그 자체에 대한 명증적 인식에 따른 것이다. 이 명제는 형이상학이 단지 '신학의 노예'(ancilla theologiae)로서 종교에만 봉사하지 않을 때 언제나 타당한 것이다. 그런 한에서 형이상학도 언제나 하나의 구제의 길이고, 그것도 하나의 자발적인 구제의 길인 것이다. 형이상학은 종교와 함께 근원적인 존재자(Ens a se)를 향한 근본방향을 공유하지만, 그것은 이 근원적 존재가 명백하게 이른바 '초자연적인' 모든 인식의 근원을 포기하고 오직 세계경험(본질경험, 본질직관 및 시·공간적으로 규정된 사실들과 그 법칙들에 대한 우연적인 경험) 속에서만 나타나는 한에서 가능한 것이다.

다른 한편으로 형이상학은 과학과 함께 엄밀한 합리적 방법론을 공유하고 세계 일반에 대한 근본방향을 공유한다. 형이상학은 역사적으로

---

84) 따라서 오스트발트는 실증과학의 가설(Hypo-thesen)을 제1명제(Proto-thesen)라고 부르는데, 그것은 부적절한 것이다.

85) 『인간에 있어서 영원한 것』에 수록된 「종교의 문제들」에서 '형이상학과 종교에 관한 일치체계'에 관한 셀러의 이론 참조─편집자.

현존하는 것들 가운데 정점에 서서 실증과학과 가장 긴밀하고 창조적인 관계를 맺고 있고, 다른 한편으로 과학은 모든 정점에서 철학 속으로 파고들어가 그 토대를 정초한다. 이 두 방향을 향한 운동이 다만 상대적으로 낮은 곳에서 양자는 그 연관을 상실하고 분해되고 만다.

정신적인 인식의 형식을 형성하고 전개하거나 새롭게 각성하는 것이 인간에게는 세계전체의 구조에 관해 우연적인 세계영역에서 획득한 대상적인 본질지식의 기능화를 통해서만 일어난다. 그러나 연역적이고 귀납적인 의미에서 완전한 세계상은 어느 시점에서도 결코 가능한 것이 아니다. 그렇기 때문에 형이상학은 또한 모든 지적이고 정신적인 인격을 형성하는 데 본질적으로 적합한 중요한 지렛대가 된다. 즉 형이상학과 형이상학적 수행을 통해 완성된 세계를 사고하고 직관하는 형식을 언제나 임의의 우연적인 사실영역에 생생하게 적용시킴으로써 마침내 형이상학은 정신적인 인격을 형성하는 중요한 지렛대가 된다. 형이상학은 필연적으로 끊임없이 그 결과를 변경시켜가는 전문과학과 반대로, 지적이고 정신적인 인격을 형성하는[86] 지렛대다. 전문과학은 (말 그대로 참된 좋은 의미에서) '교양'(Bildung)을 문제 삼는 것이 아니라 원리적으로 무한한 과학적 진보과정에 과학이 기여하는 '업적'(Leistung)이 있고 없음에만 관계한다. 실증과학적 과정을 끊임없이 촉진시키는 이 가치를 넘어 전문과학의 결과는 그 문제성이 철학 그 자체의 문제성에 이르는 정도에 따라 인격에 대한 '교양' 가치를 지니게 된다.[87]

'고독한 사색가'를 넘어 성장해가는 자립적인 형이상학의 성장을 위해 (이미 젤러[88]가 그리스철학에 관해 정확하게 지적했듯이) 민중구제시설, 위계질서 및 도그마라는 의미에서 '교회'의 붕괴 또는 이미 시작된 죽음의 과정(불교)이 전제되어 있다. 거대질서가 점점 몰락해가는 가운

---

86) 이것은 교양을 의미한다—옮긴이.
87) 이에 관해서는 나의 강연, 『지식의 형태와 교양』(Bonn, 1925)을 참조. 이것은 베를린의 레싱대학 창립 10주년 기념 축제에서 행해진 것이다.
88) 젤러(Eduard Zeller, 1814~1908): 독일의 철학사가—옮긴이.

데 종래의 형이상학자들 중에서 불타——그는 일반적으로 비교할 수 없을 정도로 큰 영향을 미쳤고, 그리스도보다 훨씬 큰 영향을 미쳤다——, 노자, 플라톤, 아리스토텔레스, 데카르트, 칸트, 헤겔, 마르크스 등이 인간집단의 역사에서 가장 큰 사회학적 위력을 행사한다. 그들은 자신의 학파를 넘어 근본적으로 다른 양식에서 시대와 민중 전체의 **사고방식**을 함께 규정한다. 이때 형이상학만이 직접적으로 영향을 미칠 수 있는 교양 있는 **엘리트** 자신은——민중에게는 형이상학이 오직 간접적으로만 영향을 미칠 수 있는데, 말하자면 종교적·교회적 교의학, 나아가 '여론'[89]의 형성 또는 마르크스의 경우처럼 모든 계급의 이데올로기 형성에 미치는 영향을 통해 민중에게 영향을 미친다——자기 자신이 얼마나 강력하게 이들 사색가에 의해 도야되는지를 전혀 알아채지 못한다. 지배적인 형이상학은 결코 실증과학에 의해 전복되지 않는다.

실증과학 자체는——그 자신이 느끼는 이상으로——언제나 형이상학에 의해 규정된다. 오히려 실증과학은 다만 **새로운** 형이상학자 또는 종교에 의해 전복된다. 형이상학자들은 정식화되지 않는 만큼, 또한 그 원천이 추종자에 의해 의식되지 않는 만큼, 정신에 대해 더욱더 강력하게 그 위력을 떨친다. 이와 같이 숨겨진 형이상학을 처음으로 발굴해낸 것은 대개 지식사회학이다. 트뢸치는 그의 『역사주의와 그 문제들』에서 다수의 독일 역사가들에게서 이런 형이상학을 정확하게 발굴했다. 라드브루흐는 그의 법철학에서 반쯤 형이상학적이거나 완전히 형이상학자인 사람들에 의해 동등하고 강력하게 함께 규정되고 있는 정치적 당파에서 이런 형이상학을 발굴해냈다.

형이상학자들이 속한 **신분**과 **계급**은 형이상학의 구조에 매우 중요한 의미를 지닌다. 종교적 인간(homines religiosi)이 평균적으로 좀더 많은 하층계급의 출신인 데 반해, 형이상학자는 언제나 대부분 교양 있고

---

89) 17, 18, 19세기 철학이 '여론'에 미친 작용에 관해서는 퇴니에스의 심원하고 유의미한 저작을 참조.

재산을 소유한 신분과 계급의 출신이다. 막스 베버가 표현한 것처럼──
'떠돌아다니는 수공업의 도제와 장인'[90]의 종교인 그리스도교의 창시자
들과 그리스철학자 및 현자들 사이의 차이는 아주 분명하다. 비록 고대
철학자 가운데 한 사람이 (국가의 법률적 의미에서 어떤 종류의 소유와
교양을 지녔는지는 거의 무의미한 것임이 틀림없는) 노예신분 ──예를
들어 에픽테투스처럼──에 속한다 할지라도, 이러한 현상은 본질적으
로 개인주의적인(individualistische) 동시에 세계시민주의적으로
(kosmopolitisch) 구축된 실천적·윤리적인 **퀴닉학파**와 아리스토텔레
스 이후의 학파에 국한된 것이다. 이것은 특히 윤리학과 사회철학에서
내용적으로 좀더 많은 **피억압자의 이데올로기**를 만들어낸 후기 스토아학
파에 국한된 현상이다.──그러나 슈펭글러는 이 후기 스토아학파를 프
롤레타리아 사회주의와 대비시켜보았는데, 그것이 전혀 부당한 시도라
고 할 수는 없다.[91] 또한 **농촌과 도시의 대립**은 소크라테스 이전의 식민
지에서 자연철학과 아낙사고라스 및 소크라테스 철학의 대립에서 잘 드
러난다. '나무로부터 우리는 아무것도 배울 수 없다'[92]는 소크라테스의
말에서 처음으로 정신이론과 이성이론이 생겨났다.

  인도의 형이상학은(타고르가[93] 그의 저서 『사다나』에서 적절하게 말
한 것처럼) '산림'의 형이상학이다. 인도의 형이상학은 매우 직접적인
자연과의 교류, 생생하게 살아 있는 것 가운데서 영혼과의 일체감 및 영
혼 속으로의 투입, 인간 이하의 모든 생물과 인간 사이의 거의 민주적이
고 형이상학적인 통일의식을 전제하고 있다.[94] (이것은 불교가 성립하

---

90) 막스 베버의 『세계종교의 경제윤리』, 서론 참조─옮긴이.
91) 매우 독창적인 피타고라스학파는 도리아의 엄격하고 보수주의적인 건축양식,
    수와 질서를 근본시야에 둔 사상과 더불어 특수한 지식사회학적 탐구를 필요
    로 한다.
92) 플라톤의 『파이드로스』 참조─옮긴이.
93) 타고르(R. Tagore, 1861~1941): 인도의 시인. 사상가. 동양인 최초로 노벨
    문학상을 받음(1913)─옮긴이.
94) 이에 관해서는 나의 책, 『동정』을 참조.

기 이전 시기부터 발전해온 하나의 통일의식이다.)

이에 반해 서구의 모든 형이상학은 거의 모두가 **도시적 사고방식**의 산물이다.——이것은 다음과 같은 점을 함께 이해시켜주는 하나의 사실이다. 즉 서구 형이상학의 근저에는 처음부터 〔인도의 형이상학과는〕전혀 다른 **모든 자연**을 넘어 주권적 존재자로서 사고하는 인간의 자기의식[95]과 자기의미가 놓여 있다는 것이다. 철학의 역사는 많은 현상들이 다만 〔지식〕사회학적으로 이해될 수 있는데도, 지금까지 이런 지식사회학적 계기를 거의 고려하지 않았다.[96] 프랑스철학은 중세의 성직자적인 스콜라철학, 즉 일차적으로 수도자에 의해 담지되어온 스콜라철학을 극복한 이후——혁명적인 감정의 급진주의와 동시에 낭만주의의 아버지인——루소에 이르기까지 본질적으로 **계몽된 귀족**의 철학이거나 이런 신분의 정신 속에 보존되어 있다. 그렇기 때문에 프랑스철학은 아카데믹하고 현학적인 것이 아니라 세계에 개방적이고 세속적인 것이다. 즉 **프랑스철학**은 모든 교양세계를 향해 열려 있는 형식으로 주어진다.[97]

이탈리아에도 사정은 이와 비슷하다. **이탈리아**에서는 높은 정신문화를 수행하기 위해 일반적으로 도시의 명문귀족이 독일에서보다 훨씬 많은 기여를 했다. 독일에서는 귀족적인 성곽과 시민적인 도시 사이의 대

---

95) 인간이 자기 자신에 관해, 또한 인간 이하의 자연과 신성에 대한 자신의 관계를 얼마나 자각해왔는가 하는 인간의 자기의식의 역사는 나의『철학적 인간학』의 서론에 포함될 것이다. 역사라는 거대한 공간적 국면 속에서 끊임없이 새롭게 생겨나는 이런 자기의식과 자기가치의식의 증대는 어떤 한 존재가 서서히 참된 자기 존엄의 의식에 도달해가는 그런 양식의 역사인가,——단지 과대망상의 역사에 불과한 것인가? 우리는 이 문제를 음미해보려고 한다.

96) 곰페르츠*가 그의『그리스 사상가들』(*Griechischen Denkern*, 1893~1909)에서 하나의 예외를 나타내는데, 다만 그의 판단은 대체로 일면적이고 실증주의적인 견지에서 행한 것일 따름이다.

 * 곰페르츠(Th. Gomperz, 1832~1912): 오스트리아의 철학사가—옮긴이.

97) "터키인을 위해서도 또한 쓰려고 했다"고 데카르트는 말한다. 베르그송(H. Bergson)은 그의 연구,『프랑스철학』(*La philosophie française*)에서 프랑스의 위대한 철학자들의 문체가 그저 평범하고 세상에 널리 개방된 양식이라는 점을 강조했는데, 이것은 결코 부당한 것이 아니다.

립이 귀족의 정신사에 기본적인 것이었다. 그래서 근대 독일철학은 먼저 교양을 갖춘 복음주의적 중간시민계급, 특히 목사관에서 행해졌다.——이런 사실은 형식과 양식으로 많은 특징들을 설명하며, 또한 세계와 격리된, 종종 비정하기까지 한 용어와 경직되고 거의 알지 못하는 학파의 형성에 즈음하여 폐쇄성이 강한 경향을 나타내는 용어로서 많은 특징들을 설명할 뿐만 아니라 많은 내용상의 특징을 설명하는 것에서도 잘 드러난다. 예를 들어 근대 독일철학의 특징은 내용상으로 수학, 자연과학과의 결합이 비교적 약하다는 점과 비정치적인 관조적 정신[98]을 띠며, 급진주의적인 색채가 희박하다는 점(이 점은 독일과 서구의 계몽철학을 비교해볼 때 적나라하게 관찰된다), 그리고 거의 전적으로 산업과 기술의 '정신'과 내면적으로 멀리 떨어져 있다는 점을 들 수 있다. 산업과 기술의 정신은——정치가인 동시에 경제적 인간인 어른들의 철학인——영국의 위대한 시민철학에서 매우 명료하게 작동한다. 그런데 중요한 것은 교회철학과 비종교적·반형이상학적인 흐름이 언제나 매우 첨예하게 대립하는 라틴 계열의 국가들에서와 달리 독일에서는 별개의 전선을 형성하는 철학적 견해를 만들어냈다는 사실이다. 이런 사실은 또한 모든 독일의 생활을 가로지르는 이론과 권력 사이의 대립을 만들어냈다.[99] 의식된 계급철학, 프롤레타리아의 과학을——그 자체가 불가해한 과학을——독일 사람인 마르크스가 창시한 것이다.

국민들(Nationen)에 대한 각종 형이상학의 관계도 또한 지식사회학적

---

98) 독일에서 정치가는 거의 대부분 철학에는 문외한이고, 철학자는 대개 완전히 비실천적이다. 아카데미는 순수 과학적이며, 대부분 철학자들을 피한다(칸트의 경우처럼). 학자, 철학자, 시인, 정치가, 군인 등이 함께 앉아 있는 프랑스 아카데미 같은 것을 형성한다는 것이 우리 독일에서는 불가능해 보인다.*
   * 이 책, 2권에 수록된 논문,「대학과 시민 단과대학」참조-편집자.
99) 독일에서 권력과 정신 사이의 대립에 관해 셸러는 '정치와 도덕'에 관한 일련의 강연에서 상세하게 설명한다. 이 강연을 (평화주의 문제를 포함하여-문헌목록 28번 참조) 셸러는 1927~28년 사이에 여러 번 개최했다. 나아가 강연의 초고는 이미 출판준비를 마쳤다-편집자.

으로 볼 때, 상당히 중요하다. 국민의 본질은 정밀과학의 방법론에서 이미 충분히 밝혀졌다. 그러나 철학에서 국민의 본질은 정밀과학에서보다 훨씬 강력하고 직접적으로 언표된다.[100] 여기서 집단의 종류에 관해 철학이론들이 전개해온 하나의 역사단계설이 지식사회학적으로 매우 중요한 것처럼 보이는데, 이런 집단의 종류를 역사단계설은 특별히 담지해왔다. 이때 다음과 같은 구별에 특히 유의해야 할 것이다.

1) 스콜라적이고, 라틴어로 쓰인 본질적으로 성직자와 수도자의 신분에 의해 담지되는 초국민적인 교회철학이다. 이 교회철학에 대항하여 먼저 신비주의와 휴머니즘이, 다음으로 근대국가의 본래적인 철학이 국민운동으로서 (텔레시오, 캄파넬라, 브루노, 데카르트, 베이컨) 부흥했다. 2) 내용적으로 매우 강한 국민신화로 채색된 신생 유럽국민의 철학은 자신의 모국어로 강의했는데, 이것은 결코 국민적인 것(Nationale) 그 자체가 의도한 것이 아니며, 스스로 '세계시민주의적인' 생각을 품고 있다고 느끼게 했다.──이때 물론 신생유럽 국민들의 이른바 세계시민주의란 은폐된 한갓 유럽주의에 불과하다는 점을 그들은 간과했다. 이 단계는 니콜라우스 쿠사누스와 데카르트에서부터 칸트에 이르기까지 이른바 '근대'철학의 모든 주요 특징을 포함하고 있다. 3) 실제로 국민적으로 채색되어 있을 뿐만 아니라 이따금 바로 국민의 입장에서 훨씬 더 의식적으로 의도된 19세기 철학이다. 19세기 철학은 특히 독일에서 피히테 이후 국민적 문화의식을 고양시킨 강력한 효모다(독일에서 피히테와 헤겔, 이탈리아에서 조베르티[101]와 로스미니[102]). 4) 천천히 확실하

---

100) 여기서 지식구조의 국민적 특성에까지는 나아가지 못했다. 이에 관해서는 『사회학 및 세계관논집』에 수록된 나의 논문, 「프랑스 사고에서 국민적인 것」(Das Nationale im Denken Frankreichs, 1915)과 나의 저작, 『전쟁의 정신과 독일전쟁』(Der Genius des Krieges und der Deutsche Krieg, 1915)의 부록에 수록된 영국적 '정치슬로건'에 관한 연구를 참조. 나아가 뒤앙의 『물리학이론의 목표와 구조』(Ziel und Struktur der physikalischen Theorien, 독일어 역, Leipzig, 1908, 마흐의 서문 첨부)와 좀바르트의 『프롤레타리아 사회주의』(Der proletarische Sozialismus, 1924), 1권을 참조.

게 자신을 부흥시켜가는 참된 세계시민주의적인 세계철학이다. 세계철학은 위대한 문화권의 철학적 지도자와 대표자가 벌이는 살아 있는 생생한 토론 그 자체를 자신의 고유한 연구방법으로서 포함한다.——이 현상은 우리 독일에서 셸링, 쇼펜하우어,[103] 도이첸(Paul Deussen), E. v. 하르트만과 함께 처음으로 싹을 틔워 점점 세속적인 판례를 철학적 논의 속으로 끌어들이기 시작했다. 그러나 이 현상은 [제1차] 세계대전, 즉 이런 '전 인류가 경험한 최초의 총체적인 체험' 이후에 더 이상 측정할 수 없을 정도로 더욱 고양되었다.

(3) 실증과학의 사회학에 관하여——과학, 기술, 경제

형이상학은 우리가 살펴본 것처럼 우선 본질을 관조하고 자신의 정신을 형성하기 위한 여가를 소유한 교양 있는 상층계급의 몫이었다. 형이상학과 반대로 실증과학은 처음부터 본질적으로 다른 원천에서 생겨났다. 하나의 체계적으로 수행되고 방법적으로 목표충족적인 협동작업을 하는 전문연구가 일어나야만 한다면, 처음에는 구분되어 있던 두 사회계층이 점점 서로 침투해야만 하는 것처럼 보인다.——이 명제에 대해 나는 법칙성을 요구한다. 말하자면 두 사회계층이란 그때마다 자유롭게 사색하는 사람들의 계급과 노동경험 및 수공업경험을 합리적으로 종합해온 사람들의 계급을 말한다. 후자의 사회계층은 점점 증대하는 사회적 자유와 해방에 대한 내적 충동을 위해 자연에 대한 모든 이미지와 생각들에 가장 강력한 관심을 집중시킨다. 이 이미지와 생각들이 자연과정에 대한 조망과 지배를 가능하게 한 것이다. 나는 이 두 집단 가운데서 어느 하나로부터 실증과학이 성립해왔을 것이라고는 믿지 않는다. 왜냐하면 실증과학은 자유롭게 생각하는 관조의 영향이 없었다면, 순수 이론

---

101) 조베르티(V. Gioberti, 1801~52): 이탈리아의 철학자—옮긴이.

102) 로스미니(A. Rosmini, 1797~1855): 이탈리아의 철학자—옮긴이.

103) 형이상학을 '시간과 공간을 초월한 모든 시대와 민족의 천재들이 말하는 숭고한 언표'로서 말한 사람은 쇼펜하우어가 처음이다.

적인 인식의 심정과 논리적·수학적 방법 및 시선을 세계전체로 확대시킬 수 없었을 것이고,──또한 다른〔노동하는〕집단의 영향이 없었다면, 실증과학을 기술 및 측정과 결합시키고, 다음으로 더 이상 기술적·우연적으로 나타나는 것이 아닌 자유로운 실험과 긴밀하게 결합시키는 데 이르지 못했을 것이기 때문이다. 자유로운 실험이야말로 실증과학에는 본질적인 것이다. 특히 과학은 자연의 모든 부분에 대한 관심을 세계의 측정 가능한 양의 측면과 이러저러한 존재방식에 따른 현상의 시·공간적 연관의 법칙에 한정시키는 법을 배우지 않았을지도 모른다. 이것은 바로 자연을 가능한 운동현상에 종속된 것으로서 파악하도록 하는 것을 말한다.[104] 자연을 설명하는 형식적·기계론적 원리는 언제나 이러저러한 우연적·특수적인 형식으로 위장되어 나타난다.

　이렇듯 형식적·기계론적 원리는 의심할 것 없이 근본적으로 다음과 같은 사람들, 즉 어떤 물질적인 사물을〔한〕장소에서〔다른〕장소로 움직여야만 하고, 그 운동의 결과와 노동의 결과가 언제나 물체와 힘의 본성에 관한 새로운 경험을 전달하는 그러한 사람들에게서 나온다. 가부장적으로 팽창하는 문화──종교적인 신성과 형이상학적 방법에서처럼 혈연공동체와 교양의 공동체가 아니라──를 지닌 경제적인 노동의 공동체와 교환의 공동체(ökonomischen Arbeits- und Verkehrsgemein-schaften)야말로 대체로 실증과학[105]의 사회학적 원천을 구성하는 제1의 형식인 것이다. 따라서 나는 다음과 같이 주장한다.

　오직 철학의 생성에만 가치와 의미를 부여하는 순수 주지주의적 파악이 잘못이듯이, 순수 기술적이고 실용주의적이며,──여기서는 제한적으로밖에 말할 수 없지만──마르크스주의적으로 노동과 학문의 관계를 파악하는 (볼츠만, 마흐, 제임스, 실러, 라브리올라A. Labriola 등) 것 또한 마찬가지로 확실히 잘못인 것이다. 실증과학은 대체로 유럽과

---

104) 이 책, 2권에 수록된 논문, 「인식과 노동」을 참조─편집자.
105) 실증과학은 언제나 '내향적' 애니미즘적인 모권제 문화에 대항하면서 전개되어왔다.

아라비아, 중국 등 어디서나 철학과 노동의 경험이 결혼하여 그 결과로서 생겨난 아들이었고, 현재도 마찬가지다. 실증과학은 철학과 노동의 경험이라는 양방향을——그 두 방향 중에서 어느 한 방향만을 전제하는 것이 아니라——언제나 모두 전제하고 있다. 서구에서는 (고대 그리스에서 출발하는) 이 두 부류의 혼합이 매우 강력하게——'지하의' 신들과 모권 제도의 잔재를 극복함으로써 자명하게——(아시아적인 신정정치와 카스트제도 등과 비교해볼 때) 일어났다. 그렇기 때문에 서구에서 분업화된 전문과학은 남성적·논리적·그리스적 민족의 재능이라는 역사적으로 유일한 특수 조건 아래서 일어났고, 또한 **오직 서구적인 도시시민** 속에 있는 세계를 포괄하는 거대한 **체계적인 외연** 속에서 일어났다.

이런 기원에 대해 이미 실증과학의 모든 역사가 증명한 것을 우리는 다만 추측할 따름이다. 즉 (기술적인 의미에서) **생산기술**과 **인간노동**의 형식들은 그때마다 **실증과학적인 사고형식**들과 어떤 **평행관계**를 이룬다. ——이때 이런 형식의 세계를 한 편이 다른 편의 원인이 된다거나, 다른 편의 독립변수라고 말할 수는 없다. 오히려 지식과 노동기술이라는 두 형식의 계열을 규정하는 독립변수는 현존하는 사회 **지도자들이 지닌 충동욕구의 구조**다(여기서는 전혀 이질적인 욕구가 우세할 수도 있지만, 그것을 인식하는 것은 심리학적인 인종유전학설과 결부된 정신 물리이론의 문제). ——충동욕구의 구조는 내가 '에토스'라고 부르는 것[106], 즉 지배적이고 타당성을 지닌 정신적인 가치선취의 규칙과 아주 긴밀하게 통일되어 있다. 다시 말하면 집단의 지도자들과 지도자들 속에서 그리고 지도자들을 통해 집단 자체가 공통적으로 향하는 지도적 가치 및 이념과 매우 긴밀하게 통일되어 있다. 이 에토스 내부에 있는 다른 에토스의 한 토대가 정신적인 **경제적 심정**(Wirtschaftsgesinnung)이다. 다른 한편으로 충동구조가 특히 혼혈과 **생명·심리적**으로 유전되는 소질들의

---

106) 『형식주의』, V. 6에 있는 '에토스'와 특히 '전형과 지도자'에 있는 역사와 공동체에서 에토스의 의미에 관해 참조—편집자.

유전법칙에 의해 파악되듯이, 경제적 심정은 그 특수한 방식에 따라 그 때마다 다만 **정신사적으로** 파악된다. 기술이란 진리의 이념과 관찰, 순수 논리, 순수수학에 의해서만 규정되는 하나의 순수 이론적 · 관조적인 학문을 단순히 추후적으로 '응용'한 것에 불과한 것이 아니다.──오히려 그때마다 강력하게 존재하거나 약하게 존재하는 현존재의 이러저러한 영역(신, 영혼, 사회, 자연, 유기물, 무기물 등)을 향한 **지배**와 제어에 대한 **의지**가 이미 사고와 직관의 방법을 규정하고, 마찬가지로 과학적 사고의 목표를 함께 규정하며, 각 개인의 의식의 배후에서 함께 규정한다. 여기서 각 개인의 변화무쌍한 개인적 동기를 탐구하는 것은 별도의 문제다. 이런 사실들이야말로 내가 **지식사회학에서** 말하지 않으면 안 되는 가장 중요한 **명제** 가운데 하나라고 보며, 또한 **인식론적으로뿐만** 아니라 발달 **심리학적으로도** 증명될 수 있는 명제이며, 과학과 기술의 사실적인 **역사** 를 통해 마침내 엄격하게 증명될 수 있는 명제라고 본다.

그러나 우리의 모든 행위가 적어도 자신의 가능한 대상을 선택하는 선 택의 법칙과 관련하여 모든 지각과 사고를 **제약하는** 가치평가와 욕구에는 적어도 근원적으로 기초하지 않는다는 사실에 대한 난해한 인식론적 · 발달심리학적인 근거에 대해 나는 여기서 상세하게 설명할 수 없다.[107] 그러나 나는 이 연구가 결과적으로 특히 '실용주의'(Pragmatismus) 또는 (마흐적 의미에서) '사고경제설'(Ökonomismus)로 표시되는 학설에 관해 단지 상대적으로만 그 정당성을 인정받을 수밖에 없다는 점을 일소하고자 한다. 실용주의와 사고경제설이 상대적인 까닭은 다음과 같다. 즉 이들 학설의 정당성은 순수 실용주의의 경우처럼 학문과 진리의

---

107) 이에 관해서는 나의 저작, 『형식주의』에서 행한 가치의 구별과 나아가 이 책에 수록된 논문, 「인식과 노동」을 참조. 그리고 다음을 참조. 즉 지각하고 상기하며 사고하는 것에 대한 감정과 충동의 제약에 대한 많은 선(Gute)이 뮐러 플라이엔펠즈(R. Müller-Freienfels)의 『삶의 심리학 원론』(*Grundzüge einer Lebenspsychologie*, Leipzig, 1923~25) 제1권과 2권; 실더의 『의학적 심리학』(*Medizinische Psychologie*, Berlin, 1924)에서 나타난다.

이념 및 순수 논리학 자체에까지 펼쳐지는 것이 아니라, 실증과학적으로 '흥미 있는' 세계의 측면에서 행하는 선택에 국한되기 때문이다. 세계에 대해 과학은 그 자체 참된, 즉 정확하고 사상적으로 적합한 명제와 이론을 발전시킨다. 이에 반해 형이상학에는 지식과 지식획득의 형식이 가능한 행위를 세계에 대해 기술적으로 목적을 설정하는 것에 의해 결코 제약되지 않는다는 명제가 타당하다. 아니, 바로 철학을 실증과학과 본질적으로 구별해주는 것은 철학이 가능한 기술적 목적 설정의 원리에 의해 제약되지 않는다는 점이고, 나아가 철학이 사고와 직관의 '형식' 및 이에 상응하는 존재의 형식들을 자기 쪽에서 순수 '지식'의 대상으로 삼고, 그러기 위해 그 기원을 음미한다는 점이다. 과학은 존재 속에서 사고하며, 존재에 입각하여 그 대상을 완성시킨다.

여기서 기술과 과학의 관계에 대한 역사적·사회적 측면에 관해 좀더 언급해보자.[108)]

기술과 과학의 관계에 대한 사회적·역사적 관계를 분명하게 인식한 최초의 사람은——이에 대한 베이컨(F. Bacon)의 애매하고 일방적인 인식을 도외시한다면——생-시몽 백작일 것이다.[109)] 그것도 생-시몽의 후기 사상에서 더욱 그렇다. 콩트가 특히 생-시몽의 사고 모티프(Denkmotiven)에 따르고 있는 초기에는 생-시몽도 콩트와 마찬가지로 주지주의자였다. 그는 학문의 발전이 경제와 정치의 발전을 진두지휘할 것이라고 믿었다. 그러나 그는 다른 프랑스 역사가들 및 사회학자인 마르크스와 나란히 이른바 '경제적인 역사파악'에 매우 유의미한 활기를 불어넣은 사람이었다. 또한 우리는 경제적 역사파악 일반 및 이 물음과 관련하여 하나의——특히 매우 제한적인——권리를 허용한다. 무엇보다도 후에 라브리올라가 완성시킨 매우 다의적인 의미를 지닌 '생산관계'라는 말을 특히 좀더 기술적으로 해석함으로써 이에 대한 사회학

---

108) 이 책, 210쪽 이하를 참조-편집자.
109) 생-시몽 백작에 관해서는 무클(Muckle)의 매우 교훈적인 저작을 참조. 이 책에서 이 점이 가장 적나라하게 가공되어 있다.

적 사고에 강력한 자극을 주었다는 점을 인정해야 한다. 이런 사실들은 이미 서술한 것에서 인정된다. 물론 이 경우에 제한은 매우 크고 다양해서 우리와 마르크스가 공통적으로 기술을 단지 완전히 '순수' 학문을 '추후에 응용한 것'으로만 취급하려 한 주지주의를 거부했다는 점 외에 공통점이란 거의 남아 있지 않다. 마르크스는 다만 실증과학뿐만 아니라 정신적으로 일어나는 모든 것이 직접적이거나 배타적으로 경제적인 생산관계에 대한 인과적인 종속관계에 있다는 점에 관해 말한다.──이에 대해 우리는 단지 실증과학만 문제 삼고, 또한 여기서는 다만 제3의 공통적인 상위(上位)원인을 지닌 두 사물 사이의 **평행관계(Parallelismus)**에 관해서만 말한다. 이 제3의 원인이란 바로 **지도자의 유전적 충동욕구의 구조이고, 그의 혈통이 궁극적으로 유래하는 원천이며**, 이에 속하는 새로운 에토스다.[110] 마르크스는 지배적인 종교와 형이상학, 나아가 에토스 자체를 경제적 생산관계의 측면에서 이해하려 한다. 이에 반해 우리는 이 세 가지 사실[종교, 형이상학, 에토스]이 실증과학과 기술의 **가능적 성립을 미리 대략적으로 함께 결정해두고,**──그리하여 단지 정신사적으로만 이해되는 제2의 독립변수를 형성하는 것이라고 주장한다.

　몇 가지 예를 들어보자. 불교의 형이상학과 에토스, 또한 불타 이전부터 있어온 종교의 형식들은 확실히 서구와 비교해볼 때 그 자체 적지 않게 지배의지를 전개하고 있다. 그러나 이 지배의지는 외부를 향한 물질적 생산과 이에 의해 가능해진 인구와 물질적 필요성의 증대, 아니 끊임없이 자기 혁신을 지향하는 것이 아니라, **내부를 향해 영혼과 모든 신체적 사건의 자동적인 경과에 대한 지배를 지향하며,**──금욕을 위한 지배를 향해 있다. 그렇기 때문에 예를 들어 우리의 경우와는 반대로 **안정된 생산관계에 어린아이의 수를 적합하게 조정하기 위해 여자아이의 살해라든지 독특한 영혼과 생명에 관한 기술이 행해졌다.** 그럼에도 불구

---

110) 이에 관해서는 『가치의 전도』에 수록된 자본주의 문제에 관한 세 논문을 참조─편집자.

하고 언급할 만한 가치가 있는 생산기술과 전쟁기술을 통해 인구조정이 일어난 것은 아니다. 비록 미미한 정도이지만, 그리스의 종교와 형이상학도 저 풍부한 그리스의 순수수학과 자연연구가 성립한 후에 기계적 방식의 생산기술에 대한 확실한 의지와 긍정적인 가치평가를 배제시켜버렸다. 그리스의 학문, 즉 현존하는 수학, 정학, 선구적인 동학에 기초한 기술적 가능성에 따라 성립할 수 있을 것이라고 생각되는 것보다 훨씬 작은 현실적인 기술밖에 성립하지 않았다. 그리스 학문의 기술적 가능성은 거의 창출되지 않는다. 물론 그리스의 형이상학과 종교에 의해 세계와 그 본질존재 및 현존재는 원칙적으로 긍정된다. 그러나 그것은 인간적 노동, 인간에 의한 형성, 질서, 예견의 대상으로서 긍정되는 것이 아니며, 또한 인간을 멀리 인도하는 신적인 창조자, 건설자의 임무로서 긍정되는 것도 아닌, 관조하고 사랑하는 생생하고 고귀한 형식의 영역으로서 긍정된다. 또한 여기서 지배적인 종교는 형이상학과 마찬가지로 수학과 자연연구, 자연연구와 기술, 기술과 공업의 내적 결합을 배제한다.

이때 내적 결합은 부자유한 노동의 다양한 형태(노예제도, 농도제도 등)와 대립하는 형식에서 이미 그 자체 자유로운 노동의 시작과 증대하는 거대한 대중의 정치적 해방을 전제한 현대문명의 비교할 수 없는 거대한 힘과 크기를 형성한다. (천문학, 수학, 의학 등) 이집트와 중국에서 실증과학의 출발은 거대한 기술상의 과제와 내적으로 결합되어 있음을 나타낸다. 이때 기술상의 과제는 강력한 전제국가의 지리학적 · 지정학적인 구조조건에 따른 것이고, 특히 나일 강과 중국의 두 큰 강[111]의 치수(治水)와 항해, 수레의 제조, 건축술이라는 과제다.──이것들은 모두 철저하게 권력정치의 이해관심에 봉사하는 것들이다. 이 민족들은 그런 이해관심을 하나의 방법적으로 협동하게끔 조직하고 세계영역을 할당하는 실증적 전문과학, 즉 우주 전체를 파악하려는 실증적 전문과학[112]

---

111) 황하와 양자강을 말한다─옮긴이.
112) 아시아의 고도문화에서 역사적인 감각이 부족하고, 우리가 말하는 의미의 역사기술이 결여되었다는 근거에 관해서는 트뢸치의 『역사주의와 그 문제들』,

에까지 승화시키지 못했다.

여기서 이런 실수를 낳게 한 이유 중의 하나가 자유로운 철학적 사색의 결여 때문이라는 것은 분명하다. 중국에서는 적어도 사상을 경직화시키고 불변적인 것으로 만들고 사대부를 위대한 고전작가의 문헌연구에 가두어버린, 상형문자에 의해서가 아니라 인문주의적인 형식적 고전주의를 동반한 유교(儒敎, Konfuzianismus)의 지배에 의해, 그리고 황제와 자연의 주술적 연대에 의해 '하늘'의 질서에까지 미친 관직윤리의 지배에 의해 거의 모든 지배층의 힘을 인간존재의 형성과 습속의 형성, 심정의 형성이라는 '교양' 과제에만 몰두하게끔 만들었다. 그리하여——경제적 동기가 강했고, 인구가 무섭게 증가했고 영리를 추구하려는 충동이 강했는데도——거대한 전쟁기술과 생산기술, 체계적인 학문을 위해서는 작은 정신적 에너지마저도 남겨놓지 않았던 것이다. 후대의 모든 시기에 모범이 되는 법체계를 구축한 바빌로니아와 로마의 지배층도 사법(私法, Privatrecht)을 예로 들어보면, 신화, 설화, 전통, 다시 말하면 민족의 영성(Seelentum)에서 나온 정신과학의 기원이 자연과학의 기원 못지않게 그 기술적 동기를 부정하고 있음을 나타낸다. 또한 여기서 철학, 순수 논리학, 법 논리적 사고의 유희충동과 실험충동이 다음과 같은 사고, 즉 그리스의 '순수' 수학에서 시작하여 몇 세기에 걸쳐 물리적·기술적 응용 없이 활동해온 사고에 대해 법학의 통일성, 논리, 체계와 모든 본질적인 사회상태를 포섭하는 하나의 성격을 부여한다.

그러나 법률의 실증적 의미 내용과 지배적인 에토스에서 표명된 법적 재화(Rechtsgüter)의 등급은 전적으로 그때마다 정치적으로 지배하는 집단과 사회계층의 사회적 지배의지의 방향과 내용에 의해 규정되는 것이지, 경제적 동기에 의해서도, 정신적인 통찰에 의해서도 1차적으로 규정되는 것이 아니다. 이미 예링[113]에 의해 인식된 판결의 법적 창조력은

___

제1권을 참조. 나아가 슈펭글러가 말하는 많은 훌륭한 견해들을 참조.
113) 예링(R. Jhering)의 『로마법의 정신』(*Der Geist des römischen Rechts*, Leipzig, 1852~65)과 『법에서 목적』(*Der Zweck im Recht*, Leipzig,

예링이 그의 일방적인 전문용어로 고찰한 것처럼, 로마 사법(römischen Privatrechts)의 유일한 근원적 원천이고, 형성의 원천이 아니라 입법행위와 입법자의 '목적'이며, 순수 **논리적**인 법사상의 동기가 동일한 가치를 지니고 병존해 있는 것에 불과하다. 그러나 저 장대한 **로마**의 커뮤니케이션의 기술과 방어시설, 전쟁, 건축의 기술은 유럽 국가들의 근대가 안 것처럼 좀더 거대한 스타일의 기계에 의한 상품생산에까지 이르지 못했는데, 그 이유는 첫째로 자연을 지배하려는 의지의 범위가 언제나 다음과 같은 한계에 의해 제약되었기 때문이다. 즉 **정치적 지배에 의한** 자본주의라는 형식 속에서 정치적인 지배의지와 정치적인 지배기술이 로마의 기술에 부여한 한계에 의해 제약되었기 때문이고,——**자연지배**에 대한 순수 의지는 자연의 지배 자체 때문에 생겨난 것이지, 순수 경제적인 목표와 노동의 절약 때문에 생겨난 것이 아니다——둘째로 로마의 지배층을 이끌어가는 정신적 유전인자에 그리스 민족이 보유했던 저 **철학적**으로 관찰해야 한다는 의미를 부여했기 때문이다.

우리가——실증과학의 사회학적 동학에서 가장 매력적인 과제 중에 하나인——근대과학의 기원과 발전과정을 이해하려면, 그것도 역사적으로 이해할 뿐만 아니라 **사회학적**으로 이해하려면, 다시 말해 **관념적인 역사과**정과 현실적인 **역사과**정이 교차하는 법칙성의 전체적인 귀결로서 이해하려면, 그것은 다만 우리가 전혀 다른 기원의 인식과 전문과학적 내용의 인식을 서로 결합시키는 경우에만 가능할 것이다. 특히 예를 들어 빈델반트는 다름 아닌 코페르니쿠스와 케플러에 관해 다음과 같이 말하는데, 즉 고대의 플라톤적 · 피타고라스적인 수학적 자연학이 질적으로 방향이 다른 스콜라철학의 반수학적인 아리스토텔레스주의에 의해 생매장되었는데도 근대에 와서 (예를 들어 사모스의 아리스타르코스가 코페르니쿠스의 선구자인 것처럼) 수학적 자연학이 다시금 수용되고, 나아

1877~83)을 참조.

가 이 수용이 근대 수학적 물리학의 창조적인 핵심을 이루었다고 말하는데, 그것은 거의 의미가 없다. 헬레니즘 시기의 신플라톤주의자는 동일한 사상체계에서 오직 그노시스적 · 신비주의적 내용만을 받아들였고, 피렌체의 아카데미는 다시금 어떤 다른 것을 끌어들였다. 일련의 고대 사상이 실제로 이 시기에 수용되고 자극을 주었다면, 그런 한에서 우리는 다음과 같이 묻지 않으면 안 된다. 왜 지금 바로 이 시기인가,——11세기에는 왜 그렇지 못했는가? 등대의 불빛처럼, 과거의 한 부분을 비추는 관심의 광선에 의한 불빛은 언제나 역사적인 현시점의 일이고, 먼저 정신과 의지에 떠오르는 장래의 과제에 대한 일이며, 트뢸치가 적절하게 말했듯이, 새로운 '문화의 종합'(Kultursynthese)에 대한 의지에 따른 것이다.

이로써 일반적으로 근대과학의 기원에 대한 이 위대한 물음의 가장 중요한 문제 가운데 한 부분은 갈릴레이, 레오나르도에서부터 뉴턴에 이르는 기간에 나타난 실험적이고 수학적으로 응용된 자연의 인식에 의한 발명과 발견이 두드러지게 빈번하게 일어났다는 점이다. 그것은 모든 선구적 업적과 예감이 있었지만,——특히 뒤앙이 11세기 이래 물리학의 역사에 대한 열성적인 연구를 통해 이런 선구적 업적과 예감을 밝혀냈다——대개 단조롭게 한 걸음씩 연속적으로 전진해간 것이 아니라, 주지주의적 가설설정이 필연적으로 기대하게 해주듯이, 중세의 세계상으로부터 근대의 학문적 방법에 이르는 돌연 폭발적이고 강력한 비약에 의한 과정이다. 그밖에 나는 저 수용(보일, 가상디, 라부아지에에 의한 데모크리토스, 에피쿠로스, 고대의 원자론자의 수용과 코페르니쿠스, 케플러에 의한 아리스타르코스, 프로클로스, 논리학자로서 플라톤의 수용)이 근대과학의 기원에서 본질적인 것을 의미한다고 믿지 않는다. 아마도 근대과학은 그런 수용 없이도 성립했을 것이다.

여기서 우리는 근대과학의 생성에 대한 부정적인 조건과 긍정적인 조건들을 구별하고, 나아가 과학을 작동시키는 요인과 법칙이 얼마나 중요한지를 규정하려 한다.

1) 먼저 매우 강력한 영향력을 미치면서 모든 경우에 부정적으로만 작용하는 원인으로서 나는 사고의 훼방꾼을 일소한 종교개혁——순수 학문적으로 볼 때 대체로 극히 반동적이지만——에 따른 서열상의 교회적 통일의 파괴와 교회권력의 파괴를 든다. 확실히 지배적인 교회권력은 광신적이며 암울하고 비합리적이고 일반적으로 문화적으로 무차별적인 위대한 종교개혁자들의 정신보다 훨씬 계몽적이고 학문에 우호적이며 신중하고, 특히 합리적인 것이었다. 이런 사실은 또한 인문주의자들이 두 방향으로 나뉜 교회당파에 대해 매우 애매한 태도를 취했음을 증명하는 것이고, 세르베투스(Servetus)와 케플러의 운명을 증명하는 것이다. 케플러는 자신의 어머니가 마녀로서 화형당하는 것을 체험해야만 했다. 그런데도 근대과학의 기원에 대한 최소한의 간접적인 의미마저도 위에서 말한 부정적인 인과적 요인에 부여하지 않았다는 것은 부당할 것이다.——그리고 우리가 살펴보았듯이, 교회 정신이 스스로 정확하고 실증적인 사고를 크게 고무시켰다 할지라도 그것은 부당하다.[114]

교회권력의 부분적인 와해는 변형된 교의학과 단지 간접적으로만 연관된 몇몇 계기에 의해 의미를 갖는다. 우리는 이런 계기로서 첫째로 낡은 교의학의 큰 부분, 특히 교회와 기적에 관계하는 큰 부분이 파괴되고, 필연적으로 함께 결부된 고대의 개념 실재론적·존재론적으로 방향을 잡고 있고 또한 언제나 생태론적인 형이상학이 파괴되어버린 점을 들 수 있다. 하물며 이 생태론적 형이상학은 교의학과 교황, 계급질서, 수도원 등보다 근대과학의 생성에 더 큰 방해물이었다. 이런 형이상학이 제거됨으로써 그 시대의 상대적으로 자연적인 세계관이 정초되고, 이미 새로운 사회적 응집상태를 향해 유럽 민족들의 내적 자기 발전이 작동하기 시작했다는 것은 확실하다.

그러나 이 형이상학의 생태론적 정신에 대한 특수한 고대적인 학문의

---

114) 이에 관해서는 바론(H. Baron)이 편집한 트뢸치의 저작집 제4권(1925), 202쪽 이하와 297쪽 이하 '프로테스탄티즘과 근대정신의 본질'에 관한 부분을 참조.

형성을 제거한 것에 대해 종교개혁은 의심할 수 없는 큰 의미를 지닌다. 종교개혁을 주도한 지도자들의 성격과 정신의 존재방식은 근대과학의 아버지인 갈릴레이, 우발디스, 데카르트, 케플러, 뉴턴 등이 지닌 정신의 존재방식과는 하늘과 땅만큼이나 차이가 난다. 그러나 한편으로 종교개혁의 지도자들은 매우 형식적이지만 중요한 특징을 근대과학자들과 공유한다. 그것은 ① 낡은 경직된 사상세계에 대항하는 모든 정신적 혁명과 결부된 유명론적 사고방식이다.[115] ② 인간의 지배의지 속에는 인간의 고유한 본질이 들어 있고, 단지 관찰적 오성 속에만 인간의 본질이 들어 있는 것이 아니라는 일반적인 의식이다. ③ 여기저기서 의식의 문제와 확실성의 문제가 이미 거론되고 있다. 즉 데카르트의 경우 인식의 확실성이 '진리'에 선행하고, 개인의 구제에 관한 문제의 확실성이 객관적·신학적인 문제에 선행한다. ④ 이 두 경우에 발견의 자유 또는 신앙의 문제에서 결정의 자유가 존재론적으로 사고된 진리의 축적 또는 은총의 축적보다 선행한다. 우리는 자유롭기 위해 먼저 이런 진리와 은총을 축적하여 소유하고 있어야만 한다("진리가 너를 자유롭게 하리라" 하는 말이 여기저기서 "자유가 너를 진리로 인도하리라"라는 말로 된다). 자기 사고와 검증은 전통적인 가르침의 계승과는 반대로 학문에서 성스러운 책인 '성서'의 해석을 요구한다. 신앙은 개인적·자발적인 행위이고,──어떤 외부로부터 그리고 교회로부터 명령된 가르침의 명제를 진리로서 받아들일 것을 '오성에 의지가 명령하는 것'이 아니다. ⑤ 또한 학문적·종교적 운동에서 정신과 육체, 영혼과 물체, 신과 세계 사이의 새로운 이원론이 공통적으로 존재한다는 것이다. 우리는 루터의 『그리스도인의 자유』(*Freiheit eines Christenmenschen*)와 데카르트의 『성찰』(*Meditationen*), 『철학의 원리』(*Principia philosophiae*)를 병행해서 읽어보면, 이런 공통점을 확실히 발견할 수 있다. 이 이원론은 물질적·감각적

---

115) 이 책, 2권에 수록된 「유고로 남겨진 수고에서 보완」, I. 「지식사회학의 문제들」에 관하여 4. '막스 베버식 철학의 배제'에서 유명론적 사고양식의 비판을 참조─편집자.

인 것과 정신적인 것, 나아가 생명적인 것과 정신적인 것의 **특수한 '중세적'**이고 내적인 **배합**을 제거하는 것이다. 이때 내적 배합은 또한 모든 **'생활공동체'**의 생태론적인 세계관에 속한다. 기적의 가르침, 마술적인 미사의 기술, 국법과 도시법과 가족법의 기묘한 **혼융**, 정신적인 영혼과 **'신체형상'**(forma corporeitatis)의 실체적인 통일에 관한 교설(후에 빈공의회에서 교의화되었다),──이들은 모두 데카르트, 루터, 칼뱅이 동시에 분쇄한 토마스적 교설이다──('서로 싸우는') 신의 영역을 가시적인 교회제도와 부분적으로 동일시하는 것, 이것과 그밖의 다른 많은 것이 생태론의 내적인 성과로 간주된다.

　여기서 하나의 매우 흥미 있는 문제가 생겨난다. 즉 다른 경우에는 하늘과 땅만큼이나 다르게 추구해온 종교개혁자와 근대 과학자의 아버지에게 특유한 **공통점**이 있다는 사실은 무엇을 의미하는가? 그리고 이것은 **사회학적으로** 무엇을 의미하는가? 이에 대한 대답은 다음과 같다. 종교개혁자와 근대 과학자의 정신적 특징이 동일하다는 것은 의심의 여지 없는 한 계급의 새로운 사고양식, 새로운 가치평가, 의지의 양식을 말한다. 그것은 바로 고양된 **부르주아지 기업가**의 계급을 말한다. 부르주아지 계급은 한편으로 사색적인 수도사계급과 동시에 고대 로마의 모험과 방법에 따른 정치적 수단을 가지고 지배해온 성직자계급에 대항하면서 다른 한편으로는 혈연적·신분적이고, 순수 정치적·경제적인 '권력재산'(machtreichtum)에 기초한 봉건세계의 권력에 대항하는 이중의 대립 속에서 나타났다. 노동을 향한 새로운 **의지충동**과 이른바 부르주아지 계급의 개인주의(조합의 붕괴 등)가 이 두 현상의 배후에 공통적인 동인으로서 들어 있다. 전자는 (생태론적 세계관에서 가산적인 '기계론적' 세계관으로 변경된) 문화의 **일반적인 노화법칙**(Alternsgesetzes)에 그 특수한 **역사적 각인**을 부여한다.[116] 예를 들어 유명론적인 사고방식은

---

116) 이 법칙이 문화집단과 각 개인에 대해 상세하게 정초된 것은 머지않아 발간될 『인간학』의 '노화의 심리학'이라는 절에서 찾아볼 수 있을 것이다.

동시에 사색적 · 종교적인 계층의 붕괴, 즉 근원적으로 베네딕트회의 모범에 따른 고대 수도회의 쇠퇴와 본질적으로 결부해 있다. 수도회의 모범은 법적으로 지배하는 교회의 집권에 유리한 (따라서 권위주의적인 경직화가 종교개혁 운동을 불러일으킨 옥캄주의자의 주의주의Voluntaris-mus와 후기 스콜라철학에 유리한) 것이다. 나아가 그것은 생태론적인 세계관의 몰락과도 관련이 있는데, 이것은 기계론적 세계관에 유리한 것이었다. 왜냐하면 생물의 영역에서——특히 (유기적인) '종'이념(Art-Idee)에서—— '보편적인' 개념적 대상은 실제로 시 · 공간의 다양성을 개별화하는 기준과 무관한 현실성과 통일성을 지니고 있기 때문이다. (이런 현실성과 통일성이 무기물의 분야에는 결여되어 있다.) 끝으로 그것은 계약에 근거하여 성립하는 '이익사회적' 집단형식의 발흥과 결부된 것인데, 그 집단의 형식은 '생활공동체', 즉 혈연, 전통, 관념적 · 심리적인 총체적 축적에 근거한 형식을 천천히 변형시키기 시작했다. 범주적 · 생태론적 세계관은 그 자체 생활공동체적 사회의 현존재 형식과 이에 속하는 도구의 기술, 나아가 (비유기적인 기술과는 반대되는) 유기적 기술에 본질법칙적으로 결부된 것이다.

2) 나아가 새로운 학문의 생성과 종교개혁 사이의 사회학적 · 심리학적 연관은 마술적 기술과 내적 · 외적 '업적'을 통한 상대적인 자기 구제를 가지고 수도원에서 신성과 신적인 사물을 향한 영혼의 에너지 총량을 세속적인 노동과 직업으로 전환시키는 것이다. 종교적인 완성과 구제과정에서 신성이 인간에 배타적으로 작용한다는 것,——이것은 근대 프로테스탄티즘의 교의 전체에 관해 거의 유일한 공통적인 규정이다.——다시 말하면 배타적인 '은총'에 대한 신앙(프로테스탄트 신학자 가운데 논쟁적인 테제와 병행시켜본다면, 종래의 교회 가르침은 펠라기우스주의Pelagianismus[117] 또는 준펠라기우스주의Semipelagianismus에 불과

---

117) 5세기 영국의 수도사 펠라기우스(Pelagius)의 주장에 기초한 이단사상이다. 그는 도덕에서 인간의 자유의지 역할을 강조하고, 신에게서 받는 일방적인 은총설을 반대했다—옮긴이.

한 것이다)은 생명·심리적 에너지의 **방향전환**이라는 선행과정의 단순한 귀결일 뿐이다. 이후 계몽시대의 급속한 발전기에 유력한 교양 있는 엘리트에게서 생겨난 것처럼, 일반적으로 인간에 대한 종교적 속박이 **소멸**하면, 그다음에는 하나의 순수한 세속 내재적인 합리주의와 모든 종교적 속박에 대항하는 세속적 문화영역의 완전한 **자율화**만이 '잔해'(Rest)로서 남아 있을 뿐이다.[118] 처음에는 다만 전제군주의 주변에 맴도는 소수 엘리트가 지닌 전적으로 '인위적인' 계몽의 이념이 '여론'이 되고, 다음으로 서서히 대중의 '상대적으로 자연적인' 사고방식이 되기까지는 한 세기가 필요했다.──그것은 다음과 같은 과정, 즉 과정이 진행되는 동안 과정의 **사회적 결과**에 놀라워하고 두려워하는 교양 엘리트들이 역사적으로 매우 다양한 이른바 새로운 '**낭만주의**'의 형식 속에서 매우 연약하고 유동적이며 특징도 없이 낡은 순전히 종교적인 사고방식(슈펭글러의 '제2의 종교성')에의 회귀(回歸)를 추구하는 과정이고,──이 종교적 사고방식을 그 정신적 아버지가 스스로 해소시키고 파괴시켜버렸으며, 그 혈통을 새로운 영적인 보호색으로도 완전히 숨길 수 없다.[119]

3) 중세 전성기에 교회와 국가가 이른바 '유기적' 관계를 유지했던 것과는 반대로, 다양한 방식으로 권위를 공격하는 것이 교양 있는 사람들에게 가능해짐으로써 중세 후기에는 교회와 국가가 점점 분리되기 시작했다. 이것이──이미 콩트가 적절하게 지적한 것처럼──학문의 **자유**를 좀더 강력하게 보장하는 것이라면, 언제나 교회와 교파가 서로 **반목**하고 균형을 유지하면서 **끊임없이** 성립해왔던 시대보다 권위적으로 학문

---

118) 딜타이의 절대국가 시기에서 계몽시대의 출현에 관한 논문을 참조.

119) 실증적·낭만적인 감정과 사고 양식의 다양한 색채와 정신적·인종적으로 유래하는 역사적인 근원이 다른데도, 고전적인 것과 낭만적인 것의 변형된 유형이 언제나 존재해왔다는 사실을 슈트리히(Fr. Strich)가 방법적으로 뵐프린(H. Wölfflin)의 『예술사의 기본개념』(*Kunstgeschichtliche Grundgriffen*, 1915)에 따라 쓴 저작, 『독일 고전주의와 낭만주의』(*Deutsche Klassik und Romantik*, München, 1922)에서 적절하게 밝혔다. 그러나 우리는 이 운동이 발생한 전형적인 사회학적 원인에 관해 거의 알지 못한다.

을 구속하는 일은 훨씬 줄어들었음이 틀림없다. 그래서 절대국가가 교회의 지적 유기체에 대항하여 설립한 새로운 대학과 연구조직('아카데미')은 (그중에서도 특히 파리, 페테르스부르크, 베를린의 아카데미가 유명하다) 학문적으로 관료화된 전문교수직과 함께 학문적 현존재와 삶이 완전히 변화된 분위기를 가져왔다.――물론 이런 분위기는 정신과학(중상주의, 재정주의Kameralismus, 궁정수사, 국가교회 및 궁정부설 교사의 신학, 절대주의 국가의 법률적 권리론 등)에서 중세에는 없었던 전혀 새로운 학문적 자유를 가져왔다.――그러나 자연과학에서는 기술적·경제적 동기(국가 자체가 지닌 전쟁의 기술, 커뮤니케이션의 기술, 생산기술)에 의해 매우 유리한 사태가 발생했다.

　이로써 중세의 성직자와 수도사의 학문――신분적 학문――은 남김없이 해체되고 말았다. 19세기의 흐름 속에서 정치시대의 침잠과 함께 비로소 경제적·실질사회학적인 원인이 압도적으로 영향을 미쳤다.――그것은 또한 이 논문의 전반부에서 말한 정신사에 실질사회학적인 원인을 일반적으로 허용하는 한계 내에서의 영향인 것이다.――즉 국가 자체를 가장 강력하게 움직이는 경제적인 권력을 지닌 (기업가든 노동자든) 각종 콘체른(Konzern)이 성립했다는 것과 함께 당연히 학문의 의존성과 구속의 형태도 변화되어갔다. 이때 정신과학과 사회과학이 앞서 변화되었다.[120] 다만 철학만이 순수 이론으로서 완전히 벗어날 수 있고, 실증적 전문과학은 본질법칙적으로 기술에 의해 함께 제약되고 있음으로써 (어떤 경우에도) 후견인의 역할에서 결코 벗어날 수 없었고, 이런 후견인 역할의 위험은 더 이상 원초적으로 교회와 국가로부터 오는 것이 아니라, 점점 학문에 대한 지배권을 행사하려는 (공장의 실험시설, 콘체른의

---

120) 미국의 대학본질 속에서 이와 관련한 관계에 관해 극단적이지만 충분히 읽을 가치가 있는 서술을―미국에서 대학의 발전은 유럽에서 생겨날 발전을 선취하는 것이다―미국의 사회학자 싱클레어(Upton Sinclair)가 미국의 대학에 관해 신랄하지만 과장되게 말한 그의 책, 『거위걸음』(*The Goose-Step*, 1924, 독일어 번역, *Der Parademarsch*, Berlin, 1924)에서 서술하고 있다.

'서기국', 좌우로 나뉜 이른바 국민경제학파의 설교하기 좋아하는 학자들 등) 새로운 경제적 힘에서 오는 것이었다. 모든 종류의 경제적 힘들 상호간의 이해관계 이데올로기를 아카데믹하게 대변하는 사람들은 재정적이거나 다른 수단을 가지고 직접적이거나 암묵적으로 국가에 대한 압력을 통해 이 새로운 힘을 행사하려 했다. 즉 그들은 자신이 소유한 신문과 출판물을 통해 압력을 행사한다.——그들은 그때마다 마음에 드는 대로 칭찬하고 폄하하며, 때로는 무시하면서 압력을 행사하기도 했다.

참된 절대적인 **학문의 자유**는 역사에서 학문적 정신 그 자체의 자율적인 힘에 의해 결코 발전되지 않고, 다만 **실질사회학적 요인들** 사이의 **상대적인 충돌**을 통해 비로소 발전되며,——그것도 자율적인 철학과 결부된 발전이다. 사람들이 통상 '학문의 자유'라고 부르는 것은 다만 상대적인 자유, 즉 무언가에 기여하려는 위험을 반복하는 것에 불과하다. 학문을 속박하고 가치를 박탈하고 조작하는 것에 관한 실질사회학적 요인들과 제도들 사이의 충돌은——바로 이 충돌을 통해 자동적으로 생겨나는 것처럼 보이는 학문의 해방은——학문에 관계할 뿐만 아니라 문화의 **모든 근본방향**과 모든 영역에도 관계하는 **사회학적인 과정**이다. 이 충돌은 '분할하여 통치하라'(divide et impera)는 원칙에 따라 언어의 세속화와 자율화 (국민적 교양언어의 성립) 및 모든 종류의 예술, 종교와 신비주의, 아니 고도로 정치적인 시대에는 경제에 관한 모든 것의 세속화와 자율화를 불러왔다. 이 모두는 중세 전성기에 교회적으로 생기를 불어넣었던 것이고, 중세 초기에는 거의 알아볼 수 없을 만큼 유기적이었지만, 중세의 출발점에서 인위적이고 기계적으로 먼저 1차적으로 교회에——2차적으로는 교회와 유기적으로 결부된 국가에——굴복하여 초국가적인 사상과 신앙의 세계로 통합되어 그 권위에 의해 수행되고 지배되었다.

이것은 영적으로 결합된 국민과 민족을 **관통하는** 통일적으로 성층화됨으로써 확대되고, 봉건제후, 도시귀족 또는 교회적 · 경제적으로 지탱되어온 신분에 의해 담지되고, 동시에——오늘날 보면——초국가적으로 통합되어 있었다. 여기에는 라틴어를 습득했다는 통일성이 있었다. 많은 나라의 거대한 상업도시가 서로 직접적으로 교류하는 중세적 세계경제가 있었다. 교양 있는 신분계층과 신분적으로 결합된 모든 예술가는 민족을 넘어 의식적으로 서로 영향을 미치는 가운데 존재했다. 근본적으로 각 문화영역은 세속화되고, 교회에 의해 생겨나는 영감은 배제되고, 교회의 권위는 땅에 떨어졌다.──또한 각 문화영역이 점점 서로 분리되는 것과 함께 분화되고 동시에 자율화된 부분들이 하나의 새롭게 생성되는 집단의 형태 가운데서 새로운 통일, 즉 새롭게 생성되는 국가와 새롭게 생성되는 국민 '정신'의 통일로 통합되는 하나의 동일한 사회학적 과정이 나타났다. 문화영역의 자율화와 국민화는 한 과정의 두 측면에 불과한 것이다. 국민적 교양언어, 국민경제, 국민적으로 채색된 철학과 신비주의, 국민적으로 채색된 학문의 방법은 신분사회적 문화요소인 귀족, 성직자들과 대립되는 시민계급에서 발생한 사회의 재편성과 함께 우리가 국민 '정신'이라고 부르고자 하는 새로운 정신적 힘의 중심을 형성한다.──이 국민정신은 민족과 종족, 도시와 지방에 풍토적·유기적으로 결합되어 있는 '영혼'성('Seelen'tum)과 예리하게 구별된다. 이 힘의 중심은 좀더 오래되고 신분적이고 전체를 관통하는 성층화된 보편적인 문화를 점점 자신의 내부로 흡수하여 새로운 통일을 이루는 국가들에 의해 비로소 매개되어 국가적으로 규정된 활동의 총체가 다시금 서로 교류하게 된다. 여기서 구체적으로 생겨난 질서는 사회학적 관심을 나타내는 것이 아니라 역사학의 문제다.

4) 나아가 근대과학의 발전에서 나타난 사회학적 지식의 법칙은 내가 다른 곳에서 '전문가이기 이전에 애호가이고', 학문의 전문가이기 이전에 딜레탕티슴, '인식하기 이전에 사랑하는' 선구자라고 부른 것이다.[121] 과학이 그 역사 속에서 종속시켜버린 모든 새로운 문제영역은 먼저 사랑의

---

121) 저자의 논문, 「사랑과 인식」(1916)을 참조. 이 논문은 『사회학 및 세계관학 논문집』(1923/24)에 재수록되어 있다─편집자.

강조 속에서 파악해야 한다.――그런 다음에 그 시대는 비로소 냉정하게 사상적으로 객관화되는 연구에 돌입할 수 있다. 이 새로운 자연과학은 새로운 자연감정, 즉 새로운 자연에 대한 가치평가를 전제한다.[122) 이 정서적인 것의 돌출은 르네상스에 와서 생겨난 것인데, 처음에는 프란체스코회의 운동과 유럽에 있는 많은 프란체스코회의 후예들에 의해 전적으로 그리스도교적으로 여전히 결부되어 있는 르네상스와 더불어 시작하여 (텔레시오, 캄파넬라, 레오나르도, 페트라르카, 브루노, 스피노자, 섀프츠베리, 페네론, 루소에 이르기까지) 점차로 세속화된 것이다. 이 정서적 돌파구는 먼저 천체에 대해 일어났고, 다음으로 천천히 자연의 유기적인 부분에 대해서도 일어났다. 슈타인(Heinrich von Stein)의 다음과 같은 지적은 결코 부당한 것이 아니다. "17세기와 18세기의 사람들은 '자연'이라는 말로 먼저 천체를 떠올리고, 19세기의 사람들은 풍경을 생각해낸다." 호엔슈타우펜(Hohenstaufen)가의 황제 프리드리히 2세[123)――그는 나폴리대학의 창설자다――와 시실리아에 있던 반은 서구인이고, 반은 오리엔트 아라비아인인 그의 측근들은 이 정서적인 운동의 강력한 발광원(發光原)이었다. 신비적이고 도취적이며, 인간의 내부에서 자연에 대한 전회가 있었고,――이것은 "자연이 인간을 마음속에 가두어둔 것이 아닐까?"라고 한 괴테의 말에 어울리는 말이다――이 전회는 분별적인 오성(Verstand der Verständigen)이 대신할 수 없는 것이었다. 동물과 식물, 즉 자연에서 생동하는 것으로서 인간 가까이 있는 모든 것에 대한 [인간의] 새로운 정서적인 관계는 새로운

122) 이 생성과정에 관한 좋은 입문서는 요엘(K. Joël)이 쓴 『신비주의로부터 자연철학의 발생』(Der Ursprung der Naturphilosophie aus dem Geiste der Mystik, Jena, 1906)을 참조. 나아가 나의 책, 『동정』의 해당 장(章)을 참조.
123) 신성로마제국의 황제(재위기간: 1215~50). 두 개의 시칠리아 왕국을 통합했고 동시에 교황에 대항하여 독자적인 십자군(제6차)을 결성했다. 또한 예루살렘 왕국을 통합하여 통치했다. 시칠리아 왕국에서 절대주의적 지배를 강화했고, 자연과학에 매우 큰 관심을 보여 유대와 이슬람 학자들과도 교류했다. 최초의 르네상스인이라 불린다―옮긴이.

종류의 자연에 대한 도취를 맛보기 위한 교량이다. 자연에 대한 **공감적**
감정이입과 일체화 과정의 양과 종류는 역사적인 인간성〔인문주의〕의 시
대에는 크게 다르게 나타난다. 중세 전성기에 그것은 외연과 강도 면에
서 최소한이었다. 르네상스 시대에는 이 인간의 영원한 정신적 · 영적인
힘이 열광적인 힘으로 나타났다.――의심할 것 없이 그것은 남성과 여
성의 새로운 정서적 관계에 의해[124] 생겨난 것이다. '어두운' 신비주의
의 오르페우스적 · 디오니소스적인 파도는 언제나 반복된다.

서구학문의 역사에서 이런 **정서적 돌출**은 언제나 새로운 충돌 속에서 일
어난다. 이를 통해 존재자, 자연, 역사의 다양한 영역이 똑같이 다루어
진다. 고대에 대항한 인문주의 운동이 그러했고,[125] 중세에 대항한 유럽
의 낭만주의, 우주구조와 모든 인공적인 '자동장치'에 대항한 17, 18세
기, 유기적인 자연과 풍토(지리학)에 대항한 거시적으로 본 19세기, 고
대에 대항한 다시금 새롭게 일어난 독일의 신(新)인문주의의 횔덜린,
빙켈만, 인도철학과 종교에 대항한 훔볼트, 셸링, 쇼펜하우어, E. v. 하
르트만, 도이첸, 경제사와 역사 속에서 경제적 생존을 둘러싸고 서로 싸
우는 집단에 대항한 마르크스가 그러했다. 오늘날 러시아 · 슬라브적 세
계와 극동문화에 대해서도 마찬가지다.

그러나 물론 **모든 종류의 지식**에 (또한 종교개혁과 재세례파가 원시
그리스도교를 동경하는 것이 보여주듯이, 종교적 지식에도) 들어 있는
역사의 감정과 가치를 평가하려는 리듬의 아주 명확한 기준과 법칙성이
일정 부분 존재한다.

그것은 첫째로 언제나 철학적 유명론[126]과 결합된 구제에 대한 시도

---

124) 이에 관해서는 나의 책, 『동정』, 127쪽 이하를 참조.* 나아가 루카(E. Lucka)
　　의 『에로틱한 것의 세 단계』(*Die drei Stufen der Erotik*, Berlin, 1917)와 좀
　　바르트의 『사치와 자본주의』(*Luxus und Kapitalismus*, Leipzig, 1922)를
　　참조.
　 ＊같은 책, A. VII장 참조―편집자.
125) 근대 자연감정에 관해서는 부르크하르트(Jakob Burckhardt)의 『이탈리아
　　르네상스의 문화』(*Kultur der Renaissance in Italien*, 1860) 참조.

이고, 이런 시도는 경직되고 메말라버린 직관과 생명을 상실한 채 단지 개념적으로만 남아 있는 현대 문화세계의 형식에서 도출된 것이다. 따라서 그것은 서구의 그리스도교에서 언제나 '스콜라주의'의 강력한 적대자로 남아 있고, 아라비아세계에서(수피즘),[127] 유대교세계에서(유대적 신비주의, 스피노자), 중국에서(유교에 대한 노자) 강력한 적대자로 남아 있다. 그것은 둘째로 언제나 '실제로 봄'(검시, Autopsie), '자기 체험' '직접적인 지식' '직관'을 요구하고, ──언제나 모든 지식 일반의 필연적·합리적 형식을 격렬하게 폄하한다. 이것이 극복된 후의 지식단계에서 전문직은 (그것이 교회적이든, 국가적이든 간에) 다만 이런 감정으로 충만된 직관이 과대평가되는 가운데 파괴될 수 있다. "하늘의 별을 그대는 삼단논법으로 따올 수 있는가?"라고 갈릴레이는 스콜라철학의 문헌천문학자를 향해 외친다. 나아가 언제나 이 리듬은 세대의 법칙에 따라 생겨나고, 따라서 원리적으로 생물학적인 리듬에 따라 생겨나며, 처음부터 정신사적이거나 제도사적인 리듬에 따라 생겨난 것이 아니다. 이것은 언제나 '청년운동'이었다.

우리는 르네상스에서 '근대'와 '고대'의 대립에 관해 말한다. 트뢸치[128]는 이러한 사실을 오늘날 독일의 과학적 청년운동에 대한 관계에서 독일 낭만주의와 잘 어울린다고 보았지만, 이 학문적인 역사 전체를 함께 규정하는 운동의 보편적인 사회학적 본질은 거의 인식하지 못했다. 이 운동은 거의 대부분 '딜레탕트적'(dilettantisch)인 것이다.──딜레탕트라는 이 말은 어원적으로 의미가 좋은 것뿐만 아니라 방법을 결여하

---

126) 막스 베버의 기념논문집(1925)과 이미 언급한 나의 책, 『지식사회학에 대한 시론』(1924)에 수록된 호니스하임의 논문을 참조.

127) 이슬람의 범신론적 신비주의. 8세기 말 이라크 지역에서 조직되기 시작했다. 금욕생활을 통해 신의 모습을 보려 하는데, 신플라톤주의, 그리스도교, 그노시스(영지주의), 마니교, 불교 등에서 그 기원을 찾을 수 있다―옮긴이.

128) 『정신사와 종교사 논문집』(*Aufsätzen zur Geistesgeschichte und Religionsgeschichte*, Tübingen, 1925)에 수록된 「학문에서 혁명」(Die Revolution in der Wissenschaft, 1921)을 참조.

고 불안정하며 종종 측정할 수 없는 자만에 빠지고 새롭게 획득된 영역을 존재론적으로 과대평가한다는 부정적인 의미도 지니고 있다. 후자가 매우 중요하다. 먼저 새롭게 획득된 소재로서 존재영역을 언제나 규칙에 따라 현존재, 본질존재, 가치존재의 '절대적' 영역으로 옮겨놓는다. 다시 말하면 지식은 언제나 '형이상학적' 타당성을 획득하려 하고, 지식의 대상은 모두 세계변화의 독립변수로서 통용된다. 어떤 논증된 법칙과 도식[129]을 다른 존재영역으로 유추적으로 이행시키려는 사고법칙에 따라 세계 전체나 세계의 대부분은 이제 특권을 부여받은 영역과 비교하여 유추적으로 사고된다. 예를 들어 데카르트에 의해 발견된 해석기하학이 그에게는 자연과학 '일반'이고, 나아가 바로 자연 형이상학이었다. 초기 동역학에서 이른바 에너지 불변의 법칙은 계속해서 다음과 같은 것에 위탁되었다. 즉 ① 모든 질적인 자연현상(소리, 빛, 색깔 등)에 위탁되고, ② 화학(원자론과 분자역학)과 우주구조에, ③ 심적인 것(연상심리학)과 생리학(네덜란드, 프랑스의 의학)에, ④ 사회학, 국가학, 윤리학 및 법학(홉스, 스피노자 등)에 위탁되었다. 마르크스에게서 문화와 종교라고 불리는 것은 모두 경제사 또는 계급투쟁이라는 동력의 원인과 파생현상('상부구조')이고,──근대 '삶의 철학'의 딜레탕트적 생물학에서 본래적인 것은 모두 '삶'이다(베르그송, 지멜).

우리가 '시대정신'이라 부르는 대다수의 어리석은 사람과 어린아이를 최면에 걸리게 하는 기본개념은 언제나 이 세대적인 규모로 성립하는 심정적인 전체운동, 도취적 흥분에서 생겨난 것인데, 그 속에서 오랫동안 속박받고 (어떤 욕구를 제한하고, 대신에 다른 욕구를 흘러넘치게 하는 금욕적 시스템이 장기간 지배함에 따라) 억압된 욕구방향이 욕구 에너지의 법칙에 따라 해방되고,──이른바 반란을 일으키는 것이다. 새로운 충동구조──이에 대립하여 새로운 욕구를 억압하는 에토스(그것은 에토

---

129) 이에 관해서는 마흐의 『인식과 오류』(*Erkenntnis und Irrtum*, 1905)를 참조.

스로서 언제나 상대적으로 금욕적이고, 충동방향을 이리저리 바꾼다)의 새로운 형태──는 지도적 엘리트층이 지닌 감정의 흐름 속에서 심적 표현을 통해 생겨나기도 하고, 객관적인 혈연적 유래와 혼혈을 통해서 생겨나기도 한다. 또한 이와 함께 가능한 세계의 인상을 선택하는 새로운 방식과 세계에 대한 새로운 의지방향도 생겨난다.

한편으로 이론적인 세계상과 그때마다 실천적인(정치적, 경제적, 사회적인) 현실성의 세계가 항상 일치하는 것은 아니다. 왜냐하면 이 두 세계 중에서 어느 한 쪽이 다른 한 쪽에 대한 원인이 되는 것이 아니라, 오히려 **양방향이 등근원적으로** 새로운 에토스와 **충동**구조의 통일에 의해 규정되기 때문이다. 그런 강조된 무아지경의 열광시대가 모두 지나가고 나면, 규칙적으로 다음과 같은 시대가 도래한다. 이 시대는 동시에 자각의 시대이고 새로운 문제영역을 대상화하는 시대이며, 그 문제영역이 실증적인 방법과 함께 비로소 탄생한 전문과학에 의해 귀납적 · 연역적으로 관철되며, 모든 경우에 합리적으로 관철되기 시작한 시대다. 전문과학의 형성과 함께 대상으로부터 순수 사상적으로 생겨나는 형태화에서 곧장 국가와 경제의 사회적 요구가 전문가와 기술자에 대해, 사회가 의사에 대해 서로 규정하면서 개입한다. 감정의 충만──과 감정을 충만시키는 방향──이 대부분 종교, 예술, 철학에도 똑같이 개입한다. 다음으로 새로운 **철학을 통해** 과학에 개입하고, 모든 학문에 개입한다. 자연철학은 "결정에 대한 간수처럼"(콩트) 자연과학을 선행한다. 일반적으로 위대한 철학이라면, 그것은 실증과학의 단순한 '미네르바의 올빼미'가 아니라 오히려 실증과학의 개척자다. 철학적 가설은 추후에 실증과학적 요구에서 비로소 검증가능한 것으로 나타난다. 그것은 마치 브루노가 주장한 세계의 화학적 동질성에 관한 학설이──콩트는 이것을 '형이상학적'이라고 거부했다──분젠(R.W. Bunsen)과 키르히호프(R. Kirchhoff)의 스펙트럼 분석을 통해 검증되었고, 철학과 동류(同類)이며 논리학을 확대시킨 것인 (예를 들어 프로클로스의 원추곡선이론처럼) 그리스의 순수수학이 갈릴레이, 호이겐스, 케플러, 뉴턴에 의해 검증되었고, 또한 리만의 기하학이 아인슈타인을 통해, 물질의 역학적 구성에 관한 오래된 철학적 이론(라이프니츠와 칸트)이 바일(H. Weyl)에 의해[130] 검증된 것과 같다.

위대한 시대의 예술(과 예술 상호간에 관해서도), 철학, 과학 사이의 스타일과 구조상의 관계는 단테-토마스 아퀴나스, 라신과 몰리에르-데카르트, 괴테-스피노자, 실러-칸트, 바그너-쇼펜하우어, 헤벨-헤겔 등의 전형적인 유형에서 보듯이, 결코 어느 한편에서 다른 한편으로의 의식적 이행 없이도 존재한다. 오히려 그것은 엄밀한 의미에서 다음과 같은 사실에 근거한다. 즉 이 관계는 개인 사이에 미치는 의식적인 상호영향과는 전혀 무관하게, 오래전부터 전승되고 형성되어온 전통적인 문화가치의 분화를 자기 자신 속으로 환원시키면서 또한 자기 자신 속에서 새롭게 가치분할을 일으키는 신세대의 영혼 깊숙이 들어 있는 전체적인 변동에 의해 생겨나는 것이다. 그것은 프랑스의 고전비극과 프랑스의 17, 18세기의 수학적 물리학 사이에, 또한 셰익스피어 및 밀턴과 영국의 물리학 사이에 있는 (뒤앙에 의해 기술된) 유사성에 관해서도 찾아볼 수 있고, 나아가 건축에서 고딕과 스콜라철학 전성기간의 스타일의 유사성에 관해서, 그리고 라이프니츠와 바로크예술[131] 사이에서, 마흐 및 아베나리우스와 인상주의회화(繪畵) 사이에서, 표현주의와 근대의 이른바 삶의 철학 사이에 나타나는 스타일의 유사성에 관해서도 찾아볼 수 있다. 그때마다 독특하게 구성되는 이 감정적 충동의 형태와 방향의 변화는 전적으로 의식적인 '목적과 이해관심'의 피안에 있고, 오히려 전자의 변화가 목적의 다양한 영역을 미리 형성한다.

---

130) 『자연과학』(*Naturwissenschaften*, 1924), 28, 29, 30호에 수록된 논문, 「물질이란 무엇인가?」(Was ist Materie?)를 참조. 그리고 물리학의 역사에서 철학의 선구적 역할에 관한 바일의 적절한 판단을 참조.
131) 이에 관해서는 드보르자크(M. Dvoràk)의 『정신사로서 예술의 역사』(*Kunstgeschichte als Geistesgeschichte*, München, 1924)와 슈말렌바흐(H. Schmalenbach)의 『라이프니츠』(*Leibniz*, München, 1921)를 참조.

이것이 **지식과 의지의 시원**(始原)이다. 이 변화가 생물학적으로 제약된다는 사실은 이미 이 운동의 출현에 관해 언제나 세대적으로 일정한 주기를 나타내는 리듬이 존재한다는 것을 증명해준다.──다만 이 생물학적 제약은 인종간의 투쟁과 인종의 갈래에 따른 새로운 객관적 혼혈의 결과인 자연과학적 의미에서 나타나는 것이 아니라, 한 민족 중에서 어떤 다른 **종족**이 정신적인 지도자 계층을 형성하거나,[132] 아니면 민족들 중에 변함없이 존재하는 **혈통적 계층**이 지금까지 지배해온 혈통적 계층을 절멸시켜버림으로써 (프랑크왕국에서 프랑크족의 귀족과 영국의 노르망 귀족의 경우처럼) 또는 혁명적인 길을 통해 지도자가 되는 (예를 들어 오늘날 러시아에서 볼셰비키 혁명에 의한 유대인의 경우에 보이듯이) 그런 경우에 일어난다.

상층부의 실망이 (독일의 낭만주의가 프랑스혁명의 후기단계를 경험함으로써 계몽이념의 귀결에 대해 실망한 것처럼) 동일집단의 새로운 리듬에 의한 세대적 규모의 심적 변동과 일치한다면, 이것은 운동의 방향을 과거의 한 시대, 예를 들어 중세와 중세의 영적·정신적 세계가 지니고 있던 **정신을 부흥시키려는** 쪽으로 향하게 한다. 19세기에 독일 정신과학의 '역사적 감각'──이것을 랑케(L. von Ranke)는 '모든 인간적인 것에 대한 공감'이라고 규정했다──과 역사적 의미에서 파생되었으면서도 종교, 신학, 법률, 경제, 철학, 예술과 같은 정신과학에서의 역사적 의미와는 다른 이른바 '역사학파'는 딜타이, 트뢸치, 로타커(E. Rothacker) 등이 적절하게 지적했듯이, 이중적으로 동기화된 낭만주의 운동에서 생겨난 것들이다. 외적인 과정과 작품, 상태 등은 반복되지 않지만, 어떤 한 시대에 충만되어 잠들어 있는 심적인 힘들이 이른바 '종교개혁' '르네상스' '계승'이라는 추체험을 통해 다시금 일깨워지고 활성화한 것으로 될 수 있다는 것이 바로 인간역사의 특징이다. 이때 기질

---

132) 내들러(J. Nadler)는 그의 『베를린 낭만주의자, 1800~14』(*Berliner Romantik 1800~14*, Berlin, 1921)에서 독일 낭만주의의 유래를 동(東)독일의 식민지에서 그럴듯하게 그려내고 있다.

적 · 정신적으로 타고난 선구자와 엘리트가——이른바 오랫동안 숨어 있던——정신적 힘을 일깨워주고 해방시켜줄 때, 그리고 이런 힘이 새로운 미래를 향해 계획하고 행한 것을 돌파하면서 동시에 과거의 이미 지나가버린 침묵하고 죽은 세계를 향해——아마도 강력한 전조등과도 같이——회상하는 눈길을 던질 때, 한 시대의 잠들어 있는 심적인 힘들은 다시금 일깨워져 활발하게 작동한다. 그리하여 우리가 과거의 문화적 작품을 창조한 정신적 · 심적 기능을 추체험한다는 것은 역사적인 정신과학에서 이 작품 자체와 그 '형식'에 관한 객관적 연구, 즉 문헌학적인 연구에 언제나 선행하는 것이어야만 한다. 그러나 한 시대의 새로운 독창적 작품에서 그때마다 새롭게 일깨워진 힘으로부터 생겨난다는 것은 낡은 작품이 이른바 '모범'으로서 기능한다고 할지라도 결코 낡은 작품을 '복사하는' 것이 아니다.

인문주의의 독창적인 예술활동은 종교개혁에서 그리스도교가 원시 그리스도교와 멀리 떨어진 것과 마찬가지로 '실제로' 고대와는 멀리 떨어져 있다. 수도사가 성실하게 고대 저자의 작품을 필사하더라도,——그는 그 저자의 정신과는 아주 멀리 떨어져 있는 것이다. 열렬한 고대 애호가와 인문주의자는 고대 작품을 매우 주관적으로 판단하고 해석함으로써 종종 왜곡하고 말았지만, 그것이 생산적인 것으로 생각되는 동안에는 비록 그것이 전혀 비고전적인 것이라고 할지라도 작품을 창조한 것이다. 그러나 인문주의자임을 미리 전제한 학문적 문헌학자는 마침내 '정신'을 성실성과 문헌학적 엄밀성에 일치시킨다.

소규모로 개인적인 곳에서 우리가 또한 엄밀하게 증명할 수 있는 법칙은 모든 종류의 지식의 역사가 전형적이고 언제나 반복해서 나타나는 현상 속에서 거대한 집단적인 규모로 작동시킨 것처럼 보인다. 첫째로 이 법칙은 어떤 대상의 본질에 관해 지적으로 이해한다는 사실이 이 대상에 관련된 정서적인 가치체험을 전제한다는 점이다.[133] 이 명제는 기억,

---

133) 『형식주의』에 수록된 '가치체험'에 관한 항목을 참조—편집자.

기대 및 모든 종류의 사고에 대해 타당한 것처럼 가장 단순한 지각에 대해서도 마찬가지로 타당하다. 이 명제는 양방향을 아프리오리한 지식으로 인도하는 현상의 근원에 대한 직관(즉 감성을 떠나 사물의 여기 · 지금 현존하는 존재방식을 벗어난 근원적인 형태의 직관)과 직접적인 이념적 사고에 대해서도 타당한 것처럼 모든 관찰과 귀납 · 간접적 사고에 기초한 우연적인 사실의 인식에 대해서도 타당하다.

가치파악은 언제나 지각을 선행한다. 소망과 감정표현은 어린아이가 말하는 최초의 언어를 그 내용으로 삼고 있다. 또한 심적 표현은 어린아이가 지각하는 최초의 것이다.[134] 설탕이 '쾌적하다'는 사실을 어린아이는 '달다'는 감성적 질을 파악하기 전에 벌써 알고 있다. 동물의 감각기능은 감각으로 파악될 수 있는 질이 생명에 유해한지, 유익한지의 징표로서 작용하는 정도에 따라서만 형성된다(그다음으로 이에 속하는 중심적이고 주변적인 기관이 구성된다). 모든 창조적인 발견자, 발명가, 연구자는 그가 찾아낸 것이 먼저 생각된 것이 아니라 느껴진 '예감'으로서 그의 마음속에 떠오른 것이라고 말해왔다.

하나의 새로운 학문적이고 창조적인 시대의 초기에는 모두 이런 '예감'으로 가득 차 있었다. 스콜라철학시대에 세계에 관한 지식이 본질적으로 폐쇄적이고 영원한 것으로 정돈된 것처럼 보일 때에도 실제로 우리는 하나의 새로운 세계상이 알려지는 시대 가운데 서 있었고, 자연과 그밖의 다른 문제영역에 앞서 의식상으로 엄청난 인식의 진보가 일어났던 것이다. 잘 알려진 현상일지라도 르네상스시기에는 모두 새로운 문제화라는 성격을 띠고 있었다. 모든 문제, 즉 개인의 주관적인 물음작용과 무관한 모든 묻는 행위는 끊임없이 새로운 문제를 야기하기 때문에, 자연은 대상적으로 풀 수 없는 깊이를 전제하고 있다. 이것은 어린아이가 끝없이 '왜'라고 묻는 유아기의 발달단계와 유사한 일반적인 태도다. 르네상스운동은 외관상으로 원시적인 세계파악의 형태로 회귀함으로써

---

134) 『동정』, C를 참조.

자연 전체가 심적 · 정신적으로 젊어지는 과정으로서 표현된 것이다. 정신은 젊어지고, 새삼 자기 자신을 새롭게 차별화하기 위해 수렴된다. 스콜라철학의 전성기 세계관에서 근대의 세계관으로 이행해가는 과정은 중세의 최전성기에는 결코 알지 못했던 마녀의 환상, 미신, 신비주의, 유령과 악령의 신앙, 이와 유사한 종류의 것으로 충만되어 있었다. 자연은 갑자기 다시금 활력이 넘치고 거의 정돈되지 못한 강력한 힘의 표현현상이 되고, 이 힘은 점성술사, 연금술사, 또한 파라셀수스와 같은 유(類)의 의사가 자신의 것으로 삼을 수 있다고 생각한 것이었다.

모든 종류의 원시적인 마술적 기술(primitiven magischen Technik)에 대한 경향이 다시금 살아난 것처럼 보였다. 그것은——딜타이가 적절하게 말했듯이——스콜라철학의 세계관으로부터 근대의 합리적인 학문으로 이행해가는 과정을 매개하는 하나의 '역동적인 자연적 범신론'이다. 또한 전체성에서 볼 때 이 시대는 에로틱한 것에서 '사춘기'의 색채를 띠고 있다.[135] 중세 세계관의 신인동형설을 극복한 힘에 관해서도 다만——또한 오직 시간적으로 제일 먼저——합리적인 사고만을 보았기 때문에, 그것은 잘못된 해석이다. 사고한다는 것,——바로 이것을 스콜라철학자들은 근대의 모든 세대에 걸친 연구자들보다 훨씬 정밀하고 예리하게 솜씨 좋은 방법으로 다듬어냈다. 이런 사고가 처음에는 오히려 자연에 대한 열광적이고 도취적인 감정적 헌신과 세계를 개시하는 새로운 체험이었고, 이 체험은 자기 자신의 충동적 삶 속에서 자연 전체를 담지하는 충동력과 힘의 분출을 느끼고 문헌연구에 의한 지식과 편협한 신인동형설을 넘어 '실제로 보는 것'(Autopsie, 검시: 이 말은 르네상스 시기의 기분에 딱 맞는 말이다)에 대한 새로운 욕구에 빠지게 했다.

그것은 하나의 파도, 즉 오르페우스교의 운동으로서 소아시아(Kleinasien)에서 트라키아(Thracia)를 거쳐 그리스 본토로 유입되었

---

135) 좀바르트도 그의 저서인 『사치와 자본주의』(*Luxus und Kapitalismus*, Leipzig, 1922)에서 그렇게 말하고 있다.

고, 니체가 깊이 통찰한 '아폴론주의', 즉 이데아를 파악하는 예술가와의 교배를 통해 '비극'뿐만 아니라 플라톤과 아리스토텔레스의 고전적인 철학의 개념을 생겨나게 한 일종의 파도였다. 그렇기 때문에 또한 플라톤의 에로스론도 르네상스의 철학자와 시인들에게는 매력적인 대상이었고, 에로스 그 자체는 오르페우스교의 운동과 이에 속하는 신비적인 의례행사에서 생겨난 하나의 학설이었다.

인간의 지성사에서 이런 현상이나 이와 유사한 많은 현상들에 직면하여 생겨나는 하나의 문제에 대해 여기서 나는 감히 확정적으로 대답하려 하지 않지만, 나에게 가장 흥미 있어 보이는 한 문제가 나타난다. 우리는 민속학에서 '고급문화'(Hochkulturen)라고 불리는 것이 발생초기에는 언제나 특수한 **모계문화**와 **부계문화의 혼합**에 의해 생겨났다는[136] 사실을 알고 있다.──이 혼합은 두 종류의 문화 가운데서 서로 각기 다른 특색을 예리하게 제거하는 방식으로 그때마다 일면적으로 형성된 심성과 세계관 형식을 모두 포함하는 혼합이다. 그것은 마치 개인들 사이에서 육체적으로 유기적 생명의 파도침을 지배하는 여성적인 것과 남성적인 것에 의한 생식원리가 **집단들** 사이에서 특히 상관적인 심적·정신적인 과정과 활동의 영역에서 여전히 활발하게 작용하고 있는 것과 같다. 이 과정과 활동에 의해 문화가 발생한다. 나아가 우리는 지각, 감정, 욕구에 대한 몰아적인 태도가 모든 심리적 발달에서 자아중심적이고 '의식적인' 태도에 **선행**한다는 사실을 어느 정도 확실한 것으로 받아들여도 좋다. 그뿐만 아니라 모든 역사에서, 특히 신비주의의 역사에서 반복되는 근본적인 두 종류의 몰아적인 것──한편으로 정신을 배제해버린 **능산적 자연**(natura naturans)이라는 동력과의 (어두운) 일체감이고, 다른 한편으로 충동생활의 금욕적인 무력화, 이로써 사물의 (지금·여기에 있는) 현존재가 우리에게 1차적으로 주어지는[137] 저항물의 금욕적

---

136) 이 책, 2권에 수록된 「유고로 남겨진 수고에서 보완」, I. 「지식사회학의 문제들」에 관하여 5. 고급문화의 사회학적 기원과 학문의 기원에 관한 주해'를 참조─편집자.

인 무력화를 통해 형상을 직관하는(ἰδεῖν τῶν ἰδεῶν) (밝은) 몰아적인 것——이 비로소 사회학적인 근거에서 모계문화와 부계문화로 환원된다는 사실을 매우 그럴듯한 것으로서 받아들여도 좋다. 그렇다면 천재의 '관념'은 그 작용영역 전체에 걸쳐 두 개의 대립하는 몰아적인 태도 사이에 있는 긴장의 크기와 긴장을 해소하려는 내면성과 깊이에 근거할 뿐만 아니라 민족 전체를 통해 새로운 문화의 관념과 창조에 대응한다는 것은 진실이 아니라는 말인가? 천재가 평균적인 인간보다 특별히 뛰어난 이유처럼 왜 특정한 몇십 년 동안의 시기가 종종 다른 시기보다 뛰어난 이유에 대해 일반적으로 모든 문화사회학이 지닌 큰 비밀이 아마도 이 점에서 밝혀질지 모른다. 그렇다면 다음과 같은 사실도 쉽게 이해될 것이다. 즉 왜 유사한 계기를 자기 자신 속에 품고 있는 대립, 즉 스콜라 철학과 신비주의, 고전주의와 낭만주의의 대립, 한편으로 합리적·형식적·관념적 철학과 다른 한편으로 감정이입적·직관적인 삶의 철학 사이의 대립이 문화사 전체에서 교차와 리듬을 나타내는가 하는 문제도 쉽게 이해될 것이다. 아무리 다양한 역사적이고 개인적인 형식 속에서라도 이 교차와 리듬을 우리는 언제나 다시금 찾아낸다.——이와 같이 교차하는 대립쌍 가운데서 대개는 리듬이 선행한다.

5) 우리가 오래전부터 주장해온 것처럼[137] 사랑과 지배라는 상보적인 두 인식태도——이 두 인식태도는 인간의 정신에서 똑같이 본질적이고 똑같이 필연적이다——가 정초된다면, 근대과학은 특히 사춘기에서 성숙기로 넘어가는 생성의 단계에서 지배의지라는 새로운 방향에 근거하게 된다. 실제로도 그렇다. 왜냐하면 근대 실증과학의 제2의 실증적 뿌

---

137) 『형식주의』(4판 색인참조)와 이 책에 수록된 논문, 「인식과 노동」에서 '실재성 경험과 저항'을 설명하는 부분을 참조―편집자.
138) 최근에는 그륀바움의 『철학적 세계관의 근본 동기에 관한 지배와 사랑』(*Herrschen und Lieben als Grundmotive der philosophischen Weltanschauungen*, Bonn, 1925)을 참조.*
  * 그륀바움의 이 책 서문을 셸러가 썼다―편집자.

리는 상승하는 도시 시민계급의 무제약적인 충동, 즉 어떤 특수한 욕구에 의해 제약되는 것이 아니라 에토스와 의지에 의해 검증된 모든 종류의 일시적인 자연지배가 아닌 **체계적인 자연지배**와 일종의 자연과 마음에 관한 지식의 무제한적인 축적과 자본화에 대한 충동이기 때문이다. 이때 자연과 마음은 비록 현실적으로는 이 지식에 어울리지 않는다 할지라도——그것은 베이컨이 매우 영국적이며 실용적으로 편협하게 한정시켰고, 이런 제한 때문에 베이컨은 항성체(恒星體, Fixsternhimmel)를 연구하는 천문학이 '무익한' 학문이라고 말하는 어리석음을 범했다. 이런 태도를 유감스럽게도 콩트가[139] 답습한다.——지배가능하기 때문에 어떤 종류의 운동과 간섭에 의해 지배될 수 있는 것으로서 **생각될 수 있**고, 따라서 또한 조작가능한 것으로 생각될 수 있다. 아니면 '마음'이 정치와 교육, 지도, 조직화에 의해 (여기서는 대중이 먼저) 조작되고 지도될 수 있다.[140] 여기서 한편으로 전통적인 주지주의와 다른 한편으로 경제사적 이론의 영향을 받는 실용주의가 범한 가치전도에 빠지지 않기 위해 어디서나 매우 정교한 손가락이 필요하며, 또한 새로운 과학이 그 '기원'을 사회학적으로 설명하려 할 때, 새로운 과학을 탈가치화시키려는 심리학주의와 사회학주의, 역사주의의 오류에 빠지지 않기 위해서도 정교한 손이 필요하다.

이렇게 이해하는 것을 우리의 방법론이 훼방놓는데, 우리의 방법론은

---

139) 과학에 대해 얼마나 많은 제약을 콩트는 과학을 파괴하려는 그의 편협한 감각주의로부터 부여했던가! 예를 들어 그는 자기 관찰에 근거한 심리학의 존재를 비롯하여 별의 화학적 인식, 기계론적인 열이론, 진화론의 가능성, 공간, 시간, 물질 등이 무한하다는 점에 대한 해명가능성을 반대했다.

140) 이 인식목적의 한계는 대부분 위대한 연구자들에게 잘 알려지지 않았다. 오직 지오바니 바티스타 비코(Giovanni Battista Vico)만이 다음과 같이 의식적인 원칙을 설정했다. "우리는 우리가 제작할 수 있는 것만을 본성적으로 인식할 수 있다." (또한 카시러의 『근대철학과 과학에서 인식의 문제』*Das Erkenntnisproblem in der Philosophie und Wissenschaft der neueren Zeit*, 1906~20를 참조.) 이로써 그는 자신의 시대를 넘어서 중요한 의미를 지니게 되었다.

정신문화의 의미내용과 그 가치타당을 실질사회학적으로 설명하는 것이
아니라 정신적으로 동일하게 가능한 의미내용 가운데서 이러저러한 의
미내용을 선택하는 것만을 실질사회학적으로 설명한다.

특히 여기서 학식 있고 학구적인 각 개인의 동기와 주관적인 관점에
관해서는 말하지 않을 것이다. 이런 것은 기술적인 과제, 허영심, 이익,
진리에 대한 사랑 등 무한히 다양하게 존재할 수 있다. 논증되는 것
(Deklarandum)은 범주적 사고기구(Kategorialen Denkapparats)를 사
회학적으로 제약하고 또한 연구와 이 연구를 구체화시키는 '방법'의 객
관적인 전체 목표를 사회학적으로 제약하는 근원이고, 이때 방법은 '근대
과학'(nuova scienza)의 피안에 있는 각 개인의 의지와 소망, 주관적인
의도 속에서 작동한다. 예를 들어 왜 '양'의 범주가 '질'의 범주보다 우
월한가? 왜 '관계'의 범주가 '실체'와 속성의 범주보다 우월한가? 왜
'자연법칙'의 범주가 '형식' '형태', 나아가 '이념형'과 '힘'의 범주보다
우월한가?[141] 왜 연속적이며, 분석하는 공식에 따른 공간구조를 산출하
는 운동(데카르트의 해석기하학)이 질적인 공간구조의 범주보다 우월
한가? 왜 관계론적 사고가 포섭적인 삼단논법의 논리보다 우월한가?
미래지향적으로 전망하는 '발명의 기술'(ars inveniendi)이 교회적 그
리스도교와 "그것을 알고 있는 자의 영주"(단테), 즉 최고의 권위로서
아리스토텔레스에 기초하는 신학적 · 철학적 종류의 불변적이라고 생각
되는 진리를 소유한 '논증 기술'(ars demonstrandi)보다 우월한가? 왜
근대의 실험하면서 수학적으로 연역하는 '연구자'가 이제 주도권을 장악
하게 되는가?——왜 중세의 '학식 있는 사람', 즉 많은 서적을 소유하고
언제나 과거 지향적으로 회고하는 사람은 더 이상 주도권을 잡지 못하
는가? 왜 우리는 지금 의식이라는 현상에서 출발하고, 더 이상 존재자 그
자체에서는 출발하지 않는가? 왜 원전비판이 모든 역사연구의 원리로

---

141) 이에 관해서는 카시러의 『실체개념과 기능개념』(*Substanzbegriff und Funk-
tionsbegriff*, 1910)을 참조.

서 생겨나며, 또한 전승된 문서의 의미를 저자의 환경에 따라 해석하려 하고, 나아가 중세와 스콜라철학에서 독특하게 꼬인 한 묶음의 실타래를 형성해온 과거와 현재를 예리하게 분리시키는 새로운 해석학으로서 생겨나는가? 방금 말한 중세와 스콜라철학에서 형성된 한 묶음의 실타래는 과거의 모습을 위조하고, 무의식적으로 현재의 관심에 따라 과거의 모습을 바꿔놓듯이, 살아 있는 현재와 현재의 인상을 사멸시켜버린다. ── 그렇기 때문에 우리는 예를 들어 아리스토텔레스의 '누스'(nous)를 모세의 신과 복음주의자들이 말하는 신과 거의 동일한 것으로 진지하게 생각한다. 또한 왜 비판적 역사학은──비판적 역사학은 동시에 전체로서 사회에 대한 자기 분석이고, 자기 해방이며, 자기 구제다──무수히 많은 것을, 즉 세대의 감염에 의해 모든 무의식적인 생활 공동체적 전통의 영원한 착각 덕분에 바로 '현존'하고 '생동적으로' 보이는 것을 과거의 품속으로 되돌려버리는 것일까? 이때 과거의 품이란 그림자에 불과한 현존재이고,──그것은 바로 현존하는 것이 생겨나오는 장소다──동시에 자신의 고유하고 역사적으로 구속되어 있는 본성을 정확하게 인식하는 장소다.[142]

　근대 자연과학에 대해 내린 슈펭글러의 다음과 같은 판단은 비록 일면적이고 왜곡된 것이지만, 많은 점에서 정당한 것이다. "바로크철학(Barockphilosophie)에서 서구의 자연과학은 매우 독자적이다. 어떤 문화도 이와 유사한 것들을 소유하지 못했다. 확실히 그것은 처음부터 신학의 시녀인 것이 아니라, 힘에 대한 기술적 의지에 봉사하는 자이고, 그렇기 때문에 다만 순수수학적 · 실험적인 방향을 취하고 있었고, 초기부터 실천적 기계론의 입장을 취했다. 그것은 철두철미하게 처음에는 기술이고, 다음으로 이론이기 때문에, 파우스트적인 인간 일반[143]과 마찬가지로 기원이 오래되었다. 놀라운 결합에너지를 지닌 기술적인 노동은

142) 『형식주의』와 『동정』에 있는 '역사와 전통'에 관한 설명을 참조─편집자.
143) 이것은 서기 1000년부터 '파우스트의 시대'가 시작한다는 슈펭글러의 새로운 시대구성에서 나온 연역적 결론이다.

이미 서기 1000년경부터 일어난 것으로 보인다. 이미 13세기에 그로스테스테(Robert Grosseteste)는 공간을 빛의 함수로서 취급하고, 페레그리누스 데 마하른쿠리아(Petrus Peregrinus de Maharncuria)는 1289년에 이미 길버트(1600년)에 이르기 전까지 가장 훌륭하게 실험적으로 정초된 자성(Magnetismus)에 관한 논문을 썼고, 이 두 사람의 제자인 로저 베이컨(Roger Bacon)은 자연과학적 인식론을 자신의 기술적 탐구의 기초로서 발전시켰다. 그러나 역학적인 연관을 발견함에서 보인 대담함은 훨씬 더 앞으로 나아간다. 코페르니쿠스의 체계는 1322년에 쓴 수고(手稿)에서 이미 암시되었고, 몇 년 후에는 파리에서 오컴(Occam)의 제자인 뷔리당(Buridan), 작센의 앨버트(Albert von Sachsen), 오렘(Nicole d'Oresme)에 의해 갈릴레이 기계론의 선구적인 모습과 결합된 모습으로 수학적으로 전개되었다. 우리는 이 모든 발견의 근저에 놓여 있는 궁극적인 충동에 관해 착각하면 안 된다. 순수관찰은 실험을 필요로 하지 않을 것이지만, 12세기에 이미 기계론적인 구성으로 나아갔고, 영원한 운동(Perpetuum mobile)을 서구정신의 프로메테우스적 사상으로 삼은 기계에 관한 파우스트적 상징은 더 이상 견딜 수 없게 되었다. **작업가설**(Arbeitshypothese)은 언제나 다름 아닌 다른 문명에는 아무 의미도 없는 것을 **필두**로 하여 생겨난다. 자연적 연관에 관한 모든 인식을 즉각 실천적으로 개발하려는 생각이 파우스트적 인간뿐만 아니라 일본인, 유대인, 러시아인과 같은 오늘날 자신의 문명이라는 정신적 마술 아래 서 있는 사람들까지 멀리 퍼져 있다는 놀라운 사실을 우리는 모두 신뢰해야만 한다. 우리의 세계가 역동적으로 구축되어 있다는 것은 이미 작업가설의 개념에 포함되어 있다."[144]

듀링, 뒤앙, 마흐, 볼츠만이 역학과 물리학에 대해, 코프(Kopp)가 화학에 대해, 칸토어(G. Cantor)가 수학의 역사에 대해, 최근에는 사회학을 총괄하면서 부글레[145]가, 생물학에 대해서는 래들[146]이, 심리학에

---

144) 슈펭글러의 『서구의 몰락』, 제2권, 361쪽 참조.

대해서는 베르그송, 셸러, 그륀바움이 각각 역학적 도식을 사실에 적용할 때, 이른바 기술적 동기가 얼마나 강한 것인지를 잘 보여준다. 그들은 또한 순수수학 내부에서 물리학적인 응용이란 자연과학적 과제와 정밀과학 일반에서 기술적인 문제, 공학 내에서 공장, 예방시설 및 전쟁기술, 커뮤니케이션의 기술, 나아가 과학적 실험기술과 측정기술에 관한 기술적 · 실천적인 문제, 생물학 내에서 동 · 식물의 사육, 질병을 진단하고 치료하는 기술, 심리학 내에서 교육학과 정치학의 심적 조작과 지도기술 (이그나티우스Ignatius의 연상심리학적 표상에 근거한 심령수업Exerzitien과 스피노자의 감정론, 영국의 연상심리학에서 현대에 이르기까지 이용되고 있는 심리학과 임상적 '정신분석') 등——이 모두가 사태의 **이론적 이미지**를 얼마나 독자적으로 개조하고 또한 언제나 어떤 **형식적이고 역학적으로 개조하는지**를 분명히 보여준다.

　실용주의 및 수학의 형식적인 기술주의와 같은 모든 종류의 허구주의(Fiktionalismus)는 경제적 생산기술을 과학보다 우선시하는 마르크스주의적 기술주의(Technizismus)[147)]와 마찬가지로 이런 역사적 인식에서 볼 때 외관상으로 자신의 이론에 대한 논증과 그 무기를 입수하는 데 실패했다. 나아가 탁월한 물리학자 볼츠만은 다음과 같은 명제를 서술한다. 즉 이론적인 자연과학에서 궁극적인 논증은 기껏해야 인간이 자연과학적 법칙에 따라 구축한 '기계를 작동시킨다'는 것, 다시 말하면 우리가 이 이론을 통해 어떻게 자연에 개입하며, 이로써 우리가 바라는 것을 어떻게 산출하는지를 아는 것이다.[148)] 또한 사고한다는 것은 다만

---

145) 부글레(C. Bouglé)의 『가치의 진화에 관한 사회학 강의』(*Leçons de sociolo-gie sur l'évolution des valeurs*, Paris, 1922) 참조.

146) 래들, 『근대에서 생물학이론의 역사』, 제2판(*Geschichte der biologischen Theorien in der Neuzeit*, 1913, 특히 제2권) 참조.

147) 구소비에트 연방의 지도자에 이르기까지 모든 마르크스주의적 사회주의자들이 어떻게 천편일률적으로 자연과학의 기술적 기원과 배타적인 기술적 의미를 주장해왔는지에 관해서는 좀바르트의 『프롤레타리아 사회주의』(*Der proletarische Sozialismus*, 1906), 제1권을 참조.

사물 그 자체 대신에 사물의 '이미지와 기호를 가지고 실험하는 것'에 불과하고, '사고법칙'은 많은 성공을 거둔, 즉 성과 있는 자연에 대한 간섭으로 유도해가는 기호를 동반한 사고실험에서 최종적으로 증명하고 확정시킨 규칙이다. '노동'이 실제로 (『공산당 선언』에서 마르크스가 주장하듯이) 문화와 과학의 근거라면, 이로써 적어도 마르크스주의의 테제 가운데 하나의 중요한 부분이 실제로 증명된 셈이다.[149]

그리하여 인간은 '이성적 동물'(animal rationale)이 아니다. 오히려 '도구적 인간'(homo faber)이 된다.——인간은 이성적이기 때문에 손과 자유롭게 움직일 수 있는 엄지손가락을 소유한 것이 아니다. 오히려 손을 가지기 때문에 그리고 이 기관을 도구에까지 뻗쳐 적어도 가능한 한에서 상세하게 생산물과 기관을 분리시킬 줄 알기 때문에 인간은 이성적으로 된 것이다. 나아가 기호를 사용하고 기호를 결합시킴으로써 감각적으로 직관하고 표상형상을 이해하며, 기계를 사용함으로써 인간의 의지와 생명운동의 에너지를 절약하는 것을 알기 때문에,——처음에는 인간 이하의 존재인 자연의 유기적 에너지의 원동력에 (농업, 동물의 사육, 축산업, 임업에서처럼) 의존하고 마침내 전혀 비유기적인 에너지(수력, 태양력, 전기에너지 등)의 힘에 의존함으로써 인간은 이성적으로 된 것이다. 모든 문명세계에 퍼져 있는 하나의 강력한 인식론적·사회과학적 사고의 흐름은 실제로 사물을 역사적으로 그렇게 보아왔다.

여기서 다음과 같은 자극적인 풍자(Pikanterie)가 사라지지 않는다. 낡은 학문적인 합리주의와 주지주의에 대한 공통된 반항자로서 한편으로 사회학주의적인 마르크스주의자와 실증주의자가, 다른 한편으로 모든 종류의 신낭만주의자가 각자의 측면에서 일련의 사실들을 편리하게 이용해왔다는 사실이 그것이다. 즉 그것은 한편으로 인식의 '좀더 높

---

148) 이하에 관해서는 이 책, 2권에 수록된 논문, 「인식과 노동」을 참조.
149) 나는 이 테제의 기술적인 부분에 대해 생각할 뿐이지, 특수한 경제학적 부분에 관해 생각한 것은 아니다. 이 점에 관해서는 나의 『사회학 및 세계관학 논문집』에 수록된, 특히 「노동과 세계관」(1920)을 참조.

은' 원천(직관, 변증법)을 보유하기 때문에 과학이 '진리'에 근접하는 것이 아니라 오직 편리함 때문에 진리에 근접한다는 점을 지적하기 위한 것이고,[150] 다른 한편으로는 홉스가 주장하듯이, 진리란 '일의적이고 편리한 사실의 기호' 외에 다른 것이 아니라는 점을 나타내기 위한 것이라는[151] 사실이다. 나는 위에서 말한——현실적으로 증명된——역사적 사실을 지식사회학적으로 해명하는 것에 언급할 만한 가치 있는 의미를 부과한다고 믿지 않는다. 그러나 과학을 근대세계 자체의 최고 개척자로 간주하고, 과학의 세계상을 참되고 올바른 것이라 간주할 뿐만 아니라 절대적인 사물의 절대적인 이미지로 간주하는 경향이 있는 낡은 학문적 합리주의는 적어도 오류인 것이다.

6) 논리적인 범주체계의 주요 특징을 우리는 이미 분명히 한 바 있다. 이 논리적인 범주체계의 변형과 가장 내적이고 의미법칙적이며 필연적인 결합 속에서 또 하나의 과정이 완결된다. 우리는 중세에서 근세로 이행해온 새로운 지도자들의 인간적 정신에 나타나는 지적인 기능과 정서적이고 의지적인 기능을 부단히 구분하고 분리시킨 결과, 이 과정을 나타낼 수 있는 것이다. 그것은 또한 일관되게 모든 가치와 당위의 문제가 현존재 및 본질존재의 문제와 예리하게 구분되는 과정으로서 표현된다.

또한 여기서 우리가 다만 동일한 사태(Tatbestände)에 관한 새로운 이론들이 문제라고 생각한다면, 우리는 이를 중대한 오류로 간주할 것이다. 반대로 던스 스코투스(Duns Scotus) 이후 매우 다양한 형식으로[152]

---

150) 베르그송, 르 루아, 이탈리아의 크로체(Benedetto Croce)가 그렇다.
151) 이 엄밀하게 유명론적인 학문이론은 모든 인식을 착종된 전체의 한 요소로서 재발견하고, 재발견될 수 있는 것의 일의적인 기호화로 환원시키는 것인데, 현대에서 가장 엄밀한 의미에서 이 이론의 대변자는 슐리크(Morits Schlick)다. 그의 『일반 인식론』(*Allgemeine Erkenntnislehre*, Berlin, 1918)을 참조.
152) 하임세트(H. Heimsoeth)의 『서구 형이상학의 여섯 개 큰 주제와 중세의 종말』(*Die sechs großen Themen der abendländischen Metaphysik und der Ausgang des Mittelalters*, Berlin, 1922), 제6장 「인식과 의지」에서 적절하게 서술된 것을 참조. 나아가 프리지와라(E. Przywara)의 『종교의 근거:

표현되어온 신과 인간에서 의지의 우위에 관한 학설, 의지와 오성 사이의 이원론에 관한 학설은 단지 정신 그 자체의 참되고 현실적인 차별화 과정에 의해 생겨난 서구인의 사회학적으로 제약된 새로운 의식 상태에서 일어난 합리적인 이해추구를 표현한 것에 불과하다. 증가하는 이원론은 발달심리학적으로 더 많이 제약되지만, 오성에 대한 의지의 우위는 사회학적으로 더 많이 제약된다. 사회적 사고양식으로서 중세적 사고는 그 자체발달심리학자들이 '감정적 사고'[153]라고 부른 모든 사고의 실제적인 발전단계에서 나타나는 사고이기 때문에, 다시 말하면 의미, 판단내용, 판단관계 및 사고활동으로서 추론의 목적을 통일적으로 형성하는 것이 가치평가적인 '전-감정'(Vor-Gefühle)에 의해 강력하게 규정되고, 나아가유기체 전체의 행동양식이 지닌 실천적이고 역동적인 도식이 세계내용의의미파악과 의미해석을 압도적으로 규정하는 사고이기 때문에,——바로그런 주관적이고 인간적 · 정감적인(subjektiv anthropopathisches)사고였기 때문에, 또한 중세적 사고는 그런 것[사회학적]으로 인식될 수없었다. 오히려 중세적 사고는 순수 이론적 사고 그 자체로서 받아들여지지 않으면 안 된다. 인간은 언제나 즉자적으로 더 이상 존재하지 않는것만 인식하고,——존재하는 것을 결코 인식하지 못한다.[154]

존재자와 본질존재가——이런 방식의 전-감정과 도식에 의해 무의식적으로 수행된 사고를 통해——이런 감정에 대응하는 충동적 노력의 가

막스 셸러-J.H. 뉴먼』(*Religionsbegründung: Max Scheler-J.H. Newman*, Freiburg, 1923)을 참조.

153) 이에 관해서는 옌쉬의 『심리학 및 생물학 등에 관한 어떤 일반적인 문제』(*Einige Allgemeinere Fragen der Psychologie und Biologie usw.*, Leipzig, 1920) 등을 참조. 매우 적절한 것으로 밀러 플라이엔펠즈의 『생명심리학의 근본특징』(*Grundzüge einer Lebenspsychologie*, Leipzig, 1924), 제1권을 참조.

154) 이것은 다만 다음과 같은 모순, 즉 바로 매우 강하게 감정과 신앙이라는 '선입견'에 의해 도출된 스콜라철학이 자신의 의도하는 바에 따라 보면 냉혹할 정도로 '주지주의적'(intellektualistisch)이라는 보기 드문 모순을 나타낼 따름이다.

치 선취법칙과 선택법칙이라는 특정한 하나의 선취체계에 따라 미리 파악되는 것이라면, 필연적으로 모든 중세적·스콜라철학적 사고의 근저에 기초하고 또한 적어도 의심할 여지없이 탁월한 고전적 고대에 기초하는 저 근본이념이 생겨났음이 틀림없다. 우리는 이 근본이념을 두 개의 명제로 언표할 수 있다. 그 하나는 "모든 사물은 존재하는 만큼 선하고, 존재하지 않는 만큼 악하다"는 것이고, 다른 하나는 "모든 사물은 선과 악의 위계질서 속에서 사물이 스스로 현존재를 소유하는 방식이 자립적이면 자립적인 만큼 좀더 높은 선이 되거나 악이 된다"는 것이다. 당연히 스콜라철학 전체가 존재론적이고 존재타당한 명제로서 받아들인 이 명제는 인간정신이 생활공동체적으로 속박되어 있고, 속박되어 있는 한에서 실제로 그런 인간정신의 통각이라는 기능법칙을 나타낸다. 이에 따라 물질에서 신에 이르는 세계 전체는 그 현존재와 그 현존재의 존재방식에 따라서만 최고선(summum bonum), 즉 신이 그 정점에 선 단지 재화의 서열을 이루고 있을 따름이다. 여기서 신이란 다름 아닌 첫째로 자립적인 존재자(자기 자신을 위해 그리고 자기 자신에 의해 존재하는 것 Ens a se et per se)이고, 둘째로 '현존하는' 정도에 따라 무제한적으로 존재하는 존재이기 때문이다.――이 말은 중세의 사고방식에서 여전히 상승의 능력을 지닌 활동성을 의미하는 유일한 말이다.

이 가치존재를 존재 자체로부터 분석적으로 도출하는 사고방식, 즉 위에서 살펴본 것처럼 특수한 생활공동체적이고, 이에 속하는 생태적인 세계관과 필연적·의미법칙적으로 결합된 동시에 신분적인 사고방식은 사회학적으로 검토된다. 이 고찰방식에 따른 교회, 국가, 신분, 직업은 모든 윤리적·미학적인 가치구별과 마찬가지로 필연적으로 존재론적인 세계질서, 즉 매우 안정되고 객관적·신학적인 '세계질서'의 부분이고 귀결이다.――이것은 플라톤과 아리스토텔레스의 경우에 사회적이고 신분적인 질서('태어나면서부터' 노예인 사람과 주인인 사람)가 세계질서 그 자체로 환원되는 것과 다른 것이 아니다.――교황은 '태양'이고, 황제는 '달'이다. 실제로는 이와 정반대다. 생활공동체적·신분적인 질서가 세계질서 그 자체에 무의식적으로 스며든 것이며,──이것은 사회 구조가 다른 모든 존재자의 구조에 선행하여 주어지고, '너'(Du)가 모든 '그것'(Es)에 선행한다는 법칙에 따른 것이다.

신분적 사고에는 바로 다음과 같은 것이 타당하다. 즉 하위신분에 속하는 사람은 상위신분에 속하는 사람과 다른 어떤 존재자일 뿐만 아니라 (오히려 하나의 동일한 계급 내부에서는 이렇게도 존재하고, 저렇게도 존재할 수 있다) 상대적으로 존재하지도 않거나 그 존재방식 자체가 비자립적인 것이다. 이미 니체는 '고귀'($\dot{\epsilon}\sigma\theta\lambda\acute{o}\varsigma$)라는 말의 가능한 어원에서 고귀란 존재하는 것이지만, 비천은 존재하지 않는 것이라고 말한다.[155] '작용하다'(Wirken)와 '당하다'(Leiden)라는 말도 이와 유사하다.── 이것은 당하는 것이 반작용을 실행하는 것이고, 모든 것은 상호작용하는 것이기 때문에 오직 근대의 인과적 개념에서 주관적 · 상대적으로만 타당한 대립이 아니라,──아리스토텔레스적 · 중세적 사고방식에서 존재론적으로 타당한 개념이다. 상대적으로 자립적인 존재는 작용하는 것이고, 덜 자립적인 것은 그 작용을 당하는 것이다. 제1질료(prima materia), '가능적인 것'($\dot{\epsilon}\nu\delta\epsilon\chi\acute{o}\mu\epsilon\nu o\nu$)은 순전히 당하는 '것'이고, 모든 형상 가운데 가장 하위에 있는 기체(基體)를 이루는 것, 플라톤이 말하는 바로 존재하지 않는 것($\mu\grave{\eta}\ \ddot{o}\nu$)이다. 하위신분에 속하는 사람은 인간이라는 종의 축에도 끼이지 못한다. 그들은 선하고 악한 것과는 아무 관계도 없다.──그것은 전혀 다른 도덕적 문제이고, 전혀 다른 대립이다.──그는 거의 자기 스스로 자립적으로 '서 있다'고 말할 수 없고, 비자립적으로 존재하는데, 그것은 마치 인간이 그 정신적 · 생물적 통일 속에 들어 있는 영혼('불완전한 실체' substantia imperfecta)의 형상적 통일('단일존재' unum ens)로서 '천사'('분리된 형상' forma separata, '완전한 실체' substantia perfecta)보다 덜 자립적인 것과 같다.[156] 위

---

155) 에스파냐어의 hidalgo(귀족)은 hijo de algo(어떤 사람의 자식)을 나타내는 데, 이와 같은 의미를 지닌 것으로 볼 수 있다.

156) 이 학설의 사실적 · 철학적 가치에 관해서는 나의 저작, 『형식주의』를 참조.

계질서의 관념은 먼저 **사회적** 세계로부터 인간에게 강제로 부과된 것이고, 다음으로 점점 (신이 '창조한' 종種과 유類로부터 안정된, 언제나 현존하고 완성된 질서로서 개념적으로 실재하고 사고되는 세계 속에 있는) 유기적 자연으로 확산된다. 그러나 이런 확산은 모든 존재, 심지어 죽은 것과 초인간적이고 볼 수 없는 초월자에까지 계속되는데, 그것은 **다만 생태론적·생활공동체적 세계관 내에서만 가능한 것이다.** 그것은 그 존재형상을 통해 무시간적인 역학이 진행해가는 것이지, 시간적으로 진화해가는 과정이 아니다. 사회의 형태구조 및 유기적 자연과 죽은 자연, 천체의 형태구조는 중세세계에서는 언제나 동일한 것이다. 즉 **안정된 힘과 현존재의 계층적 질서를 이루고 있는** 형태구조일 뿐만 아니라 동시에 순수 분석적인 가치의 위계질서를 이루고 있다.

그러나 이런 사고양식과 가치평가의 형태는 특히 **이익사회적** 세계에서 근본적으로 **변한다.** 먼저 인간의 영혼 자체가 스스로 **분화한다.** 이때 사고 자체가 생생한 기능으로서 정서적이고 유기적·도식적인 것의 지도에서 점차 **해방되고,** 정신적 영혼이 생명적 영혼으로부터 해방된다. 데카르트가 이 해방의 과정을 "**나는 생각한다. 고로 나는 존재한다**"(cogito ergo sum)라는 말에서 확고하게 완성시켰다. 새로운 일원론, 개인주의, 합리주의, 관념론, 인간과 인간 이하의 자연 사이에 **새롭게 형성된 거리,** 인간과 신 사이의 (세계와 그 질서에 의해 매개되지 않는) **새롭게 형성된 직접적인 관계,** 인간의 합리적인 자기의식의 그칠 줄 모르는 강력한 분출——이 막강한 명제들은 모두 새로운 인간 유형에 관한 새로운 체험을 규정하는 세 단어[자연, 인간, 신]로 표현한 것이다. 사상의 철학(Sachphilosophie)에서 본다면, 이 명제는 오류의 그물망이지만,[157] 근대의 사회학적 인간유형이 일찍이 발견한 가장 위대한 표현이고, 가장 구체적으로 정식화한 것이다. 단지 진리와 선(Wahr-Gut)뿐만 아니라 선과 미(Gut-Schön)라는 가치방향에서, 그리고 이 가치방향의 상관태인

---

157) 이에 관해서는 머지않아 간행될 나의 『형이상학』, 제1권을 참조.

주체적 행위에서도 유사하게 증명될 수 있는 이런 분화가 일어난다. 이 분화와 함께 사물과 재화, 자연대상과 가치, 원인과 결과라는 질서가 원리적으로 분리되어 나온다. (여기서 우리는 생활공동체적 시대의 한 예로 중세를 드는데) 이 질서가 중세에는 동일한 것이었다. 사고가 다만 개별적으로 '자율'일 수 있는 까닭은 동시에 사고가 수행하는 정서적인 유기적 · 신체적인 도식에 대해 자율적으로 수행되기 때문이다.──이런 자율의 체험은 의심할 것 없이 빈공의회가 탄핵한 생물적 영혼과 정신적 영혼을 새롭게 **구별**한 그 근저에 들어 있는 것이다.

이익사회적 세계에서 제2의 변혁은 형상의 활동에서 **계층적 질서**의 이념이 배제되고, 이와 함께 다만 교회철학의 전통적 학파의 학설로서 화석처럼 보존되어온 범주체계가 살아 있는 세계를 파악한다는 모든 사실들이 배제된다.──형상의 활동은 동시에 모든 사물에 생성과 현존재 및 본질존재를 규정하지만, 엔텔레키언(Entelechien)이라고 불리는 힘으로서, 나아가 물질적 질료의 단계에 침투하는 정도에 따라 사물을 현존하게 하며, 그리고 **동시에** '좋은 것'으로 만들어준다. 그러나 이 사물의 **계층**질서와 객관적으로 안정된 신학의 이념은 근대 이익사회적 사고에서 완전히 비껴나 있고, 그래서 전혀 다른 별개인 선 · 악이라는 가치대립만이 남아 있다는 것은 의심할 여지없이 **사회학적으로** 제약된 것이다.

그것은 처음에는 압도적인 직업의 분화로 초래되고, 다음으로 19세기에 세기 전체를 통해 현저하게 구분된 서구사회의 **계급분화**에 의해 초래된 신분질서가 붕괴된 한 결과다. 동시에 '형식들'은──중세에는 존재론적인 것이었고, 신에 의해 주어진 것이었으며, 나아가 매우 안정된 의미를 지닌 것이었지만──이익사회적 사고양식의 내부에서는 인간적 주관을 이루는 주관적 활동의 결과로 간주된다. 다시 말하면 인간에게 원초적으로 주어지는 단순한 '사고'형식에 불과한 것으로 간주된다(데카르트와 칸트). 우리는 그것을 법칙적 · 역학적인 과정의 결과로서 객관적으로 받아들이며, 또한 그것은 수학적으로 정식화가 가능하고 적어도 형식적 · 기계적인 자연법칙의 유형에 따라 '법칙적인' 것으로 된다. 즉 그 형식의 안정성은 소멸되고, 무시간적인 역학과 함께 1차적으로 공간적인 것으로서 개념화된 세계 대신에 시간 속에서 생성·변전하는 도식이 등장한다. 이 도식에서 법칙적 필연성을 띤 언제나 새로운 (이익사회, 유기적 자연과 비유기적인 자연의) '형식'이 생겨나고 소멸한다. 이에 따라 인간사회에서 비로소 근대적·역사적 사고가 가능하게 되는데, 이 사고는 실제적인 인간사회의 형성과 구성을 원리적으로 사라져가는 상대적인 것으로서 설명하고, 나아가 증명가능한 역사과정의——좀더 높은 힘에 의해 간섭받지 않는——귀결로서 설명하려고 노력한다.[158] 이로써 비로소 유기적 자연연구에서 종의 진화와 유래라는 사상이 생겨나고, 비유기적인 자연에 대해 통일된 형식적·기계론적으로 자연을 해명하려는 사상도 생겨난다.[159]

그러나 객관적인 (이미 사실적인 현실세계 구조와 함께 존재하는) 위계질서의 사상과 동시에 모든 인간의지의 속박을 의미하는 세계구축에 관한 객관적인 신학사상은 이익사회적 사고와 가치평가에는 공허한 것이 되고 만다.——신학사상은 '객관적인 형식들'의 학설과 결부되어 있기 때문에——이로써 다양한 가치구별의 차원, 즉 선과 악에 관한 가치구별의 차원은 적어도 주관화되고, 인간에 대해 상대적인 것이 되고 만다.[160] 가치는 이제 감각적인 성질과 마찬가지로 주관적인 것이고, 우리가 호의를 보이고 혐오하는 것, 우리가 쾌적하고 불쾌한 감정을 느끼는 것이 사물에 던지는 그림자에 불과한 것이다. 이에 따르면 (예를 들어 칸트, 헤르바르트, 브렌타노의) 선악의 개념과 역사적으로 교차하는 재화세계(Güterwelten)를 제약하는 (인간 이성에 고유한) 선천적인 의지

---

158) 그리스도교에서 역사를 파악하는 도식은 프라이징(Otto von Freising)이 중세의 역사에 대해 예리하게 정식화한 것처럼 이런 과정에 의해 완전히 붕괴되고 만다.

159) 이런 자연해석을 밝힌 것으로 이 책, 2권에 수록된 「인식과 노동」을 참조.

160) 이에 관해서는 『가치전도』에 수록된 나의 논문, 「도덕의 구조에서 르상티망」(Das Ressentiment im Aufbau der Moralen, II. 2)을 참조. 나아가 나의 『윤리학』, V. '가치 개념'에 관한 제3장을 참조.

의 법칙과 선취의 법칙이 있을 뿐이거나 어떤 **사회적으로 동등한 형식성**을 지닌 유기적으로 제약된 쾌-불쾌 또는 호의-혐오의 체험이 있을 뿐이다. 이런 이익사회의 가치이론은——감각적 성질의 주관성에 지나지 않는다는 학설과 마찬가지로 '이익사회의 도그마'에 불과하지만——모든 가치영역, 예를 들어 경제적인 가치를 계속해서 장악한다. 교부철학자와 스콜라철학자 등이 주장하는 '객관적 가치'이론은 결과적으로 '적정한 가격'(justum pretium)의 개념을 지닌 '주관적 욕구'이론으로 대체된다.[161]

현대의 물리학, 생물학, 심리학에서 기계론적 자연이론이 붕괴되기 시작하고, 형상, 질, 가치 등의 **주관성이론** 및 가치와 존재에 관한 절대적 **이원론이라는** 이중의 학설이 새로운 방식으로 배제되기 시작한다. 우리는 형식적 · 기계론적 구조를 지닌 자연법칙이 형이상학적 존재법칙 외에 다른 것이 아니라는 것을 알고 마찬가지로 법칙이란 우리 오성이 현상을 시간 속에서 보편타당한 자연관계를 객관화하기 위해 현상에 필연적인 규칙으로서 미리 지정한 것이(칸트) 아니라——다만 대수의 법칙(Gesetze der großen Zahl)이라는[162] 사실도 안다. 물질과 자연현상의——자연의 절대적인 현실과 관련된 것으로서——외연적 크기, 공간 · 시간 규정은 다른 감각적 · 질적 규정보다 더 절대적이고 불변적인 것이 아니라는 사실과 다른 한편으로——인간의 의식과 무관하다 할지라도 이 역학적인 현실의 나타남, 확실한 근거를 지닌 현상(phänomenon bene fundatum)에 불과한 객관적인 현상계와 현상계에 관계하는——색깔, 소리 등과 같은 성질은 연장과 지속보다 덜 객관적인 것이 아니라는 사실을 안다.

---

161) 영국의 국민경제학자 페티(W. Petty)가 최초로 '적정한 가격'에 관한 학설을 비난한다.

162) 수학적(선험적) 확률과 경험적 확률을 결합시킨 이론. 즉 어떤 확률 물음에서 관찰의 횟수를 증가시키면 시킬수록 해당 물음에서 실현하고자 하는 확률은 점점 본래의 수학적 확률에 접근해간다는 이론을 말한다-옮긴이.

나아가 전체의 과정이 모든 부분의 과정을 규정하는 정적이거나 동적인 형태와 형식의 법칙성이 물리적으로 실재하는 것 자체에까지 영향을 미치며,[163] 결코 이런 합법칙성이 모든 생리적·심리적으로 상대적인 것이거나, 주관의 활동에 종속된 것이 아니라는 사실을 안다. 더 나아가 가치는 성질과 마찬가지로 주관적이고, 성질에는 그 자체 하나의 지속적인 위계질서가 주어져 있다는 것,──다만 재화세계는 일찍이 중세에는 절대적으로 안정된 것, '현존재'의 함수로서 이해되었던 것이지만, 역사 속에서는 부단하게 상대적이라는 사실을 안다. 또 다음과 같은 것도 안다. 즉 모든 **새로운 철학**이 받아들이는 동시에 기계론적인 자연이론의 변명인 (예를 들어 모든 종류의 칸트주의) 객관적으로 현존하는 것의 몰가치성은 그 자체 어떤 일정한 의식태도에 기초하는 하나의 **상상**에 불과하다는 사실 말이다. 이때 상상은 그 자체 고도로 실천적이고 가치평가적인 것이며, 말하자면 순수 생명가치(Vitalwert)에 의해 제약되는 것이다. 생명가치는 세계를 **지배**할 수 있기 위한 자연현상의 중요한 요소 외에는 아무것도 포함하지 않으며, 그밖에 다른 것들은 모두 **인위적으로 추상화시킨** 세계형상을 소유한다.[164] 이익사회적 사고양식의 일면적인 범주체계는 이렇게 하여 점차로 제거된다.──그것은 아마도 많은 사람들이 어리석게 생각하는 중세의 생활공동체적 사고양식으로의 회귀에 의한 것이 아니라 기계론적인 **것도**, 신학적인 것도 아닌 하나의 **포괄적인 합법칙성**에 관한 근본형식을 인식함으로써 기계론적인 의존성

163) 퀼러의 『안정과 정지상태에서 물리적 형태들』(*Die physischen Gestalten in Ruhe und im stationären Zustand*, Braunschweig, 1920)을 참조. 나아가 양자론의 법칙형식을 참조.

164) 이 점을 불완전하지만 뮌스터베르크가 그의 저작, 『가치철학』(*Philosophie der Werte*, Leipzig, 1908)에서 인식했다. 나의 윤리학에서 이 문제에 대한 대답을 참조.* 세계를 몰가치적이라고 생각하는 것은 인간이 어떤 하나의 가치, 즉 사물에 대한 지배와 힘이라는 생명가치를 설정하기 위한 과제다.

*『형식주의』에서 특히 설명심리학의 인위적 가치추상에 관한 설명(IV장)을 참조─편집자.

과 신학적인 의존성 사이의 대립을 극복하려는 새로운 체계적 세계개념과 지식개념에 의해 제거된다. 그것은 다음과 같은 개념, 즉 인간적인 결합을 이루는 하나의 새로운 본질형식 속에서 그 상관태(Korrelat)를 사회학적으로 발견하려는 개념에 의해 제거된다. 이 개념에서 생활공동체와 이익사회는 모두 극복되기 시작하고, 대체할 수 없는 인격적 개인의 연대적 인격 집단의 형성이 일어난다.[165] 그러나 이 새롭고 일찍부터 천천히 침투해온 인간집단화의 형성형태에 속하는 가치형상의 구조에 관해서는 다른 곳에서 언급할 것이다.

던스 스코투스, 오컴, 루터, 칼뱅, 데카르트에서부터 칸트, 피히테에 이르는 서구 근대의 주의주의적 철학자들(voluntaristischen Philosopheme)은 동일한 사실에 관해 단지 새롭게 '이론'(異論)을 제기한 것에 불과한 것이 아니다. 그것은 딜타이가 이미 매우 분명하게 고찰했듯이,[166] 새로운 지도층에 의해 일어난 사회학적으로 제약된 새로운 체험의 형식을 정식화한 것이다. 그것은 새로운 인간의 전형 및 자연에 대해 자신의 힘을 무한히 확장해가는 것에 전념하는 '파우스트적' 인간의 지배사상과 새로운 지배를 위한 절대적 가치평가를 정식화한 것이다.——이런 파우스트적 인간은 국가 내부에서도 자신과 같은 정도의 힘을 지닌 대항물에까지 힘을 확대하려 하고, 논리적 관념과 그 연관에 대해서도, 객관적인 가치와 목적의 질서에 대해서도 주권자로서 의지에 선행하여 제한을 가하려는 것을 조금도 용납하려 하지 않는다. 이 중심적 자아의 위치는 중세에는 관조적인 관찰의 활동이 입각하는 위치였다.——왜냐하면 자아는 어떤 사물도 아니고 특수한 행위도 아니며, 다만 가능한 작용의 상부구조 질서 속에 있는 위치가치에 불과하기 때문이다.——이런 자아의 위치에 있는 교회, 국가, 경제, 기술, 철학, 학문에서 행해져온 동일

---

165) 이런 종류의 결합의 본질적 형식에 관해서는 나의 윤리학에 관한 저작, 『형식주의』, VI, B를 참조.
166) 『가치전도』에 수록된 나의 논문, 「삶의 철학에 대한 시론」(Versuche einer Philosophie des Lebens, 1913)을 참조.

한 주권적인 의지활동이 이익사회의 지도자 유형에서도 나타난다. 의지
활동은 '신'과 인간에게서는 당연히 같은 것인데,——역사적 · 의식적인
것으로 처음에는 신에게서 나타나고, 다음으로 인간에게서 나타난다.
관조적 · 예지적인 신분(Kaste)을 현실 역사과정 속에서 능동적으로 산
출하는 자, 지배하는 자를 통해 사회의 정점으로 옮겨놓는 것은 당연히
하나의 새로운 신의 형상과 영혼의 형상을 요구한다. 이 모든 것은 **사회
학적으로** 본 새로운 '주의주의'(Voluntarismus)다. 활발한 기능으로서
주의주의는 중세의 관조적인 '지성'(intellectus)을 근대의 실험적 · 수
학적 자연연구에서 처음부터 기술적으로 관련하는 '오성'으로 바꿔놓았
다. 여기서는 다음과 같은 점이 매우 특징적이다. 즉 그것은 유명론과
주의주의를 하나의 경향으로 촉발시킨 프란체스코회가 아리스토텔레스
의 자연론을 극복한 근대의 실험적 자연연구에 대해 선구자의 위치를
차지한다는 (로저 베이컨 등) 점이다.

학문과 기술 사이의 관계에 관한 매우 어려운 문제를 사회학적으로 해명
하기 위해서는 우선 한편으로 근대과학의 구조와 다른 한편으로는 기술 사
이에 있는 일련의 의미상관적 대응과 나아가 기술 자체와 경제 사이에 있는
일련의 의미상관적 대응을 파악해야만 한다.——물론 그것은 인과적 설명
으로 파악되는 것이 아니다. 위의 관계가 자립적으로 일어난다면, 우리
는 하나의 인과적 해명을 구할 수 있을 것이며, 또한 구해야만 한다.——
그렇다고 하더라도 그것은 또한 위에서 서술한 한계 내에서 일어나야
한다.

모든 세 현상〔근대과학, 기술, 경제〕 사이에 있는 이런 일련의 의미대
응에 관해 (물론 어떤 완전한 것을 요구할 수는 없지만) 여기서 몇몇을
살펴보자. 그것은 중세에서 근대로 이행하는 단계와 중대한 국면에 관
한 것이다. 여기서 거론된 의미대응은 내가 어떤 것은 인쇄물로, 어떤
것은 인쇄되지 않은 채로 이미 충분히 전개한 것이다. 따라서 더 이상
심오한 근거를 제시하지 않고 열거해볼 수 있다.[167] 나는 매우 형식적이

고 좀더 방법적인 것에서 시작하여 이미 세계상의 내용을 이루고 있는 것으로 나아가려고 한다.

1) 도시 시민을 역사적으로 형성시킨 근대 자본주의(초기 자본주의, 고도 자본주의, 후기 자본주의)가 나타내는 경제행보의 주요국면[168]에서 한편으로 기업가('도매상인', 공장 경영자)와 다른 한편으로 중세 수공업조합(Zünfte)의 붕괴라는 ('프롤레타리아'의 기원) 상황 속에서 배타적이고 세습적인 전통사회가 생겨남에 따라, 나아가 지방군주의 지위를 상승시키고 강화시킨 봉건제후의 통제지배와 금전적 필요성 덕분에, 그밖에 정치적·군사적인 지배지역에 예속된 노동형태가 다른 원인에서 '자유로운 노동'을 위한 길을 닦음으로써 그만큼 새롭게 상승된 '지배층'에서 권력추구의 새로운 형태와 새로운 방향전환이 일어났다. 봉건적 지배층의 권력추구 형태와 방향은 본질적으로 인간에 대한 지배를 행사한다.──물론 토지와 사물에 대한 지배도 언제나 인간에 대한 지배를 목적으로 한다. 이에 반해 권력추구의 새로운 형태와 방향은 사상(Sache)의 생산적인 변형, 좀더 좋게 말하면 사물을 가치 있는 재화로 바꾸기 위한 '능력'과 힘을 향한 것이다. 이 과정은 동시에 등근원적인 다음과 같은 두 사실에서 잘 나타난다. ① 정신적·사색적인 성직자들로 구성된 교회의 질서에 종속하는 신성하고 마술적인 구제의 기술에 의해 지배되는 집단과 세습적·전통적이며 근본적으로 무력으로 지배하는 봉건계층(귀족과 성직자)이라는 사회의 최고지도층의 내부에서 하나의 사회학적으로 연관된 전체를 형성하는 두 계층을 배제하는 것에서 잘 나타난다. 오직 봉건적 토지를 많이 소유한 사람들 중에서 최고의 지배자만이 신흥시민과 기업가의 도움을 받아──개인주의적인 로마법의 소유권을 수용함으로써 지탱되는──지방의 제후가 된다. 제후들은 자

---

167) 이에 관해서는 인식론적으로 언급해야만 하는데, 그 상세한 내용은 이 책, 2권에 수록된 나의 논문,「인식과 노동」을 참조.
168) 이 국면과 자본주의의 성립에 관해서는 좀바르트의『근대 자본주의』(1916) 제2판을 참조. 이것은 지식사회학에도 매우 큰 의미가 있는 저작이다.

신의 정치적 지배에 대한 의지와 신흥시민의 경제적이고 사물의 지배를 향한 충동에너지를 결합시킨다. 그리고 그들은 중상주의 시대에 자본주의의 제2의 중요한 출발점, 즉 우리가 '도매상인'과 함께 받아들이는 출발점, 다시 말하면 (좀바르트가 말하는) 국가자본주의의 출발점이 된다. ② 자연에 대한 지배가능성에 관한 새로운 가치평가에서 잘 나타난다. 이 새로운 가치평가는 등근원적으로 자연에 대한 새로운 통찰방식과 사고양식(새로운 '범주'체계)을 산출하는 동시에 새로운 자연에 대한 기술적 지배의지를 산출한다. 나는 이 사실 모두에 관한 동시성에 가장 큰 가치를 부여한다. 기술적인 요구가 (슈펭글러가 일면적으로 말했듯이) 근대과학을 제약하는 것이 아니며, 또한 (콩트가 말하듯이) 근대과학이 기술의 진보와 자본주의의 조건이 아니다. 오히려 시민적인 새로운 인간성의 전형과 그 새로운 충동구조와 새로운 에토스 속에는 이미 근대과학의 논리적 범주체계의 근원적인 변혁과 새로운 등근원적인 자연지배에 대한 기술적 충동이 기초한다. 따라서 기술과 학문은 성과가 큰 상호작용 속에 마주보고 서 있다. 이런 마주보고 서 있는 가운데서 우리는 기술과 학문을 발견하고 '협조'한다. 왜냐하면 기술과 학문은 하나의 심적 에너지 과정이 나타내는 두 측면의 평행한 귀결에 불과하기 때문이다.

모든 인식활동에서 우위를 차지하는 자연과 마음에 대한 새로운 지배의지가——자연에 대한 사랑으로 가득 찬 헌신과 자연현상에 대한 단순히 개념적인 질서에 날카롭게 대립하면서——존재한다고 나는 말하고 싶다. 교양의 지식과 구제의 지식을 추구하는 노력은 이 의지에 예속된다. 지배하려는 의지, 그것은 결코 이익을 추구하려는 의지와 같은 것을 말하는 것이 아니다. 베이컨은 학문의 본질을 잘못 알았을 뿐만 아니라——기술의 본질도 오해하고 말았다. 공리주의는 '정신적 재화'와 가치의 본래적인 의미와 위계질서에 관해 잘못 알았을 뿐만 아니라 근대기술을 작동시키는 충동의 바퀴에 관해서도 오해했다. 새로운 기술을 주도하는 근본가치는 경제적이거나 '유용한' 기계를 고안하고, 미리 그 효용성을 알고 계산할 수 있는 가치가 아니다. 그것은 훨씬 높은 어떤 것을

향해 있다. 그것은 모든 가능한 기계를 만들어내는 목적을 향하고 있지
만,——이렇게 말하는 것이 허용된다면——처음에는 다만 생각 속에 있
고, 계획한 것으로서, 즉 우리가 소망할 때는 언제든지, 유용한 것이건
유용하지 않은 것이건 간에 어떤 목적에 자연을 끌어넣고, 자연을 통제
할 수 있다. 수백 년에 걸친 '발명과 발견'에 생명을 불어넣은 것은 자연
에 대항하는 인간의 힘과 자유에 대한 가치사상이지——결코 이익에 대
한 생각이 아니다. 힘에 대한 충동 또는 모든 다른 충동에 앞서 자연에
대항하는 힘에 대한 충동을 생성하는 선지배(Vorherrschaft)가 문제된
다. 다만 열거할 수 있는 목적에 대해 코앞의 힘을 이용할 뿐인 하나의
충동이 문제인 것은 결코 아니다.——이런 태도는 중세에는 철학적·사
색적인 것과 함께 중요한 것이었다. 나아가 이 힘에 대한 충동이 신과
인간으로부터 사상(Sachen)으로의 방향전환과 시간·공간의 체계 속에
있는 사상과 그 부분들의 위치가치 쪽으로 바꾼 방향전환이 문제인 것
이다. 따라서 모든 것을 모든 것에서 '만들어'내는 일련의 기술시대를
선행하는 유희적이고 기술적으로 불가능한 많은 시도가 (연금술, 자동
인형 등) 문제인 것이다.

2) 학문을 역사적으로 파악하는 주지주의(콩트, 칸트 등)의 존재방식
에 대립하여 '발견과 발명의 시대'가 생겨났고, 신학적인 동시에 생태적
세계상이 지배해온 1500년 동안의 지배가 소멸해가는 과정의 돌발성과
비약을 우리는 인정한다. 나아가 우리는 새로운 기계론이 일시적으로 모
든 세계를 해명하는 모범과 도식이 되었으며, 또한 최근까지도 그랬다
는 점을 이해한다. 왜냐하면 최근에는 이론물리학과 생물학, 철학이 이
세계상의 결정적인 몰락을 초래하고 있기 때문이다.[169] 그러나 우리는

---

169) 플랑크(Max Planck)의 『물리학적 전망』(*Physikalische Rundblicke*,
    Leipzig, 1922)에 수록된 논문, 「기계적 자연관에 관한 근대 물리학의 위치」
    를 참조. 나아가 네른스트(Walther Nernst)의 『자연법칙의 타당범위에 관하
    여』(*Zum Gültigkeitsbereich der Naturgesetze*, 베를린대학교 총장 취임연
    설, 1921)와 쾰러의 『물리학의 형태 등』(*Physische Gestalten etc.*)을 참조.

또한 근대의 역사과정에서 개별적으로 적어도 기술이 학문을 선도해온 것과 마찬가지로 학문이 기술을 선도하고 촉진시키는 사태가 생겨나고, ――실용주의와 마르크스주의가 기대하듯이――기술이 일방적으로 학문을 선도해가는 것이 결코 아니라는 점을 이해한다. 똑같은 것이 '순수' 수학의 물리학과 화학에 대한 관계에서도 타당하다.[170] 나는 여기서 이 명제를 개별적 사실에서 증명하는 것을 단념해야지만, 이 명제를 비중 있게 제시한다. 나아가 우리는 자연, 마음, 사회에 대한 기계론적 관점이 우리가 무거운 덩어리의 운동현상을 역사적 · 시간적으로 '우연히' 연구하기 때문에 비로소 생겨난 것이고,[171] '설명'이란 단지 '상대적으로 잘 알려지지 않은 것을 잘 알려진 것에 소급하여 결합시키는 것'(마흐, 코르넬리우스)에 불과하다고 이해하지 않는다. 왜냐하면 반대로 전체로서 형식적 · 기계론적인 관념의 도식은 도처에서 물리학, 화학, 생물학, 심리학의 상이한 각 영역에 걸쳐 실현을 강력하게 선도해왔으며, 따라서 모든 실험, 관찰, 귀납법의 방향을 자기 자신의 측면에서 비로소 규정하고, 나아가 그리스, 특히 아리스토텔레스의 질적 물리학이 결여한 순수수학을 자연인식에 응용하는 것을 자기 자신의 측면에서 비로소 규정했기 때문이다.[172] 그 결과가 단지 유추적으로 다른 문제영역으로 전이되어 우연적인 귀납법에서 근대 '과학'이 성립한 것이 아니며, 마찬가지로 우연적인 기술적 과제로부터 근대과학이 성립하는 것도 아니다.――

그리고 이 책, 2권에 수록된 나의 논문, 「인식과 노동」을 참조.

170) 이처럼 근본적인 기능이론은 물리학적 문제들의 강력한 자극에 의해 생겨난 것이다. 이에 반해 비유클리드 기하학(리만)은 먼저 순수관조적 노작이었고, 현대에 이르러 비로소 물리학적 의미를 획득했다.

171) 이 책, 2권에 수록된 논문, 「인식과 노동」, Ⅲ장에 있는 형식적 · 기계적인 자연관의 역사적 상대성이라는 마흐의 주장에 대한 비판을 참조. 나아가 유고집 Ⅰ(전집 10권)에 수록된 「현상학과 인식론」(Phänomenologie und Erkenntnistheorie), Ⅴ장을 참조―편집자.

172) 이에 관해서는 릴(Alois Riehl)의 『철학적 비판주의와 그 실증과학에 대한 의미』(Der Philosophische Kritizismus und seine Bedeutung für die positive Wissenschaft, 1879), 제2권을 참조.

이 기술적 과제는 특히 근대적 세계상이 생겨난 초기의 갈릴레이, 레오나르도, 우발디스의 경우에 매우 큰 의미를 지니지만, 예를 들어 라그랑주(Lagrange)와 그의 분석적 기계론에서는 완전히 후퇴하고 만다.

근대의 형식적·기계론적인 세계도식의 구상은 **전체**를 통해 그리고 **체계적**으로 처음부터 매우 보편적이고, 포괄적인 것, 즉 사상의 엄밀한 근거와 결과라는 관계를 지향하고, 엄밀하게 규정된 개념들의 관계를 지향한다. 이때 이 개념들은 우리가 내용적으로 어떤 일정한 공리적 동기에서 구하려는지, 아니면 개념이 현실적으로 실현 '가능한지' 가능하지 않은지에 관계없이, 우리가——'현실적'이 아닌——**사고가능한** 운동 작용을 통해 모든 자연사상을 어떤 소망하는 방향으로 '제어'할 수 있다는 사실에 제한된다.

① 순수논리학, ② 순수수학 (논리학과 수학은 일반적으로 실용주의적으로 규정되지 않는다), ③ 관찰과 측정이라는 세 가지 전제에서 근대의 지도자 유형에 나타나는 통일적이고 체계적인 힘에 대한 사상과 힘에 대한 의지는 이런 세계상의 도식을 미리 생각하고 미리 기획한다. ——따라서 산업의 기술적인 요구 또는 경제적인 '요구'는 미리 생각하고 미리 기획한 것이 결코 아니다. 이것은 매우 중요한 구별이다. 왜냐하면 실용주의와 어떤 경제적 역사이론이 가정하는 것은 거꾸로 **학문**이 먼저——특히 사고가능한 기술적 목적설정이라는 한계 내에서——그 순수논리적인 성질을 띤 **자기 법칙적인** 과정 속에서 스스로 언제나 새로운 기술적 가능성을 전개한 것이고, 이 기술적 가능성은 다음과 같은 큰 두 개의 **선택지** 앞에 내던져져 있다. 그 하나는 **기술자**의 선택이다. 기술자는 이러저러한 가능성을 어떤 기계를 통해 모델로서 현실화시킨다. 다른 하나는 **기업가**의 선택이다. 이것은 기술자가 다만 모델로 삼을 뿐인 어떤 기계를 '공업화'하는 것이고, 실제로 제작하여 생산하기 위해 사용하는 것이다. 전혀 예상 못한 하나의 법칙발견이 종종 기껏해야 매개된 결과에 기술적·공업적으로 이용되고 또한 전혀 다른 연관에서 처음으로 기술적·공업적으로 이용된다는 사실에 관해 우리가 열거할 수

있는 수많은 예들은 실용주의가 오류임을 나타낸다.[173]

  그러나 학문적 사고가 '가능적' 과제를 처음으로 전개하고 산출하는 특수한 기술적 과제에 기여하는 것도 아니다. 마찬가지로 또한 기술자 자신이 공장, 보도, 전쟁물자, 농업 등에서 생겨난 이미 개조된 과제에 단순히 기여할 뿐인 것도 아니다.[174] 오히려 기술은 생산의 새로운 방법, 수단에 대한 공업적인 요구를 먼저 스스로 **능동적**으로 전개하고, 이 요구를 일깨우고 불러일으킨다. 예를 들어 그것은 근대의 전기산업이 매우 분명히 보여주는 바와 같다. 또한 특수한 학문적인 실험과 측정의 기술도 학문을 발생시키기 위해 하늘에서 뚝 떨어진 것이 아니다.── 라브리올라는 그렇게 생각한 것처럼 보인다. 학문의 도구는 그 자체 바로 물질 속으로 옮겨둔 이론 ──마치 물체화된 이론과도 같은 것이다. 또한 학문의 도구 그 자체는 언제나 동시에 자연적인 물체로서 언제나 바로 동일한 이론체계를 적용한 사례이고, 이론체계는 확대되고 정교화된 관찰을 통해 관찰이 가능하도록 자신의 측면에서 다시금 촉구하기 위한 소명을 띤다. 그렇기 때문에 학문적 도구는 자신이 양과 본질존재의 형태로 나타내는 것의 이론적 해명, 즉 양과 본질존재가 언제나 보고서에 나타난 이른바 '사실' 그 자체의 한 성분을 이룬다는 사실의 **이론적 해명**이다. 뒤앙[175]은 이 연관을 매우 독특하게 해명한다. 바로 상대성 물리

<hr />

173) 부글레, 앞의 책, 222쪽 이하 참조. 나아가 슈판의 『사회이론체계 편람』 (*Kurzgefaßtes System der Gesellschaftslehre*, 1914), 62쪽 참조. 특히 괴팅 겐에서 베버와 가우스가 전신기를 발명한 것이 특징적이다. 그들은 천문대와 물리학연구소의 사이를 연결하는 전선을 공업적으로 이용하는 것에 관해 골 똘하게 생각해온 것이 아니다.

174) 이에 관해서는 리비히(J. von Liebig)의 아름다운 노작 『베룰럼의 프랜시스 베이컨과 자연연구의 방법에 관하여』(*Über Francis Bacon von Verulam und die Methode der Naturforschung*, München, 1863)를 참조.

175) 뒤앙, 『물리학적 이론의 목적과 구조』(*Ziel und Struktur der physikali- schen Theorien*; 마흐의 서문과 독일어 번역, Leipzig, 1908); 나아가 헤링 (Theodor Haering)이 좀더 철저하게 파악한 저작, 『자연과학의 철학』 (*Philosophie der Naturwissenschaft*, München, 1923)을 참조.

학의 역사는 뒤앙이 논술한 것의 옳음을 나타내는 중대한 실례 가운데 하나다. 따라서 사고한다는 것은 '심상과 상념에 의한 실험'이 아니라 반대로 현실의 실험이 다만 상념의 내용 사이의 논리적인 원인 · 결과관계에서 물질적 옷을 벗겨버리고 실증한 것에 불과하다.

그럼에도 형식적 · 기계론적 도식 자체는 오래된 논리주의와 주지주의가 생각했던 것처럼[176] '순수'이론의 결과가 아니다. 그것은 순수논리학(순수수학을 포함하여)과 자연의 관찰가능한 것을 선택할 때 순수 힘에 의한 평가라는 두 방면에서 산출된 것이다. 그리고 후자의 힘 요인 속에는 또한 자연현상을 선택하는 원리가 함께 사회학적으로 제약된다는 사태가 들어 있다. 그렇기 때문에 어떤 물음에 대한 긍정적이거나 부정적인 대답을 이 도식과 이 도식이 미리 기획한 수학적 가능성 속에서 주관적으로 관찰가능한 양적 진폭에 의해 상이하게 생겨난 논리적 귀결에서 전개시키려는 것은 실증과학에는 아무런 의미가 없다.

그러나 철학에서 이런 '물음'은 매우 큰 '의미'를 갖는다. 아니 현실인식으로서 철학은 현상이 어떤 '절대적인' 현존재 그 자체에 관계하는——실증과학에서처럼 이 도식의 망을 충족시키는 기능에는 전혀 관계하지 않는——곳에서 비로소 출발한다. 우리가 근대사회의 인식론적인 '죄'에 관해 말하려고 한다면,——여기서 근대사회란 물론 동시에 먼저 윤리적인 것이다——그것은 참으로 수세기에 걸쳐 탁월한 성과가 있었던 것으로 인정되어온 이 도식 자체의 응용이 아니라 이 도식이 지닌 타당성의 한계에 관한 철학적 무지, 즉 이 도식과 그 대상의 절대화 내지 형식적 · 기계론적인 선택모델을 현상의 '배후'에 있는 형이상학적 '현실'로 격상시킨 것이다. 이로써 모든 참된 형이상학은 배제되고 만다. 즉 형이상학의 목적, 방법, 인식원리는 실증과학의 목적, 방법, 인식원리와는 전혀 다른 것이고, 아니 우리가 살펴본 것처럼, 부분적으로 실증과학의

---

176) 경험론적 · 귀납적 주지주의(예를 들어 밀)와 합리주의적 · 현실적인 주지주의, 비판주의를 여기서는 전혀 구별하지 않았다. 그들은 모두 마찬가지로 잘못이다.

그것들과는 대립해서 주어진다. (왜냐하면 철학은 자신의 목표 달성을 위한 가능한 기술적 목적설정에 따른 선택원리를 지양하기 때문이다. 이 선택원리는 절대적인 힘의 평가에서 생겨나는 것이다.) 그리하여 비로소 철학은 '여왕'에서 '과학의 시녀'로 전락하고 만다. 이와 함께 순수 기술주의가 본질과 목적, 가치를 규정하는 정신의 지배자가 된다.

3) 또한 근대경제와 근대과학 사이에 있는 의미 대응은 그 가장 중요한 근거를 이른바 사회학적인 사태의 흐름 속에 두고 있다. 자본주의 경제는 한계를 모르는 (활동[actus]으로서) 영리활동에 대한 의지에 기초하는 것이고, 이익(보다 많은 사물을 소유하는 것)을 지향하는 의지에 기초하는 것이 아니다.[177] 또한 근대과학은 주어진 고정된 소유물로서 진리를 지배하는 것도 아니며, 단지 일정한 요구에 의해 주어진 과제를 해결하기 위해 연구하는 것도 아니다. 오히려 과학은 1차적으로 하나의 '방법'에의 의지이고, 방법이 발견되면 그 방법으로부터 언제나 새로운 실질적인 지식이 끊임없이 무제약적인 과정을 통해 분업적으로——거의 그 자체로부터 나오듯이——생겨 나온다. 따라서 '방법'에 관한 무수히 많은 저작——각자 이 방법을 '각도와 자'처럼 사용할 수 있다——은 근대과학의 태동기에 (베이컨, 데카르트, 갈릴레이의 방법적 논술, '방법에 관한 논고'로서 스피노자, 라이프니츠, 칸트의 순수이성비판 등에) 나타난다. 그리고 영리활동에 대한 저 초기의 심리적인 노력이 모방법칙 덕분에, 지도적 선구자의 주체에서 해방되고 확대되며, 또한 물적 재화(Sachgüter), 아니 근본적으로 어떤 영리활동을 위해 기여하는 것(과

---

177) 이익추구와 영리행위의 추구는 질적으로 다른 것이고, 언제나 혼동되어서는 안 된다.* 오직 영리행위만이 자본주의의 고유한 심리적 성격을 형성한다. 이 익추구를 우리는 세계 어디서나 발견한다. 자본주의적 기업가에 고유한 심리적 특징에 관해서는 슘페터의 『경제적 발전의 이론』(*Theorie der wirtschaftlichen Entwicklung*, Leipzig, 1912)의 매우 새롭고 본질적인 부분, 특히 그의 '역동적인' 자본이윤이론에 대한 심리학적인 정초를 참조.
* 위에서 인용한 『가치의 전도』에 수록된 자본주의 문제에 관한 저자의 논문을 참조-편집자.

물적 소유와의 관계에서 볼 때 이익을 위해 기여하는 것)으로서 통찰되고 평가될 수 있는 한에서 '천지간에 존재하는' 모든 존재가능한 사물들이 일반적으로 집단의 보편적 전체 경향을 촉진하는 것으로서, 아니 즉 초개인적인 경제에 대해 가장 강한 모터인 '자본'으로 축적되어온 것이다. ──이와 똑같이 근원적으로 '방법' 속에 대상화된 영리욕구는 위에서 확인된 것과 같은 종류의 언제나 새로운 지식에 따라 모든 사물과 사건을 운동에너지와 운동주체(=물질)의 양으로서 현상하게끔 한다. 그것은 하나의 역동적인 의미연관이고──결코 유추적인 의미연관에 불과한 것이 아니다.

근대의 경제는 다름 아닌 상품과 화폐의 경제이고, 따라서 모든 사물과 유용한 재물은 다만 교환수단의 가능한 양으로서, 즉 화폐인 상품의 양으로서, 다시 말하면 먼저 '상품'으로서 현상할 뿐이다. G(화폐)→W(상품)→G이고, 더 이상 W→G→W가 아니다. 이것은 마르크스가 매우 예리하게 지적한 것처럼 (이념적인) '자유시장'에 대한 경제인이 부여한 '경제적 동기'의 기본형태다. 의미상으로 이에 완전히 상응하면서 사회적 사고에서는 '관계'의 범주가 '실체'의 범주보다 전면에 등장한다. 그리고 세계의 사물에 대한 개념적 단계질서(스콜라철학)와 계층에 의해 하나의 목적론적인 '형식의 영역'(Formenreich)을 목표로 하는 피라미드 대신에, 이제 현상을 양적으로 규정하는 법칙적 관계에 대한 연구가 등장한다. '전형'과 질적 '형식'이라는 사상은 양적으로 규정된 '자연법칙'의 사상에 지배권을 양도한다. 전형과 형식이라는 사상뿐만 아니라 자연법칙이라는 사상에서도 생산은 무제한적인 상품과 지적인 재화의 축적을 목표로 한다. 즉 전형과 형식이라는 사상뿐만 아니라 자연법칙이라는 사상에서도 모든 주어진 국면을 뛰어넘고(무제한의 '진보') 생산과정에 관여하는 모든 인간이 다른 인간들보다 뛰어나려는 경쟁정신이 작동하는데, 그것은 지적인 재화 그 자체를──적어도 의도 속에──지닌 중세의 '학자' 자신도 알지 못한 전혀 새로운 탐구에 대한 공명심과 연구에 대한 공명심이라는 형식에서 비로소 가능한 것이다. 중세의 학자가 "진리는 이미 오래전에 발견된 것이다"라는 것을 세속적인 지식의 영역에도 허용했기 때문에, '새로운' 사상을 기꺼이 오래되고 전승하는 것으로서 표현하려 했다면,──거꾸로 근대의 연구자는 이미 오래전부터 알려져온 것도 새롭게 오리지널한 것으로서 표명하려 한 것이다. 그리하여 저 새로운 연구정신이 생겨나고, 중세와──스콜라철학적 방법을 특징짓는──중세의 권위와 결합된 사상과는 다른 형식, 즉 '경쟁'으로서 규정되는 학문적 협동작업이 생겨난다. 여기서는 다른 사람의 학문적 일(Arbeit)을 독해할 때 먼저 비판적인 태도를 취하게 된다. '정신적인 소유물'과 '특허권'의 법개념 및 이와 유사한 법의 제정은 생활공동체에서 지식의 형식이고, 학문적 논쟁과 비판에서의 우월성 논쟁처럼 본질적으로 이질적인 지식의 형태다.──그것은 또한 모든 '스콜라철학'에서도 마찬가지다.[178] 그러나 이런 것들은 '방법'에 의해, 즉 논리적이고 초개인적인 기계장치에 의해 지식추구의 노력을 구체화하듯이 필연적으로 근대과학의 요소에 속하는 것들이다.

4) 나아가 근대경제는 완전히 그렇거나 반쯤만 그런 **공동체경제적인** 형식과 **공동체법적인** 형식의 잔해를 해소해가는 도중에 자유주의 시대에 이르기까지 **압도적으로 개인적인 경제**와 **이익사회적인 경제**로 탈바꿈해간다. 그러나 '이익사회'의 과학 속에는 본질적 · 필연적으로 질과 형상, 가치의 **주관화**라는 것이 들어 있는데, 그것은 다음과 같은 이유 때문이다. 즉 각 개인에 의해──각 개인에게 세계는 일차적으로 다만 '그의' 세계로서 주어진다──사물의 **동일성**에 관한 인위적이고 명석판명하며 엄밀하게 이해되는 것이 다만 어떤 공통적으로 승인된 척도를 사용한 현상의 계량에 의해, 그리고 모든 본질존재를 하나의 보편적으로 통용되는 시간 · 공간적 법칙 속에 정돈함으로써 비로소 가능하다는 것이다. 일찍이 이런 거의 모든 근대철학과 과학에 공통적인 형식, 질, 가치의 주관성에

---

178) 이와 반대로 스콜라철학 속에서 우리는 참으로 '독자적인 것'을 앞시대의 전통 속에 숨기려 한다.

관한 학설에 나타나는 것——이 명제에 관해 아무도 순수이론적으로 '증명'할 수 없다——은 다만 하나의 새로운 '이론'에 그치는 것이 아니라, 여기서 다시금 사람 자신이 갖는 하나의 새로운 태도이고, 이 태도를 철학과 과학은 배후에서 다만 변호할 뿐이다. 그뿐만 아니라 이 변호는 사고가능한 다양한 '근거'를 가지고 행해진다(거의 대부분의 철학자가 각기 다른 근거를 가지고 증명할 수 있다). 따라서 이 명제는 첫눈에 이른바 정초에 앞서 주관적으로 확고한 것으로서 확립된 것처럼 보인다. 여기서는 다만 점점 우세해가는 인간의 집단화 형식으로서 '이익사회의 도그마'만이 문제다.[179] 데카르트가 형식적으로 그의 의식관념론에서 발전시켰듯이, 원전비판의 원리도 또한 "나는 생각한다. 고로 존재한다"에서 출발하는 새로운 사고도식의 결과다. ("나는 생각한다. 고로 존재한다"라는 데카르트의 말은 그 자체 역사적이고 이익사회의 본질형태에서 참으로 본질법칙적인 정신적 태도를 표현한 것이고, 실제로는 결코 정초될 수 없는 표현에 불과한 것이며, 따라서 더 이상 '명증적인' 것이 아니다.) 왜냐하면 이 비판적인 의식의 태도에 따르면 원전이란 그 저자의 '표상'을 재현한 것일 뿐이고,——따라서 역사적으로 현실적인 것 그 자체가 아니며, 따라서 우리는 이 '현실'을 먼저 많은 무모순적으로 증명된 원전에서 구성하지 않으면 안 되고, 그것도 사실을 그르치는 저자의 개인적인 관심에 관해 언제나 주의를 기울여야만 하기 때문이다.

'이익사회'의 성원이 상호간에 취하는 1차적인 태도로서 불신은 의례적인 인습에 의해 억제된 표현이고, 역사적으로 과거의 인간이 한 발언으로 치부되어버린다. 낡은 인간성이 이런 개인의 '이해관심' 때문에 잘못된 것이 아니라는 것——또는 기껏 집단적 이해관심에서 그렇다는 것——을 우리는 잊고 있다. 이 근대사회의 원전비판의 원리에서 다시금 법, 언어, 국가의 계약설 이론이 도출되고, 그것은 동시에 근대의 개인주의적 자연법과 계몽의 언어, 법, 국가철학을 형성해준다. 서구민족의 고

---

179) 『동정』, C. '타아의 소여성에 관하여' 참조.

유한 오랜 역사와 모든 문화권 속에서 모든 부분에 걸쳐 나타나는 이 계몽시대의 '정신과학 체계'(딜타이)는, 예를 들어 '경제적 인간'(homo oeconomicus)──그것이 고전 경제학[180]에서는 최근에 멩거(C. Menger)에 의해 몇몇 측면에서 표현된 것만큼 결코 의식된 '허구'가 아니었다──이라는 개념도 기계론적 자연상과 그 기본개념('절대량' '절대적 연장실체' '절대공간' '절대시간' '절대운동' '절대힘')이 도입된 경우와 동일한 수준에서 도입된 것이다.──이 경우에도 실증과학에 대해 아무 힘도 미치지 못하고 일반적인 사고방식에 거의 영향력을 미치지 못하는 회의적인 국외자(예를 들어 중세에 대한 대립을 유화有和시키려 한 라이프니츠의 경우처럼)라는 예외는 없다. 바로 이런 형상은 타당한 것으로서 받아들여지는 것이며, 다만 현실성 그 자체의 참된 올바른 모사(模寫, Abbild)에 불과한 것으로서 수용될 뿐인 것이 아니다. 이런 이익사회는 그 고유한 구조형태를 자연현상의 배후에 있는 '존재 그 자체'로서 투사(投射)한다(유물론). 먼저 칸트가 매우 불충분하지만, 이 가정을 뒤흔들어놓았고, 19세기의 역사주의는 비로소 계몽의 정신과학이라는 도그마를 뒤흔들어놓았다.

5) 끝으로 학문적 생산수단, 즉 학문의 기술과 소재의 객관화도 전쟁기술 또는 물질적 생산기술, 커뮤니케이션 기술과 완전히 동일한 형태의 과정을 거친다. 나아가 똑같은 것이 완전히 기계론적·절대주의적인 제수이트체제의 구조적 모범에 따라 트리엔트공의회[181] 이후 거의 모든 교회체제와 중세적 교회 자체가 겪어온 점차적인 형태의 변모로 간주되고, '기업'과 기업의 회계가 기업가의 사적인 가계와 분리되는[182] 것이

---

180) 스미스(Adam Smith)는 취득된 부에 의해 계급이 형성된다는 잘못된 이론을 제기한 대부(大父)다. 『국부론』(*Vom Reichtum der Nationen*, 1776)을 참조.
181) 1545년부터 1563년까지 이탈리아 북부의 트리엔트에서 개최된 공의회로서 프로테스탄트에 대한 가톨릭 측으로부터 반종교개혁운동을 목표로 한 것이었다─옮긴이.
182) 이탈리아에서 복식부기(doppelten Buchführung)의 발생 및 근대과학과의

보인다. 또한 근대식 군대에서 군인은 말과 칼을 사적으로 소유했던 중세 기사들과는 반대로 국가에 의해 무장되고, 나아가 기계 · 소재 · 건물 등도 노동자에게 공동의 협력을 '요구'한다.——이와 마찬가지로 실험실과 관측소, 표준수집시설, 연구소, 시험소에서 **방법적으로** 행해지고 구체화된 과학의 기술적 운영장치도 개별연구자들과 분리되어 개별연구자들은 그것을 많은 다른 사람들과 함께 사용해야 한다고 강요받는다. 다양한 부속물과 사고물을 갖춘 중세의 교실은 사라져버렸다. 이 사태는 경제적인 조건에 의한 것일까? 아니다. 모든 활동의 기술적인 수단의 구체화와 체계화는 문명의 운행이 향하는 전적으로 **보편적이고 형식적인 방향법칙**이고, 경제가 과학 또는 교회 또는 예를 들어 전쟁보다 더 근원적인 것이 아니라는 사실과 관련이 있다.

또한 과학적 기술과 자원을 결합시켜 물건을 만들어내는 것과 관련 있는 연구자의 (여기서는 국가적인) 완전 **공무원화** 또는 준 공무원화는 작업을 조직화하는 경영주체의 지도 아래서 다음과 같은 사회학적 규칙에 따른다. 즉 이 규칙에 따라 예를 들어 중세에 봉건제후의 후원을 받는 군사적 가신도 (프랑스혁명 이후)——더 이상 인격으로서 영주가 아닌——**국가에 봉사하는** '상비군'의 '장교'로 변신했고, 나아가 과거의 유력한 사람들의 정치적인 지배관계와 신뢰관계에 기초한 명예직과 지속적으로 봉토와 권력을 수여받음으로써 권한을 부여받은 봉건적 관직과 판사직도 근대국가에서는 봉급을 받고 임용된 전문직과 직업화된 재판관으로 바뀌었다. 여기서는 다만 국가에 의한 구별만 있다. 독일의 학문제도에서도 국가에 의한 연구자의 공무원화는 연구와 교육을 일체화시킨 독일 대학의 원칙에 의해 훨씬 강화되고, 영국과 라틴 민족의 대학제도보다 훨씬 강력한 것이다. 즉 영국의 경우에는 (옥스퍼드, 케임브리지 등) 중세의 체제가 매우 오랫동안 유지되고 있고, 다른 한편으로 자유로

<hr>

관계에 관해 서술한 좀바르트의 논문(『사회과학잡지』*Archiv für Sozialwissenschaft*, 1923에 수록)을 참조.

운 학문적 호사가인 연구자가 독일에서보다 훨씬 널리 보급되고 인정받고 있다.[183] 프랑스의 경우에는 연구와 교육이 각기 다른 특수한 제도로 강력하게 분할되어 있고,——이것은 오늘날 독일의 '연구제도'도 부분적으로 일치하는 하나의 체제다.[184]——미국에서는 경제적으로 보장되고 육성된 '재단계열의 대학'(Stiftungsuniversität)이 특수한 지위를 누리고 있다.

특수학문의 분화는 한편으로 학문과정(정신물리학, 물리화학, 진화공학, 유전학 등)의 내재적 논리가 야기한 것이고, 다른 한편으로는 연구자의 정신적인 힘과 천부적 소질의 경제가 불러일으킨 것이며, 부차적으로—— 오직 부차적으로만—— 방금 언급한 두 동기 외에 전문화된 직책(설교자, 교사, 교수, 의사, 공공단체와 민간기업의 종사자, 재판관, 엔지니어 등)에 따라 세분화된 이익사회의 요구에 의해 또한 **사회학적으**로 함께 결정된다. 학문적 이론의 논리적 문제연관에서 이와 같이 학문을 세분화하고 한정하는 후자의 부차적인 동기는 촉진되기보다 오히려 방해받고 있다.——이것이 내가 연구체제와 교육체제를, 즉 먼저 독일에서 '교양체제'를 옛날보다 더욱 예리하게 서로 분리시킬 필요가 있다고 생각한 이유들 가운데 하나다.[185]

후에 비로소 종교적 의식과 실증적 기술로 (그 실패와 성공, 이 성공과 실패의 존재방식에 따라) 분화되는 원시적인 **마술적 기술**부터 현대의 기술에 이르기까지 각 **개별단계에 대응하는 과학과 경제의 형식**을 다같이 탐구하는 것은 사회학의 특수한 과제 가운데 하나다.[186] 종래에는 이 과

183) 독일과 비교하여 영국에서 활동한 자유로운 호사가 탐구자의 의의에 관해서는 래들의 『근대 생물학의 역사』(Geschichte der biologischen Theorien der Neuzeit, 1913) 제2권에서 적절하게 지적한 것을 참조.
184) 나의 논문, 「대학과 시민 단과대학」을 참조(이 책, 2권에 수록되어 있음—옮긴이).
185) 주 184)를 참조.
186) 이에 관해서는 이에 종사하는 민족학의 업적을 들 수 있지만, 그것은 어쨌든 모든 민족을 관통하는 기술에 관해 완전히 확고한 서열이란 존재하지 않는다

제의 해명이 이미 대규모로 가능했음에도, 지금까지 이 영역에 관해 사회학적 관점에서 거의 수행되지 않은 것처럼 보인다. 우리는 다만 다음과 같이 말해도 좋을 것이다. 즉 일반적으로 과학을 일차적으로 경제와 결합시키는 것이 기술이며, 사회의 전체적인 상태가 미발달인 만큼 지식과 그 운동은 일반적으로 기술에 좀더 의존한다. 우리가 어느 정도 전망할 수 있는 역사적 복합체(Geschichtskomplex) 속에 있는 가장 결정적인 이행과정은 다음과 같은 것으로 보인다.

① 법칙적이고 이차적인 원인에 따라 정돈되는 것이 아니라 다만 의지에 의해, 나아가 언어(주문과 미신)에 의해 지배되어야 하는 공간적 · 시간적으로 멀리 떨어진 힘에 근거하는 마술의 기술이 실증적인 기술로 이행되는 과정, 즉 먼저 근원적으로 거의 분리되지 않는 무기와 도구의 기술로 이행되는 과정이다.

② 경작기술 가운데서 모계문화의 괭이에 의한 경작에서 혼합문화, 즉 국가형성(계급형성)과 '정치시대'[187]의 전제가 되고, 나아가 모든 '좀더 높은' 문명의 초석이 되는 혼합문화에서 가축(쟁기)과 결합된 경작으로 이행되는 과정이다.

③ 압도적으로 수공업이 많고 경험적 · 전통적인 도구(또는 도구적 기계)로부터 대부분 아직 유기적인 자연에 훨씬 더 의존하는 에너지를 가진 과학적 · 합리적인 동력기계기술의 시대(초기자본주의)로 이행되는 과정이다.

④ 그 거대한 에너지를 석탄에 비축된 태양에너지에서 구하며, 코크

는 사실을 나타낸다(예를 들어 토기제작의 잦은 실패의 경우가 그런 것처럼). 보애스(Boas), 그래브너, 에런라이흐(P. Ehrenreich) 등을 참조. 후기의 서구에 관계하는 것에 관해서는 좀바르트의 저작, 『근대 자본주의』(1916) I의 3절, 기술에 관한 부분을 참조.

187) 모계권리문화의 기술(먼저 토지의 경작, 토기의 제작, 베 짜는 법)과 부계권리문화의 기술(예를 들어 목세공)의 구별에 관해서는 그래브너, 한(E. Hahn), 보애스 등을 참조.

스의 사용과 함께 개시된 기술(고도자본주의).——전력기술과 방사성 물질의 거대한 에너지를 점차적으로 이용하는 것이 일찍이 하나의 기술시대를 소개해야 할지 어떨지는 나뭇가지를 태우고 수력에 의존하던 매우 유기적인 기술시대와 석탄시대를 구별하는 것보다 훨씬 더 차이가 큰 위대한 질서인데, 석탄이 고갈된 후 그 '대용품'이 발견될지 어떨지는 지금 아무도 모른다.[188]

의심할 것 없이 과학적 세계상의 중대한 변혁은 또한 모든 전쟁, 생산, 커뮤니케이션의 기술 그리고 과학의 기술 그 자체를 완전히 지배하는 이 매우 조잡한 단계적 제한과 밀접하게 결합된 것이다. 다음과 같은 것이 과학의 평형적 현상으로서 상당히 분명하게 서로 구분된다. ① 원시시대의 마술적인 자연관, ② 합리적·생태적 자연관(도구적 기술의 단계), ③ 합리적·기계론적 자연관, ④ 전자적 자연관.

우리의 견해에 따르면 이 기술적 발전은 '진보'라는 매우 **자율적**인 문제영역으로서 전적으로 **경제적** 발전만을 말하는 것과 분리되어야만 한다. 물론 기술적 발전은 고도로 경제적 발전에 영향을 미치고, 또한 경제적 발전에 의해 이차적으로 다시금——상호작용에 의해——규정된다. 그런데 여기서 기술적 발전은 먼저 **경영형태**의 발전에서 파악된다. 그러나 기술적 발전은 국가가 하나의 경영형태인 한에서 국가의 발전에도 적지 않게 작용하고, 나아가 '국가들'(강대국, 열강)의 권력정치적 집단화와 그 제국주의적 경향의 발전에도 영향을 미친다. 이런 국가의 발전은 다름 아닌 경제의 측면에서 행해진 것과 마찬가지로 또한 '대규

---

188) 소디(Frederick Soddy)의 『과학과 생활』(*Science and Life*, 1920)에서의 판단을 참조. 그는 다음과 같이 말한다. "우리는 다만 지금까지 과학이 진보해온 역사에 관한 고찰을 통해 다음과 같은 것을 확인할 수 있다. 즉 석탄이 한층 조잡한 물질의 힘보다 우월하다는 것과 마찬가지로 석탄보다 훌륭한 에너지자원을 기술적으로 개발하고 이용하는 것이 예견될 수 있기까지는 수십 년 또는 수백 년이 걸릴 것이다."

모 경영'의 경향을 띤다. 모든 마르크스주의 문헌을 통해 경제주의로부터 나오고 기술주의로부터 따라 나오지 않은 역사철학적 사상, 즉 인간의 자연에 대한 전체적인 지배[189]가 인간의 인간에 대한 지배와 함께 '국가'——복지조직으로서 국가와 구별되는 지배단체로서 국가——를 언제나 불필요한 것으로 만들어버린다는 역사철학적 사상은 예리한 비판을 견뎌낼 필요가 없는지 모르겠다.[190]

(4) 서양기술과 아시아적 기술(지식문화)의 종합 및 형이상학의
부활에 관하여

유럽과 미국 문명의 미래에 영혼기술(Seelentechnik)과 내적인 생명기술(Vitaltechnik)이 생겨날지 어떨지는 아직 속단하기 어려운 문제이며, 지금까지는 위대한 아시아의 문화만이 이 두 기술을 실증과학적이 아닌 형이상학적인 지식문화의 기술적 상관태로서 발전시켜왔다.——이 물음에 대답하는 것이 서양의 기술주의가 지닌 궁극적인 숙명이고, 아시아에도 결정적인 중요성을 갖는다고 나는 믿는다. 그러나 기술적으로 놀랄 만한 위대한 업적을 이뤄 승리에 도취된 19세기의 서양인은 우리에게 잘 알려진 인류역사 속에서 다른 예를 찾아볼 수 없을 만큼 자기

---

189) 인간의 인간에 대한 지배라는 의미는 모든 뛰어난 관찰이 가르쳐주듯이 결코 단지 물건에 대한 지배를 요구하기 위한 수단에 불과한 것이 아니라—칸트가 『인간학』에서 정당하게 가르쳐주었듯이—인간에게 완전히 근원적으로 고유한 무엇이 있고, 이상적인 생산기술의 경우에도 완전히 소멸해버리는 것이 아니다.

190) 기술주의적 역사이론은 예술사(예를 들어 젬퍼Semper의 양식에 관한 저작), 전쟁사(무기가 기사도를 파괴시켰다고 말하는 델브루크Delbrück의 반론을 참조), 종교사(종교적인 객관적 표상의 형성에서 제사에 대한 유제너Usener의 과대평가)에서 또한 에토스(버클과 스펜서)에서 각기 형성되고, 그것이 양식의 발전, 군사체제, 방법으로서 학문, 경제 및 법의 발전을 '설명'하려 한다면, 그것은 언제나 마찬가지로 잘못이다. 다른 한편으로 이 학설은 학문에 관해 마르크스가 말하듯이 종종 경영형태, 법형태, 기술, 계급구성을 의미하는 불명확한 '생산관계'의 개념보다 훨씬 큰 정당성을 지닌다.

자신과 자신의 내적 생명, 나아가 자기 재생산물이 체계적인 영혼기술과 생명기술에 의해 지배되어왔다는 사실을 까마득하게 잊고 있다. 그리하여 오늘날 우리에게는 전체로서 서양의 시민세계가 지금까지 그랬던 것 이상으로 스스로 통제할 수 없는 것처럼 보인다. 그러나 자기 지배의 기술은 집단과 개별적인 타자에 대한 모든 통치기술의 뿌리다. 서양인들은 이 내적인 기능을 다만 윤리학이라는 형식으로밖에 알지 못하고, 영혼기술을 체계적으로 발전시킨 형식으로서는 알지 못한다. 그러나 유럽과 미국의 시민세계가 아시아의 영혼기술 원리를 체계적으로 받아들임으로써 실증과학 및 기술·공업의 방법과 관련하여 아시아 국민들의 급격한 유럽화, 저 간디[191]의 저항운동으로도 저지할 수 없었던 유럽화를 보완하고 보상해준다면, 앞서 특징지은 새로운 '문화권의 세계시민주의'의 가장 고귀하고 풍성한 성과를 거두는 것이 아닐까 하고 나는 생각한다.──문화권의 세계시민주의는 유럽과 미국의 시민세계가 아시아의 문화에 대해 갖는 정신적 교섭을 말한다.

그러나 지금까지 그것은 하나의 꿈에 지나지 않았다. 사려 깊은 심리분석가인 제임스가 만년에 애정을 가지고 이 꿈에 몰두해왔으며, 오늘날도 이 꿈이 실현될 가능성은 매우 희박하다. 물론 어린 강아지의 걸음걸이 정도에 불과하지만, 이런 흔적의 가치와 궁극적인 확증에 관해 나의 견해에 따르면 대체로 다음과 같이 비판적으로 평가된다. 즉 사회적인 '운동'으로서 많은 지식사회학적 관심을 불러일으킨 것으로 평가된다는 것이다. 예를 들어 인지학운동, 크리스천 사이언스 운동,[192] 프로

---

191) 위대한 정치적·경제적 '운동'조차 영혼기술적 방식으로 밝혀질 수 있다는 것은 마하트마 간디가 이끈 영국의 지배에 대한 아시아인의 '비저항운동'(비저항·비폭력)이 잘 나타낸다. 이에 관해서는 롤랑의 『마하트마 간디』와 가나고기(鹿子木員信: 1884~1949, 일본의 철학자—옮긴이)의 『간디, 인도혁명 정신』(*Gandhi, der Geist der indischen Revolution*, Berlin, 1924)을 참조. 가나고기는 루르 지방에서 독일인의 '소극적 저항'에 관해 '독일민족과 그 지도자는 본래적인 소극적 저항이 어떤 것인지를 알지 못한다'는 적절한 판단을 내리고 있다.

이트류와 아들러류의 정신분석 '학파'가 생겨난 것 등이 그렇다. 영혼기술적 물음 일반이 이미 광범한 대중적 관심을 끌 수 있었다는 사실은 그 자체 지식사회학의 관심을 끌기에 충분한 사회적 욕구경향을 나타내는 하나의 상징이다. 현대의 개인적 · 사회적 정신치료법의 시행은 다만 이런 집단적 관심과 매우 강력하게 결합된 것이다(내과의사 크라우스Fr. Kraus[193] 같은 유명한 의사들은 이런 과도한 정신치료법의 시행에 대해 단호하게 항의한다). 정신치료법의 시행은 한편으로 이른바 영혼의 치유(Pastoralmedizin)라는 고대 형식을 부활시키고, 다른 한편으로 흔히 의사와 심령가(Geistlichem)의 사명을 이상할 정도로 근접시켜 의학이 지닌 사회적 위상을 상기시킨다. 왜냐하면 일반적으로 성직자와 의사는 사회학적으로 차이가 없기 때문이다.[194] 그러나 실험적으로 행해지는 개인심리학 · 집단심리학 · 차이심리학의 지반 위에서 직업적성

---

192) 인지학(Anthroposophie)은 루돌프 슈타이너(R. Steiner, 1861~1925)가 헤켈(Haeckel)의 일원론 운동에서 떨어져나와 창안한 새로운 정신운동이다. 1913년에 뜻을 같이하는 사람들이 단체를 결성하여 35년 나치에 의해 해산되기까지 청년과 민중 사이에서 많은 동지들을 모았다. '투시'를 기본으로 삼는 특유한 그노시스적 세계관, 인생관을 지녔다. 크리스천 사이언스는 1867년경부터 미국의 에디(Edi) 부인이 주장한 정신치료법의 일종이다. 그녀는 신의 전존재(全存在)와의 정신적 합일로 질병의 고통에서 벗어날 수 있다고 설명한다-옮긴이.

193) 그가 베를린 '의학협회'에서 최근에 행한 강연, 「심리학과 의학」(Psychologie und Medizin)을 참조. 또한 현대의 정신치료법에 대한 훌륭한 입문서로는 크론펠트(A. Kronfeld)의 『정신치료법』(Psychotherapie, 2판, Berlin, 1925)을 참조.

194) 이에 관해서는 가이거(M. Geiger)가 독일 남부의 월간지에 발표한 논문, 「미국에서 크리스천 사이언스 운동」(Christian-Science Bewegung in Amerika)을 참조. 나아가 동일한 대상에 관한 홀(K. Holl)의 노작을 참조. 이러한 정신치료법 학파와 영역이 증가하고 있고, 비정상적이고 병적인 영적 현상에 대한 공개적인 관심이 점점 확산되어간다는 사실을 고려해볼 때, 크레펠린(E. Kraepelin) 등이 수없이 지적했듯이, 우리 시대가 묘한 방식으로 헬레니즘 시기와 닮아간다고 할 수 있는데, 이것은 '신비한' 현상을 새로운 형이상학의 출발점으로 삼으려는 광범한 시도에 대해서도 타당하다.

의 문제와 광고나 그밖에 다른 문제를 실천적으로 파악하려는 정신공학적 시도는 철학적인 방식으로 행해지는 육체적 건강과 구제, 인식이라는 목표가 좀처럼 교차하지 않는 심리기술(정신공학)과 전적으로 구별되지 않으면 안 된다. 따라서 전자의 정신공학적 시도는 현대경제가 초래한 고도생산과 판매에 기여한다는 점을 확실히 자각해야만 한다.

지식사회학적으로 볼 때 가치중립적인 실증과학의 '단독지배' 경향(이것은 모든 실증적 사상의 흐름에 특유한 것이다)은 언제나 과학 그 자체가 기술주의로 타락해가는 경향을 나타낸다. 이것은 실증과학의 근원을 생각해보면 이미 자명하다. 즉 실증과학은 어떤 가능한 지배원리에 의해서도 제약되지 않는 순수이론으로서, 다시 말하면 지식의 '순수한' 사고형식으로서 철학과 형이상학을 그 배후에 가지는 경우에만, 기술주의로 타락하는 것을 면할 수 있다. 다른 한편으로 형이상학은 그 상관태인 영혼기술과 엄밀하게, 아니 본질적으로 결합해 있는데, 그것은 이 영혼기술이 윤리학이라는 실천적 수업·단련 등의 목표와 금욕적이고 종교적이거나 순수 연극적인 목표에 기여할 뿐만 아니라 인식론적인 목표에도 기여할 수 있을 때 그렇다.——아시아의 '교양문화'에서 형이상학과 영혼기술이 함께 우위를 나타내는 것을 생각해보더라도 그렇다.

심정의 소질과 정신의 소질을 철학적인 본질인식을 위해 기술적으로 부흥시키려는 문제를 위대한 형이상학자들, 즉 붓다와 플라톤, 아우구스티누스에서 시작하여 '지속'(durée)의 직관을 목표로 하는 베르그송의 '고통스런 노력'과 후설의 '현상학적 환원'에 관한 학설에 이르기까지 위대한 형이상학자들은 모두 잘 알고 있었다. 후설의 현상학적 환원은 외관상으로 그럴듯한 논리적인 방법론으로 포장된 인식기술적인 문제이고, 지금까지 매우 불완전하게 해석되어온 특수한 철학적 지식의 태도와 인식의 태도 일반에 관한 문제 일반을 나타낸다.[195] 즉 내면적으로 철

---

195) 이 물음에 대한 후설의 학설을 상세하게 논의하면서 비판하는 작업을 나는 『형이상학』, 제1권에서 전개할 예정이다(이에 관해서는 『우주에서 인간의 지위』, 1928을 참조—편집자).

학적이고 형이상학적인 지식의 기술은 실증과학적인 인식기술과 다른 '목적'을 지닌 그밖에 다른 심리기술적인 방법과 혼동되지 말아야 할[196] 매우 독자적이고 독립적인 종류의 문제다.[197] 여기서는 다음과 같은 것이 문제가 된다. 즉 대상들이 갖고 있는 실재성의 계기(실재성이란 최고의 '개별화 원리'인 동시에 궁극적인 '개별화 원리'다)를 부여하는 각종 작용과 욕구충동을 차단하는 하나의 작용에 의해 진정한 이념과 근원현상을 순수하게 관조하고,——이념과 근원현상을 합치시키는 것에서——현존재적으로 자유로운 '본질'을 재건하려는 것이다. 그러나 이런 작용과 충동은——버클리, 멘드비랑, 부터벡, 후기의 셸링, 쇼펜하우어, 딜타이, 베르그송, 프리사이젠-쾰러, 얀센 그리고 나 자신이 공통으로 인식해온 것처럼——언제나 **충동적이고 역동적인** 본성을 지니고 있다. 지각과 기억의 모든 양태에서 실재성은 역동적이고 충동적인 주의작용에 대한 '저항'으로서만 주어진다.[198] 여기서 **차단되어야** 하는 작용들은——이

---

196) 이에 관해서는 『인간에 있어서 영원한 것』에 수록된 나의 논문, 「철학의 본질」(1916)을 참조.

197) 지식사회학에서 다뤄지는 특수한 문제 중에서 다음과 같은 것, "근원현상과 이념, 즉 **본질적으로** 관찰할 수 없고 정의할 수 없는 것(왜냐하면 양자는 사물과 사태에 관해 '가능한' 모든 관찰과 '가능한' 모든 정의와 공리公理에 앞서 주어지지 않으면 안 되기 때문이다)을 상호 직관하고 직접적으로 상호 사고하는 것"의 문제, 나아가 "(원리적으로 기준과의 중재가 불가능한) 현상학적 논쟁"의 문제는 『형식주의』에서 처음으로 밝혀졌다.* 란츠베르크(P.L. Landsberg)의 쾰른대학교 박사학위논문, 『플라톤적 아카데미의 사회학에 관해』(Zur Soziologie der platonischen Akademie, Bonn, 1923)를 참조.

  *『형식주의』에 관해 언급하면서 저자는 동시에 쓴 논문, 「현상학과 인식론」을 혼동하고 있는 것이 분명하다. 이 논문은 유고집 I(전집 10권)에서 처음 출판되었다. 이 논문 III. '현상학적 논쟁'을 참조-편집자.

198) 저항의 체험에 주어지는 실재성의 계기는 지각·기억 등에 주어진 모든 대상들의 내용과 본질존재(Sosein)에 추후로 주어지는 것도, 동시에 주어지는 것도 아니라 사실은 앞서 주어진다.—그래서 실재성의 계기가 지닌 소여성이란 지각의 결과가 아니라 지각의 조건이다(이것은 우리의 욕구충동이 모든 표상행위의 조건인 것과 유사하다)—바로 이런 점들은 지각의 소여성이 층을 이루고 있다는 이론을 상세하게 나타내준다. 즉 실재성의 계기를 부여하

작용들은 후설이 생각하듯이, 현존재의 양태를 '삭제하고' 현존재를 '괄호 치는' 오직 논리적인 방법을 통해서는 모두 차단시킬 수 없다——우리가 생각하는 바와 같이 실증과학과 지배기술의 전(前)논리적인 근저에 들어 있는 것 가운데 하나인 **지배의지**와 지배평가의 실증적 뿌리다. 철학적 인식기술은——라스크(E. Lask)의 탁월한 공적에 의해 비로소 최근에 재발견된 '철학의 논리학·인식의 이론'의 문제, 즉 아프리오리한 대상인식과 직관형식, 사고형식 그 자체의 이론이라는 문제와 철학적 인식기술을 확실히 구별해두는 것이 좋다——실증적·과학적인 인식태도와 다를 뿐만 아니라 심지어 대립하기까지도 한다. 왜냐하면 실증과학의 인식태도는 철학적인 기술과 정반대로 ('지금·여기' 그렇게 있음의) 현상들을 시·공간적으로 일치시키려는 법칙들의 인식만을 생각하는 **본질**에 관한 모든 물음을 차단시킨다는 것과 기술적인 목표설정을 의도적으로 연결시키는 것을 동시에 요구하기 때문이다.

서양인들과 아시아인들이 서로 반목하는 의식의 태도인 자각적인 연결과 차단이라는 두 작용을 번갈아 수행하는 것을 쉽게 익히는 동시에 확실히 익히고 싶다면,——따라서 자기 자신에게 전혀 새롭고 '낯선' 태도를 배우고 숙달시키려 한다면——마침내 인간정신 내부에 잠들어 있는 **인식의 전체적 가능성**이——즉 형이상학적인 가능성과 실증과학적인 가능성이 동시에——힘을 발휘하게 될 것이다. 이 점에 관해 살펴보자. 인류 공통의 위대한 사명, 해악과 고뇌를 지양하고 선을 부흥시키려는 사명을 띠면서, 서양인은 물적 재화의 생산과 해악에 대한 (외적인 원인이 지양됨으로써) 적극적인 **투쟁**의 기량을 극단적으로 발전시켜왔다. 이

는 것과 똑같은 과정이 지각대상의 지금·여기에 그렇게 있는 존재를 성립시키는 조건이 된다. 따라서 이 계기가 현실화되지 않는 정도에 따라 대상의 내부에서 동일성을 유지하면서 지금·여기와는 독립적인 '본질'을 주관에 대해 전개시키지 않은 채로 남겨두지 않으면 안 된다. 이 점에 관해 나는 『형이상학』, 제1권에서 상세하게 논의할 것이다. 이 책, 2권에 수록된 논문, 「인식과 노동」 제5장, 6장을 참조.

서양의 기량을 아시아의 두 기량——영혼기술에 기초한 가장 순수한 '인
내'(즉 해악 '에 대한 고뇌'를 내적으로 저지하는 것)라는 강력한 영웅적
기량과 은총을 믿는 모든 종교성과 대립하는 영혼에 대한 배려라는 자
력적인 기량——과 조화시킨다면, 인간정신의 본질적 소질 속에 잠들어
있는 외적이고 내적인 자연에 대한 가능한 위협의 완전하고 전체적인 극
한이——고뇌와 해악 사이의 본질적인 상호관련성에서——비로소 실현
될 것이다.[199] 왜냐하면 대상의 실재성 계기와 자동적으로 일어나는 저
항 사이의 싸움을 조정하는 기술을 실제로 사용해보면, 세계에 대한 모
든 가능한 고뇌를 함께 제거할 수 있기 때문이다. 모든 '고뇌'는 결코 그
외적인 원인에 따라 일어나는 것이 아니며, 적어도 이 원인에 대항하는
자동적이고 충동적인 운동의 과정에 기인하는 것도 아니다.——이 명제
는 가장 단순한 고통의 감각에 대해서도 유효하다.

　　그런데 서양의 외적인 자연의 기술주의와 이에 대응하는 지식 상관태
인 실증과학이 초래하는 위협에 의해 인간은 단지 기계장치와 기계장치
를 지배하는 것만이 유효하다는 물건으로 전화(轉化)되고 만다. 여기서
완전히 대립적인 방향을 지니면서 동시에 의미논리적으로 공속(共屬)하
는 지식원리와 권력원리 사이의 평형이 이뤄지지 않는다면, 이 과정은
서양세계의 확실한 몰락이라는 종말을 향할 수밖에 없다.[200] 따라서 우
리는——지식사회학의 가르침에 따라——인류의 의미심장한 균형을
다시금 실현하기 위해 모든 '가능적' 기술 일반이 지닌 두 개의 위대한 원리
와 이 원리에 대응하는 지식형태를 동시에 그리고 그때마다 교차되는 체
계적인 활동으로 유도해가는 것을 배우지 않으면 안 되고, 그것도 해악
과 적극적인 생명가치를 지닌 재화의 산출 사이에 충돌이 예상되는 모

---

199) 이 점에 관해서는 『사회학 및 세계관학 논문집』에 수록된 나의 논문, 「고뇌의
　　의미에 대하여」와 『동정』의 해당 장을 참조.
200) 현대 유럽에서 혁명정신—여기에는 유럽 내부의 혁명전쟁, 이른바 '세계대
　　전'이 부분적으로 속한다—의 궁극적인 뿌리는 인간에 대한 '사물의 반란'이
　　라고 나는 늘 주장해왔다. 다른 모든 혁명은 이로부터 파생된 것에 불과하다.

든 영역에서——예를 들어 여기서 우리는 전쟁과 평화, 질병과 건강, 인구의 양적 증가와 질적 고도화를 위한 인구증가의 억제, 경제적 절약과 산업의 확장 등의 대립을 문제 삼는다——배우지 않으면 안 된다.

지식문화와 기술적인 문화를 배치하기 위한 프로그램을 여기서 모두 상세하게 설명할 수는 없다. 그렇지만 우리는 사회학적 지식동학(Wissensdynamik)이 실증주의적 동학에 대항하여 원칙적으로 벗어나 있다는 점을 분명하게 밝혀야 한다. 실증주의자는 형이상학적 지식과 이에 상관적인 '인내'의 기술, 즉 해악에 대항한 저항을 영혼기술적으로 제거하려는 기술의 사멸을 인류 전체에게 가르친다. 실증과학과 그 상관적인 기술에 대해——반동적으로 가치를 부정하며, 유치하고 소시민적인 르상티망이라는 형식을 취하면서——본래 적대적인 그노시스주의가 취하는 형이상학적·낭만주의적인 모든 형태로부터 우리의 지식이 떠나 버렸다는 사실은 언제나 어떤 이유가 있다는 점을 모든 인류에게 가르치고 있지만, 실제로 이 가르침은 잘못이다. 그리하여 두 이론, 즉 하나는 실증주의와 마르크스주의가 말하는 모든 종류의 이론이고, 다른 하나는 적극적인 자기 구제를 목표로 이끌어가는 자발적·형이상학적인 정신이 계시교회에 의해 강압적으로 저지되는 두 이론에 반대하면서 우리는 다음과 같이 확신한다. 서양과 북미에서 매우 강력하게 형이상학적이며 영혼기술을 중시하는 시대가 이른바 '근대'라는 실증적이고 자연기술적인 시대를 계승하여 나올 것이며, 다른 한편 아시아에서는 실증적·과학적이고 자연기술의 시대가 지금까지의 문화시기 중에서 가장 형이상학적으로 치우쳐 있었던 시대를 계승해 나올 것이다.

위에서 언급한 '인내'의 원리를 해악과 고뇌에 대한 투쟁 속에서 실현하는 것은 특히 '비폭력'과 영웅적 무저항이라는 소극적인 정책을 주장하는 오늘날의 모든 이론에서 받아들여지고 있고, 최근에는 톨스토이, 간디, 롤랑 등으로 대표되고 있다. 퀘이커교도와 미국의 재세례파가 수세기 동안 신봉해온 이론도 이들의 가르침에 의존한다. 이런 생각은 궁극적으로 심리학·생리학에 의해 완전히 증명된 근본적인 인식에 기초한다.

즉 모든 의욕은 기도하는 것을 단순히 긍정하고 부정하는 것 외에, 욕구 충동과 이에 상관하는 신경의 운동과정을 억제하거나 해방하는 것에 불과하며, 이 욕구충동과 운동과정은 억제냐, 해방이냐를 선택함에 따라 의지적 기도를 실현하기 위한 과정에 적합하게 된다는 것,——그리하여 무엇을 생산하기 위한 실증적인 권위는 결코 의욕에 속하지 않는다는 인식이다. 따라서 암묵적으로 정신적 의욕의 실증적 작용이라고 생각하는 모든 것은 결코 언제나 필연적으로 '순수'의지라고 할 수 없고, 반드시 언제나 충동적인 것과 혼합되어 있다. 원인으로서 진정한 '의욕'은 단지 '금지'(non fiat) 또는 '금지하지 않는 것'(non non fiat)이고, 이상적인 가치태로서 기도된 것에 대항해서 비로소 의욕은 과장되지 않은 (실증적인) '명령'(fiat) 또는 '금지'(non fiat)가 된다. 그렇기 때문에 순수하게 정신적 수단을 사용할 것을 기도하는 정책은——그것이 가능한지, 어떤지는 여기서 유보시켜두고——원리적으로 무저항의 정책일 수밖에 없다. 왜냐하면 모든 적극적인 저항은 적대자에게도 영향을 미치는 본질적으로 같은 충동과 욕구에 의지적합적으로 근거하지 않으면 안 되기 때문이다. 그래서 무저항의 원리는 단호하게 다음과 같이 주장한다. 즉 저항에 대한 권위가 현존하는 것으로 확실하게 확증되는 경우에만 무저항이 가치를 지니게 되고,——따라서 나약 · 비겁 또는 이와 유사한 것들이 치욕과 침해에 대한 인내를 규정하는 것이 아니다.[201]

우생학과 질을 중시하는 인구정책의 체계가 서양의 역사적 발전 속에서 지배적인 원칙과 날카롭게 모순되는 원칙에 기초한다면, 이 체계는 소극적인 정책의 원리와 가장 긴밀하게 결합된 것이다. 소극적 정책은 고뇌를 적극적 · 영웅적으로 인내하는 기술의 형이상학적인 지위와 억제하고 해방시키는 자신의 정신적 의지작용의 의미에 관한 이론에서 생겨난 것이다. 그런데 실제로 서양의 역사를 지배해온 원칙은——금욕에

---

201) 이런 생각을 나는 「도덕의 구축에 있어서 르상티망」(1912, 전집 제3권에 수록)에서 확실히 강조했다. 특히 롤랑의 『마하트마 간디』(독일어 번역, Zürich, 1923)를 참조.

의해서든, 수태조절이라는 수단에 의해서든——어린아이 수의 감소를 달성할 수 있다는 주장에 대해 생식행위에의 불참이라는 객관적인 정당성과 주관적인 권리를 다른 조건이 같다면(ceteris paribus) 특별히 증명할 것을 요구한다. 생명기술의 원리는 인내하는 기술의 원리와 자연을 지배하는 것보다 인간에 대한 자기 지배가 우선한다는 원리에 대응하듯이, 이들 원리와는 정반대의 원칙을 촉진시킬 것이 틀림없다.

즉〔생명기술의 요구에 따른〕인류의 재생산에 참가하는 모든 것은 반드시 소수자의 우대라는 특별한 권리를 증명해야 하는 것과 관계있고, 소수자의 우대란 '좋은' 형질의 유전을 약속하고, 이 약속은 유전될 수 있는 가장 부정적인 유전형질을 확실하게 차단하거나 평균적인 개연성을 차단해야만 하는 것이다. 이렇게 볼 때 유럽 사람들이 물질적인 생산기술과 이에 종속하는 실증과학을 일방적으로 추진해온 것은 다음과 같은 두 가지 확신에 토대를 두고 있다. 그것은 첫째로 좋은 유전가치란 수정란의 양이 결정하는 기능이고(이것은 현대의 유전학이 끊임없이 파괴시켜온 다윈의 우연발생론에 대한 선입견이다), 둘째로 기술과 과학의 가능적 진보, 나아가 실증과학의 진보는 모든 현대인에게 자신이 소비할 것보다 많은 경제적 재화를 산출하는 것을 원리적으로 가능하게 해준다는 확신이다. 이 두 원칙은 학문 이전에는 훨씬 더 지지받을 수 없었다는 것을 증명한다.[202] 이 두 원칙을 실천적으로 수행해간다는 것은 인구가 늘어나는 모순적인 상태를 초래할 뿐만 아니라, 서양(과 미국)의 인구를 질적으로 결정하는 법칙을 자본주의의 발전단계와 함께 언제나 순수하게 관철시켜온 최고원칙이다. 인구가 늘어난다는 것은 잉여식량, 농산물의 한도를 넘어 인구를 증식시키지 않는 유럽에서는 모든 전쟁과 혁명이 일어날 수 있게 하는 제1의 독립변수이고, 질적 인구법칙은 말하자면 나쁜 가치의 희생보다 비교적 좋은 유전가능한 가치를 희생시킴으로써 유럽의 인구가 증가한다는 것이다.

---

202) 이 논문의 결론부분을 참조.

지구 전체 인구가 지금까지의 추세와는 다르게 증가하는 경향을 나타내는 것이 아닌가 하는 물음이 (이 문제를 예를 들어 과학적으로 해결하려는 것이 현재로서는 매우 곤란해 보인다) 나에게는 원리적인 문제로 보인다. 인구증가는 기술 · 과학 · 경제 전반의 진보에 의해 가능해진 잉여식량의 증대에 맞춰 일어나는 것이 아니며,──따라서 진보해가는 과정 속에서 언제나 성과가 크고 방해받지 않는 계급투쟁으로 유도되는 것, 아니 이런 계급투쟁 속에서 모든 정신문화의 몰락으로 유도되는 것임이 틀림없다. 그런데 현대생물학의 견해에 따르면 탄생 · 노화 · 죽음(종의 자연사)은 모든 종에 불가피한 과정이고, 따라서 전체로서 인류에게도 불가피한 과정이지만, 인류가 자신에게 할당된 생물학적 존재의 역사적 단계에서 노년기에 접어들었다고 가정하는 것도 결코 무리가 아닐 것이며, 이때 (인구증가의 충동적 힘을 지도하고 제어해온) 격률의 **에토스를 지닌 원리를 전도시켜버리는**──저 영원한 가치서열을 기준으로 측정된──것만이 인류에게 유익한 발전과 가능한 진보를 약속해줄 것이다. 왜냐하면 이것은 널리 퍼진 피임의 **금지**(와 자손의 출산)를 의무화하는 격률 대신에 자손을 **회피**하고 **출산**에 대해 특별한 **권리증명**을 요구하는 일반적인 의무로 만들어버릴 것이기 때문이다. 나는 이 문제가 해결될 수 있는 낌새를 전혀 보여주지 않는 이유도 잘 이해할 수 없거니와, 오늘날 이 문제를 순수 학문적인 수단을 사용하여 해결하려 했다고도 생각하지 않는다. 나는 다만 인구가 점차 증가해갈 것이라고만 말해둔다.

따라서 인류가 자신의 종적 본성에 의해 정해진 생존기간 중에서 가장 힘 있는 단계에서 출산을 권장하는 원리를 **상승**의 원리로서 선택해야만 한다고 말해도 좋을 것이지만, 이것은 '비존재보다 존재가 낫다'는 **신생민족**의 형이상학적으로 (잘못된 것은 아니지만) 완전히 일면적인 원리 아래서 지금까지 통용되어온 것이고, (모든 경우에) 생식활동에 불참한다면 특수한 권리를 증명해야 할 책임을 부과하는 것이다. 또한 인류의 총체적인 삶과 시대의 **전환**이 일어났으며,──그 후로는──증명해야 할 책임의 **전환**, 즉 **출산**에 대해 특별한 **정당화**를 요구하는 생생한 에토스(와 이 에토스에 대응하는 제도와 허용기준)에 따라──객관적인 가치서열에 따라 척도된──인류의 가능한 총체적 상승을 보증할 수 있을 것이다. 그리하여 지금까지의 허용원리와는 대립하는 원리가 통용되고 있다. 이 원리는 예를 들어 그리스도교 교회가 지켜온 지금까지의 격률이나 원칙 같은 것이 즉각 받아들여져 인류에 대해서도 언제 어디서나 유효하다는 주장을 매우 불확실한 선입견에 불과한 것으로 만들어버린다.──미국에서는 그리스도교 대신에 우생학이 하나의 신흥종교가 되고 있지만, 우생학 사상을 기술적으로 실천하고 또한 제도적이거나 비제도적으로 실천하는 것과 실천가능성에 관해 논의하는 것은 이 책의 과제가 아니다. 다만 '늘어난 너희들의 인구마저 범죄나 다름없다!'는 현대 유럽에서 위대한 시인들 가운데 한 사람[203]이 경고한 말을 상기해둔다. 그의 경고는 생명감과 존재감을 예리하고 입체적으로 표현했고, 이것은 모든 사회문제의 원인에 대한 수많은 학문적 연구보다 더 깊게 인구문제의 궁극적인 뿌리를 간파한 것이다.

1924년 9월에 하이델베르크에서 개최된 〔제4회 독일〕사회학회에서 내가 「서양과 아시아의 지식문화 및 이 지식문화에 속하는 두 종류의 기술에 관한 다가오는 상호보완」이라는 제목으로 발표했을 때,[204] 마르크스주의 사회학의 신봉자에게서 어떤 반론이 제기되었는지를 알아보는 것이 독자에게 흥미를 줄 것 같다.

여기서 특히 두 가지 반론이 제기되었다. 하나는 나의 존경하는 친구, 골드샤이트[205]가 제기한 것이고, 다른 하나는 나의 공동보고자인 아들러[206]가 제기한 것이다. 골드샤이트가 많은 사회학적 문제제기에서 나

---

203) 게오르게(Stefan George, 1868~1933, 독일의 서정시인)를 말한다─옮긴이.
204) 이 책 부록, 재판(2판)에 관한 편집자 후기를 참조─편집자.
205) 골드샤이트(Rudolf Goldscheid, 1870~1931): 오스트리아의 철학자. 다윈에 기초하면서 헤켈의 일원론운동에 관계했다─옮긴이.
206) 아들러(Max Adler, 1873~1937): 오스트리아의 마르크스주의 철학자. 마르크스주의와 칸트철학의 종합을 시도했다─옮긴이.

의 생각에 깊이 영향을 준 것에 나는 감사한다.

골드샤이트의 반론은 나를 공격하는 아들러에 대한 나의 테제를 반쯤 변호하려는 것이었는데, 사실적으로나 논리적으로 모든 경우에 아들러의 반론보다도 훨씬 정확한 비판이었다. 그것은 다음과 같다. 〔아시아의〕 역동적인 인내를 통해 고통을 극복하는 기술과 형이상학에 속하는 것들은 전적으로 서양의 실증과학과 그 물질적 생산기술의 연관에서 볼 때 훨씬 더 높은 적극적 가치를 부과한다.──그러나 이런 가치가 경제와 생산기술이 덜 발달한 상태에서는 상대적인 것이다. 이런 첨가물은 물론──정확하다면──우리가 제시하려는 것을 모두 완전히 격파해버린다. 가치는 근원적으로 의욕하지 않는 것을 불가능한 것으로 만든다. 가치는 형이상학 · 종교 · 문화권의 에토스를 적어도 지도하고 통제한다는 의미에서 경제 및 기술이 지닌 양식과 경향을 함께 형성하는 원인으로서 생각하는 것이 아니라 단지──경제사적이고 기술사적 의미에서──경제적 · 기술적인 생산관계의 상태(Standes)를 나타내는 지수(Exponenten)로서 평가할 따름이다. 이 지수도 당연히 유럽적인 이성의 형이상학과 마르크스주의적인 진보사관의 가치기준에 따라 측정된다. 또한 이 속에는 내가 처음 제기했고, 다음으로 좀바르트가 광범위하게 논의한 것에 의해 극복되어야 하는 선입견, 즉 근원적으로 이념 및 가치평가와 무관한 어떤 경제법칙이──그것이 고전적인 국민경제학이 생각한 것처럼 영원히 타당해야만 하는 고정된 것이든, 발전법칙이든 간에──있다는 선입견[207]이 전제되어 있다. 이것은 마르크스가 헤겔과 콩트 등과 함께 서양적 역사관을 파악하는 핵심을 공유한 바로 최초의

---

207) 이에 관해서는 최근 부글레가 『가치의 발전에 관한 사회학 강의』(*Leçons de sociologie sur l'évolution des valeurs*, Paris, 1922)에서 전개시킨 날카로운 반론을 참조. 나아가 일본경제에 관한 레더러(E. Lederer)의 시사적인 논문을 참조. 이 논문에서 그는 일본인의 심성과 에토스, 일본인의 충동적인 욕구의 구성요소에 따라 자본주의의 철저한 합리화는 어떤 구조적 방해를 받고 있는지를 제시한다.(Frankfurt Zeitung, 1924 참조)

'유럽주의적인' 선입견에 불과하다. 마르크스의 역사이론과 역사의 발전법칙·발전경향, 예를 들어 자본주의적 국면으로 향한 경제의 운동과 이에 속하는 과학·기술의 운동은 인류의 총체적인 발전에 대해서도 타당해야만 하고, 따라서 이 경제의 단계와 기술 및 과학의 단계가 인도, 중국, 러시아, 일본 등 어디서나 또한 나타나야만 한다.──이런 경제체제가 일정기간 동안 강요와 폭력이라는 수단을 사용하여 아시아와 러시아의 문화에 대해 압박한 것은 아닐지라도, (일정 시간이 흐른 후에는) 반드시 이런 경제운동과 과학 및 기술운동이 일어나야만 한다. 그러나 러시아에도, 하물며 위대한 아시아의 문화에도 이런 전제는 결코 어울리지 않으며, 나아가 경제주의와 계급투쟁이론은 단지 서양역사에 매우 한정된 후기국면에 대해서만 타당한 것이다. 이 두 가지를 골드샤이트의 반론은 간과한 것이다. 이와 함께 그는 인지의 발전이 서양과 위대한 아시아문화에서 (아시아문화가 서로 내면적으로는 큰 차이를 보이지만) 받아들여지는 다양한, 아니 대립하는 근본방향이 지닌 등근원성을 간과한 것이다. 즉 그는 조화라는 것이 지닌 거대 질서를 알지 못했다. 이 조화가 본래 분리된 문화권을 서로 결합시켜 서서히 힘을 합쳐 성장해가면서 '인류'가 된다는 것을 실현시켜줄지 모른다.[208]

아들러의 반론은 나의 주장을 이론, 연구, 테제, '여론'이라는 총체적 부류에 속하는 하위요소로 치부해버렸다. 그는 이런 총체적 부류를 아시아와 인도의 '형이상학적 염세주의'에 대한 '근대인의 선입견', 한편으로는 '몰락의 분위기', 다른 한편으로는 기술적·경제적인 진보에 대해 부당한 회의라고 특징짓고, 그 예로 슈펭글러, 좀바르트, 나를 든다. ──또한 이 부류는 하강하고 있고, 하강을 느끼는 계급이 지닌 도피와 불안의 이데올로기로서 아들러가 '사회학적으로' 설명한 견해와 판단에 따른 한 부류다. 이 논문의 다음 장이 시사하듯이, 계급과 계급의 지적

---

208)『철학적 세계관』(1929)에 수록된 저자의 강연, 「조화시대에서 인간」(Der Mensch im Weltalter des Ausgleichs, 1927)을 참조─편집자.

대표자가 지닌 욕구와 이해의 조감도가 세계와 역사를 생동적인 논리와 형식적인 '사고양식' 자체에까지 발전시키려는 주장은 나에게 매우 자명한 것처럼 보인다. 또한 모든 인간집단, 특히 **계급**이 초래하는 (논리적 · 윤리적 · 미학적이고 종교적인) 우상론이 내 연구의 중요한 대상이다. 이에 따라 나는 나 자신의 독자적인 견해를 제출하면서 우상을 분쇄하려는 자각적인 의지를 표명한 것이다.——분쇄란 물론 본질법칙적인 **전망주의**(원근법주의, Perspektivismus)[209]가 지닌 한계 내에서 일어날 것이다. 내 생각에는 모든 역사적 지식에는 완성된 의미란 없으며, 전망주의가 모든 역사적 지식의 특징을 이루기 때문이다.[210]

이렇게 본다면 계급적 입장이 만들어내는 선입견을 극복할 것이라는 가능성에서 아들러와 나는 일치한다. 그는 인간의 물질적 존재가 의식에 선행한다고 보는 진정한 마르크스주의자가 아니라, 인간의 전체적인 발전을 통해 **불변하는** 의식과 이성의 법칙이 지배한다고 보는 칸트주의자다. 이것은 확실히 진정한 마르크스주의자와 '절대적인' 계급투쟁의 신봉자라고 생각할 수 **없을** 것이다. 모든 의식을 **존재**로 환원시키고, 상위에 있는 모든 이성의 원칙과 형식을 존재를 파악하는 형식의 기능화로 환원시킨다는 점에서 내가 아들러보다 더 '마르크스주의자'라고 말할 수 있다.——물론 마르크스처럼 단지 물질적 존재로 환원시키는 것이 아니라 인간의 **전체적인** 존재로 환원시키는 것을 나는 염두에 두고 있다. 아들러와 반대로 의식과 인간이성이 지닌 언제나 동일형식의 불변적이고 내재적인 기능법칙, 즉 범주장치라는 불변적인 것을 나는——이 논문에서 주장해온 것처럼——가정하지 않는다. 따라서 이 점에서——오직 이 점에서만——나의 이론은 아들러의 이론보다 훨씬 더 실증

---

209) 전망주의란 그림에서 풍경이 화가를 중심으로 배치되듯이 인식도 인식주체의 입장을 중심으로 제약되어 가능하다는 주장이다. 니체가 처음 주장했고, 리트(Th. Litt)와 오르테가(Ortega y Gasset Jose) 등이 이에 따른다–옮긴이.
210) 이에 관해서는 『인간에 있어서 영원한 것』에 수록된 논문, 「후회와 재생」(Reue und Wiedergeburt, 1916/17)을 참조–편집자.

주의와 마르크스주의 학설에 근접해 있다. 바로 사고형식의 상대성이라는 이 학설이 아들러와 대립하고, 칸트의 권위조차도 무효화시켜버린다. 그러나 아들러가 이런 〔칸트주의적인〕 전제를 지니고 있으면서, 부르주아지 학문과 프롤레타리아 학문 사이를 갈라놓는 무시무시한 간격에 직면해서는 좀처럼 보기 드문 결론, 즉 원시인의 범주체계와 (프롤레타리아와 부르주아지를 구별하지 않는) 현대 유럽인의 범주체계 사이에는 아무런 차이가 **없지만**, 오늘날 프롤레타리아와 부르주아지의 사고양식 사이에는 거의 뛰어넘을 수 없는 간격이 **확실히** 존재한다는 결론에 필연적으로 봉착해야만 했다면, 그것은 무엇을 말하는가?

여기서 그는 좀바르트, 슈펭글러, 나, 특히 셸링, 쇼펜하우어, E. v. 하르트만 등 모든 비마르크스주의자들을 동일한 입장으로 분류하고, 이들의 입장이 '부르주아지 계급'의 쇠퇴에 **직면하여** 인도에 대한 강력한 편애를 나타내고, 부르주아지의 고유한 형이상학에 근거하여 현존재를 한탄하는 염세주의를 수용하기에 이르렀다고 하지만, 나는 인도에 대한 어떤 편애도 가지고 있지 않으며, 현존재를 한탄하는 염세주의와도 무관하다. 그런데 프롤레타리아 계급이 당면한 사태는 매우 비참한 것이고, 자본주의가 이전보다 훨씬 더 강력해지고 있다면, 아들러의 이런 주장이 전제하고 있는 저 시대에서 '상승하는 프롤레타리아 계급'이 갖는 '하강하는 부르주아지 계급'에 대한 차별감정이라는 것이 모두 어디서 유래하는지를 실제로 나는 전혀 알지 못한다. 이런 불합리한 결론을 이끌어내는 견해와 이론은 본래 잘못된 것임이 틀림없다.

'신앙심 깊은 소망'이 아니라 모든 인류의 **총체적** 지식의 발전이 지금까지 역사가 만들어낸 지식과 기술의 문화를 **새롭게 종합하는** 것을 이미 강력하게 준비하기 시작했다는 발전의 확실한 성과로서 우리는 다음과 같은 요구를 제출한다. 즉 인류 **전체**의 지식발전을 근대 **서구**가 그려온 작은 곡선부분에서 판단하려는 실증주의의 기이한 사상은 근본적으로 종식되어야만 한다는 것이다. 우리는 ——지식사회학의 고찰을 통해—— 유럽과 아시아는 인종적 소질이 서로 다르고, 이미 서로 이질적인 상대적·자연적인 세계관을 기초로 아마도 모권제 문화와 부권제 문화를 근원적으로 혼합시켜주는 것이 다르다는 전제에서 출발하지만, 유럽과 아시아가 원칙적으로 전혀 다른 근본 경향을 지니면서 인간에게 가능한 지식의 과제에 착수했다는 것, 즉 유럽은 물질에서 **영혼**으로, 아시아는 **영혼**에서 물질로 향한 주요방향을 띠고 개시되었다는 점을 통찰해야만 한다. 이에 따라 유럽과 아시아가 하나로 만나는 교량 역할을 하는 문화적 총합에 이르는 지점까지는 유럽과 아시아의 발전단계가 근본적으로 상이한 것으로 남아 있을 수밖에 없다. 문화적 총합을 달성함으로써 비로소 본질적으로 가능한 전인(Allmensch)이 탄생될 것이다.[211]

서양의 새로운 '형이상학의 시대'[212]는 오늘날 좁은 철학분야에서 새로운 형이상학의 (지금까지는 너무 미약했지만) 단서에 의해 착수되기 시작했을 뿐만 아니라 형이상학의 상관태인 영혼기술의 단초에 의해서도 적지 않게 영향 받고 있음을 안다. 그리고 철학분야에서 새로운 형이상학의 단서는 사회학적으로 거의 중요하지 않다.

새롭게 떠오르는 이 형이상학의 시대에 대한 중요한 **부정적인** 징조로서 우리는 우선 다음과 같은 사실에 유의할 필요가 있다. 즉 물질의 동학이론과 같은 물체세계와 '연장실체'에 관한 객관적 관념론이 (라이프니츠, 칸트를 거쳐 E. v. 하르트만에 이르기까지의) 철학적 단계에 머물러 있던 상대성 물리학에 의해 실증적·과학적인 단계로 들어섰다는[213] 사실이다.——실증적·과학적 관계에 관해서는 진지하게 논의해볼 필요가 있다. '연장실체'가 그 궁극적인 규정에 이르기까지 단지 객관적인

---

211) 『철학적 세계관』(1929)에 수록된 저자의 강연, 「조화시대에서 인간」(1927)을 참조-편집자.

212) 이 책, 230쪽 이하 참조-편집자.

213) 바일의 논문 「물질이란 무엇인가?」를 참조. 외연량(시·공간상의 측정치)과 물체의 형태는 다른 성질만큼 물체에 본질적으로 귀속되지 않는다. 따라서 물체의 모든 현상은 질서를 부여하고 작용하는 힘들의 관념적인 현상, 즉 객관적인 현상에 불과하다는 견해가 널리 퍼져 있지만, 이 견해는 의식의 관념론과 아무 관계도 없고, 이 점에 관해 아무것도 말할 필요가 없다.

현상과 힘들이 발현한 것에 불과하다면, 제1성질과 제2성질의 구별은 없어질 것이다. 철학적 실재론에 따르면 실재란 생명활동에 대해 저항하는 존재 외에 아무것도 아니지만, 철학적 실재론은 동시에 사물을 '물체'로 만들어주는 다른 소여들(지속, 형태, 색깔 등)에 앞서 미리 주어진 하나의 소여가 존재한다는 사실을 가르쳐준다. 이로써 철학적 실재론은 물리학적 진술의 궁극적 주체에 관한 **이론물리학**의 성과와 밀접한 관련이 있다. 여기에 하나의 문제가 있다. 즉 물체와 그 입자의 외연량의 가변성 및 외연량과 관찰자가 서 있는 위치관계(예를 들어 양자의 전후관계)의 가변성이라는 이론을 다음과 같이, 즉 지금까지 이른바 제2성질이라는 이름에 할당해온 주관적 의미가 이 외연량에 속하는 것으로 설명할 수 있는가,──아니면 반대로 제2성질도 이른바 제1성질처럼 설명할 수 있고, 제1성질이 단지 힘의 **중심**과 중력장 상호간의 변화무쌍한 관계를 나타내는 **객관적 현상**인 것처럼 제2성질도 인간의 유기체를 이루는 요소와 독립적인 것으로 설명할 수 있는가에 관한 양자택일이 그것이다.

　이 물음에 대한 대답은 우리가 철학적 생물학을 근거로 하나의 **통일된 초개체적인 생명**을 가정하지 않을 수 없다고 생각하는지 않는지에 달려 있다. 하나의 초개체적 생명을 가정할 수 없다면, 시간적으로 규정된 연장물체의 형상으로서 무기적 자연은 자연의 모든 질적 규정과 함께 물체의 본질존재를 충족시킨다는 조건 아래서는 인간과 인간 유기체에서 완전히 **독립적**이지만, 그럼에도 불구하고 연장물체의 형상 근저에 주어진 힘들과 반대로 이 무기적 자연은 단지 관념적 존재이고, 이 **초개체적 전인적 삶**이 지닌 **주관**에 대한 '객관적 현상'에 불과하다. 나아가 이 전인적 생명의 부분적인 표현에 불과한 각종 하위의 유기조직을 절취한 것이 바로 이런 '형상들'의 각종 상이한 단면도다.[214] 드물게 우회적으로 자연적 세계관을 결국 긍정하는 초개체적 생명을 인정하지 않는 후자의

---

214) 이 책, 2권에 수록된 논문, 「인식과 노동」 V장과 VI장의 설명을 참조─편집자.

설명이 필연적이라고 우리는 믿지만, 여기서 내용적 형이상학에 관한 이런 문제들을 해명할 수는 없을 것이다. 힘의 중심 그 자체의 질서에는 모든 외연량과 형태의 규정 및 그밖에 다른 규정을 포함한 모든 2차적인 규정성과 달리 위상기하학(Topologie)이라는 비교적 최근에 발전해 온 수리과학이 충분한 측정수단을 제공해줄 것이다.——위상기하학은 이미 라이프니츠가 위치해석(analysis situs)이라는 용어로 생각해온 것에 의미심장한 토대를 두고 있다.

철학적 형이상학과 인식론의 근본과제는 인과적 사고를 개조하는 것인데, 이를 위해 양자론의 좀더 엄밀한 전개가 필요하다. 조머펠트는 최근에 「양자론 및 보아적인 원자모델의 기초론」(Die Grundlagen der Quantentheorie und des Bohrschen Atommodells)[215]이라는 논문에서 다음과 같이 말한다.[216] "[스펙트럼선의] 강도규칙에서 원자의 초기상태와 최종상태 사이의 치환가능성에 주목해야만 한다. 강도규칙은 사건(Geschehen)이 원자의 초기상태에 대한 확률과 최종상태로 전해가는 확률에 의해 주어지는 것이 아니라 원자의 초기상태와 최종상태가 두 상태의 양자가 차지하는 비중을 통해 사건을 동등한 권리를 가지고 결정한다는 점을 보여준다. 이것은 우리가 습관적으로 말하는 인과관계의 감정과 다소 모순되는 것일지 모른다. 이런 인과관계의 감정에 따라 우리는 과정이 초기의 여건으로 이미 확정되어 있다고 생각한다. 양자의 경험이 인과성에 관한 우리의 표상을 변경시킬 수 있을 것이라는 주장은 나에게 불가능한 것처럼 보인다. 보어의 방사조건에서 원자는 방사할 수 있기 전에 최종적으로 어떤 상태로 전이해갈 것인지를 미리 알고 있어야만 한다고 종종 주장되어왔다.

---

215) 『자연과학』(*Naturwissenschaften*), 제12권 47호, 1048쪽.
216) 조머펠트(A. Sommerfeld, 1868~1951): 독일의 이론물리학자. 보어(N. Bohr, 1885~1962): 덴마크의 물리학자. 인용문 가운데 '강도규칙'에 관해서는 조머펠트의 『원자론과 스펙트럼선』(*Atombau und Spektrallinien*, 1919)을 참조—옮긴이.

또한 최소작용의 원리에서 우리는 인과적인 관점이 아니라 목적론적인 관점을 취한다. 인과성을 이런 목적론적 관점으로 개조하는 일은 고전물리학에서는 모순되는 것이지만, 양자론에서는 모순되지 않는다. 자연과학이 존재하는 한에서 우리가 언제나 요구해야 하는 것은 관찰가능한 사건의 일의적인 규정성과 자연법칙의 수학적 확실성이다. 이 일의성은 어떻게 성립하는가, 오직 초기상태에 의해서만 주어지는가, 아니면 초기상태와 최종상태에 의해 공동으로 주어지는가? 이런 의문들은 아프리오리하게 해결될 수 없고, 우리가 자연에서 배우지 않으면 안 된다." 이런 인과관계가 관철된다면, 아마도 자연 속에서 기계론적 인과관계와 목적론적 인과관계 사이의 차이는 제로(零)로 환원될 것이고,——이로써 지금까지 무기물과 유기물 사이에 설정해온 주된 차이도 없어질 것이다. 그렇다면 어떤 자연적 사건의 결과로서 일어난 상태는 시간적으로 직접 선행하는 상태에 의해 일의적으로 규정된다는 기계론적 인과성의 우선이란 기껏 실천적인 동기로부터 생겨난 것에 불과하다는 사실이 명백해질 것이다. 왜냐하면 자연이 충격과 배후에 의한 힘(vis a tergo)이라는 인과모델에 따르는 한에서 그만큼 우리가 자연에 대해 일의적으로 미리 알 수 있고 제어할 수 있다는 사실은 아마도 쉽게 통찰될 것이기 때문이다. 또한 목적론과 기계론이라는 두 인과성은 다만 서로 다른 부류의 현상(특히 무기물과 유기물의 구분)에 의해 그때마다 좀더 강력하고 현저하게 접근될 것이고, 하나의 동일한 인과성의 두 측면을 각기 의인법적인 측면에서 사용한 것에 불과하다.

실제로 이 인과성은 기계론적이지도 목적론적이지도 않다. 이때 물질의 동학이론과 인과형식에 기초하여 일어나는 현상들을 추측하는 힘은 그 출발점을 공간 내의 명확한 지점에도 객관적 시간의 일정한 시점에도 두지 않는다는 사실이 여기서 자명해진다. 힘의 시원적 근원이 동시에 초공간적이고 초시간적이어야만 한다면, 그것은 객관적 현상의 영역에서 물질과 사건의 시·공간적 규정 및 물질과 사건이 이렇게 관련하는 관계의 공간적·시간적 규정이 어떻게 생겨나는지의 물음을 힘의 측면에서 우선 해명하고 이해시켜야만 하기 때문이다. 따라서 공간이 힘의 산물이고, '견고한 근거를 지닌 현상'(phänomenon bene fundatum) 이라는 라이프니츠식의 생각은 시간에 대해 매우 새롭게 응용될 수 있을 뿐만 아니라 아마도 4차원의 시 · 공간체계 속에 나타나는 모든 형태에 대해서도 매우 새롭게 응용될 수 있을 것이다.

끝으로 양자론에 의한 인과적 사고의 변혁이 성공한다면, E. v. 하르트만이 이미 확실히 지적한 것처럼 **유신론적 형이상학**은——여기서 신앙의 문제에는 관심이 없다——형이상학으로서 지지받을 수 없을 것이다. 왜냐하면 유신론적 형이상학은 모든 힘과 독립한 절대적으로 존재하는 **물질**——그것은 그 자체 연장된 것이 아니지만, '연장의 원리'를 산출하는 아리스토텔레스의 '제1질료'(materia prima)와 같은 것이다——을 미리 전제하기 때문이다. 그런데 물체가 힘의 발현에 불과하다면, 우선 주체는 이 힘을 결여하고 말 것이다. 주체가 없는 힘이란 존재할 수 없는 것(Unding)이다. 힘의 주체란 **근원적인 원동자 그 자체**가 아니라면 그밖에 무엇이란 말인가? 그러나 형이상학적 유신론은 이 신의 단독작용을 배제해버린다.——형이상학적 유신론은 실체적으로 창조된 영혼을 가정하는 것과 함께 제2원인(causae secundae)과 이 단독작용을 행사하는 자립적이고 질료적인 실체를 가정하는 위에 겨우 성립한다. 그리하여 지금까지 서술해온 것처럼 우리가 근본적으로 새로운 자연과악의 출발점에 서 있다는 것과 이론물리학의 내부에서 여전히 그것의 극복이 과제가 되고 있는 〔기계론과 목적론 사이의〕 모순이 얼마나 뿌리 깊은지 이 두 사실을 확실히 이해한다면,——그렇다 하더라도 내용적인 형이상학을 부여하려는 과제를 여기서 제출하지는 않는다——이상의 실례를 가지고 우리는 다음과 같이 제시하고자 한다. 즉 오늘날 내적 필연성을 지닌 실증과학 자체가 부딪치는 문제란 의심할 것 없이 바로 형이상학적인 문제에 불과하다고 말이다.

나아가 위에서 살펴본 형이상학의 발흥에 대한 다른 하나의 부정적인 징조는 지금까지의 형이상학에 대해 〔실증주의 다음으로〕 두 번째로 큰 적대자인 '역사주의'의 상대화를 들 수 있다. 그것은 역사적인 '물 자체'를 부정하고, 모든 '가능한' 역사적 형상과 인식의 존재타당하며 본질필연적인 전망주의, 즉 개별적인 계기의 내용과 관찰자의 고유한 위치를 유기적 생명과정과 심리적 과정에 대해 필연적으로 설정하는 절대적인 시간 속에서 파악하는 '역사주의'의 상대화다. 모든 역사적 '존재' 자체가 지닌 본질필연적 상대성——다만 존재인식의 상대성에만 한정되는 것이 아닌——이론 속에서 세계관으로서 역사주의가 극복되듯이(자기 자신에 의해 극복된다), 물리적으로 연장된 존재 자체가 지닌 상대성에 대한—— 존재에 대한 우리 인간이 갖는 인식의 상대성에 그치는 것이 아니라 ——상대론적 이론 속에서 단순히 법칙적으로만 절대적인 세계의 정수와 힘의 중심을 가정하기 위한 '절대적' 물체세계의 '절대적' 기계론이 영구히 극복된다. 또한 기계론의 극복과 함께 물리학은 바로 관찰가능성과 수학적 연역가능성이라는 원리에 모순되는 구성요소, 즉 사이비 형이상학적인 구성요소들을 그 세계상에서 제거함으로써 '자연 형이상학'의 길이 물리학에 의한 폐쇄에서 벗어나 다시금 개시되며, 또한 처음부터 형이상학의 죽음을 의도한 실증주의와 역사주의의 주장과는 반대로——우리가 살펴봤듯이——근대의 역사 초기부터 활동을 개시한 〔과학과 철학 사이의〕 분화과정도 완료된다.

그런데 '역사주의'가 먼저 모든 '절대적인' 역사적 권위를 뒤흔들어버리고, 특히 절대적, 실증적, 구체적인 구제를 위한 재화세계에 기초하는 모든 '교회'——그것은 자립적인 형이상학에 강력한 적이다——의 권위를 뒤흔들어버린 것은 정당하지만, 이와 유비적으로 절대적인 가치서열의 체계라는 이론과 동시에 역사적 존재 자체를 역사적인 본질 전망주의(Wesensperspektivismus)로 취급하는 이론에 의해 역사주의를 소용없게 만들어버린다. 그리하여 형이상학으로 가는 길은 이 매우 흥미진진한 지식의 발전과정을 통해 다시금 개시된다.

역사인식과 역사적 가치평가가 지닌 상대성뿐만 아니라 역사적 사태와 이에 종속하는 가치규정성 그 자체의 상대성, 나아가 이 역사적 사태의 본질적인 미완성과 의미의 변화가능성이라는 상대성에 관해 나는 최근에 「후회와 재생」이라는 논문에서 상세하게 서술했다.[217] 심적 인과성의 본질과 언제나 '현재'(지각영역), '과거'(직접적 기억영역), '미래'(직접적 기대영역)라는 세 차원에서 일어나는——객관적인 물리학적 시간이 알지 못하는——체험되는 시간의 본질에 대한 설명은 다른 곳에서 마무리 지었기 때문에, 여기서는 문자 그대로 중요한 점만 이 논문에서 인용한다.[218] "역사적 사태는 미완성이고 이른바 구제가능한 것이다. 카이사르의 죽음을 자연의 과정으로 본다면, 이에 속하는 모든 것은 탈레스가 예언한 일식과 마찬가지로 확실히 완결된 불변적인 것이다. 그러나 이 역사적 사태를 구성하며, 따라서 인류역사가 지닌 의미조직 내에서 의미통일과 작용통일을 이루는 것은 미완성된 존재이고, 세계역사의 종말에서나 비로소 완성될 것이다."

역사적 관찰자의 살아온 역사 속에서 변화해가는 장소에 대한 역사적 사태와 존재 그 자체의 본질존재 및 의미, 가치상대성을——역사인식 또는 그 인식가능성의 상대성에만 한정하지 않는다——목표로 한다는 여기서 (내가) 처음 표명한 사상을 트뢸치가 그의 『역사주의와 그 문제들』 속에서 제일 먼저 받아들여 평가했는데, 그는 물론 역사주의 사상에 대한 의미를 충분히 파악한 것이 아니지만, 나는 다음과 같은 점에서 기꺼이 기뻐한다. 즉 이 사상이 갑자기 많은 연구자들에 의해 언제나 동일한 토대 위에서 그런 것은 아니지만, 매우 예리하면서도 확고하게 표명되었다는 점이고,——그것이 주관적으로 나와 무관한지 나에게 의존적인지는 알 수 없다. 즉 나와 거의 동시에 슈프랑거[219]가 이 사상을 표명하고

---

217) 『인간에 있어서 영원한 것』에 수록된 「후회와 재생」, 15쪽 참조(제4판, Bern, 1954, 34쪽 참조—편집자).
218) 『형식주의』, VI. 참조—옮긴이.
219) 논문 「이해이론과 정신과학적 심리학에 관하여」(Zur Theorie des Verstehens und zur geisteswissenschaftlichen Psychologie), 『볼켈트 기념논문집』, München, 1918 참조.

있고, 리프스[220)]가 좀더 예리하게 표명했고, 만하임(Karl Mannheim)[221)]이 매우 확실하게 표명했으며, 슈테른[222)]이 아주 날카롭게 언급했고, 그 밖에 니콜라이 하르트만(Nicholai Hartmann)[223)]도 언급했다.

먼저 만하임의 글을 인용해보자. "역사적 대상(한 시대의 역사적 내용)은 그 즉자존재에서는 동일하다. 그러나 그 대상이 다양한 역사적·정신적 입장에서 보면 이른바 다양한 측면에서 파악될 수 있다는 것은 그 경험가능성의 본질에 속하는 것이다." 나아가 슈테른은 다음과 같이 언급한다. "나폴레옹의 행위는 독일과 프랑스의 역사가의 눈에 다르게 나타날 뿐만 아니라 프랑스 국민의 역사성은 독일 국민의 역사성과는 다른 객관적 구조와 고유한 양식에 적합한 것이다." '본래 존재했던'[224)] 이른바 사태는 슈테른에게 단지 한계개념에 불과하며, 특정한 변별한계와 모델화에 따라 사용되는 자료에 그치는 것이며, 변별한계와 모델화는 결코 역사적으로 가치 있는 것과 무가치한 것을 구별하고 가치 있는 것만을 구성하기 위해 한계개념에 적용한 것이 아니다. 그리하여 슈테른에게 '종교개혁'의 성과는 우선 동시대사적 가치구조를 가지는 것이지만, 이에 대해 좀더 후대의 국면에서 그때마다 가능한 관찰에 기초한 특정한 필연적·객관적으로 일의적인 의미구조와 가치구조가 덧붙여진 것이다. 왜냐하면 바로 이 의미구조와 가치구조가 이런 국면 자체에 대해 새로운 것과 (존재적 의미에서) 다른 것을 의미하기 때문이다. "따라서 미래뿐만 아니라 과거조차도 가소적(plastisch)이라는 주장은 (다시

---

220) 『개인과 사회』(*Individuum und Gemeinschaft*, Leipzig, 1924), 제2판, 48쪽, '세계상의 전망주의' 참조.

221) 『사회과학잡지』(*Archiv für Sozialwissenschaft und Sozialpolitik*, 52 Bd., H. 1, 26쪽)에 수록된 그의 '역사주의'에 관한 연구 참조.

222) 그의 저서, 『가치철학』(*Wertphilosophie* 3 Bd., von 'Person und Sache', Leipzig, 1924)에 수록된 제11장 '역사의 가치' 참조.

223) 『인식의 형이상학 강요』(*Grundzüge einer Metaphysik der Erkenntnis*, 1921), 40장 '주관의 다원성과 상호 표출', 267쪽 이하 참조.

224) Wie es eigentlich war. 이것은 랑케의 용어다—옮긴이.

말하면 변화무쌍한 영향을 기꺼이 받아들인다는 주장은) 일견 역설처럼 보이지만, 실제로는 그렇지 않다. 돌처럼 굳어 있는 과거의 경직성은 자연과학적 추상에 대해서만 타당하고, 역사에는 타당하지 않다. 플라톤, 아리스토텔레스, 예수, 괴테 같은 사람들도 참된 역사적 힘으로서 지금도 여전히 끊임없이 변화하고 있고, 그들의 시대와 그들 자신은 전혀 상상하지 못했던 의미관계와 유의미성을 지금 전개해가고 있다." 어떤 정신물리적 상황, 그것을 역사적 사태라고 부르고 또한 단지 그렇게 불러도 좋다면, 슈테른에게는 그런 정신물리적인 상황의 '변화무쌍한' 의미내용과 가치내용이 나타나지만, 역사인식이 단지 그때마다 다른 타당성의 정도를 지니거나 역사가가 '보편타당한 가치' 위에서 취하는 부수적으로 전혀 다른 관계를 파악할 때 우리에게 그런 의미내용과 가치내용은 나타나지 않는다.──따라서 일의적인 사태가 앞서 미리 존재하는 경우에 (예를 들어 리케르트의 경우처럼) 이로부터 '선택'되는 것이라고 생각하더라도 역사인식에는 아무 변화가 없다. 따라서 (그 자체 고유한 상대성의 단계를 지닌) '역사적 사태'에 대한 우리의 인식만이 관찰자의 존재와 본질존재에 대해 상대적인 것이 아니라 이 사태 그 자체가 관찰자의 존재와 본질존재에 대해 상대적이고,──단지 관찰자의 '의식'에 대해서만 상대적인 것이 아니다. 형이상학적인 '물 자체'만이 존재하고, 역사적인 '물 자체'란 존재하지 않는다.

역사적 사태는 그 위에 떠오르는 기억의 번뜩임과 기억의 지향이 일치하는 것 속에 구성되는 것이고, 이때 '사료'와 간접적인 '고문서'는 그때마다 기억될 수 있는 가능성을 객관화시킨 상징기능을 나타낼 따름이다. 그런데 간접적인 기억영역은 언제나 본질적으로 직접적인 기억영역에 포함되어 있는 이해의 역동적인 방향에 의존하고 있고, 나아가 그 방향에 의해 제약되는 주의의 집중에 의존한다. 또한 이 간접적 기억영역 자체는 활동적인 생생한 가치선취의 체계, 관찰자를 실제로 살아온 역사 속에 있는 그의 관점에 따라 규정하는 이 가치선취의 체계에 종속해 있기 때문에, 역사적 사태 그 자체의 본질존재, 가치존재, 의미도 본질적으로 상대적인 것이다.——다시 말하면 단지 역사적 사태를 대상으로 삼는 반성적인 역사인식에 가둬두지 않는다는 것이다. 나아가 생생한 가치선취의 체계가 기대영역 속의 가능한 경험적 내용까지도 미리 선택하는 요인으로서 직접적·간접적인 기대영역과 직접적·간접적인 기억영역을 동등한 지휘권을 가지고 규정한다면, 역사의 **전망주의**와 이에 상관하는 역사적 사실의 '측면' 및 (슈테른이 말하듯이) 이 측면의 '모델화', 실제로 살아온 역사의 변화무쌍한 국면에서 이 측면과의 접합 및 포섭관계, 이 네 가지는 그때마다 동시에 미래에 대한 기대와 새로운 '문화총합'(트뢸치)이라는 탁상공론과 함께 **변화해간다**. 역사적 사실성과 문화총합이 변화하기 위해서는 언제나 이런 불가분의 과정과 작용이 필요하다.—— **역사과학의 객관성**이나 어떤 주어진 관점에서 본 역사적 사태의 일의성은 여기서 나타난 문제와 전혀 관계가 없다. 그것은 총체적인 역사적 방법론에 관한 요구로서 끊임없이 제기되어온 문제다.

그러나 다시 한 번 최초의 지점으로 돌아가보자.——세계관으로서 **역사주의**, 즉 진정한 형이상학적 문제를 한 사람이 독점해온 나쁜 잠재적 형이상학으로서 이른바 역사주의는 이상에서 통찰해본 것에 의해 근본적으로 **전복되고** 만다. "역사주의가 형이상학의 모든 인식을 상대화시킬 수 있고"(딜타이), "실증적 자연과학, 수학, 궁극적으로 역사주의 고유의 인식도 상대화될 수 있다"(슈펭글러)고 생각하는 역사주의는 바로 우리의 통찰 그 자체에 의해 마침내 상대화된다. 역사주의는 역사라는 것을 하나의 '물 자체'로 만들어줄 것이다.——이런 역사주의는 역사적 현실에 **형이상학적** 의미를 부여하고 역사주의적 인식에 형이상학적 의미를 부여하는 외에 무엇을 의미하는가? 모든 역사적·실증적인 재화세계가 (우리가 이미 서술했듯이)[225] 상대적으로 되고, 실질적 가치의 절대적 서열체계에서 본 상대적인 경우에 한정된다면, 역사적 본질존재, 가치존재 그 자체도 또한 상대적인 것이다.

---

225) 『형식주의』, II. B. V. 6 참조—편집자.

실증과학의 **가치형이상학**에 대한 관계도 이와 비슷하게 전개된다. 실증과학, 사회학, 진화론 덕택에 윤리학, 즉 타당한 가치와 규범의 질서를 정초할 수 있지 않을까 하는 계몽주의와 실증주의가 품어온 몽상은 완전히 소멸된다. 실증주의는 좀더 실증적으로 되어가고 엄밀해져가는 만큼, 그리고 은폐되고 엄폐된 가치판단을 자기 자신에게서 단호하게 잘라내는 만큼, 삶의 윤리학이 아니라 삶의 **기술**과 일치해간다.[226]

여기서 과학과 철학의 분화과정이 서서히 완성되어간다. 특히 콩트, 스펜서, 마르크스 같은 철학자들의 실증적 진화론 속에 감춰진 잠재적인 가치형이상학(Kryptowertmetaphysik)도 계몽주의가 절대적인 이성의 규범체계를 만들어내고, 오래된 계시교회가 역사적·권위적인 규범체계를 만들어낸 것과 마찬가지로, 이 3자가 동등한 '절대성'을 요구하는 한에서 실증과학에서 떨어져 나온 것이다. 왜냐하면 이 가치형이상학은 유럽적인, 아니 그 자체 부분적으로 국수적인 편견과 신화를——계급적 편견뿐만 아니라 천년왕국론의 유토피아를 주장하는(마르크스) 경우에도——정당화하고 있으며, 이런 편견과 신화에 불과한 것을 '과학적' 통찰을 통해 '필연적으로 따라오는 무제약적 발전단계'라고 예언하고('과학적 사회주의') 있기 때문이다. 그러나 다른 한편으로 모든 '절대적인 것'을 가치문제 일반으로 해소시켜버린 역사주의도 '역사'(Historia)의 가치와 역사 속에서 일어나는 일상적인 귀결(Erfolge)의 가치를 절대화하는 이상, 역사의 **전망주의**와 '지나간 과거'에 속하는 본질존재를 파악하는 것이 가치를 파악하는 것보다 우선한다는 명제에 의해 **지양된다.** ——역사주의와 함께 **역사적 가치상대주의** 일반도 지양된다. (실증과학으

---

226) 이 문제에 관해 나는 막스 베버의 강연, 『직업으로서 학문』(*Wissenschaft als Beruf*, München, 1919)에서 전개시킨 논지에 찬성할 수 있다. 막스 베버의 강연은 큰 반향을 불러왔는데, 이 강연에 대한 나의 비판은 『사회학 및 세계관학 논문집』에 수록된 논문, 「세계관학, 사회학 및 세계관정립」(1922) 참조 (이 책, 2권에 수록된 「유고로 남겨진 수고에서 보완」, I. 「지식사회학의 문제들」에 관하여 4. 막스 베버식 철학의 배제」를 참조-편집자).

로서) 역사학을 통해서만 접근할 수 있는 재화세계와 규범세계도 상대적인 것이며, 또한 전적으로 상대적이다.──반대로 재화로부터 자유로운 '가치' 자체가 지닌 '가치'질서는 결코 상대적이 아니다. 오히려 모든 실증적인 재화의 도덕, 목적의 도덕, 규범도덕에서 아프리오리한 이해의 전제조건이 되고 타당성의 전제조건이 되는 것은 이런 '가치'질서다.[227] '가치태가 지닌 상대성의 차원들'에 관한 이론[228]은 모든 역사상의 도덕과 에토스의 형태들을 하나의 공통적인 관련체계──그렇지만 그것은 재화와 규범의 체계가 아니라 가치양식과 성질들의 질서가 지닌 체계에 불과하다──로 관계지우는 것을 승인하는 것일 뿐만 아니라, 활동범위를──물론 부정적인 방식으로──결정한다. 이 활동범위 속에서 실증적·역사적인 각 시대와 특수한 개별적인 각 집단은 언제나 다만 가치에 상대적인 재화와 규범의 체계 그 자체를 발견한다는 것을 안다.

시대와 집단의 에토스 형태가 지닌 역사를 통해 형이상학적이고 절대적인 가치세계를 관통하는 역사적 형태는 (가치질서가 가치세계의 가장 형식적이고 일반적인 아프리오리한 체질을 나타내는) 가치세계와 이에 고유한 영원한 생성 그 자체에 부대된 것이고, 따라서 이 역사적 형태는 ──그때마다 다가오는 역사를 포함해서──모든 시대와 민족의 보편적이고 연대적인 협동을 일궈내고, '근원적 존재자' 가운데서, 이 근원적 존재자가 인간에게 주어져 있는 한에서, 함께 실현해갈 수 있는 것이다. 각 시대의 가치형이상학은 역사적·개체적으로 형성된 그 시대의 총체적 양심과 그 시대의 '여론'을 정식화한 것이고, 인격이 포괄하는 인류의 생활내용을 고도로 충족시키면서 연대적으로 적합해 있는 그 인격 속에서 표현되는 것이다. 동시에 그것은 절대적이고, 개인적으로만 타당한 인식이다.[229]──가치형이상학은 역사주의가 정당하게 논파해버린 낡은

---

227) 『형식주의』, 특히 I장과 IV장 참조─편집자.
228) 『형식주의』, V. 6 참조. 거기서 나는 가치평가의 상대성이 지닌 차원들의 이론을 완성시키기 위한 면밀한 작업에 착수했다.
229) 『형식주의』, VI. A. 3. c '인격과 세계'에서 서술된 '개별적으로 타당한 절대

재화세계의 절대주의가 생각하듯이, 실질적이고 역사적인 보편타당성을 지닌 인식도 아니고, 그렇다고 절대적이며 단지 '형식적인'(칸트) 인식도 아니며, 상대주의적인 역사주의가 생각하듯이 '실제로' 상대적인 인식과 각 시대와 집단에 대해 오직 '주관적으로' 타당한 인식도 아니다. 역사주의가 이런 억측을 할 때도 역사인식과 역사적 존재가 지닌 절대성을 가치형이상학은 매우 소박하게 전제하고 있다.[230]

이와 같이 이 방향[역사주의의 극복]으로의 형이상학의 길을 새롭게 닦아보자.[231]

'문화권의 세계시민주의'(Kosmopolitismus der Kulturkreise)란 새로운 지식사회학적 분위기 덕택으로 형이상학과 종교의 관계에 대한 기대 및 서양 정신과 아시아적 정신의 새로운 협조와 종합에 대한 기대가——물론 매우 완만한 걸음이지만——매우 높아지고 있다. 지금까지 서양 정신은 주로 종교적이고 교회적인 것이었고, 반대로 아시아적 정신은 형이상학적이고 비교회적인 것이어서 [영혼]기술적으로 조종되는 자발적·형이상학적인 인식에 의한 자기 구제와 자기 형성을 목표로 하고 있으며, 사회적으로는 '현자'라는 형식을 취하고 있다. 인류의 이 두 위대한 문화 간의 이해와 인식이 우리에게 물려줄 수 있는 것은 두 가지 지식형식[즉 구제의 지식과 교양의 지식]이다. 즉 종교[구제지식]의 측면에서는 자유로운 '종교적' 명상이라는 종합을 목표로 하고,——자발적인

적 인식'을 참조—편집자.
230) 이 대상[역사주의]에 관해 지금까지 쓰인 것 가운데 가장 내용이 풍부하고 최선의 것은 「역사적 사물의 평가척도에 관하여」라는 논문이 수록된 트뢸치의 『역사주의와 그 문제들』 제II장이다. 그는 그 책의 166쪽에서 역사주의의 근본입장을 평가하면서 다음과 같이 말한다. "영원성과 보편타당성, 절대성을 지니지 않은 자발성성, 아프리오리성, 자기 확신—이것이 역사주의의 유일가능한 정식이다." 이런 분석에 나는 전면적으로 동의한다.
231) 여기서 「수고」와 1924년의 초판에는 다음과 같은 주석이 달려 있다. 즉 절대적 가치와 이 가치를 실현하기 위한 참된 자기 사고와 자기 발견에 대한 백지시간(tabula-rasa-Zeit)은 재현된다—편집자.

지식[교양의 지식]의 측면에서는 실증과학을 통해 질서정연한 보충을 받으면서 동시에 자립적·생명적이며, 영혼기술적으로 정초된 형이상학의 종합을 목표로 한다.

이상의 서술 속에는 진정한 형이상학의 본질을 재발견하려는 의도가 깔려 있다. 그러나 이 재발견이 오늘날 광범한 관심을 불러일으킨다는 것은 매우 어렵다. 왜냐하면 지난 세기의 지식형이상학이 초래한 퇴폐에 의해 형이상학의 '이념'이 너무 상실되어버렸기 때문이다.——이 이념의 상실은 실증주의자들이 생각하듯이, 실증과학의 배타적인 성장과 실증과학이 장기간에 걸쳐 형이상학을 단지 장악해온 탓만도 아니며, 상당 부분 교회의 통제에 의한 것도 있다.[232] (실증주의의 가설에 따르면 교회는 오래전부터 생명을 상실할 수밖에 없었다.——교회는 형이상학보다 더 '앞서' 생명을 상실했는데, 그 이유는 발전단계로서 신학적인 사고양식이 형이상학적인 것보다 선행하기 때문이다.) 그런데 오늘날 국립대학은 실증과학의 연구시설로 크게 바뀌었고, 앞으로도 더욱더 그럴 것이라는 점은 불 보듯 뻔하다.[233] 국립대학을 거점으로 한 실증과학의 활동은 낡은 형식의 명상이 독일에서 사멸됨에 따라 형이상학에 큰 불행

---

232) 서양 과학의 발전과정은 더 이상 교회와 '신학적 정신'의 쇠퇴로 나아가는 것이 아니라 오히려 형이상학의 이상한 쇠퇴만을 초래했다는 의심할 것 없는 역사적 사실은 실증주의적 지식사회학의 분명한 오류를 나타낸다. 형이상학으로부터의 이탈은 필연적으로 권위 있는 교회를 새롭게 번영시켰음이 틀림없다. 왜냐하면 자기 자신에 의한 존재자(Ens a se)와 최고선(summum bonum)은 더 이상 소급될 수 없는 진정한 존재의 영역과 의식의 영역이고, 이 두 영역에는 언제나 어떤 내용이 주어지지 않으면 안 되기 때문이다.* 따라서 이 영역이 처음부터 어떤 내용으로 자신의 자발적인 탐구에 의해 가득 채워지는 것을 기도해서도 안 되며, 또한 기도할 수도 없다. 이 점에서 실증주의는 정당하다. 이렇게 생각한다면, 권위 있는 교회의 새로운 전성기는 반드시 올 것이다. 교회는 바로 이 공허한 곳에 그들의 교의를 심고 있다.
*『인간에 있어서 영원한 것』에 수록된 '종교의 문제들'과 이미 언급한 유고집 I에 수록된 논문, 「절대영역과 신 이념의 실제적인 설정」(Absolutsphäre und Realsetzung der Gottesidee)을 참조−편집자.
233) 이 책, 2권에 수록된 논문, 「대학과 시민 단과대학」을 참조−편집자.

한 사태를 야기할 것이다. 왜냐하면 형이상학과 형이상학의 자립을 방해하는 '학자들의 수적 증가'를 통해 점점 실용적·기술적으로 표현되는 정신인 실증과학의 정신뿐만 아니라 정치적 지배자가 그때마다 만들어낸 국가적·정치적 이데올로기와 신화(예를 들어 프로이센 아카데미는 그 자체 '호엔촐레른가의 친위대'에 불과했다는 점을 상기해보라) 및 범국가적으로 관철되고 있는 교회와 정당의 야합이 적지 않게 대학에 영향을 미치고 있기 때문이다. 이런 이유로 19세기 후반에는 위대한 양식과 의의를 지닌 형이상학자들이 모두 '고독한 사색자'(예를 들어 쇼펜하우어, 니체, E. v. 하르트만 등)에 그칠 수밖에 없었다.

반면에 좀더 숙고해보면, 물론 그렇게 주목할 만한 가치가 있는 것은 아니지만, 칸트 이전까지는 근대를 통틀어 위대한 철학자 중에서 국가가 임명한 대학교수는 단 한 사람도 없었다는 사실이다.[234] 그러나 칸트에서 헤겔에 이르는 독일 형이상학의 짧은 전성기를 제외하면, 근대 유럽에서 자립적인 형이상학자이기 위해서는 점점 '고독' 속으로 빠져들고, '국외자'가 되지 않을 수 없었다는 사실은 **지식사회학적으로** 서양의 전체 상황의 특징을 정확하게 나타낸 것이다.[235] 또한——지금은 사멸

---

234) 극소수의 예외를 제외하고, 대학의 강단철학자는 계몽주의철학의 모든 시기에 걸쳐 가톨릭교회가 공인한 스콜라학파의 아리스토텔레스주의자이거나 멜란히톤(Melanchthon)이 처음 토대를 구축한 프로테스탄트적인 스콜라학파의 아리스토텔레스주의자다. 그 시대에 가장 중요한 강단철학자는 볼프(Christian Wolff)인데, 그도 결국엔 국가와의 충돌을 피할 수 없었다*——(괴팅겐 7교수 사건도** 마찬가지다).

　*볼프는 1723년에 무신론자라는 이유로 국왕에 의해 파리대학에서 쫓겨났다―옮긴이.

　**1837년에 자유주의를 신봉하는 괴팅겐대학 교수 일곱 명을 하노버 왕이 대학에서 쫓아낸 사건―옮긴이.

235) 이러한 지식사회학상의 경향을 살펴본다면, 자유롭고 고도의 교양아카데미를 구하는 요구를 「대학과 시민 단과대학」에서 내가 제기한 참된 의미를 이해할 수 있을 것이다.——여기서 나는 다음과 같이 간략하게 언급해두고자 한다. 즉 카이저링(Hermann Keyserling) 백작의 '지혜학원'(Schule der Weisheit)*을 들 수 있는데, 이 학원은 확실히 좋은 의도에서 설립되었지만

한 그노시스주의적 당파와 (헤겔학파, '쇼펜하우어협회', 플로렌스의 레오나르도를 중심으로 한 실용주의자들의 단체 등과 같은) 협회를 제외한——지금까지 형이상학적 철학을 정치와 교회정치상의 도구로서 이용한 경우 외에 어떤 사회적 조직형태도 발견되지 않는다. 예를 들어 '독일 일원론자 동맹'[236]이라는 것이 있는데, 거기서 드루스가 지도하던 우파가 철학적으로 올바른 주장을 폈지만, 우파는 헤켈, 오스트발트가 정신적인 지도자인 좌파에 대항하여 자기 학설을 관철시킨 적이 한 번도 없었다.

여기서 언급해야 하는 것이 독일의 게오르게의 학파다.[237] 한 사람의 천재적 시인을 중심으로 하여 에로스적 · 종교적이며 고도로 귀족적인 그노시스주의를 표방한 이 종파는 삶의 대중화에 첨예하게 반대하는 정신에서 형성된 것이지만, 그 창설자의 출발점을 이루는 것은 강한 라틴 기질을 띤 라인지방에서 유행하던 가톨릭주의다. 그러나 그 구성원들이 가톨릭주의 구성요소 중에서 이끌어낸 것은 바로 '이교적인' 요소다. 이런 이교적인 요소를 로마-가톨릭교는 그리스도교의 프로테스탄트적 형태보다 많이 포함하고 있다. 그들의 목적은 '주인이고 스승인 그리스도'의 인격적인 전형작용을 빌려 이 이교적 요소, 라틴문학과 독일문학

모든 형이상학적 내용을 방기해버렸기 때문에 내가 구하는 교양아카데미에는 합당하지 않다고 생각한다.

　＊이 학원은 1920년에 설립되었다－옮긴이.

236) 일원론자 동맹(Monisten-Bund)이란 다윈의 제자 헤켈(1834～1919)이 1906년에 창립한 일원론자의 사회활동 기관을 말한다. 후에 오스트발트(1853～1933: 독일의 화학자 · 철학자)가 계승했다. 자연과학에 기초한 통일된 세계관 보급을 목표로 삼았기 때문에 이에 방해되는 교회의 교의에 극력 반대했다. 드루스(A. Drews, 1865～1935)는 E. v. 하르트만의 제자로 이 운동에 참여했다－옮긴이.

237) 게오르게(Stephan George, 1868～1933): 독일의 서정시인. 1852년에 동지를 규합하여 신낭만주의 서클을 만들어 기관지 『예술초지』(藝術草紙)를 창간하고, 사회와의 단절을 선언했다. 이 서클은 일종의 결사체로 변했지만, 정치상황의 격변에 따라 쉽게 분열하고 말았으며, 그 자신은 침묵한 채 망명지인 스위스에서 죽었다－옮긴이.

의 고귀한 전통으로부터——이 요소와 전통은 '스승'의 업적을 기리기 위한 맹아이고, 앞선 단계를 나타내는 정도에 따라 직관되고 통찰될 따름이다——자기 구제라는 그노시스적 형이상학을 구축하려는 것이다. 그러나 이 '학파'가 지닌 '이념'은 스승의 인격적 형체 앞으로 전혀 되돌려질 수 없기 때문에, 여기서 일반적으로 형이상학적 철학이 생겨날 수 없고, 삶과 철학의 모든 가능한 영역에 대해 나아가 모든 과학의 지반에 대해 영향을 미치는 단호한 '정신의 자세'가 생겨난 것이다. 이 학파에 대해, 주의 깊게 고찰해야 할 사회학의 필요성을 이미 트뢸치가 주장했는데, 우리는 아직 그것을 입수하지 못하고 있다.[238]

이에 대해 이 학파의 정신에 따른 지식사회학이 시도되고 있다는 점을 강조해야 한다. 그것은 막스 베버의 『직업으로서 학문』(*Wissenschaft als Beruf*, 1919)[239]에 대한 칼러[240]의 비판적 대답이라는 형태로 드러난다.[241] 이 천재적인 저자의 저작은 다음과 같은 두 가지를 명백히 함으로써 우리에게 매우 유의미한 것이다. 즉 이 저작은 실증적인 전문과학과 그 방법론의 자립성을 원리적으로 의문시했다는 점, 전문과학은 '이념직관'(Ideenschau)이라는 완전히 개인적으로 결합된 그노시스적인

---

238) 이 점에서 내가 알고 있는 최선의 것은 가이야(Christian Geyer)의 정교한 노작, 「슈테판 게오르게의 종교」(『청년과 종교』*Jugend und Religion*, Greifenverlag, 1924)다. 이에 관해 여기서 더 이상 자세하게 언급할 수 없다.

239) 이 책, 2권에 수록된 「유고로 남겨진 수고에서 보완」, I. 「지식사회학의 문제들」에 관하여 4. 막스 베버식 철학의 배제」를 참조—편집자.

240) 칼러(E. v. Kahler, 1885~1970): 위에서 말한 슈테판 게오르게 서클의 시인이다—옮긴이.

241) 칼러의 『학문의 직업』(*Der Beruf der Wissenschaft*, Berlin, 1920) 참조. 나아가 잘츠(A. Salz)의 『학문옹호론—학문을 경시하는 교양인에 대한 반론』(*Für die Wissenschaft gegen die Gebildeten unter ihren Verächtern*, München, 1921)과 쿠르티우스(E.R. Curtius)의 「직업으로서 학문에 대한 막스 베버」(Max Weber über Wissenschaft als Beruf in *Die Arbeitsgemeinschaft*, 17, 1920), 트뢸치의 『학문에서 혁명』(*Die Revolution in der Wissenschaft*, 1921)을 참조. 그리고 셸러의 「세계관학, 사회학, 세계관의 설정」(1922)을 참조.

형이상학에 의해 구축될 수밖에 없다는 점을 명백히 했다는 사실이다. 하지만 몇백 년을 계속해온 형이상학과 과학의 발전 및 분화과정, 나아가 종교와 형이상학, 예술과 형이상학의 발전 및 분화과정을 원점으로 되돌린다는 것이 얼마나 불가능한지를 트뢸치와 잘즈가 강조했고, 내가 이미 강조했다. 이런 필연적인 분화작용을 해소시켜버리려는 칼러의 시도는 실현가망이 전혀 없는 '낭만주의적' 사상의 열매일 따름이다.

우리는 이런 문제제기에서 잘못된 반대명제와 반동적인 것에 불과한 잘못된 사상이 나타내는 시대의 본래적인 비극을 보지 않을 수 없다. 즉 전문분야의 실증주의는 (견고하게 권위에 몸을 고정시킨 교회와 그 '분할하고 지배하라'divide et impera는 사상의 도움으로) 자립적이면서 과학과 긴밀한 협력 아래서 작동하는 철학의 가치를 인정하지 않고, 이를 촉진시켜야 하는데도 더 이상 인내할 수 없다면, 새로운 각종 '동맹'과 '학파', 이른바 새로운 '삶의 철학'이 나타내는 낭만적이고 또한 과학에 대해 원리적으로 적대적인 대립은 점점 더 강력하고 편협한 것으로 되고 말 것이다. '삶의 철학'은 과학 그 자체의 '본질'을 **잘못** 보고 있으며, 철학을 직관주의와 애매한 '신비주의'로 다시금 해소시켜버림으로써 철학의 '본질'도 적지 않게 오해하고 있다. 이런 〔과학과 철학 사이의〕 위험한 대립관계를 보면, 우리 시대의 지식사회학적 모습이 고대 몰락기의 알렉산드리아-헬레니즘 시대가 지녔던 구조형태와 점점 닮아가는 것을 알 수 있다. 헬레니즘 시대에도 새로운 형식의 '전문과학'과 나란히 하나의 철학이 돌연 출현했는데, 그것은 플로티노스(Plotinos)와 프로클로스(Proclos) 이후에는 기꺼이 '신학'을 자칭했고, 결국 신비주의로 몰락해갔다.

따라서 올바르게 정위된 우리의 지식사회학에서 본다면, 잘못된 그노시스주의와 암울한 신비주의로 과학을 해소시키고 만 것은 (헤겔학파가 나타내는 본래적인 경향은 이런 그노시스주의다) 적어도 다음과 같은 세 가지 큰 위험을 우리 서양인의 지식문화에 던져준다. 즉 실증주의적인 과학주의와 다음으로 '프롤레타리아 과학'이라는 마르크스주의의 망

상, 시대의 폭풍에 맞서 보잘것없는 방어와 공격의 구축물임에도 살아
남은 교회의 '스콜라철학'이 그것이다. 우리가 이미 살펴본 지식의 동학
개론에 따르면 이런 형태는 모두 매우 **반동적인 현상이고**,[242] **지식문화**
일반이 지닌 **질서정연한 통일의 해체와 몰락**이 점점 증대해가는 현상에 불
과한 것이다. 아인슈타인이 (내가 잘 아는 사람 중의 한 사람을 향해)
'순수수학'의 전형적으로 '정밀하게' 정당화하는 과학에 대해 이의(異
義)를 제기했다. 이때 그는 과학연구 그룹과 신봉자들이 주체적 판단이
필연적으로 훨씬 더 중요한 영역에서 수학의 원리는 어떻게 보일까 하
는 문제를 '거의 이해하지 못한다'는 점을 알았다.——연구자가 이런 문
제에 무지한 것이 공리(Axiomatik)라는 형식주의적·인습주의적 원리
때문이라는 것은 매우 분명하다. 과학이 '기분 좋은 말'에 그친다면, 말
의 화자(話者)만이 이해할 수 있다는 것이 **점점 설득력을 얻게 될 것이**
다. 반대로 과학이 일차적인 '직관'이라면, 직관만 점점 누적되어갈 뿐
이고, 누적된 직관을 어느 누구도 검증할 수가 없다. 그렇기 때문에 과
학 본래의 질서가 구현되기 위해서는 무엇보다 엄밀하게 고찰된 인식론
과 **지식사회학의 결합**이 필요한 것이다.

(5) 지식의 발전과 정치의 발전

지식사회학의 문제 중에서 결정적인 중요성을 갖는 것은 지식의 발전

---

242) 문부차관 베커(C.H. Becker)가 쾨니스베르크의 칸트 탄생 200주년 기념행
사에서 한 강연, 「칸트와 현대의 교양 위기」(Kant und die Bildungskrise
der Gegenwart, 1924)를 참조. 이 강연은 현대에 대한 예민한 반응을 보여
주는데, 내게는 판단뿐만 아니라 저자가 집단을 보는 방식에서 리케르트의
『삶의 철학』(1920)에 의한 영향을 너무 많이 받고 있는 것처럼 보인다. 삶의
철학에 관해서는 내 논문, 「현대의 독일철학」(Die deutsche Philosophie
der Gegenwart, in *Deutsches Leben der Gegenwart*, herausgegeben von
Ph. Witkop, Berlin, 1922)을 참조.*

　*현재는 전집 7권, 『동정』에 수록되어 있다. 그러나 옮긴이의 한국어 번역본에
는 이 논문을 수록하지 않았다—옮긴이.

과 정치의 발전 사이에 있는 법칙적인 의미관계다. 이런 정치의 발전을 아래서 1) 국가의 대외적인 권력투쟁과 2) (사회학적인 기능이라는 점에서) 교체하는 헌법의 형식——이 형식은 근원적인 것으로서 고찰된 것이지, 법률적 의미와 유효성이라는 모습으로서 고찰된 것이 아니다——및 정치적인 승리를 서로 투쟁하면서 승리를 구하는 정당으로 나누어 고찰해나갈 것이다.

1) 지식의 발전과 대외정책

이 논문의 제1부에서 언급한 실질요인이 정신사와 사상사 일반에 미치는 작용의 질서에 관한 역사사회학적인 이론에 상응하여, 이 실질요인은 특히 고도의 정치시대에 가장 크게 영향을 미치고 함께 규정되리라는 것을 기대해도 좋을 것이다. 이런 고도의 정치시대에는 법률과 모든 법적 집단의 흐름은 물론이고 경제와 기술까지도 본질적으로 전개가능한 작용공간에 한정되어 나타나며, 따라서 모든 양식의 정치적인 권력관계 및 그 법적 조직은 국가의 지도 아래 허용된다.

그런데 여기서 자연, 각 민족들의 세계, 문화가 지닌 모든 실증적 지식들에 대해 다 같이 대상적으로 유의미한 것은 먼저 모든 침략전쟁과 식민활동, 정치적으로 행해지는 무역이고, 이에 덧붙여 언제나 근원적으로 국가의 형태를 모방하여 만들어진 교회에 의해 조직적으로 지도되는 전도활동——정치시대에 '교회'는 언제나 뛰어난 종교조직의 형태다——이다. 이들은 모두 호기심과 지식욕이 이러한 활동을 통해 완전히 새로운 대상세계를 확보하는 한에서만 유의미한 것이다. 예를 들어 알렉산드로스(Alexandros) 대왕의 동방원정[243]에 의해 종래의 피타고라스적 천문학의 체계는 전복된다. 왜냐하면 [체계를 위해 가정된] '대지'(對地, Gegenerde)라는 것이 발견되지 않았기 때문이다. 동시에 알렉산드로스의 아시아 침략은 그 간접적인 성과로서 그리스와 오리엔트의 이념

---

243) B.C. 334~B.C. 323 사이에 일어났다—옮긴이.

과 종교적 제사를 서로 혼용시켰는데, 바로 이 혼용이 그리스 시대 말기[244]를 특징짓는다. 또한 〔신성로마제국의 황제〕 프리드리히 2세(Friedrich II)[245]의 이탈리아 침공은 전성기 스콜라철학[246]의 지식형성에 중요한 의미를 갖는 아리스토텔레스의 주요 저작의 존재가 알려지고, 아라비아의 학문이 서양으로 흘러 들어온 계기가 되었다. 나아가 〔오스만〕 터키가 콘스탄티노플을 함락시키자[247] 간접적으로 피렌체의 아카데미(Florentiner Akademie)가 설립되고, 비잔틴〔동로마제국〕의 학자들이 이탈리아로 이주하는 일이 일어났다. 권력정치가 촉발시킨 마젤란(Magellan), 콜럼버스(Columbus), 바스코 다가마(Vasco da Gama) 등의 〔지리상의〕 발견, 나폴레옹(Napoleon)의 이집트 원정, 인도와 다른 곳에서 영국인들의 식민지 개척, 다윈의 세계일주, 중국, 일본, 인도와 원시민족에 대한 성직자들의 전도활동, 이 모든 것들이 지리학과 천문학, 동물학, 식물학, 나아가 정신사적인 지식을 놀랄 정도로 증가시켰다.——이에 관해서는 더 이상 설명할 필요가 없다.

물론 반대사정(Gegenrechnung), 즉 이런 권력의 활동에 의해 모든 지식문화가 억압되고 사멸되었다는 사실도 전체적으로 볼 때는 아마도 이에 못지않게 클 것이다. 이것은 게르만 민족의 침략으로 고대 학문이 크게 훼손된 예, 즉 이미 구축된 것과 발견된 것이 수백 년 동안 망각의 늪에 빠져버린 것(예를 들어 '코페르니쿠스주의'[248]는 이미 사모스의 아리스타르코스Aristarchos von Samos가 주창한 것이다)을 생각해보

---

244) 즉 헬레니즘 시기를 말한다—옮긴이.
245) 재위 기간은 1215~50년, 제6차 십자군전쟁을 일으켰다—옮긴이.
246) 스콜라철학은 대체로 세 시기로 구분되는데, 초기시대는 9세기에서 12세기에 걸친 창립시기이고 그 대표자는 에리우게나(Eriugena)와 안셀무스(Anselmus)다. 전성기는 13세기이고, 그 대표자는 토마스 아퀴나스(Thomas Aquinas)와 던스 스코터스다. 쇠퇴기는 14~15세기로 오컴(William Occam)이 그 대표자다—옮긴이.
247) 1453년에 일어났다—옮긴이.
248) 지동설을 말한다—옮긴이.

더라도 분명하고, 나아가 전쟁·화재·지식을 평가하고 전달하는 수단의 전도(顚倒)가 말살시킨 것을 모두 생각해보면 분명해진다. 오직 이런 전쟁과 침략이라는 형태를 띠고 민족 전체 또는 그 일부가 이동하고 '출정'했다. 그러나 지금까지 든 모든 사례들은 다만 하나의 '역사'를 지녔을 뿐이고,──근본적으로 하나의 '사회학'을 지닌 것은 아니다. 이런 사례들은 다음과 같은 사실을 확신시켜줄 따름이다. 즉 고도의 정치시대에 국가권력의 팽창은, 영속적인 질서를 구축하고 평화적이며 국경을 넘어 이루어지는 무역과 통상이 아직 나타나지 않았을 때는 다음과 같은 민족들 사이의 교류, 즉 세계의 총체적 지식이 정신적이고 생산적인 상호접촉을 일으키는 기회를 증대시킴으로써 현저하게 **성장**해간다는 민족들 사이의 교류에 영향을 미치려 한다. 나아가 정치시대에서 정치권력의 팽창은 소규모로 느슨하게 결합된 집단들을 해체시켜 언제나 포괄적인 국가적 유대를 형성하고 계층과 계급의 형성을 병합시키는 최강의 힘이다. 이런 국가적 유대와 계급의 형성은 일반적으로 **지식**의 발전에도 유리한 것이다.

　그러나 사회학을 알지 못하는 단지 당파적이고 독단적일 뿐인 유럽주의는 인간의 **총체적** 지식이 유럽 국가의 권력이 지향하는 대외적 발전에 의해 저해되기보다 촉진되었다고 감히 주장할지 모른다. 오직 다음과 같은 역사적 사실만이 참일 따름이다. 즉 서양의 근대 실증적 전문과학은 서양의 권력팽창에 의해 내용적으로 많은 것을 상실하기보다 많은 것을 얻었다는 사실과 나아가 이런 방식으로 전문과학의 방법이 놀랄 정도로 널리 **보급**되었다는 사실만이 참이라는 것이다.──물론 이에 의해 저 민족들의 **영혼성**(Seelentümer)과의 어떤 접촉도 없었고, 그들의 형이상학과 종교에 대한 좀더 심오한 어떤 접촉도 전혀 없었다. 우리는 다음과 같은 위대한 사실을 결코 잊어서는 안 된다. 즉 비록 유럽의 실증적 전문과학이 기술적인 목표설정의 범위 내에서 그 성과의 내용과 타당성에 따라 본다면 보편타당하다 할지 모르나, 그 근원에서 보면 오직 유럽적인 산물에 불과할 뿐이며, 다시 말해 완전히 개인적이고 일회적인 민족세계와 민족의 역사가 초래한 결말에 불과할 뿐이라는[249] 사실이다. 참되고 올바른 세계상을 무조건적이고 적극적으로 가치평가하는 것과 선택하는 것, 이 세계상을 통해 세계를 지배하고 제어할 수 있다는 것은 이미 그 자체 특수한 **서양적 형이상학과 종교**로부터 유래하는 형이상학적 지위와 종교적 지위를 전제한 모든 계열들이다. 이들 지위 중에서 특히 다음과 같은 세 가지를 들어보자. ① "존재하는 것은 선한 것이다"(omne ens est bonum)는 명제다.——예를 들어 서양과 달리 어떤 불교적인 세계에도 이런 명제는 없다.[250] ② 자연현상을 지배하고 제어하는 것은 본래 가치충만한 것이고 바람직한 것이며, 이것은 인간의 최고 목표인 교양과 구제를 인간에게서 강탈하려는 것에 빠지지 않는다는 명제다. ③ 인간의 형이상학적이고 영원한 숙명은 각자의 **유일한** 삶과 살아 있는 동안 지은 업(業)에 의존하고, 인간은 사후에는 현세의 사물에 더 이상 영향을 미칠 수 없다는 명제다.——이것은 유대교, 이슬람교를 제외하고 아시아의 어떤 종교도 주장하지 않는 명제다. 그러나 이 세 명제 외에도 대지와 인간의 일회적이고 현세적인 현존재에 대해 놀라울 정도의 진지함과 대체할 수 없는 중요성을 부여하는 것이 있다. 이런 사실들을 망각한다면, 우리는 실증과학을 모든 인류가 '발전시켜온 산물'로 간주할 것이다. 즉 유럽과의 접촉이 **없었지만**, 언젠가 모든 민족이 달성하게 될 발전의 한 단계라고 생각할 것이다.——콩트와 스펜서가 그랬듯이, 마르크스도 또한 이미 살펴본 것처럼 전적으로 우리 서양의 근대과학에 속하는 자본주의 경제를 이런 발전의 한 단계로 삼고 있다는 점에서 근본적인 오류를 범하고 있다. 그렇다면 우리는 바로 유럽이라

---

249) 이 점에 관해 매우 근본적인 것으로서 정당하게 역설한 막스 베버의 종교사회학적인 노작을 참조.

250) '선하다'(bonum)는 말이 '가치 있다'는 말 이상의 것을 의미한다면, 이 명제는 오류다. 왜냐하면 '존재하는 모든 것'이란 존재자로서 선악에 대해 무관한 것이기 때문이다. 같은 이유에서 "존재하는 모든 것은 악이다" 또는 "차라리 존재하지 않는 편이 훨씬 더 나을 것이다"라는 쇼펜하우어와 하르트만이 주장하는 불교적인 공리도 마찬가지로 오류다.

는 당파에 빠져버린다. 이런 것은 예를 들어 그리스도교를 비록 절대적인 것은 아니지만 지금까지 '가장 완전한' 종교라는 주장을 종교사 전체의 행보 속에서 (트뢸치가 자신의 학문적 작업을 시작하던 초기에 소망했던 것처럼)[251] 도출해내려고 할 때 생겨나는 사태이고, 이때 당연히 은밀하게 무조건적으로 전제되어 있는 것이 그리스도교적이고 유럽적인 가치기준이다(트뢸치는 이 점을 죽기 직전에 런던에서 행한 강연에서 분명하고 성실하게 인식했고 언표했다).

다음으로 형이상학적인 명제들과 종교적이고 교회적인 명제들의 적극적인 보급이라는 점에 관해 문제되는 서구적·미국적인 **전도**(Missionen)에 주목해보자. 그러면 전도가 언제나 어떤 대중사회학적 의미를 지니고 있고, 저 문화권의 형이상학과 종교를 무너뜨리며, 또한 집요하게 동요시키고 위험에 빠뜨릴 수 있다는 소아적인 유치한 공상의 순간에 빠질 필요가 없게 될 것이다.——전도는 종교적이고 독단적인 전제 없이도 잘 이해된다. 이것은 모든 방식의 그리스도교 전도에 대해 타당한 것이며, 전도는 종종——전도하는 사람의 의지에 반해——교역과 정치적 팽창의 단순한 도구가 되는 결과를 초래한다. 폰타네(Th. Fontanes)의 말에 따르면, "그들은 그리스도라고 말하면서 나의 옷을 달라고 한다." 그런데 이와 반대로 아시아와 아시아의 신흥불교 교단이 유럽과 미국에서 성장해가는 문제에 관해서도 그것은 마찬가지로 타당하다. 이것은 역사적으로는 중요할지 모르지만,——**지식사회학적으로 볼 때** 전혀 중요한 것이 아니다. 정치적 위력이 어떤 형태를 띠고, 전도의 목적이 어떤 형태를 띨지라도 매우 불충분한 것이며, 어떤 종류의 종교적인 지식과 형이상학적인 지식이든 다만 그때마다 단기간 내에 보급되었다는 것 외에는 모두 다른 것이다.[252]

---

251) 그의 저작, 『그리스도교의 절대성과 종교사』(*Die Absolutheit des Christentums und die Religionsgeschichte*, Tübingen, 1901)를 참조. 아래서 언급한 트뢸치의 런던강연에 관해서는 같은 책, 26쪽의 주석을 참조.
252) 예언자의 신앙을 확산시키는 형태로서 모하메드의 '성전'이란 언제나 오직

무역과 산업의 보급이 경제적인 동기에 기인하고 다음으로 정치적인 형태를 유지하거나, 일반적으로 정치에 종속시켜 판로를 개척하려 하지 않는 한에서, 우리는 지식사회학적으로 **통상과 산업의 보급**에 좀더 중요한 역할을 부여하지 않으면 안 된다. 통상과 산업의 보급이 무엇보다 산업과 기술을 매개로 하여 실증과학을 확대시킬지라도, 기술은 자신과 관련 있는 과학에 대한 욕구를 부수적으로 자극하는 것에 그친다. 그 예로서 중국에 있는 미국인학교(의과대학)와 미국인대학을 보라. 그 실태에 대해 최근에 드리슈가 보고한 바 있다.

이에 반해 각 **문화권**이 갖는 대체가 불가능하고 위대한 정신적 개인들 사이의 **형이상학적 대결**에서는 지금까지 든 정치적 위력도, 전도의 목적도, 자본주의화와 경제의 산업화를 수반하는 경제적 침략도 전혀 문제되지 않고, 다만 저 '숭고하고 위대한 대화'(쇼펜하우어)만이 문제되고, 그것도 그 문화권의 최고 대표자들이 형이상학적인 것에 관해 서로 시·공간을 넘어서──이미 특징지은 새로운 '**문화권의 세계시민주의**'라는 분위기 속에서──행한 대화다. 이 대화는 종래에는 세상에 알려져 있지 않았고, 그런 만큼 최근에 생겨난 것이고, 과학 및 기술의 국제성과도 아무 관계가 없다.──과학과 기술의 국제성은 대화와 비교해볼 때, 대화 상대자 중에서 **한쪽**이 제기한 형이상학적 명제일 뿐이며, 말하자면 '유럽미국'(Euamerikas)이라는 명제를 전제한 것이다. 그런데 최근 '국제철학회의'(philosophische Kongressen)[253]와 유사하면서 매우 성과가 크고 선구적인 실증전문과학의 국제회의를 인위적이고 미약하게 모방한 '국제종교회의'(Relgionskongressen)를 특히 미국 측에서 제안했는데, 이 회의는 그때마다 개인적인 기호를 주장하는 것 외에 다른 것이 아니었다. 그런 한에서 우리는 국제종교회의에서 아무것도 얻을 것이 없었다.[254] 왜냐하면 통일된 공리와 방법이라는 공통된 기반과 정밀

────────

짧은 기간에만 성공했을 뿐이며, 오늘날 더 이상 큰 의미를 지니지 못한다.
253) 제1회 대회는 1900년에 파리에서 개최되었다─옮긴이.
254) 계시종교가 종교적인 '토론'의 지반 위에 설 수 없다는 것은 자명하다. 예를

과학이 사용하는 통일된 학술용어, 모든 양을 측정하기 위한 계량단위에 대한 공통협정 등이 이 회의에서는 결여되어 있었기 때문이고, 또한 '분업적 작업'이 이 회의에서는 본질적으로 배제되어 있었기 때문이다. 철학에서도 회의는 무의미한 것이고, 해명의 주요대상은 오직 하나밖에 없다. 그것은 실증과학이 검증하지 못하는 전제를 음미하는 것이다. 여기서 우리는 다만 본질적 연관을 서로 밝혀감에 있어서 '함께 철학하는 것'(symphilosophein)으로 좀더 나아갈 수 있을 따름이다.

2) 지식의 발전과 국내정치('계급의 논리학' — '사회학적 우상론')

인간의 지식발달이 지금까지 언급해온 대외정책보다 국가(Staaten)와 제국(Reichen) 등으로 총괄되는 집단들에 훨씬 더 높은 법칙적 관계를 지닌다는 것은 당면한 국내정치의 숙명이다.[255]

여기서 먼저 서술해야 할 것은 신분, 계급, 정당 사이의 정치적 투쟁으로 인해 생겨난 강력한 과정이고, 즉 정치적이고 군사상의 기원을 갖는 노동을 예속시킨 무수히 많은 형태로부터 노동을 해방시키는 과정이며,——스펜서가 명명한 것에 따르면 '신분'(status)에서 '계약'(contractus)으로 변모해가는 길이다.[256] 언제나 끊임없이 하층계급이 감행하는 투쟁과 이에 의해 생겨나는 정치적이고 사회적인 '민주주의'의 형성이 지닌 주요 국면들이 지식사회학적으로는 지식의 양태에 관련된 다음

들어 로마 교회는 이런 국제회의에 시종일관 대표를 파견하지 않았다.

255) 정신적 · 지적 문화를 창조해온 국가를 '문화국가'라 부르는데, 그런 국가가 존재하지도 않고, 존재할 수도 없다는 점을 나는 여러 번 강조해왔다.* 국가는 기껏해야 문화를 생성하고 촉진시키는 것을 불가능하게 만드는 힘을 억제시키는 정도의 의미밖에 지니고 있지 않다.

*『형식주의』, VI. B. 4 보유 4를 참조—편집자.

256) 이 표현은 실제로 영국의 법학자 메네(Mene, 1822~88)가 사용한 것이고, 스펜서의 사회진화론에서는 "'군사형'(militant type)에서 '산업형'(industrial type)으로"라는 도식이 사용되고 있다(cf., J.R. Staude, *Max Scheler*, 1967, 192쪽 주석 참조)—옮긴이.

과 같은 세 개의 의미를 갖는다. ① 본래 귀족주의적이고 형이상학적인 자유로운 정신은 퇴보하고 사회적인 지식과 교육제도로서 형이상학은 근절된다. 결과적으로 새로운 형이상학은 집단에 소속되지 않는 '고독한 사색가'(einsamer Denker)의 폐쇄적인 체계라는 형식으로만 나타난다. ② 종교는 점점 교의화되고, 합법적인 교회와 종교행사로 변해간다. 이 과정은 '평범한 사람들마저도 권위의 기초를 쌓게 한다'(C'est la mediocrité qui fonde l'autorité)는 원칙에 따라 일어나지만, 다른 한편으로 정신이 기존의 귀족종교 형태, 즉 '종파'라는 형식으로 경직되는 과정에서 질 좋은 소수자를 구출한다. ③ 실증과학의 정신과 기술의 정신은 점점 진보해가지만, 양자의 내적인 공속성은 앞서 본 바와 같다.

유대교의 신(新)관념은 하층민의 종교인 크리스천을 통해 승리했지만, 그것은 세계를 7일 만에 '창조'했다는 바로 창조적인 '노동의' 신이 거둔 승리이고, 노동의 재평가(물론 그 신념에 따른 것은 아니지만)의 승리다.[257] 그리고 이 승리는 방금 든 세 양태에서 서양 후기의 모든 발전을 불러온 생생한 조짐이 된다. 다시 말하면 그리스도교는 교회의 힘을 빌려 형이상학을 '신앙의 전 단계'(praeambula fidei)에 국한시키고, 로마제국의 조직을 모방한 '교회'로서 그리스도 숭배라는 존재론적 의미에서 교조(敎祖)의 신격화를 통해 종교를 독단화시켜간 것이다. 종래의 상층계급에 대해 승리를 거둔 하층계급의 신념과 이데올로기에 포함된 '노동의 재평가' 속에는 또한 노예를 시발점으로 하는 모든 노동의 예속형태의 폐기를 목적으로 삼는 신념의 강력한 동인이 존재하지만, 그것은 노예와 주인, 남성과 여성, 태아와 태어난 인간, 유아와 성인이라는 대립항을 종교적·형이상학적인 관점에서 완전히 등치시킴으로써 힘을 획득한다(태아와 태어난 인간의 등치란 이른바 낙태금지에 잘 나타난다). 이에 덧붙여 그리스도교는 강력하게 제도화됨에 따라 인구증가

---

257) 논문, 「노동과 세계관」(Arbeit und Weltanschauung, 1921~22)을 참조. 이 논문은 『사회학 및 세계관학 논문집』(1924)에 재수록되어 있다—편집자.

를 긍정하는 양(量)의 정책(Quantitätspolitik)을 점점 발전시켰고, 이
와 함께 기술화·학술화를 향한 새로운 동인을 배태시켰던 것이다.[258]
——이 모든 것은 고대와 특히 그것을 알지 못했던 아시아 문화에 대한
관계에서 본다면, 매우 확실하다. 또한 '노동하고 향유하지 말라'
(Arbeite und genieß nicht)는 이중의 명령에 의해 그리스도교는 자본
주의적 영리욕구에 선행하는 형태인 물질적인 부에 대한 정신의 **집중**이
조직적으로 성립하기 위한 최초의 **효소**(Ferment)가 되고, 교단 내부에
서 시작하여 이 정신을 세속세계에까지 확대시킨 것이다.[259] 이런 특징
을 지닌 그리스도교는 모든 유럽주의의 양식과 완벽하게 일치한다.——
내적으로 구별되는 것이 점차적으로 외면적으로 나타난 동·서로마제
국의 구분에 따르면, 이 일치는 적어도 옛날의 서로마제국의 지역에서
일어났다. 그리하여 이상과 같은 새로운 형태를 취하는 그리스도교는
(랑케가 말하는 의미에서) 게르만·로마 두 민족의 세계에 공통된 숙명
으로 받아들여지는 토대가 되지만, 이 숙명은 동방과 피터 대제 이전 러
시아의 고유한 발전과는 정반대다. 왜냐하면 지식사회학에서 볼 때 러
시아의 발전은 동로마제국과 그리스-헬레니즘의 교부들(Väter)에 의해
규정되고, 위에서 든 세 개의 동인이 러시아의 발전에는 결여되어 있기
때문이다.[260]

형이상학적이고 자유분방하게 명상하는 정신은 동로마와 러시아라는
대지 위에서 좀더 **자유로운** 활동을 유지한다. 즉 거기서는 '공익적'
(gemeinnützige)인 것이 아니라 좀더 명상적인 수도생활이 남아 있고,

---

258) 『사회학 및 세계관학 논문집』에 수록되어 있는 나의 논문, 「세계관의 문제로
　　서 인구문제」(Bevölkerungsprobleme als Weltanschauungsfragen, 1921)
　　를 참조.
259) 이에 관해서는 푹스(Bruno A. Fuchs)의 『부르주아지·자본주의적 사회의
　　정신』(Der Geist der bürgerlich-kapitalistischen Gesellschaft, München,
　　1914)을 참조.
260) 『사회학 및 세계관학 논문집』에 수록된 나의 논문, 「동·서 그리스도교에 관
　　하여」(Über östliches und westliches Christentum, 1915)를 참조.

로마교회와는 달리 형이상학적 정신이 교회의 권위와 성직자보다 우위에 있다. 즉 수도생활은 로마교회에서처럼 교회의 권위와 직권에 종속되지 않는다. 교황정치와 교황의 특권인 교도권(Lehrautorität) 대신에, 동방에서는 '성스러운 전통'에 내포된 것, 즉 레린의 빈젠츠(Vinzenz von Lerin)[261]의 말에 따르면 '아무 시대, 아무 장소에서나 신앙되지 않는 것'(quod semper et ubique creditur)을 다만 **확정**해줄 뿐인 '성스런 집회'라는 전통주의가 성립하기 때문에, 이 '전통'은 스스로(ex sese) 도그마에 관해 결정하지 않는다. 다른 한편으로 로마교회의 정치상의 행동주의(Activismus)가 여기서는 불가능하고, 나아가 동방 그리스도교의 발전을 오늘에 이르기까지 지배해온 근본 특징인 헬레니즘의 **관조적·심미적인 심오한 주지주의**가 남아 있다. 그렇기 때문에 실증과학적이고 기술적인 정신이 미약하게 발전해온 것이다.[262]

이상의 모든 사실들은——종교에 고유한 종류의 것이 아니라——정치적인 종류의 원인들을 갖추고 있고, 이로써 게르만 로마민족의 세계와 러시아를 포함한 동방세계에서는 **지식사회학적으로 근본적으로 다른 구조**가 만들어진다. 예를 들어 피터 대제 이후 러시아에서 이른바 '유럽의 과학·기술'을 수용한 것은 훨씬 후기에 일본, 중국, 인도가 과학기술을 수용한 것과 다르지 않다. 따라서 스웨덴인, 폴란드인, 발트 해 연안의 독일인, 유대인이라는 지배적 민족이 이주함으로써 러시아에서 자본주의 경제가 처음으로 일어난 것이 아니다. 다음으로 성립되는 세계경제가 강한 경제적 경쟁을 통해 **외부에서** 러시아로 강제로 밀어넣은 것이라면, 자본주의 경제는——마르크스의 주장과는 정반대로——러시아적

---

261) 5세기 갈리아 교회 저술가—옮긴이.
262) 이 점을 분명히 하기 위해서는 마사리크(Th. G. Masaryk)의 『러시아의 역사철학과 종교철학에 관한 사회학적 스케치』(*Zur russischen Geschichts- und Religionsphilosophie: Soziologische Skizzen*, 독일어 번역, Jena, 1913)를 참조. 동방 그리스도교의 신비주의에 관해서는 악사코프(Aksakow)의 책을 참조(Darmstadt, 1924).

지반 위에서 토착민들의 고유한 발전에 힘입지 않고는 결코 생겨나지 않았을 것이다.

　노동해방을 실현하려는 국면의 역사(Phasengeschichte)와 실증과학의 진보를 비교해보는 일은 종종 시도되어왔기 때문에 여기서 더 이상 필요하지 않을 것이다. 과학이 노동을 해방시키는 과정의 추진력인 것이 아니라, 반대로 노동 해방이 실증과학의 발달을 촉진시키는 요인이 되고 있다.──이것은 의심할 여지가 없는 사실이다. 이와 마찬가지로 다음과 같은 세 가지 사실, 즉 배타적인 은총종교(칼뱅의 경우가 가장 적절한 예인데, 막스 베버는 은총이라는 점을 과대평가하고 있다)── 종교적인 귀족주의──와 (모든 사람이 ‘평등하게’ 구제받을 수 있다고 주장하는 종교적 민주주의──정치와 교회라는 귀족주의──와 로마교회의 신분적 위계질서에 반대되는) 정치적이고 교회적인 민주주의, 점점 증대해가는 모든 형이상학과 나아가 마술적 기술의 잔재에 대한 기술적·실증과학적인 정신의 승리 사이에 있는 내적 연관도 잘 알려져 있다. 이 세 가지는 심적 에너지라는 관점에서 보면 대체로 동일한 대중과정(Massenvorgang)이고,──이 대중과정을 다른 측면에서 조망한 것일 따름이다. 이 현상은 지역사교제도(Territorialfürstentum)와 연방국가 체제가 황제권력에 승리했다는 사실에 대응할 뿐만 아니라, 정치권력과 신흥도시 부르주아지의 동맹은 특히 근대의 공속하는 종교상의 운동 및 교의와 과학적 운동 및 학설을 널리 보급시킬 수 있다는 가능성과 관련하여 이 현상의 제1원인이 되고 있다. 종교, 형이상학, 과학의 발전을 순수한 의미논리에서 도출하는 것과 그 발전을 일차적으로 경제에서 규정하는 것은 여기서 언급하지 않는다. 예를 들어 지역사교제도가 없었더라면, 종교개혁기에 새로운 교양을 확대해간 사람들에게는 아무 영향도 줄 수 없는 고독 속에 갇히고 말았을 것이며, 기껏해야 단지 소규모의 종파를 형성하는 데 그치고 말았을 것이다. 또한 다른 한편으로 부르주아지의 편에서도 이 사교제도 없이는 신흥계급으로서 아무 일도 할 수 없었을 것이다.

따라서 지식사회학에서 특별히 고찰되어야 할 문제의 핵심은 다음 세 가지다. 프롤레타리아가 우세한 북유럽의 나라에서처럼 고대 교회에 의해 무섭게 구속되어 있던 형이상학적 정신이 폐기된 곳에서 이런 구속을 폐기함으로써 형이상학이 다시는 솟아나지 못한 이유는 무엇인가? 달랑베르(d'Alembert)가 프랑스 백과사전을 간행하기까지 모든 분야에서 부르주아지 민주주의가 승리했는데, 이 승리가 어떻게 실증과학과 기술의 승리일 수 있는가?[263] 봉건시대의 도시지배권력은 정치상의 폭력, 혈통, 전통, 나아가 권력에 따른 재산, 상대적으로 부자유한 노동 덕택에 그 지배를 관철시켰지만, 이 권력이 후기에 비해 좀더 강력한 주지주의적 · 관조적인 지식문화와 결합해 있고, 매우 광범위하고 강력하게 '직분적인' 사제 · 수도원 · 수도승의 학문과 나아가 실증과학을 억압하면서 생태론적 · 개념실재론적 형이상학과 결합해 있는 이유는 무엇인가?—— 지배권력과 결탁한 형이상학은 '신앙의 전 단계'(praeambula fidei)에 불과하다고 말한다 할지라도, 여전히 참된 제도적 특성을 띨 것이다. 따라서 이 형이상학은 근대라는 지반 위에서 성장한 모든 형이상학이 '고독한 사색가'(데카르트, 말브랑슈, 스피노자, 라이프니츠, 칸트 등)인 각자의 개성과 결부된 체계에 그치고 만 것과는 전혀 다른 것이다.

이상 세 물음에 대답해보자. 먼저 봉건시대의 지배계층은 자신의 고유한 노동이 아니라 다른 사람의 경제활동적 노동을 이용해 그리고 자신의 정치적 특권을 이용해 재산을 모았고, 이들은 언제나 자신의 '하사물'(下賜物, Largesse)을 가지고 경제적으로 생산능력이 없는 지식인과 관조적인 계층을 함께 부양해왔는데, 이것을 가능하게 한 것이 부자유스런 노동의 생산물이었다. 그리고 이 지배계층이 교회의 중요한 직권과 지위를 마음대로 휘두른 경우와 이에 덧붙여 극히 봉건적인 베네딕트수도회를 필두로 고대 수도회가 어디서나 그랬던 것처럼, 교회의 최고책임자와 수

---

263) 실증주의의 기원에 관해서는 트뢸치의 『역사주의와 그 문제들』(1922), 371쪽 이하를 참조.

도회가 과도한 정치적 특성을 띤 경우에는[264]——다시 말하면 교회와 국가의 유기적 결합이 상당히 진척된 경우에는——또한 지배계층에 의한 지식인의 부양이 더욱 강화되었다. 반대로 경제학적으로 자기 노동을 수행하는 '부르주아지'와 절대주의 시대까지 전성기를 누려온 '연방군주들의 권력' 사이의 결합은 교회와 국가의 결합과는 전혀 다른 것이다. 새로운 시대의 지도자로서 선택된 부르주아지는 재산을 자신의 노동을 이용해 획득하고, 군주 편에서도 경제적으로 언제나 상대적으로 비생산적인 '예속'노동의 형태를 폐기함에 따라 언제나 과세라는 욕구가 최대 관심사였기에,——군주는 경제적으로 열등한 종교체제에 대해서는 더 이상 관심을 보이지 않았다——관조적이고 형이상학적인 정신에 있어서 이 정신에 불가결한 경제적 기반은 점차 소멸하게 되었다.

그러나 '목적들' 및 '형상과 성질'의 형이상학이 전혀 성과가 없었기 때문에 "수녀처럼 신에게 몸을 맡긴 것에 불과하다"라고 베이컨은 말하지만, 이때 그는 비유 이상의 것, 즉 지식사회학적인 본질연관은 하나도 알지 못한 채 말한 것에 불과하다. 왜냐하면 객관적인 목적론, 즉 '형상과 성질'의 형이상학을 '근대과학'에서 배제시켜버린 것은 확실히 이론상의 통찰이 아니라 아프리오리하게 통찰된 연관이기 때문이다. 이 연관은 다음과 같다.[265] ① 인간은 우주(Universum)를 지배하고 목적을 자유롭게 설정할 수 있지만, 그것은 어디까지나 이 우주 속에 객관적·목적론적인 질서가 존재하지 않는 한에서 그렇다. ② 존재적 '형식들'이 없는 한에서 인간은 임의로 우주를 형성할 수 있다. ③ 우주는 불변적인 성질——우리는 이 성질을 관찰하고 기껏해야 이름을 붙일 수 있을 뿐이다

---

264) 탁발수도회는 고대수도회가 세속화되고 부유화되어가는 것에 대항하여 단지 자발적으로 빈곤이라는 원시 그리스도교의 정신을 종교적으로 부흥시킨 것일 뿐만 아니라, 권력을 지니고 태어난 부자들에게서 받는 보조금이 충분하지 않을 때, 관조적 생활과 그 조직을 탁발로 유지시켜가야만 했던 경제적 필연성을 나타낸 것이다.

265) 원문에는 번호가 매겨져 있지 않지만, 옮긴이가 편의상 붙였다—옮긴이.

──이 아니라 양과 계량가능한 '운동'을 포함한다면, 그런 한에서 인간은 우주를 지배할 수 있을 따름이다. ④ 인간이 우주를 지배할 수 있는 위력을 획득하기 위해서는 시간적으로 선행하는 과정에 따라 시간적으로 후속하는 과정이 일의적으로 결정될 필요가 있다. 그런 한에서만 인간은 우주를 지배할 수 있을 따름이다.

다음으로 서양에서 사회적 제도로서 존재해온 생태적 세계상의 형이상학이 붕괴하고, 관조적 생활이 정신적으로 쇠퇴해버린 결과, 동시에 한편으로 형이상학은 폐쇄적인 개인의 (형식으로서) '체계'가 되어버렸고, 형이상학자는 '고독한 사색가'의 사회적 존재양식으로 추방되고, 다른 한편으로는 근대적인 '학교'형태로 밀려나고 말았다. 이것을 초래한 원인은 두 가지다. 첫째로 그것은 목적 · 형상 · 성질(이른바 '숨겨진 질'qualitates occultae)의 형이상학이 지닌 **불모성**이고,──그 이론상의 오류가 아니다. 이 오류는 물론 불모성과 나란히 있을 수 있다. 둘째로 관조적인 형이상학자 계층이 지닌 **경제학적 비생산성**이다.──바로 이 계층이 종교적 · 윤리적으로 열등한 것의 가치와 인식론적으로 열등한 것의 가치를 실증했다는 것은 사실이 아니다. 따라서 이 두 과정의 원인은 다시금 모두 뛰어난 **정치적인** 것이다. 첫째로 '타락한 성직자'(교회재산의 세속화)를 고발하는 도덕적 격정은 스스로 윤리적으로나 종교적으로 그럴듯하게 꾸며진 것이고, 결국 "자연 속에는 객관적 목적도, 형상도, 성질도 존재하지 않는다"는 것이 억측에 지나지 않는 순수이론적인 통찰인 것처럼 '이해관심의 이데올로기'가 남긴 파생물에 불과하다. 둘째로 세속의 **직업단체**를 필두로 신분질서의 점차적인 폐지는 19세기의 고도 자본주의의 시기에 사회계급의 형성을 촉진시키고──그 배경에는 영국과 미국에서 '위로부터' 민주주의의 승리(영국혁명)와 프랑스의 '아래로부터' 민주주의의 반복된 승리(프랑스혁명)가 있다──'권력에 의한 재산'(Machtreichtum)의 시대로부터 '재산에 의한 권력'(Reichtumsmacht)의 시대로 전향이 수행됨으로써 완성된 것인 동시에, 이 신분질서의 폐지는 필연적으로 실증과학 · 기술의 승리, 나아가 실증과학 연구자들의 사회적 권위가 점점 증대해가는 결과를 낳는다. 그리하여 실증과학에서 볼 때 유럽의 거대한 모든 〔정치〕혁명에 대해서는 새로운 평가가 내려지게 된다.

형상과 본질을 주제로 한 제도화된 형이상학을 구축한 것은 콩트가 생각한 것처럼 과학이 한 것이 아니라 바로 **정치**가 완수한 것이다. 따라서 '제4의 신분'으로서 혁명적인 하층계급과 그 지도자가 과학을 종교와 형이상학의 대용품으로서 사용하려 한 것과 계몽된 부르주아지 계급이 지닌 상당히 **합리적인** 과학주의와는 전혀 이질적인 **실용주의적이고 공학적인** 과학주의를 (불,[266] 제임스 등이 실용주의를 주창하기 훨씬 이전부터) 자신들의 지도이념으로 만들어낸 것이야말로 가장 심오하게 사회학적으로 정초된 것이다. 이 점을 진지하게 증명한 것은 형이상학과 귀납적 실증과학의 사회학적 피제약성에 관한 프롤레타리아 사회주의 지도자들이——부르주아지적 자유주의와는 정반대로——소유한 매우 명료한 의식이다. 예를 들어 바쿠닌(Bakunin)은 '형이상학이라는 지금은 몰락해버린 귀부인'이 귀족 같은 권위를 휘두른다고 단정하고 이렇게 주장한다. "합리적 철학(콩트가 말하는 실증과학)이 바로 민주적 과학이고, 그것은 아래로부터 위를 향해 자유롭게 조직되어 있고, 유일한 기반을 실험에 두고 있다"(프랑스어판 저작집, 68쪽).[267]

바쿠닌에 따르면 경험의 **총량**과 독립적이면서 유일한 선례를 이루는 경우에 기초하여 획득되는 아프리오리한 지식을 요구하는 것은——여기서도 절대적 원리에 의해 법칙이 다수의 경험적 사실에 부과되어야 하기 때문에——모두 '중앙집권국가식 방법에 따른' 지식에 불과한 것

---

266) 불(G. Boole, 1815~64): 영국의 수학자, 논리학자―옮긴이.

267) 좀바르트의 최근 저작, 『프롤레타리아 사회주의』(*Der proletarische Sozialismus*, 『사회주의와 사회운동』*Sozialismus und soziale Bewegung*의 10쇄 개정판, Jena, 1924), 제1권, 138쪽 이하 참조. 이 책의 제16장 '과학'은 프롤레타리아의 지식사회학을 고찰하는 데 기초를 제공해주고, 내가 여기서 서술한 견해와 완벽하게 일치한다.

이다. "우리 두뇌 속에 있는 것은 고상한 형이상학적 정신인가, 아니면 비속한 상식에 불과한 것인가 하는 물음의 배후에는 이해관심의 문제가 숨어 있다.──그것은 모든 권력과 정의란 특권계급의 것인가, 일반서민의 것인가 하는 문제다."[268]

귀납법에 배타적인 특권을 부여하는 것(따라서 모든 본질적 지식을 부정하는 것)과 평등한 보통선거권을 요구하는 것, 나아가 집단의 의지형성에 즈음하여 다수결의 원리를 채용하는 것, 이 세 가지 옳음을 확신하는 것이 각기 의미법칙적으로 서로 연관되어 있다는 것은 의심할 여지가 없다. 그런데 이미 서술했듯이, 형이상학은 분업적으로 영위되는 것이 아니라 본질적으로 개성적 · 개인적이고 민족과 문화권으로 규정되기 때문에 국제적이라기보다 세계시민적인 공동작업의 형식으로 영위되고 성장해가는 것이지만, 눈으로 볼 수 있는 진보를 나타내는 것이 아닌 학문적인 것이다. 이것을 깊이 고찰해보면 과학주의, 귀납법의 전횡, 분업의 요청, 진보, 국제주의라는 신념은 본래 프롤레타리아 사회주의가 지닌 이해관심의 이데올로기와 필연적으로 관련 있다는 나의 주장이 매우 정당하고 자명하다는 점을 이해할 수 있을 것이다. 물론 프롤레타리아의 '과학신앙'(Wissenschaftsglauben)이 인간인식이 지닌 특수한 '이데올로기'의 하나가 되기 위해서는 노동에 관한 공학적인 실용주의가 더해질 필요가 있다. 그리하여 인간은 본질적으로 '도구적 인간'──도구와 기호를 만드는 존재자──이 되고 만다. 두 가지 예를 들어보자. "사회가 어떤 기술적 요구를 가지고 있다면, 그것은 10개의 대학보다 더 과학을 진보시키는 데 도움을 줄 것이다."(엥겔스)[269] "과학과 교양(!)을 만들어내는 것은 바로 노동을 좀더 생산적으로 만들려는 욕구다."[270]

268) 디츠겐(J. Dietzgen)의 『사회민주주의의 철학』(*Sozialdemokratische Philosophie*, 1906), 25쪽, 그리고 좀바르트, 같은 책, 230쪽에 인용된 것처럼 디츠겐의 다른 주장도 매우 교훈적이다.

269) 엥겔스(F. Engels 1820~95: 독일의 사회주의자. 이 인용문은 1894년에 쓴 편지에 나오는 말이다─옮긴이.

우리가 검토하여 훨씬 쉽게 도출된 이런 그의 사상을 라브리올라[271])는 포괄적인 시점에서 논의하려고 시도한다.[272]) "유물사관은 실천의 일부, 즉 노동의욕의 전개에 다름 아니다. 그러나 유물사관은 활동하는 인간의 이론인 이상, 과학 그 자체를 노동이라고 생각한다. 나아가 유물사관은 경험과학이 어둠 속에 내포하고 있던 의미를 완성한다.──우리가 사물의 핵심에 다가가 '사물 그 자체가 하나의 사실(un fare)이거나 생산물이라는' 결론에 도달한 것은 경험에 의해서다." 또한 좀바르트는 프루동(Proudhon)의 사상 중에서 모든 근대 실용주의를 선취하는 흥미로운 구절을 발견했다.[273]) "관념은 그 범주와 함께 행위에서 생겨나고, 그 대변자로서 실격되거나 행위로 되돌아오지 않으면 안 된다. 이 명제가 의미하는 바는 형이상학을 포함해서 이른바 아프리오리한 모든 지식은 노동에서 나오는 것이고, 노동의 수단으로서 역할하는 것이어야만 한다는 것이다. 이것은 방만한 철학과 종교적 유심론이 가르치는 것과는 정반대의 것이다."[274])

프롤레타리아 계급이 이와 같이 실증과학을 절대적인 것으로 생각하고 종교뿐만 아니라 형이상학까지도 제외시켜버린──예를 들어 소비에트공화국의 금서목록에는 탈레스에서 피히테에 이르는 모든 철학자가 포함되어 있다──동기들 가운데서 좀바르트는 이에 관한 주목할 만한 연구 중에서 다음 다섯 가지를 든다.[275])

---

270) 디츠겐, 앞의 책, 7쪽.
271) 라브리올라(A. Labriola, 1843~1904): 이탈리아의 철학자. 헤겔 연구에서 출발하여 마르크스주의로 옮겨갔고, 유물사관을 해명하는 데 심혈을 기울였다─옮긴이.
272) 라브리올라의 『사회주의론』(Discorrendo di socialismo) I, 1898, 79~80쪽 참조.
273) 좀바르트, 앞의 책, 140쪽 참조.
274) 프루동의 『혁명과 교회에서 정의』(De la justice dans la Révolution et dans leglise, 1858), 130쪽─옮긴이.
275) 좀바르트, 같은 책, 234쪽 참조.

① 과학은 그 성과면에서 볼 때 '모든 사람'을 향해야 한다.――과학은 '보편타당성', 즉 '개념'을 필요로 하지만, 그가 말하는 개념은 칸트적 의미에서 보편적 합리성과 결합된 것일 뿐만 아니라 매우 평이한 자연주의에 근거한 오성과도 결합된 것이다. 왜냐하면 프롤레타리아에게 개념이란 통속성을 의미하는 것이기 때문이다. 따라서 과학의 통찰이 분명히 해주는 것은 우리에게 친숙해 있는 '고지식하고 평범한' '프롤레타리아' 사상이 요구하는 바에 따르는 것이다. 또한 사회민주주의자는 "지적으로 부여받은 인간오성을 능가하는 것을 결코 승인하지 않는다." 그것은 "지성적인 것이라는 매우 평범하고 형식적이며 기계적인 능력"이라는 견해다(디츠겐, 『사회민주주의의 철학』, 37, 42쪽).

② 경험과학에서 사고는 독재적인 것이 아니라, 이른바 주권을 지닌 인민――참인 사실을 결정하는 '군중'――의 관할 아래 있다. 이른바 투표에 의해서 결과가 생겨나온다. "사상은 자기 자신을 본질적으로 감성적인 사실과 경험에 정초하지 않으면 안 된다"(같은 책, 50쪽).

③ 민주주의가 불신임을 토대로 삼고 언제나 여론의 비판에 복종하는 이상, 과학은 민주주의의 중대한 요구――나는 너를 믿지 못한다. 증거를 대라――를 충족시켜야 한다. 교도(教導, Lehrmeinung)를 의도하는 지배는 민중――즉 사실――에 대한 호소로 전복된다.

④ 과학이 프롤레타리아주의의 이상에 일치한다는 것은 과학이 정치적 평등의 원리를 승인하는 한에서 그렇다. "과학에서는 믿을 수 없는 미립자라 하더라도 우주의 천체와 동등한 가치를 지닌 대상이다. 따라서 가치 있는 것과 가치 없는 것의 구별은 큰 의미가 없다." "모든 물체가 지닌 무한한 다양성은 단일하고 경험적인 원소로 구성되어 있다. 모든 것은 그 원소라는 일자(一者, Einem)의 보호 아래 펼쳐진다. 그렇기 때문에 차이는 형식적인 것이고, 모두는 본질적으로 동일한 종류에 속한다"(디츠겐, 『사회민주주의의 철

학』, 30, 47쪽).

⑤ 과학은 반역적이다. 이 점은 이미 오래전부터 인정되어온 것이다. 예를 들어 버클(Buckle)은 '베이컨 정신'의 뿌리를 파악하는 곳에서 다만 혁명이 일어났다는——먼저 17세기의 영국과 이어서 18세기의 프랑스에서——사실을 지적한다. 프롤레타리아주의의 저작자는 과학이 지닌 이런 특성에 특별한 가치를 부여하는 것처럼 보인다. 그들은 과학이 기존의 모든 것을 파괴해버리기를 열망한다. "귀납법 체계에 의한 혁명적인 추리는 반동적인 악의를 격파시켜버렸다." "이런 원리적인 귀납법에서 반종교적·반국가적이라는 놀라운 귀결이 생겨난다고 나는 주장한다"(디츠겐, 같은 책, 44, 45쪽).

좀바르트가 든 다섯 가지 동기가 정당하다는 사실에 대해서는 이 논문에서 이미 언급된 것 이상으로 우리 모두가 전적으로 동의한다. 또한 이 동기는 실증과학과 형이상학의 사회학적 원천과 정확하게 상응한다. 그렇다면 이 원천에 관한 우리의 이론에 기초하여 다음과 같이 말할 수 있다. 즉 과학적 합리주의와 주지주의(이것은 모든 기술을 오직 순수이론의 응용으로서만 생각한다)는 프롤레타리아적인 육체노동자 특유의 실용주의와 함께 모두 오류라는 것이다.——다시 말하면 그것은 두 측면의 이해관심의 이데올로기, 즉 전자는 자유주의적 부르주아지 계급의 이데올로기를, 후자는 프롤레타리아의 이데올로기를 별도로 표현한 것에 불과하다는 것이다. 과학이란 (이미 살펴본 것처럼) 순수철학과 개별계급의 기술상의 노동경험이 결혼하여 생산한 자식과도 같은 것이다. 오직 철학만이 비실천적이고 '순수'이론으로 남아 있다고 생각된다. 그러나 역사상 과거의 것으로 남아 있는 계급이 사회학적으로 취한 이해관심의 전망주의에 철학이 결코 적합하지 않다는 사실에 의해 철학이 '인류의 영원한 사업'(칸트)인 것을 그만두지 못한다는 사실은 틀림없이 자명한 것이다.

그러나 각 계급의 지성적인 대표자들이 이러저러한 모든 문제를 논하면서 언제나 지배자나 피억압자의 이데올로기를 대변해왔을 뿐이라고 서로 비난하면서 생각을 밀고 나가는 것은 방법적으로 허용되지 않는다. 이 생각을 받아들인다면, 각 대표자는 이른바 서로 "먼저 프롤레타리아가 되라, 또는 먼저 부르주아지가 되라, 그러면 너는 내가 말하는 것과 내 견해가 지닌 진리를 이해할 수 있을 것이다"라고밖에 말할 수 없다. 모든 계급 이데올로기와 그 이해의 전망주의를 초월할 수 있는 법정이 인간정신 가운데 전혀 존재하지 않는다면, 가능한 진리인식은 모두 기만에 불과할 것이다. 그렇다면 모든 인식은 계급투쟁의 결과가 결정하는 하나의 함수에 불과한 것이 되고 만다.──윤리학적인 가치선취의 법칙, 즉 선악에 관해 실제로 그렇게 주장해온 것이 경제적 역사관이다.

이때 논리와 인식의 양식은 계급적 입장 그 자체 또는 그것을 선택하는 것의 함수에 불과하다. 물론 계급적 입장이 에토스와 사고양식을──사고의 대상과 인식의 내용에 머무르지 않고──광범위하게 규정한다는 확실히 인정될 수 있는 사실도 한편 있다. 이 사실을 잘못 인식한 '절대주의'는 여기서 비판된 바로 계급상대주의와 마찬가지로 아무 내용 없는 주장이다. 이 두 주의〔절대주의와 상대주의〕 사이에 있는 외견상의 모순을 극복하기 위한 수단에 관해서는 이미 언급했다. 즉 직관·사고·평가의 범주체계가 또한 계급적으로 규정된다는 것은 그 타당성과 가능한 원천에 관해 하는 말이 아니라 그 도태와 선택이라는 한계 내에서 하는 말이라고 생각한다면 극복가능한 것이다. 사고와 가치를 받아들이는 바로 그 형식상의 양식 자체가 계급에 따라 다른 성질을 지닌다고 생각하는 것도 틀린 말은 아니다.──물론 매우 많은 경우에서 추출된 법칙[276]이라는 차원에서 이것을 말할 수 있는 것은 각자 자신이 속한 계급의 구속을 원리적으로 극복할 수 있는 경우뿐이다.

소묘 정도로 간략하게 전개해왔지만, 계급적으로 규정된 형식적인 사고

---

276) 대수의 법칙을 가리킨다─옮긴이.

의 양식들에 관해 나는 다음과 같은 예를 들 수 있다. 즉 각 양식의 사회학적인 귀속관계를 다음과 같이 제시할 수 있다.

① 시간의식의 가치전망주의↔하층계급, 가치회고주의↔상층계급
② 생성을 고찰하는 것↔하층계급, 존재를 고찰하는 것↔상층계급
③ 기계론적 세계관↔하층계급, 목적론적 세계관↔상층계급
④ 실재론(세계를 오직 '저항'으로 생각하는 것)↔하층계급, 관념론 (세계를 '관념의 왕국'으로 생각하는 것)↔상층계급
⑤ 유물론↔하층계급, 유심론↔상층계급
⑥ 귀납법 · 경험론↔하층계급, 아프리오리한 지식 · 합리론↔상층계급
⑦ 실용주의↔하층계급, 주지주의↔상층계급
⑧ 미래에 대한 낙관주의, 과거에 대한 비관적 회고주의↔하층계급, 미래에 대한 비관주의, 과거에 대한 낙관적 회고주의('고대의 황금시기')↔상층계급
⑨ 모순을 발견하는 '변증법적인' 사고양식↔하층계급, 동일성을 추구하는 사고양식↔상층계급
⑩ 환경결정론↔하층계급, 생득주의적 사고↔상층계급

이상의 항목별 대립을 문제 삼는 것은 이름만 동일한 철학이론이 아니라 생생한 사고양식과 기능적으로 볼 때 직관의 형식 그 자체다.——또한 이런 형식들을 반성적으로 아는 것을 문제 삼는 것이 아니라는 것은 자명하다. 세계를 특히 이러저러한 양자택일의 형식으로 파악하는 것은 계급적으로 제약된 잠재의식적 경향이다. 그러나 그것은 계급이 지닌 '편견'이 아니라 편견 이상의 것, 즉 편견을 형성하는 작용의 형식적 법칙임을 나타낸다. 형식적 법칙은 어떤 편견을 형성하는 주된 경향의 법칙이라 하더라도 오직 계급적 입장에만 뿌리박고 있는 법칙에 불과하고,—— 개인, 직업과 그 사람이 알고 있는 지식의 정도, 인종, 국민성과는 전혀

무관한 것이다. 그러나 이 형식적 법칙이 완전히 인식되고, 계급적 입장에서 필연적으로 유래하는 것이라는 점이 파악된다면, 그것은 바로 지식사회학의 새로운 소재 가운데 하나가 될 것이다. 나는 이 소재를 외부지각에 관한 베이컨의 우상론(착각론) 및 내부지각에 관한 나의 우상론[277]과 유사한 사고와 직관, 평가를 대상으로 하는 '사회학적 우상론' (soziologische Idolenlehre)이라 부르고자 한다. 사회학적으로 규정된 '우상'은 어떤 오류 이상의 것이다. 그것은 세계 그 자체를 직관하기 위한 소재로서 각 계급의 구성원들에게 주어진 것에 그치지 않고, 구성원들에게 (특별히 인위적인 관심과 의식적인 성찰을 하지 않더라도) 일반적으로 주어지는 대상에 관한 형식이다. 또한 우상은 세계를 직관적으로 파악하는 것에 덧붙여 추후적으로 기억과 판단을 위조하는──지식사회학을 알지 못한 저 값싼 합리론이 특히 이런 위조를 전제하고 있다──것보다 훨씬 강렬하고 집요하며 절박한 것이다.

상층계급과 하층계급에 대해, 나아가 동시에 두 계급에 대해 계급이 '상승' 또는 '하강'한다고 자각하는 한에서 세계 그 자체를 제공하는 것은 실제로 각종 형식의 신념(Relief)들에 불과하다. 이런 우상이 계급의 내부에서는──아마도 엄마의 젖과 함께 빨아들인──전통적인 것이 된다. 그런 한에서 경제론적 지식이론도 물론 옳다.

그러나 오류는 다음과 같은 경우에 생겨난다. 즉 첫째로 이 계급적으로 제약된 우상의 체계들을 사물의 존재형식 및 생성형식과 동일시하고, 둘째로 사상적으로 타당한 사고와 직관, 평가의 형식과 등치시키고, 계급적 이해관심이라는 범주적인 관점〔전망주의〕과의 유추를 통해 평가하며, 셋째로 사고경향과 직관의 동인으로서 '필연적인' 것으로서──사실이 그렇듯이──생각할 뿐만 아니라 계급에 속하는 모든 개인이 인식하는 의식적인 초자동주의적 정신활동을 행할 때는 반드시 이런 경향과 동인에 따라야만 한다는 주장을 인과적인 필연이라고 생각하는 경우에

---

277) 『가치전도』에 수록된 나의 논문, 「자기인식의 우상」을 참조.

처음으로 이런 오류가 발생한다는 것이다. 그러나 이 계급적 편견과 계급적 편견 형성 작용이 갖는 형식적인 법칙은 계급에 속한 각 개인이 원리적으로 **극복할 수 있는 것이다.** 그것은——사회학적 우상론에 의해 언제나 그 사회학적 법칙성이 인식됨으로써——모든 인간에 의해, 그가 어느 계급에 속하든지, 배척될 수 있는 것이다.

다음과 같은 사실, 즉 자동적으로 나타나는 계급의 우상과 우상형태를 모든 사람에게 제시해주고, **대상으로** 삼는다는 사실을 가르쳐주는 것은 **계급의 지식사회학**이 지닌 하나의 실천적 · 교육적으로 대단히 큰 가치가 있는 일이다.

우리는——상층계급과 하층계급이라는 거친 구별에 그쳤지만——두 계급이 모두 왜 대립적인 방향에서 세계를 관조하고 또한 사고하는 경향을 지녀 '야만 하는지'에 관한 의문을 제기할 수 있다.

보유 1: 하층계급은 언제나 과거의 역사를 탄핵하고 비난하는 경향을 띤다. 왜냐하면 역사야말로 그들을 지금 위치에 처하게 해준 장본인이기 때문이다. 또한 그들은 자신들에게 역사보다 인연이 먼 '문화'에 대해서는 그 기원을 가능한 한 자연주의적인 충동요인에 귀착시키는 한편, 이와 반대로——형식적으로는 '메시아주의'의 입장에 서면서——유일한 최고선이나 '그들'에게 최고선인 것을 **미래의 영역으로** 이행시켜버린다. 예를 들어 최고선이 신앙심 깊은 시대에는 신의 기적에 따라 생겨나는 것을 간절하게 기다려왔다거나(종말론), 공상사회주의자들(utopischen Sozialisten)처럼 그것을 '당위'의 과제라고 생각한다거나, 마르크스주의 사회주의자들처럼 필연적으로 생겨나는 과정, 즉 계급 없는 사회를 목표로 하는 '자유를 향한 비약'이라고 직관한다거나 하는 것이 그것이다.[278] 마르크스주의는 바로 고대 유대교의 메시아주의를 합리화한 형태이고, 신의 영역에 대한 희망을 세속화시킨 것——이 점에서 그

---

278) 좀바르트, 앞의 책, 1권, 제24장 '신비주의적 정조'를 참조. 나아가 플렝게(J. Plenge)의 『마르크스와 헤겔』(*Marx und Hegel*, 1911) 참조.

것은 하층계급에 전형적인 이데올로기다——에 불과하다. 다른 한편으로 상층계급은 특히 그 정점에서 방금 말한 것과는 정반대되는 입장을 취하는 경향이 있다. 즉 그들은 감사하고 공경하는 마음으로 과거를 조망하기 때문에, 결코 인류역사가 유죄인 것으로 생각할 수 없다.——그리고 미래에 대해서는 불안으로 가득 찬 시선을 보낸다. 따라서 고비노(Gobineau)와 많은 인종 이데올로기론자들(Rassenideologen)의 역사관과 슈펭글러의 주장 속에는 위기감으로 가득 차 있고, 이런 상층계급의 지배자 이데올로기에 전형적인 특징을 찾아내는 것도 별로 어렵지 않다.——누가 이것을 부정할 수 있을까? 역사가와 사회학자는 정해진 양(量)을 대상적으로 '계량'할 때처럼, 세계와 역사에 관해 각 계급이 지닌 이런 이해관심의 전망주의를 확실히 '계량'하지 않으면 안 된다. 또한 그들은 스스로 이 전망주의의 포로가 되는 것을 피해야만 한다.

보유 2: 언제나 하층계급이 생성을 고찰하고(Werdensbetrachtung), 상층계급이 존재를 고찰하는(Seinsbetrachtung) 경향이 있다는 것도 이해될 수 있는 것처럼 보인다. 역사상의 모든 시점에는 비교적 안정된 것과 새롭게 생성되는 것이 있기 때문에,——여기서 생성되는 것이란 다른 힘을 '현실' 역사에서 내쫓고 파괴시켜버리기 때문에 현재 생성되지 않은 것이 차후에 생성된다는 것을 의미한다——상층계급은 언제나 새롭게 생성되고 있는 것을 **생성된 것**(Gewordenen)에서 도출하려는 경향을 띤다. 그러나 하층계급은 언제나 생성된 것의 기원을 생성, 다시 말하면 활발한 힘의 상호 '변증법적인' 반발관계에서 이끌어내려는 경향을 띤다. 상층계급의 사고양식에서 역사는 고정된 '과거의 왕국'이라는 구조를 나타내고, '위인과 영웅의 기념관'처럼 되어버린다. 다른 한편으로 하층계급의 사고양식에서 역사는 끊임없는 생성의 흐름이라는 형식을 취하고, 흐름의 힘이 쇠퇴할 때는 고정된 구조를 침전시킨 것의 구조도 결국 소멸되며, 흐름 속으로 다시금 침전되는 것에 불과하다. 과학적인 역사서술은 이 착오를 산출하는 두 **계급**의 환상으로부터 스스로 해방되어 그들의 범주적 이해관심의 전망들 사이의 싸움을 역사의 인과적 요인에 관한 하나의 이론에 의해 조정하려는 책무를 띤다. 이것은 이 논문의 제1부에서 시도된 바 있다.

보유 3: 하층계급이 모든 세상사를 기계론적으로 고찰하는 경향을 띤다는 사실은 다시금 다음과 같은 사실에 의미심장한 필연적인 토대를 갖는다. 즉 이유(warum)를 구해야만 하는 모든 욕구(이것은 근거와 원인을 의식적·이성적·자발적으로 묻는 것과 확실히 구별되어야만 한다)는 자동적으로 일어나지만, 이런 욕구는 첫째로 각종 변화가 지닌 좀더 불변적인 배후관계를 묻는 경우보다도 변화 그 자체를 문제 삼는 경우에 더 많이 생겨나고, 둘째로 긍정적으로 평가되는 경우보다 '추정'에 불과한 직접적이고 부정적으로 평가되는 방향으로 변화되는 경우에 더 많이 발생한다는 사실에 기초한다. 기계적으로 '왜라고 묻는 것'은 모두 배려(Sorge)에서, 즉 사물을 적극적으로 분해하고 작동시켜 재합성하는 것을 통해 제어하려는 실천적 욕구에서 생겨나는 것들이다. 이에 대해 자동적인 (의식 이전의) 목적고찰과 '의미로 가득 찬' 세계의 인상은 모두 '좋다'고 판단되는 변화를 통해 생겨난다. 이런 변화에는 우리가 관여할 필요가 없고, 그 운동인(causa efficiens)에 대해서도 자동적으로 '묻지' 않는다. 그렇기 때문에 우리는 이런 변화를 부여하는 지성적인 '지고의 권력'에 대해 '감사'해야만 한다고 생각하는 것이다.[279] 따라서 기계론과 목적론의 두 범주는 인간행위를 통해 체험된 것이고, 다음으로 자연에게로 전용(轉用)된 것이다. 그런데 이것을 조금 과장해서 말하면, 명령하는 사람[상층계급]에게 범주는 모든 행위 속에 들어 있는 목표이념으로서 나타나지만, ——명령에 따르는 사람[하층계급]에게 범주는 같은 행위 속에 담겨 있더라도 본능적 충격충동(또는 '추진력')으로서 보인다는 것이다. 그렇다면 양자는 각기 일면적으로 나타난 범주의 이상을 사물과 과정의 생성에 대해 배타적으로 전용시켜버리는 경향을 띠게

---

279) '운동인'과 '목적인'의 두 범주가 사실적이고 존재론적으로 매우 인간적·주관적이라서 현실적인 생성에는 적합하지 않다는 점을 여기서 증명할 수는 없다.

될 것이다. 예를 들어 특권계급은 언제나 소여된 사회상태를 안정되고 유의미하며 목적론적이고 객관적인 세계질서의 소산으로서 체험한다. 이에 대해 하층계급이 실재론적인 사고양식에 애착을 느끼는 것은 매우 자명한 일이다. 왜냐하면 모든 실재성의 체험은 의욕과 관심의 활동에 대한 저항의 체험에 기인하기 때문이다.——그러나 이런 육체노동자층에서 한 체험은 특권계급, 즉 노동을 정신적 측면에서 지도하는 계급 내부에서 체험한 것과는 전혀 다른 총체적인 비중을 갖는다. 유물론의 세계관이 행위와 노동에 대한 충동에 의해 제약되는 문명인이 지닌 상대적으로 자연적인 세계관을 계승한——즉 연장된 물질을 파악하고 분할시키는 직접적인 욕구로부터 생겨난——것에 불과하다는 점에 관해서는 베르그송이, 그리고 최근에는 그륀바움[280]이 각각 언급한 바 있다.

다른 대립항, 즉 여기서 언급하지 않은 에토스의 각 대립항에 대해서도 마찬가지로 우리는 논증할 수 있다.

여기서 거론된 각종 고찰양식, 즉 모든 계급에 대해 예외 없이 당연하게 적용되는[281] 고찰양식이 모순을 드러내는 것은 '부르주아지' 과학이라든지 '프롤레타리아' 과학이라든지 하는 난센스를 가능한 한 각자의 특수한 '논리'로 정초하는 경우다.——그렇지만 '과학적인' 태도는 실제로 이런 계급적으로 제약받고 있는 사고경향을 거절하는 것에서 시작될 수밖에 없다. 따라서 거절 '할 수' 없고, 이런 의미에서 "사회적 존재가 필연적으로 의식형태를 규정한다"라고 생각하는 것은 바로 근본적인 오류에 빠진 것이다. 세계를 파악하는 형식은 무의식적으로 일어나는 본능적인 것일지라도, 그것이 자동적으로 우리 판단과 의욕을 일의적으로 규정하는 것은 아니기 때문이다.

특히 이런 계급적으로 제약된 사고양식은 환경의 범주적 구조가 위에서 언급한 것처럼 변해가는 것과 아무 관계도 없다. 이 범주적 환경구조

---

280) 그륀바움, 앞의 책 참조.
281) 이것은 실천적 마르크스주의자들이 흔히 짐작했던 것처럼 상층계급에 대해 특수한 문제가 아니다.

를 우리는 원시적 사고양식, 생태적인 사고양식, 형식적 · 기계론적인 사고양식으로 부르고, 인간의 집단화는 시간적으로 이와 같이 각기 분리되어 있는 발전단계에 따라 진행된다. 이미 서술한 [계급에 따른 사고양식의] 차이는 이 위대한 변화질서와는 전혀 다른 차원에서 생겨난 것이고, 그것은 다음과 같은 사실에서 나온 것이다. 즉 계급분화가 뚜렷하게 나타난다는 것은 단지 이 집단화의 세 번째 발전단계[즉 근대]가 주로 '이익사회적' 단계를 취한다는 사실에서만 그렇고, 따라서 다만 이 세 번째 단계에서의 계급적으로 제약된 사고경향, 생활공동체에서는 통일되어 있던 사고가 붕괴되는 형식으로서 나타나는 사고경향 속에서만 생겨나는 것이다.

주제를 너무 벗어났는데, 다시금 '제도'로서 형이상학의 몰락이라는 사실이 지닌 사회학적 근거로 돌아가보자.[282] 그러면 다음과 같은 물음이 제기된다.

형이상학적으로 정위된 인간에 대해 우리가 위에서 언급한 것처럼 변화된 관계 속에서—— "먼저 생활하고 난 후에 철학하라"(primum vivere, deinde philosophari)라는 명제에 따라——인간은 과연 어떻게 살 것인가? 인간은 교회에서 해방된 동시에 사회적 · 경제적으로 떠도는 신세가 되어버렸다. 물론 인간에게는 다양한 가능성이 남아 있다. ① 신흥자본주의 경제의 금리생활자로서 세월을 보내는 것. 그 속에서 그는 단지 방관할 뿐이다(그 전형으로서 쇼펜하우어, 멘드비랑, 크라이스 등이 있다). ② 그를 부양해줄 '학술적 후원자'(Mäzene)를 우연히 만나는 것. ③ 부업 또는 본업으로 '노동'하는 것(스피노자는 광학렌즈를 갈았고, 랑게는 상공회의소 비서였다). ④ 스스로 '정치가'와 입법가로 진출하는 것(매우 강력하게 정치화된 영국의 많은 '철학자들'[283]과 독일에서는 라이프니츠가 그 전형이다). ⑤ 형이상학자로서가 아니라

---

282) 이 책, 271쪽 이하 참조—편집자.
283) 19세기 초에 강력한 사회개혁을 주장한 이른바 '철학적 급진주의자들', 예를 들어 벤담과 밀 등을 들 수 있다—옮긴이.

실증적 탐구자 또는 '철학의 교사로서' 자격을 갖추고 대학의 관료가 되는 것(예를 들어 칸트는 잘 아는 바와 같이 자유로운 형이상학자와 대학교수 사이에 한 획을 그었고, 『순수이성비판』에서 볼프학파의 존재론을 '세계시민적 학자공동체의 부르주아지'에 지나지 않는 것으로서 논박하면서 실제로 강단에서는 볼프의 격식에 맞춘 존재론을 교조적으로 강의했다). ⑥ 본업으로서 실증과학을 수행하거나 '유용한 중간자'로서 사교계의 일원이 되는 것(예를 들어 페히너와 로체가 그렇다). ⑦ 형이상학을 국립대학 교수자격으로 강의하는 것. 그것은 자신이 지닌 형이상학 내용 덕택에 전혀 예기치 못했지만 국익에 부합한다는 적어도 객관적인 의미를 지니고 있으며(쇼펜하우어는 셸링, 피히테, 헤겔 등의 '강단철학'과 '괴변'에 대해 가능한 모든 공격을 시도하지만, 그것은 그 의미를 오해한 것 이상으로 부당한 비난에 불과하다), 그는 의지에 따르거나 의지에 반하거나 자신의 국가에 형이상학적으로 공헌한다(그 주요 유형으로서 일시적이지만 프러시아에서 제도적인 성격을 띤 저 헤겔주의의 지배를 들 수 있다). ⑧ 자유로운 저술가(예를 들어 칼라일, 에머슨, 후기의 니체)가 될 수 있지만, 이때 그의 철학은 대개 '문학적인' 성격을 강하게 띤다.

형이상학이 제도적인 특성을 띤 시대에는 **실증과학**이 딜레탕트와 아마추어, 모험가, 발명가, 점성술사, 연금술사 등과 같은 개별적인 일에 지나지 않았고, 다소의 부업으로 끝났다. 그러나 민주주의가 진전된 시대에는 형이상학 대신에 실증과학이 **제도**가 되고 **본업**이 되었으며, 그 결과 과학과 기술·산업 사이에는 조직적이고 합리적이며 사회 속에 결정화된 연관이 생겨나게 되었다. 연방국가, 절대주의 국가에서 국립대학에서는 이런 사태가 먼저 부자유스런 형태를 띠고 나타났다. 즉 국가, 교회에 기여하지 않는 실증과학은 이른바 '하위'학부에 종합적으로 종속시키고, 신학부와 법학부란 두 '상위'학부의 아래에 두었다.──신학부와 법학부가 당시 '상위'학부로 불린 까닭은 이론적인 것에 대한 실천적인 것의 우위가 당연시되던 시대였고, 두 학부가 교회, 국가의 관리를 육성한다는 [실천적] 의무를 담당하고 있었기 때문이다.[284] 이 학부에 대한 사회적 평가가 정반대의 것으로 변한 것은 19세기 이후의 일이다. 철학부가 대학 본래의 고유한 혼을 지니게 되었는데, 그것은 그간 사정이 변해 대학 자체가 전문학교(Fachschule)로 변하고 말았기 때문이다.[285] 신학부는 자신의 학문적 권리를 사수하기 위해 싸웠고, 프랑스에서는 협정(Konkodate)을 맺어 이 문제를 해소했는데,[286] 그 후에 신학부는 국립대학에서 완전히 쫓겨났다. 19세기 말이 되면, 이른바 '국가학문부'(staatswissenschaftliche Fakultät), 실제로는 '경제학부'(ökonomische Fakultät)라 이름 붙이는 것이 더 나을 법한 이 학부가 철학부에서 분리되어 새로운 학부가 되었다.[287] 이 학부는 점점 경제 중심의 시대로 바뀌게 됨으로써 점점 더 큰 의미를 부여받게 되고,──지금은 학생 수도 다른 학부보다 훨씬 더 많다.

　우리가 흔히 생각하고 있는 것과 달리 정치적 민주주의가 침투하여 실증과학의 승리를 이끌어낸 배후에는 '민주주의와 귀납법 사이의' 필연적인 '연관'만이 있는 것이 아니다.──근대과학에는 본래 귀납법적인 것과 연역법적인 것이 동시에 포함되어 있고(후자의 예로서 '수학적' 자연과학이 있다), 모든 과학은 연역적이 되는 만큼 더욱더 엄밀해진다. 오히려 정치적 민주주의와 노동의 해방과정 사이의 관계가 이런 민주주의와 과학의 연관을 잘 설명해준다. 여기서 말하는 양자의 관계는 고도의 숙

---

284) 칸트의 「학부 논쟁」(Der Streit der Fakultäten)을 참조(아카데미판 전집 제7권, 18쪽 이하―옮긴이).

285) 이 책, 2권에 수록된 논문, 「대학과 시민 단과대학」을 참조―편집자.

286) 이 협정을 최종적으로 체결한 사람은 콩브(E. Combes)로, 그는 1902~1905년 사이에 프랑스 내각수반을 지냈다―옮긴이.

287) 쾰른대학교에서 보듯이, 근대적인 대학에서 각종 축제가 열릴 때마다 언제나 국가학문부가 다른 모든 학부의 선두에 서서 행진했는데, 이 학부가 이른바 '최상의' 학부가 되었다. 이와 관련하여 도시에 의해 경제적으로 유지되어온 독일의 대학(예를 들어 프랑크푸르트암마인, 함부르크, 쾰른 등)에서 신학부는 설치되지 않았다.

련을 요구하는 자유노동과 기술의 관계이기 때문에, 실제로 기술이 발전하면 할수록 더욱더 이를 위한 숙련공, 베테랑 노동자가 점점 필요하게 된다는 것이다. 하층민의 고역(Kuli)과 이와 다를 바 없는 부자유한 노동자는 근대적인 기계를 조작할 수 없다는 사실과 노동시간이 단축됨에 따라 고임금 노동집약성과 경제적 효율은 서로 상승한다(브렌타노[288])는 사실도 이 점과 관련이 있다. 또한 좀더 부수적인 것이지만, 민주주의의 발전이 자신의 측면에서 민중의 고도한 지식과 교양을 필요로 한다는 것은 별개의 관계다. 그러나 그것은 민중의 고도한 지식과 교양에 대해 직접적으로 타당한 것이 아니라 학교에서 가르치는 보통교육에만 타당한 것이다. 오히려 반대 관계——민주주의가 각국의 과학과 철학의 최고 수준을 상승시키기보다 현저하게 저하시킨다는 관계——도 존재한다. 예를 들어 프랑스, 영국, 에스파냐의 민주주의가 (본래 로마계 민족의 민주주의는 고도로 정치적인 영국의 민주주의와 구별되어야만 한다) 유일신교적인(unitarische)[289] 교양과 문화의 민주주의로 변질된 경우와 특히 생겨날 때부터 '아래로부터'의 민주주의인 경우에는 이와 반대의 관계가 성립한다. 이 경우에는 사회학적으로 볼 때 '지식의 원추'는 첨단부를 잘라냄으로써 원추대와 동일한 것이 되는데,——이런 형상을 사용함으로써 하층계급과 최고수준의 집단 사이에 있는 지식의 격차(원추대의 높이)라는 것과 같은 계급의 성원에 대한 지식의 분배[원추대의 횡단면은 원이다]라는 것을 직관적으로 이해하려 한다——이것은 여러 국민들 사이에서 다양한 형태를 띠고 나타난다. 지식의 상대적인 획일화는 지식수준의 저하를 초래하고, 원추대 밑면의 반경이 증가됨에 따라 높이는 낮아져간다. 따라서 과학은 본질적으로 '귀족적', 즉 비통속

---

288) 브렌타노(Lujo Brentano, 1844~1931): 독일의 경제학자-옮긴이.

289) 유일신교(unitarian)란 18세기 영국에서 일어난 반삼위일체론자가 중심이 된 교회단체를 일컫는 말이다. 19세기에 미국에서 조직이 형성되었는데, 이들은 자연주의적 경향을 띠고 교회와 교리에 얽매이기보다 윤리적 운동을 중시한다-옮긴이.

적일 수밖에 없다[이것은 '민주적' '민중적·통속적'이라는 말의 반대
말이다]. 거꾸로 과학에 의해 훨씬 민중적인 것이 될 수 있는 것은 철학
과 형이상학뿐이다. 이 양자는 태생적으로 볼 때 확실히 귀족적이었지
만, (적어도 원리적으로) 제일 먼저 문제 삼는 것은 모든 인간에게 친숙
해야 하는 심오한 지식의 탐구에 기초하기 때문이다. 전체적인 지식으
로서 철학과 형이상학은 전문화에 의해 많은 사람들에게 이해가 쉽지
않은 전문과학보다 교양의 욕구에 기쁘게 대응한다.[290]

'아래로부터' 민주주의가 지닌 사회학적 형태(민주주의의 순수형태
인 '위로부터' 형성이라는 법칙에 따르는 영국의 민주주의 역사에서도
몇십 년 전부터 이런 형태가 증가하고 있다)는 일반적으로 모든 고도의
지식형태에 대해 우호적이라기보다 오히려 적대적으로 작용한다. 다른 한
편으로 역사적으로 나타나는 실증과학을 무엇보다도 촉진·발전시킨
것은 자유주의적 기원을 지닌 민주주의다. 대중의 암울한 감정에 호소하
는 민주주의에 관해 스스로 부적절한 의회주의적 형태로 국가에 영향을
미치려는 경우와 이른바 '직접행동'의 체계를 슬로건으로 한 경우 등은
역사상의 모든 사례로서 합리적인 실증과학의 강력한 적으로서 나타난
다. 그리고 이 민주주의는 미래의 전망을 상상적인 '계급신화'라고 불러
도 좋은 애매모호한 신화를 희생시키고 말 것이기 때문에 실증과학을 적
대시하게 된다. 이상과 같은 사실을 증명해주는 것이 독일 농민전쟁의
종말론적인 신화에서부터 혁명적인 생디칼리슴(Syndikalismus)[291]의
신화와 동시에 러시아 볼셰비키혁명의 놀라운 신화에 이르는 예들이다.
끝으로 든 볼셰비키의 신화의 원천은 마르크스주의와 동방 유대인 기질
이라는 두 가지이고, 좀더 소급하면 러시아 정교와 범슬라브주의에서도
구해지는데, 오늘날 이 신화는 '범세계적 파업' '세계혁명'을 호언하고

---

290) 나의 강연, 「지식의 형식과 교양」(Die Formen des Wissens und die
    Bildung, Bonn, 1925), 특히 서론 참조.
291) 생디칼리슴과 그 이론가인 소렐(G. Sorel)에 관해서는 좀바르트의 『프롤레
    타리아 사회주의』, 1권, 특히 제24장 '신비주의적 정초'를 참조.

있고, 특히 이 전략과 '세계의 해방'에 대한 러시아의 특별한 '사명'을 확신시켜준다. 동시에 '과학'은 볼셰비키즘에 의해 기술과 자본에 기여하는 한에서 허용될 뿐이다.[292] 그렇지만 서양의 형이상학과 철학은 검열·금서목록 같은 모든 수단을 사용하여 시종일관 엄격하게 억압받고 있다.——그 가혹함은 서양에서 시대적으로 중세교회가 단행한 탄압에 필적할 만하다! 다음으로 파시즘운동도 매우 애매한 형이상학을 설명하는 '신화'(그 생물학적이고 행동주의적인 핵심에서 완전히 과학을 적대시하는 비합리주의라고 보지 않을 수 없는 신화)를 발전시켰다.[293] 또한 독일의 '국민'운동도 이와 유사한 것을 충족시키고 있는데, 최근에는 슈펭글러가 그 이데올로기를 대표하는 것으로 보인다. 이상에서 거론한 도치된 '계급'운동과 '국민'운동은 바로 위에서 말한 '아래로부터' 민주주의가 준비해온 지반 위에서만 생겨날 수 있는 것이다.

그러나 이런 운동이 승리를 거둔 후에 그것을 생겨나게 한 모태는 [즉 민주주의는] 확실한 묘지 속에 묻혀버린다. 이런 운동은 종래의 민주주의가 선거권을 여성과 미숙자에까지 확대시킴으로써 생겨난 것이고, ——다른 한편으로 이 운동은 당연히 민중·대중과 중간에 있는 애매모호한 행동을 취하는 의회민주주의가 언제나 담지하는 정당의 메커니즘에 대한 반발로서 생겨난 것이다. 그렇기 때문에 그것은 공통적으로 전제주의, 독재주의, 반의회주의를 신봉한다는 근본방침을 지니고 있다. 지금까지는 이 운동이 강력하게 성장했지만 서양과학을 파괴해버릴 만큼 위력을 지니지는 않았지만, 이제 이 '운동'의 타오르는 불꽃은 과학이 구축해온 것에 옮겨붙고 있다.

---

292) 이 점에 관해서는 좀바르트, 앞의 책, 제2권, 481쪽 이하, 「(소비에트공화국의) 정신적인 위협수단」을 참조.

293) 로한(Anton Rohan)이 편집한 『유럽평론』(*Europäischen Revue*, 2권, 1925)에 수록된 크로체(Benedetto Croce)의 논문 「자유주의」(Der Liberalismus)에서 내린 그의 판단을 참조. 위에서 말한 나의 강연, 「지식의 형식과 교양」을 참조.

다른 한편으로 이 운동은 전체적으로 하나의 강력한 형이상학적 욕구의 주목할 만한 불꽃을 상징하는 것이고, 따라서 실증과학과의 연관에서 세련되고 방법적으로 합리적인 형이상학으로의 새로운 발전을 통해서는——상대적으로 형이상학적인 유럽의 새로운 시대에는——결코 이 욕구를 만족시킬 수 없다. 그렇다면 과학이 구축해온 것을 완전히 파괴시켜버릴 공산이 점점 커진다. 어쨌든 위에서 든 모든 운동은 '신낭만주의'의 발버둥보다 훨씬 더 많은 형이상학의 새로운 시대를 생겨나게 한 동인을 포함하고 있다. 신낭만주의를 이 운동과 결합시킨 것으로는 좀처럼 보기 드문 모든 나라 중산계급의 환상을 불러일으킨 '청년운동'과 같은 실례를 들 수 있다. 따라서 우리는 다음과 같은 사실을 의심하지 않는다. 즉 이른바 '민주주의', 특히 의회민주주의(의회민주주의는 바로 절대주의 이후 계몽주의 시대에 즈음하여 초과학주의적인 이성이론 속에 있는 그 정신사적인 근본전제를 헌법의 형식으로서 지니고 있다)가 퇴조해가는 징후가 하나의 스쳐 지나가는 것 이상의 것이라면, 그것은 실증과학의 존속과 안정적인 진보에 대한 큰 위험신호로 간주될 것임이 틀림없다. 또한 오늘날 도처에서 우리를 기다리고 있는 이런 민주주의가 퇴조해가는 징후를 나타내는 '원인'에 관해 조지[294] 같은 사람도 불안에 가득 차 묻고 있다. 또한 이런 현상을 첫눈에 슈펭글러가 말한 독재주의 시대로 이행하는 과정이라고 예측하는 것도 상당한 정당성을 지니는 것처럼 보인다. 그러나 모든 사정을 종합해 생각해보면, 이런 징후들이 형이상학과는 원리적으로 적대적인 사고양식인 실증주의적인 과학주의의 종말을 시사한다는 사실을 알 수 있다. 따라서 의회민주주의가 스스로 극복해야 하는 흐름은 드물게 다른 두 가지 자기 극복운동과 함께 동시에 생겨난 것이다.——하나는 유물론적이거나 반(半)유물론적인 가상의 형이상학과 형이상학의 대용품——기계론적 자연관——

---

294) 조지(Lloyd George, 1863~1945): 영국의 정치가, 1916~22년까지 수상을 지냈다—옮긴이.

이 앞서 특징지어진 자연과학의 철저한 형식화를 통해 자기를 극복하는 것이고, 다른 하나는 형이상학을 적대시하는 역사주의가 역사적인 관점주의를 통해 자기를 극복해가는 것이다.[295]

또한 절대주의 국가가 붕괴된 이후, 서양의 모든 국가가 형성시킨 이익사회적 독트린과 정치적 생활형태 사이에 있는 정신사적인 연관을 고찰해보면, 마찬가지로 양자 사이에는 흥미진진한 구조상의 동질성이 존재하고 있음이 분명해진다.

공법적(公法的, staatsrechtlichen) 의미에서 헌법 형식 그 자체는 다른 형태만큼 과학과 지식형태 일반에 대해 전혀 우호적일 수 없다고 말할지 모른다. 그러나 헌법과 문화 사이에는 분명히 질적인 양식상의 동질성이 나타난다.——예를 들어 프랑스에서는 거의 무전제적인 원칙에서 논리적으로 연역하는 것과 국가 및 문화의 중앙집권주의 사이에 이런 동질성이 나타나며, (영국에서는) 먼저 영국의 헌법과 실용주의적 색채가 농후한 귀납법 사이에, 다음으로 등가적인 추상이론과 옛날부터 지방의 독자적인 정치권력을 지방주의적으로(regionalistische) '보호'하는 것 사이에도 이런 동질성이 나타난다. 다만 이런 동질성은 과학을 촉진시키고 탄압하는 것과는 무관한 것이며, 방법론적으로만 언제나 국민적으로 다른 면모(Physiognomien)를 나타낼 뿐이다. 그렇기 때문에 절대군주제와 제한군주제(예를 들어 계몽전제군주제) 아래서 그리고 입헌군주제와 입헌공화제 아래서 과학은 철학과 마찬가지로 성장하거나 퇴보해왔다. 신정정치적(theokratischen) 헌법과 대중지배, 독재정치에 기초한 두 헌법만이 본질적으로 과학을 적대시하고, 이 두 헌법의 형식

---

295) 서양 지식문화의 멸망을 '전혀 불가능하다'고 선천적으로 생각하는 순박한 사람들에 대해 그리스도교에 의해 그리고 북방민족의 승리에 의해 고대 지식문화가 일시적으로 몰락했다는 사실과 나아가 러시아에서 볼셰비키즘의 승리를 지적하는 것만으로 충분할 것이다. 모든 국립학교에서 진화론을 배척하려는 미국에서 근본주의 운동도 또한 다음과 같은 나의 명제, 즉 근대 민주주의는 과학에 언제나 적대적이었다는 명제를 증명해준다.

은 '교양 있는 중류계급'의 형성을 불가능하게 한다.[296] 교양 있는 중류
계급이란 아리스토텔레스가 이미 말했듯이, 과학의 최초 담지자다. 이에
대해 의회민주주의와 과학정신은 사회학적 현상으로서 공통된 전제와
요구를 지니고 있기 때문에, 자유주의가 우세한 시대와 긴밀하게 연결되
어 있다. 이 공통된 전제 속에서 가장 중요한 것은 자유로운 토론, 즉 어떤
주장과 억측에 대해 반대되는 주장을 이리저리 음미하는 것이 과학에서
는 진리를 이끌어내고, 국가에서는 정치적 '정당성'을 이끌어내며, 나아
가 참된 '논증'을 완수할 수 있다는 사실에 대한 광범위한 신앙이다. 원
리적으로 전혀 제한 없는 과정에 근거한다면, "자유가 너를 진리로 인도
할 것이다."――이것이 과학과 민주주의에 공통된 신앙이다.[297]

　이 신앙은 진리문제에 대해 결정적인 권위를 요구하며, 모순되는 이론
――복음서의 가르침――에 기초하는 다른 하나의 이론에 대해서는 날
카롭게 대립한다. 복음서에 따른 이론에서 '유일한' 진리란 먼저 그 자
신의 측면(존재론적인 의미)에서 "[너를] 자유롭게 하라"거나,[298] '사
실에 정통한 사람'(Sachkundigsten)의 지배를 요구하는 것이다. 이미
소크라테스의 아테네 민주주의에 대한 투쟁에서 이와 유사한 요구가 제
기되었다. 덧붙여 '자유주의'에 앞서 계몽주의가 주장한 절대적으로 불
변적인 '영원한 이성의 진리'[299]란 중세에는 여전히 매우 풍요롭고 내용
이 풍부했던 실체적 '진리'의 거의 내용 없는 최후의 잔재에 불과한 것
이다. 이런 이성의 진리에 대한 신앙을 파괴해버린 것이 바로 실증주의적

---

296) 현대 독일에서처럼 중산계층이 완전히 붕괴되고 만 곳에서 과학적 정신의 미
　　래에 대해서는 대충 짐작할 수밖에 없다는 사실을 상기해보라.
297) 이 점에 관해서는 나의 저작, 『전쟁의 정신과 독일전쟁』(Der Genius des
　　Krieges und der Deutsche Krieg, 1915)에서 상세하게 설명했다. 그리고 슈
　　미트(C. Schmitt)의 『현대 의회주의의 정신사적 지위』(Geistesgeschichtliche
　　Grundlagen des heutigen Parlamentarismus, München-Leipzig, 1923)
　　를 참조.
298) 『성경』, 「요한복음」, 8장 32절―옮긴이.
299) 이것은 라이프니츠의 학설이다―옮긴이.

과학의 상대적인 사고와 동시에 자유주의 시대의 의회민주주의다. 칸트에게 과학과 그 대상은 자의적인 것이 아니라 자유로우면서 '사고기능의 법칙'에 의해 규정된 인간정신의 활동으로 변화되는 한편, 종래의 이성적 존재론의 잔해는 파괴되고 만다.[300] 또한 절대적인 진리를 자본으로 삼는 이성형이상학도 아무 내용 없이 정체되어왔는데, '절대적인' 실질적 자연법에 대한 신앙과 마찬가지로 와해되고 말았다.[301] 좀더 종래의 민주주의가 새로운 '자유'를 요구하고 대부분 관철시켜온 것도 모두 이 자연법에 근거한다.

그러나 이 자연법이 붕괴되고 대신에 권리를 찾기 위한 방법으로서 끊임없는 토론에 대한 신앙이 생겨났다. 자연법칙은 법률규칙과 마찬가지로 과학의 단계와 (정치적 형식으로서) 의회민주주의가 공통으로 지닌 신앙에 따르면 더 이상 결코 실질적·절대적인 것이 아니다. 그래서 신은——절대주의 시대 이후까지도——양자의 지고한 입법자·보증인으로 생각되어왔고, 자연법칙은 법률규칙과 함께 실질적이고 절대적인 것으로 간주되었다. 그러나 자연법칙과 법률규칙은 합리적 논증에서 출발하는 논리적인 토론의 의미법칙 덕분에, 많은 의견 사이의 자유로운 토론이 이루어지는 모든 기회에 (따라서 그것은 인식행위보다 앞서 존재하는 한에서) 일의적으로 발견되는 것에 불과한 것이다. 즉 이 두 법칙이 토론의 과정을 거쳐 '발견'되기 시작하면서 비로소 법률규칙은 국가의 법률로서 제정되고, 자연법칙은 자연의 원리로서 '정식화'된 것이다. 그렇다면 '자연법칙'을 현실화시키는 특정한 '힘들'을 유추적으로 생각해볼 수 있겠다. 즉 행정권은 어떤 경우에도 입법권에 종속되고, 세

---

300) 이 점과 존재타당하고 절대적인 이성에 대한 신앙의 형이상학적·종교적인 배경에 관해 매우 많은 좋은 점들을 발견한 것은 딜타이와 트뢸치의 '역사주의'다.

301) 실질적이지만 그때마다 하나의 에토스에 의해 결합된 인류문화의 발전단계에 대해 오직 상대적일 뿐인 자연법은 머지않아 반드시 문제될 것이라는 점을 최근에 콜러(Joseph Kohler)가 논의했다.

력과 권력은 '법칙'에 종속된다.[302] 따라서——분트가 일찍이 적절하게 전개하면서 유머 넘치는 말로 요약한 것처럼——[303] '신'은 처음으로 법칙을 부여했고, 다음으로 '자연'을 창조했으며, 법칙을 발견하는 연구자는 무엇보다 먼저 법칙에 대한 책임을 져야 하고, 그렇기 때문에 발견된 법칙에는 그 연구자의 이름이 붙여진다.

  이런 표현형식은 과장된 것일지 모른다.——그러나 이 표현을 통해 새로운 시대정신이 특징지어진다는 것은 확실하다. 즉 **정치적인 것**에서 정당성과 **과학** 내부에서의 진리는 서로 대립적인 의견 사이의 균형을 바로잡음으로써 발견될 수 있다는 신앙이 서서히 **파괴**되어가고 있는 것이다. 먼저 정치적인 것에서 당파, 즉 '정당'(Partei)이라는 특수한 그룹에게 지지받는 이해관계로 조직되는 것이 아니라 '공공복지'에 관해 논리적이거나 전통적으로 각기 다른 주장을 펼치는 논증을 통해 생겨나는 것이라는 생각에 기초한 낡은 **참된 정치적 당파**는 대체로 **붕괴**되어간다. ——즉 각 정당과 그 지도자에게서 '양심'을 탈취한 모든 가능한 이해단체, 무엇보다 **경제적인** 이해단체의 압력 때문에 당파는 붕괴되어간다. 마르크스주의적 사회민주주의는 스스로 자기들의 정당형태와 프롤레타리아의 물질적 이해를 **의식적으로** 정당화시킨 최초의 역사적인 정당이다. 이 정당은 프롤레타리아에게 자기의 구제뿐만 아니라 세계구제라는 역할을 부과함으로써 역사적 · 철학적 우회로를 거쳐 자신의 '당파성'(Partessein)을 윤리적 · 역사적 · 신화적으로 옹호한다. 왜냐하면 '프롤레타리아 독재'라는 과도기가 끝남에 따라 일반적으로 계급국가가 붕괴되면, **모든 사람**들에게 '자유를 향한 비약'이 성취될 것이기 때문이다. 오직 이런 교리의 힘 덕택에 마르크스주의도 일시적으로 개혁시대로 거슬러 올라가 당파의 양심을 획득했다. 그러나 과학에서는 과학자의 자

---

302) 이 적절한 비유를 리프만(O. Liebmann)도 『현실의 분석에 대하여』(*Zur Analysis der Wirklichkeit*, 1876)에서 사용하고 있다.

303) 분트가 창간한 최초의 심리학 잡지, 『철학연구』(*Philosophische Studien*), 제3권, 493~496쪽 참조(여기에 수록된 논문, 「자연이란 무엇인가」-옮긴이).

유주의가 분해된 결과로서 인습주의와 실용주의 정신——여기서 정신이라는 말을 사용한다 하여 개별적인 철학이론을 문제 삼지는 않는다——이 나타난다. 이 두 정신은 미리 그 '전제'를 시험적으로 '설정'해놓고, 이를 '세계상의 논리적 통일성' 또는 '생산성' 그 자체를 실천적 의미에서 보증한다는 순수한 성과를 통해 정당화한다.[304] 이런 사고양식에서 '자연법칙'은 점점 '대수의 법칙'으로 변질되어간다. 두 법칙에 공통된 특징은 '그 이상은 이해할 수 없다'는 위험한 지점까지 '분해'시키는 근대 사고양식이 도달한 귀결이고, 유력한 이해방향에 좌우되면서 강화되어온 낙관주의라고 말해도 좋다. 그러나 이런 위험이 인식되면, 지식의 영역에서는 곧장 형이상학에 대한 호소가 강조되거나——또는 유감스럽게도 낡은 실체적 진리에 대한 권위적인 구속에 대한 호소를 강조할 것이지만, 실체적 진리는 언제나 상품을 모든 방향에서 제공받고 대부분 절망하여 예속을 갈망하는 양심을 가진 사람들에게 싼값으로 되파는 것과 같다. 그러나 정치적 영역에서는 동시에 좌익과 우익, 그리고 이와 비슷한 집단으로부터 오는 '시대에 뒤진 의회주의의 폐지'와 '독재정치'에 대한 호소가 강조될 것이다. 이와 같이 자유로운 과학주의와 의회민주주의는 바로 양자에 공통된 원리 속에서 서서히 거의 소멸되고, 이따금 오직——정치적이 아닌——문학적으로만 유의미한 '결단'[305]과 독재정치, 권위에 대한 절망의 절규가 자리잡아간다.

이와 함께 문화정책상으로도 하나의 변화가 나타난다. 예를 들어 국내 문화정책에서 의회민주주의를 신봉하는 사람들은 본질적으로 중요한 공직 등의 지위에 관한 모든 (대학과 고등학교 등) 임명을 종파와는 무관하게 평등하게 행한다는 것을 의미할 따름이다. 나아가 민주주의는 세계관을 설정하지 않는 무전제의 '세계관학'[306]에 대한 소망을 생겨나

---

304) 이 책, 2권에 수록된 논문. 「인식과 노동」을 참조—편집자.
305) 여기서 말하는 '결단'이란 슈미트(C. Schmitt, 1888~1985)의 사상을 말한다. 그에 따르면 법과 정치의 궁극적인 원천과 정통성의 근거는 주권자의 의지결단 속에 있다—옮긴이.

게 한다. 세계관학이란 이른바 가치판단적이고 정립적인 명제에 대한 불안을 체계화한 것이다. 그런데 자유주의의 원리가 몰락하면서 이 두 [민주주의에 대한] 요구 대신에 **지식사회학적으로** 볼 때 '**동맹**'(Bund)이 나타난다. 동맹은 다시금 '절대적인' 진리를 소유하고 있다는 망상에 빠져 자신의 기초를 **합리적으로** 지탱할 수 없으면 더욱더 국가와 교회 같은 지식의 압력단체 밖에서 대담한 주장과 교의를 제기한다.

한편으로 정치에서도 동시에 파시즘과 코뮤니즘의 변종이 정규군 외에 자발적인 무장단체를 갖춘 '동맹'을 출현시킨다. 그러나 이 집단을 구성하는 사람들은 대부분 거대한 예속충동에 따라 참가하기 때문에, 아무리 '일치단결'한다 하더라도 대체로 **연약한** 결합에 지나지 않는다. 이 집단의 구성원에게 진리와 정의란 이미 '관념'에 불과한 냉소적이고 경멸적인 대상에 불과한 것이다. 따라서 이 집단의 구성원은 더 이상 진리와 정의를 찾지 않고, 그들이 찾는 것은 다만 그들에게 행하고 금지해야 할 것을 지령하는 '군주'일 뿐이다.[307] 그리하여 '동맹'을 만들어낸 발전의 계열도 하나의 상대적인 **형이상학적인 시대**에 의해 극복될 수 있는 하나의 상태에서 끝난다. 이 시대는——단순한 '동맹'의 '선언문'이 아니라 과학과 밀접하게 관련된——인간이성의 힘에 대한 신앙을 다시금 재생시킬 수 있는 것이다. 물론 단순한 '세계관학'의 형식적인 의회주의는 당연히 이에 도달하지 못한다. 예언자나 '예언자적 철학'——이것은 범주로서 일반적으로 존재하는 것이 아니다——에 대한 '기대' 또는 전혀 다른 '비합리적인' 인식의 원천 및 이 원천 덕택으로 생겨난 특수한 '관찰자'(Seher)에 대한 기대와 결부된 것도 또한 불충분한 것이다.[308] 그러나 마찬가지로 수천 번 파산된 마르크스주의와 '과학적 사

---

306) 이것은 딜타이의 입장이다—옮긴이.
307) 슈펭글러, 『서구의 몰락』, 제2권 결론부분을 참조.
308) 막스 베버, 라드브루흐, 야스퍼스 등의 견해를 참조.*
　　*이 책, 2권에 수록된 「유고로 남겨진 수고와 보완」, I. 「지식사회학의 문제들」에 관하여 4. 막스 베버식 철학의 배제' 참조—편집자.

회주의'도 충분하지 않다. 마르크스주의와 과학적 사회주의는 이론적으로 그럴듯한 의상을 걸친 유토피아를 '발전의 필연적 산물'로서 사칭하고 있으며, 또한 이 유토피아는 진리를 포함하고 있는 한에서 다만 유의미한 보편적인 역사의 발전론일 따름이고, 형이상학으로서 유토피아는 유감스럽게도 참된 형이상학자들 사이에서 다만 희극적으로 작동할 뿐이다.

정치가 지식세계에 미치는 작용에 관해 정치적 방식의 궁극적이고 특수한 발전——즉 세계대전[309]을 통해 일어난 유럽의 세계정치적인 상황——을 음미하기 전에, 다음과 같은 하나의 물음이 제기된다.

즉 강대국과 세계열강(Weltmächte)이 지식의 발전에 기여했는가, ——아니면 최소국가가 지식의 발전에 기여했는가? 이 물음은 지금까지 종종 제기되어왔지만, 그 대답은 대체로 만족스럽지 못한 것들이었다. 하나는 확실한데, 그것은 오래전부터 우리에게 알려진 것이다. 지식문화, 특히 실증과학의 지식문화는 여기저기로 분출하는 다양한 활동적인 힘을 소유하고 있고, 정치적인 관점에서 종족의 개성과 민족의 개성을 표현하는 국토와 대중에 다분히 의존적이다. 기조(F.P.G. Guizot)는 이미 유럽인의 관대함, 인간성, 자유롭게 활동하는 정신 일반의 궁극적인 조건을——상대적으로 획일적인 아시아의 대제국과 대비되는——유럽의 비교할 수 없는 다양성 속에서 보고 있다. 북방에서는 힘든 노동을 강제하고, 남방에서는 세계를 향유하는 모습을 연출하는 풍토가 여기 온화한 유럽에서는 노동과 향락을 추구하는 경향 사이에서 균형을 취하고, 마찬가지로 지정학적으로 풍부한 지역구분도 저 궁극적인 조건에 삽입된다. 그리스의 수많은 개별적인 도시문화와——후기 로마가 영토를 확장했음에도 결코 지식상의 성과를 거둘 수 없었던 로마와는 반대로——독일에서 각 종족의 풍부한 개성과 빈번하게 일어나는 정치적 대립은 ——리슐리외(A.J.D. de Richelieu) 이후로 언제나 통일적으로 발전해

---

309) 제1차 세계대전을 말한다─옮긴이.

온 프랑스와 정신에너지를 대부분 실천적인 것에 소모해버린 대영 '제국'과는 대조적으로——과학과 특히 다양한 종류의 지적 발전이라는 측면에서 볼 때 그때마다 상대적으로 장점을 나타낸다. 게다가 신앙상의 대립도 과학의 자유를 고양시킨다.——물론 형이상학의 통일가능성은 좀 더 제한된다. 또한 계급분화의 풍부함, 농촌과 도시에서 신분의 다양화,——특히 조용히 연구하는 것을 질식시켜버릴 정도로——신분간의 빈번한 갈등도 과학의 발전에 대한 호의적인 우위를 나타내지만,——과학보다 조용한 연구생활을 필요로 하며, 상대적으로 획일적인 인류에 대해 널리 보급시킬 것을 요구하는 형이상학의 발전에는 그렇게 호의적인 조건이 아니다.

또한 전쟁, 즉 완전히 파괴시켜버리는 참멸전(懺滅戰, Vernichtungskrieg)과 근절시키는 복멸전(僕滅戰, Ausrottungskrieg)이 아니라 모든 국민을 프롤레타리아로 전락시켜버리는 전쟁도 이미 다만 전쟁기술의 필요성을 절감함으로써 끊임없이 실증과학에 강력한 동인을 부여했다. 이에 반해 형이상학적 정신과 마찬가지로 종교적 정신에는 전쟁이 호의적이지 않다. 그렇기 때문에 강력하고 평화로운 아시아의 제국은 종교적이고 형이상학적인 지식의 발달을 위해 풍부한 토양을 제공한다. 아시아의 획일적인 대제국은 좀더 용이하게 인간의 감각에 영원성의 내용을 부여하고, 지속감정을 생겨나게 하며, 모든 우연적인 현존재에 대해 본질적 이데아화 작용에 대한 소질을 생동적으로 만든다. 아시아의 제국은 정신과 심정을 사상과 과정에 포함된 '지금 여기에 그렇게 관계함'에 더 이상 연계시키지 않고, 사회 자체의 생명이 상대적으로 불변적인 성격을 띠는 것보다 현존재와 생명에 관한 본질문제와 불변성의 문제, 즉 "일반적으로 삶과 죽음, 젊음, 고통이란 무엇인가" 하는 물음을 〔유럽에 비해〕 훨씬 용이하게 제출할 수 있다. 본래 최소국가와 특히 이른바 '중립국'은 충분히 부유하고 강력하게 계급적 분화가 일어난 경우에는 적어도 제국주의적인 강대국과 열강의 시대에는 강대국과 특히 열강이라 불리는 나라보다 엄밀하고 이론적인 지식문화 일반에 대해 훨씬 더 유리한 소질을 지니고 있다. 특히 다음과 같은 두 근거에서 이렇게 말하는 것이다. 즉 첫째로 중립국은 다른 국가들에 대해 좀더 객관적인 태도를 취하고, 철학과 과학 중에서 좋은 것만을 받아들이기 때문에, 중립국이 고립화되고 신화화될 위험성은 거의 없다. 부르크하르트 같은 역사가가 스위스의 바젤에서 살았다는 것을 어떻게 생각하면 좋은가?[310] 둘째로 전쟁과 삶의 템포를 서둘러야 하는 것에서 면제된 중립국에서는 좀더 명상적이고 관조적으로 사색한다. 유명한 연구자는 말년을——대부분 자기 일 때문에 그런 것이 아니라——종종 대도시에서 보낸다. 그렇다고 할지라도 세계적인 도시(파리, 베를린, 런던)가 그들을 만들어낸 경우는 거의 없다는 슈몰러의 지적은 주지의 사실이다. 따라서 네덜란드, 덴마크, 스위스, 에스파냐 등의 나라는 유럽의 제국주의시기에 과학에 대해 놀라울 정도로 많은 기여를 했다. 다른 한편으로 이들 소국은 기술적 동인이 크고, 원료와 자원을 강대국과 열강들이 소유하고 있음으로써 원료와 자원의 축적이 당연히 없었기 때문에, 실증과학은 강대국에 비해 별로 발전하지 않았다. 대신에 형이상학과 철학의 재능은 실증과학에 반비례하여 풍부하게 계발되었다.

(6) 세계대전[311])과 유럽 지식사회학의 구조——특수한 유럽적 과제

이로써 나의 마지막 물음, 즉 유럽의 지식사회학적 구조에 대해 세계대전이 원리적으로 어떤 작용을 했는지의 물음에 이른다. 이 물음에서 나는

---

310) 조엘(Karl Joël)의 『역사철학자로서 야콥 부르크하르트』(*Jakob Burckhardt als Geschichtsphilosoph*, 1910)를 참조. 오늘날 뛰어난 연구자 중에는 중립국의 시민이 상당수 포함되어 있다(예를 들면 로렌츠, 보어, 아레니우스, 아인슈타인 등이 그들이다).*

  *H.A. Lorentz(1853~1928): 네덜란드의 물리학자, N.H.D. Bohr(1885~1962): 덴마크의 물리학자, S.A. Arrhenius(1859~1927): 스웨덴의 화학·물리학자, A. Einstein(1879~1955): 핵물리학자, 스위스 국적을 취득했다–옮긴이.

311) 이것은 제1차 세계대전을 말한다–옮긴이.

민족의 지적 재산을 평가하고 관찰하면서 민족의 억압과 분할을 이해하려는 것이 아니다.——동일민족의 분할은 곧바로 원상 복구되고, 전쟁이라는 일종의 정신병의 소멸과 함께 어느 정도 복구되었다고 말해도 좋다. 과학의 국제성이라는 원리는 영향력이 크고 인류의 거대한 이해관계에 뿌리박고 있다. 그렇기 때문에 이 원리는 진지하고 지속적으로 세계대전 같은 큰 전쟁을 통해서 문제될 수 있을 것이다. 오히려 나는 다음과 같이 묻는다. 즉 한편으로 실증적·기술적 지식과 다른 한편으로 형이상학적인 지식의 노력 사이의 관계에 대해 세계대전이 미친 총체적 결과는 어떤 것인가?

적어도 사정을 잘 알고 있는 사람들에게 〔이 물음에 대한〕 대답은 다음과 같다. 유럽 대륙은 세계대전 직전에 세계역사상 유례를 찾아볼 수 없을 만큼 유리한 세계정치적이고 세계경제적인 형세 덕분에 독점해온 저 세계문명을 지배하는 절대적인 선구자의 지위를 다시금 획득하지 못할 것이다.——영국도 또한 유일가능한 방도였던 '영광의 고립'이 많은 이유에서 불가능해진 이상 선구자일 수 없다. 반대로 옛날부터 유럽에서 벗어나 있던 해외의 농업국과 러시아, 나아가 일본의 지도 아래 있는 동아시아의 문화들은 기술과 실증과학의 기초 위에 구축된 산업을 촉진시키기 위한 방법과 기능을 지금까지는 유럽에서 배워갔지만, 그것은 다만 스스로 연명해가기 위한 소극적인 행위가 아니었다. 유럽 외의 다른 국가들도 산업이 촉진됨에 따라 현저한 진보를 이루었고, 이들 국가들이 "무어인 흑인들(der Mohr)이 지금까지는 유럽인들 밑에서 일했지만, 이제 그들은 더 이상 노예가 아니다"라고 유럽에 확실하게 공표할 날도 멀지 않았다. 그런데 19세기 초부터 세계대전까지의 시기에서 보는 것처럼 유럽에서 인구가 증가해온 추세는——따라서 인구증가는 기술화와 공업화의 템포와 실증과학의 진보속도를 촉진시킨 가장 강력한 결과인 동시에 공통원인이다——날로 악화되는 노동수익 때문에 미래에는 완전히 둔화될 것이지만, 일시적으로는 반대세력을 누르고 자신의 길을 다시금 관철시킬 것이다.[312] 지금도 동일한 템포로 기술과 실증과학이 계속 진보하고 있다는 점에서 특히 미국이 세계의 선구자가 될 것이 확실하다. 미국은 유라시아문명의 영향권 내에 있으면서 세계대전에 즈음하여 매우 냉혹한 역할을 담당했다. 그러나 미국 내에서 혼혈이 진행되고 있고, 앵글로색슨족의 지도적 지위가 현대 미국에서 점점 위협받고 있다는 점, 미국에서 새롭게 확대되어가는 사회주의와 공산주의 운동, 앵글로-퓨리턴의 전통에 저항하는 강력한 충동적·혁명적인 문화운동,[313] 중국 및 위대한 동아시아문화와의 강력한 접촉,——이 접촉을 통해 (우리 대부분이 완전히 잊고 있었던 것이) 존재할 뿐만 아니라 많은 것을 받아들인다——이상의 5가지 운동은 비록 느리긴 하지만, 하나의 지도적인 유형을 만들어가고 있고, 이 유형은 종전에 비해 상대적으로 훨씬 관조적이고 인간적으로 따뜻한 성격을 띠게 될 것이다.[314] 여기서 나는 미국과 일본의 정치적 긴장관계의 정도와 위험은 도외시한다.[315]

다른 한편으로 러시아와 독일 정신이 공유한 것——즉 "그때마다 두 존재영역, 형이상학적·종교적 영역과 세속적·실천적 영역 사이의 교호작용 속에서 사는" 것과 그 속에 존재하는[316] 것——은 양적으로는

312) 이런 판단의 근저에 놓여 있는 수많은 사실은 라이트(Harold Wright)의 훌륭한 저작, 『인구론』(Bevölkerung, 케인스 J.M. Keynes 서문, 파리이 Melchior Palyi 옮김, Berlin, 1924)을 참조(라이트는 영국 자유당 기관지 『내이션』Nation의 편집자로도 근무한 경제학자다. 『인구론』, 1923은 케인스가 감수한 『케임브리지 경제학 총서』, 제5권이다. 원서에는 'Harald'로 되어 있는데 'Harold'이기에 바로잡았다-옮긴이).

313) 이에 관해서는 『프로이센 연감』(Preuß Jahrbücher), 휴베너(G. Hübener)의 최근 논문, 「미국 문화의 문제들」(Amerikanische Kulturprobleme)의 훌륭한 서술을 참조.

314) 내가 볼 때 이 점을 가장 정확하게 역설한 사람은 제임스와 인도의 시인 타고르다. 타고르는 미국에 대한 인상을 동경에서 개최된 강연에서 정확하게 피력했다.

315) 이것은 1924년 미국에서 통과된 '배일이민법'(排日移民法) 성립 전후의 정치적 상황을 말한다-옮긴이.

316) 이 점을 어느 누구보다 잘 설명한 사람은—왜냐하면 매우 신중하기 때문에—알프레드 베버다. 『독일과 유럽문화의 위기』(Deutschland und die europäi-

미미하지만, 본질적으로는 매우 심오한 것이다. 따라서 독일의 패전과 러시아의 황제제도의 붕괴, 나아가 러시아의 공업화를 지연시키지 않기 위해서는 독일의 원조가 강력하게 요구되었다는 실상을 직시한다면, 독일과 러시아의 공유물은 새로운 형태의 **동서 문화교류**를 가능하게 할 것임이 틀림없다는 사실을 알게 될 것이다.——내가 생각하는 문화교류란 문자상으로 전개된 애매한 이론이나 러시아와 독일을 반쯤 혼합시킨 정치적 '구상'이나 '프로그램'이 아니라 지금 **실현되고 있는 문화사회학적**이고 **지식사회학적인 완만한 과정**을 말한다. 이 과정은 어떤 의미에서도 간과될 수 없다. 또한 이 문화교류란 동서를 자의적으로 선택하는 이른바 정치적인 '방향설정'(Orientierung)과는 전혀 다른 것이고, 동시에 랑케가 '게르만 · 로마민족'의 역사로 이름 붙인 그 역사가 머지않아 종말을 고하지 않을까 하는 조바심과도 무관한 것이다.

어쨌든 서로 주고받는 공평한 관계를 취한다는 점에서 지식사회학적으로 매우 유의미한 러시아와의 경제적 · 기술적으로 강력한 교류관계에 기초하여 독일은 비록 서양 전체와는 아닐지라도 적어도 미국 및 영국과의 **긴장관계의 완화**를 기대할 수 있을 것이다. 왜냐하면 '지불이 연기된 채무자'[317]인 독일이——채무변제가 가능하도록 노동을 그[독일]에게 허용한다면——영미와의 세계경제학상의 경쟁에 돌입하여 다시금 이전의 '위험분자'가 될 것이라는 앵글로색슨족의 불안감은 무역을 통한 독일의 기술적 · 경제적 운용이 가능한 마찰이 적은 분야에 한정하여 이루어지게 함으로써 점점 줄어들 것이기 때문이다.

그러나 **지식사회학적**으로 볼 때 지금까지 거론한 모든 것은 다른 발전도 수렴되는 것임을 암시한다. 즉 그것은 경제적 · 실증적이고 기술상의 발전템포를 고의적으로 제한하지 않고도 장차 유럽에서 다시금 많이 활용

---

sche Kulturkrise, Berlin, 1924)에 수록된 그의 논문, 「독일과 동방」(Deutschland und der Osten)을 참조.
317) 제1차 세계대전을 일으킨 범죄자로서 독일에 부과된 전쟁배상금을 말한다— 옮긴이.

될 여지를 남겨둘 것이고 또한 오랫동안 경시되어온 **철학적·형이상학적인 지식의 과제**에 대한 많은 정신적 에너지를 다시금 **해방시킬 것**이라는 사실이다.——물론 기술상의 발전템포를 제한하는 것은 의심할 여지없이 과학과 기술의 진보에 '위험'으로서 존립한다(이 위험은 인구증가를 촉진시키는 추진력의 완화로 생겨난다. 이러한 인구증가는 앞으로 더 이상 일어나지 않을 것이며, 또한 인구증가의 추진력은 다시금 회복될 수 없는 세계경제의 호경기에 근거한 비정상적으로 큰 것이다).

지식의 철학적·형이상학적 과제란 특히 독일의 정신과 그 소질에서 매우 중요한 것이고, 독일 정신에 깊이 뿌리박고 있다. 그리하여 비스마르크시대 이후 초현실주의라든지, 서구 국민과 영국인이 거의 동시에 머지않아 알게 된 것처럼 실증주의에 대한 과대망상이 이러한 지식의 과제를 완전히 타파할 수 있을 것으로 생각했지만, 실패하고 말았다. 따라서 유럽 전역에서, 아니 아마도 세계 전역에서 순수이론이나 철학의 추세에 부응하면서 두드러진 쇠퇴일로에 있는 것은 실증과학과 기술이 아니라 실증주의, 과학주의, 기술주의라는 것이다.——이것은 바로 민족주의(Nationalismus)가 선량한 국민감정을 이용하듯이 과학기술을 이용하지만, 우리가 볼 때, 과학을 다시금 기술주의로 전락시키고, 기술주의를 다시금 산업에 이용하기 때문에 과학과 기술에는 지속적으로 매우 큰 위험이 될 것이다.

단기간에 자신의 문명을 가지고 지구를 완전히 포위해버린 유럽은 이제 자신을 넘어 초행동주의(Überaktivismus)의 한계——간접적으로는 (유럽식의 방법이 급속하게 보급됨으로써) 스스로 설정한 한계——를 자각할 필요가 있다. 그것은 무엇보다도 사려 깊음과 평정을 얻기 위함인데, 너무 방탕하고 비대해진 유럽은 이 사려 깊음의 회복을 통해 동시에 형이상학에서 새로운 말을 다시금 찾아내려 하는데, 그것은 다음과 같다. 즉 유럽은 교회의 불안정하지만 영적인 종교연맹——예를 들어 동방의 종교연맹과 유럽이 그 위대한 과거, 즉 종교개혁과 트리엔트공의회 이전에 소유했던 보편적인 종교성을 예로 들고 싶다——의 발전을 위해 스스로 만들어낸 교회제도의 지나친 실용화와 정치화를 억제하지만, 정치적으로는 무정부주의적인 정치방법론을 포기하기에 이르렀다. 왜냐하면 유럽 밖에서 시장을 구하려는 투쟁이 첨예해짐에 따라 유럽의 정치방법론에는 열강의 연합이라는 해결책이 부상하지만, 이 정책을 밀고 나간다면 완전한 **자멸**에 이를 뿐이다. 유럽은 미래에 먼저 **유럽**을 위해 존재하게 될 것이며, 다음으로 페르시아 만을 장악하고, 키아차우 만[318]과 모로코,[319] 트리폴리스[320] 등을 거점으로 삼을 것이며, 더 이상 어떻게 진행될지 나도 모른다. 하지만 이와 반대되는 일은 결코 일어나지 않을 것이다. 이와 함께 유럽에서 **공통적인 최소한의 형이상학적 확신**이 있을 때, 그 자체 처음으로 과학의 성과 있는 협력을 가능하게 하고, 유럽의 실증주의적 타락이나 낭만주의의 타락 또는 프롤레타리아의 타락을 막아주며,——다음으로 그 결과를 산업에 활용하게 해줄 것이다. 나는 "반드시 그래야 한다"고 생각하지 않는다. 지식을 함께 규정하는 이념적 요인과 사실적 요인이 지닌 의미논리에 따르면, 유럽의 모든 발전이 이런 **유일한 목표를 향해 수렴되기 때문에** 그것은 확실해진다.

그러나 우리가 이런 시대가 도래할 것이라는 점을 어느 정도 확실성을 가지고 예측한 이상, 도즈의 판정(Dawesgutachten)[321]에 의해 생겨난 새로운 상황이 **지식사회학적인** 양식을 지닌 **하나의 사업과 영속적인 제도** 속에서도 작동하지 않는다면, 그것이야말로 정말 놀랄 일일 것이다. 도즈의 판정은 일찍이——적어도 반쯤은——정신이 알려주는 과학으로부터 생겨난 권고인 셈이다. 모든 위대한 연구자, 정신적인 지도자는 스스로 다른 세계관과 당파적인 신념을 지녔다고 할지라도, 모두 경제학적 노동의 국제적인 생산성 향상에 근거하는 이 새로운 정치방법론을 옹호하고,

---

318) 1898년 이후 독일의 조차지(租借地)가 되었다—옮긴이.
319) 1905년 이후 프랑스의 식민지가 되었다—옮긴이.
320) 1911년에 영국이 점령했다—옮긴이.
321) 도즈의 판정이란 1924년 독일의 전쟁 배상금을 지불하도록 입안한 재판정을 말하는데, 그 입안자의 이름을 딴 것이다—옮긴이.

낡은 권력정치의 포기를 의식적으로 주장한다. 그러기 위해 그들은 스스로 다음과 같은 사실을 확실히 해둬야만 했다.──그것은 또한 내가 최근 프랑스에 대해서 적어도 개인적으로 확신할 수 있었던 것이다.──즉 그것은 새로운 정치방법론이 일시적인 선거전에서 행한 구두약속 이상의 것이어야만 하고, 지속력을 지녀야만 하며, 또한 정신적이고 지식사회학적으로 새로운 분위기를 촉구하고, 이런 분위기를 모든 방향으로 강력하게 확산시킬 수 있는 거점과 제도를 필요로 한다는 것이다. 그러나 이러한 제도는 '유럽의 종합대학'(europäische Gesamtuniversität)이라 할 수 있을 것이고, 이런 종합대학은 어떤 경우에도 원리적으로 올바른 근본입장을 취하는 국제연맹(Völkerbund)에 속하는 국제적·지성적인 조직을 강력하게 요구한다.

여기서는 이런 대학의 계획이 실제로 어떻게 심의되고 현재 어떻게 진행되고 있는지를 상세하게 논의하고 비판하지 못한다. 다만 다음과 같이 말해둔다. 즉 유럽 종합대학의 이념과 이 이념의 최대한 실현을 도모하는 진지한 의지를 두 번 다시 상실해서는 안 될 것이라고 말이다. 이 대학이 첫째로 부여받은 임무는──각 국민들이 철학과 과학에 어떻게 협력할 것인지에 대해 모든 관점에서 각국의 철학적·과학적 지도력을 이해하는 매우 중요하고 인간적인 문제를 논외로 한다면──내가 위에서 '세계문화권의 세계관에 관한 새로운 언표'라 부른 것에 대한 이른바 하나의 입장을 형성하려는 것이 아니라, 유럽을 위한 특수한 유럽적인 과제를 장려하려는 것이다. 유럽의 철학, 예술, 과학, 종교가 역사적으로 공통으로 뿌리박고 있는 토대와 지금까지 거의 인식되지 않았던 민족적인 정신세계 상호간의 교차, 수용, 영향관계는 정신과학의 관점에서 특별하게 고려되어야 할 과제다. 또한 국가와 경제에 관련해서는 케인스가 라이트의 『인구론』(Bevölkerung) 서문에서 밝힌 '세상에서 가장 이해관계가 첨예한 문제'라고 부른 물음이 논의의 중심이 되고 있음이 틀림없다.──이 물음은 적어도 이 시대가 우리에게 일반적으로 대답해줘야 할 것 가운데 하나다.──말하자면 "경제적인 진보는 짧은 휴지기를 거쳐 경기를 회복하여 다시금 개시될 것인가, 그것은 19세기라는 찬란한 시대를 스쳐 지나가는 순간적인 에피소드에 불과한 것은 아닌가?" 하는 물음이다.[322] 케인스와 나 자신이 이 물음에 대해 어떻게 대답할 것인지를 서술할 필요는 없다.

그 대답이 어떤 것이라 하더라도 이 물음을 인구이론, 경제이론, 역사학, 정치학, 법적·국가적 역사라는 기초 위에서 검토한다면, 영역별로 다음과 같은 제도를 요구한다. 즉 그것은 원칙적으로 **세계와의 관련에서 유럽대륙의 새로운 위치**가 마침내 분명히 자각되고 현실을 냉정하게 판단할 수 있는 지점에까지 유럽인들을 고양시키는 제도다. 그것은 또한 유럽민족의 수많은 집단 위에 드리운 안개처럼 역사가 진행되면서 어리석은 꿈을 타파하기 위한 제도이고, 민중의 정신적인 시야를 가리는 두꺼운 베일을 거둬내며 단순한 심정의 정치와 감정의 정치가 지닌 암울함을 거둬내는 제도다.──라이트가 언급했듯이──"정치가가 전쟁목적을 달성하기 위해 자국민의 인구수를 증대시키려는 반면에, 민족적 질투가 각종 수단을 동원하여 정치가의 조치를 방해할 것이며, 동시에 각국 내부의 계급들도 생산물의 분배를 둘러싸고 쟁의를 일으킴으로써 실질적인 생산량은 줄어들 것이다. 그러한 한에서 인구가 증가하고 노동생산성이 떨어지면 떨어질수록, 민족과 계급이 이들 분쟁을 야기한 주범이라는 논거가 정당화되는 비극적인 순환이 일어난다."[323] 이처럼 세계의 연관 속에서 상실하지 말아야 할 위치를 다시금 획득하지 않는다면, 유럽은 이러한 악순환을 면할 수 없다. "위협적인 위험에 대처할 수 있는 두 가지의 길이 있다. 하나는 노동생산성을 높이는 것이고, 다른 하나는 출산율을 제한하는 것이다. 그러나 우리가 장차 감내해야만 한다면, 이 두 가지 수단의 선택은 불가피한 것이다."[324]

유럽의 총체적 계몽을 위한 역동적인 핵심으로서 유럽 대학에 관한 이런

322) 라이트의 『인구론』, 8쪽 참조─옮긴이.
323) 같은 책, 172쪽─옮긴이.
324) 같은 책, 172쪽─옮긴이.

통찰 및 이와 유사한 통찰이 서서히 각국의 연구소와 대학으로 침투하기 위해서는 먼저 각국에서 일시적으로 초청된 연구자가 이 유럽 대학에서 가르치고 배운 것을 자국에 널리 확산시키는 방안과 동시에 각국의 대학도 이런 새로운 대학에서 배우고 돌아온 학생의 수학기간을 정당하게 인정해주는 두 가지 방안이 필요하다.──이 두 가지 방안이 완성됨으로써 19세기의 방법적으로나 내용적으로 매우 협소한 국수주의에 빠졌던 정신과학과 사회과학이 성과 있는 **협동작업**을 위한 새로운 원동력을 획득할 수 있게 될 것으로 보인다.

또한 매우 진지하고 엄밀하게 이론적인 **지식사회학 그 자체**의 문제들이 그 학문적 지위를 유지하면서 독일에서 오랫동안 간과되어온 그 중요성과 의의에 상응하는 요청과 해명을 유지할 수 있다는 점을 여기서 더 이상 설명할 필요는 없다.

찾아보기

■ **주제**

지은이 막스 셸러

독일 뮌헨에서 태어났다. 셸러는 뮌헨대학교와 베를린대학교에서
의학, 철학, 사회학을 공부했고 예나대학교에서 오이켄의 지도로
철학을 공부했다. 예나대학교 시기에 셸러는 에드문트 후설을 만나
현상학에 관심을 가지게 되었고, 이를 바탕으로 새로운
'실질적 가치윤리학'을 구축했다. 셸러의 윤리학은 칸트의 '형식주의'를
비판하고 인격주의 윤리학의 정립에 초점이 맞춰진다.
그러나 셸러의 학문적 관심은 윤리학에만 머물지 않고
종교철학, 세계관학, 지식사회학, 철학적 인간학 등으로 확장된다.
이렇듯 다양한 셸러의 학문적 관심은 오늘날 '실질적 가치윤리학'의
정립과 더불어 '지식사회학'과 '철학적 인간학'의
창시자로서 추앙받고 있다. 특히 셸러가 지식사회학에 관심을 가지게 된 것은
1919년 쾰른대학교에서 철학 · 사회학 강좌와 '쾰른사회과학연구소'의
소장직을 맡으면서부터였다. '지식사회학'(Soziologie des Wissens)이라는
용어는 장편 논문 「지식사회학의 문제들」(1924)에서 처음으로 등장한다.
셸러는 지식사회학을 통해 콩트류의 실증주의적 동기와 한계를 밝힘으로써
형이상학과 종교적 지식의 지위를 확고히 하려 했다.
이 점에서 셸러의 지식사회학은 카를 만하임의 지식사회학과는 다르다.
단적으로 말하면 셸러의 지식사회학은 20세기 초의 혼란에 맞서
새로운 형이상학을 수립하기 위한 수단이었고,
이는 곧 '철학적 인간학'으로 나아가기 위한 단초가 된다.
셸러의 저작은 그의 방대한 학문적 관심만큼이나 다양하다.
주요 저서로는 『윤리학에 있어서 형식주의와 실질적 가치윤리학』(1916),
『가치들의 전도에 관하여』(1919), 『공감의 본질과 형식』(1923),
『지식의 형태와 사회』(1926), 『우주에 있어서 인간의 위치』(1928)
등이 있으며, 생전에 펴내지 못한 노트와 유고집이 연이어 출간되면서
새롭게 주목받고 있다. 이 가운데 『지식의 형태와 사회』는 「지식사회학의 문제들」
「인식과 노동」「대학과 시민 단과대학」이라는 방대한 논문 세 편을 묶은 것이다.
「지식사회학의 문제들」은 실증주의적 사고를 비판하고
형이상학의 가치를 새롭게 규명했고, 「인식과 노동」은 실용주의 철학을 비판함으로써
셸러 자신만의 독창적인 지식사회학을 확고히 하는 데 이바지한 역작으로 평가받고 있다.
「대학과 시민 단과대학」은 「지식사회학의 문제들」과 「인식과 노동」에서
정립된 지식사회학을 기초로 독일 교육제도를 비판한 것이다.
이는 오늘날 학문의 본질과 대학의 역할에 대해 고민하는
우리나라의 현실에도 좋은 시사점이 될 것으로 본다.

옮긴이 정영도

정영도(鄭榮道)는 영남대학교 철학과를 졸업하고, 같은 대학교 대학원에서
「Antichrist로서의 Nietzsche」로 석사학위를 받았다.
「오르테가의 생적 이성의 철학에 대한 연구」로 박사학위를 받고, 독일 뮌헨대학교에서
5년간 니체 철학을 공부했다. 동아대학교에서 철학과 교수로 32년간 재직한 뒤
지금은 같은 대학교 명예교수로서 후학을 양성하고 있다. 한국철학회 부회장,
새한철학회 회장, 한국니체학회 회장을 거쳐 한국야스퍼스학회 회장으로 활발히 활동하고 있다.
또한 철학과 문화 발전에 이바지한 공로로 부산시 문화상(학술 부문), 눌원문화상(학술 부문),
동아학술상(인문·사회 부문) 등을 받기도 했다.
저서로는『니체의 사랑과 철학』『야스퍼스 철학의 근본 문제』『현대 유럽 철학』『그리스 로마 철학』
『철학교수와 대중가요의 만남』등이 있다. 역서로는 한길사에서 펴낸 막스 셸러의
『지식의 형태와 사회 1·2』(공역)를 비롯하여 안네마리 페퍼의『니체의 차라투스트라에 대한 철학적 해설』,
오이겐 비저의『신의 추구자냐 안티크리스트냐—니체의 기독교 비판』,
호세 오르테가 이 가세트의『개인과 사회』『삶의 형이상학』, 카를 야스퍼스의『초월자의 암호』
『척도를 주는 인간들』『근원에서 사유하는 철학자들』, 찰스 월래프의『야스퍼스의 철학 사상』,
리하르트 비서의『카를 야스퍼스』등 다수가 있다.

옮긴이 이을상

이을상(李乙相)은 부산대학교 철학과를 졸업하고, 동아대학교 대학원에서
문학 석사학위를 받은 뒤 1993년 동아대학교 대학원에서 철학 박사학위를 받았다.
동아대·부경대·동의대·동서대 등에서 강의했고, 지금은 동의대학교 인문대학 문화콘텐츠연구소
연구교수로 있다. 특히 막스 셸러의 저서 번역 작업에 노력해왔고, 생명윤리학과 진화윤리학 분야에도
관심을 가지고 연구하고 있다. 공저로는『교양철학』『사람됨과 삶의 보람』『인간과 현대적 삶』
『인간과 현대적 삶』『인격』『사회생물학, 인간의 본성을 말하다』『마음학: 과학적 설명+철학적 성찰』
등이 있다. 역서로는 한길사에서 펴낸 막스 셸러의『지식의 형태와 사회 1·2』(공역)를 비롯하여
『공감의 형식과 본질』『우주에 있어서 인간의 위치』『윤리학에 있어서 형식주의와 실질적 가치윤리학』(공역)이
있고, 오토 프리드리히 볼노의『현대의 철학적 인간학』, 프리드리히 카울바흐의『행위철학』,
아르놀트 겔렌의『인간학적 탐구』『인간, 그 본성과 세계에서의 위치』, 존 스튜어트 밀의『공리주의』
등이 있다. 그밖에도 박사학위 논문인「가치와 인격」등을 비롯한 다수의 논문과 기고문이 있다.

한국연구재단 학술명저번역총서

서양편 ● 69 ●

'한국연구재단 학술명저번역총서'는
우리 시대 기초학문의 부흥을 위해
한국연구재단과 한길사가 공동으로 펼치는
서양고전 번역간행사업입니다.

지식의 형태와 사회 1

지은이 · 막스 셸러
옮긴이 · 정영도 · 이을상
펴낸이 · 김언호
펴낸곳 · (주)도서출판 한길사

등록 · 1976년 12월 24일 제74호
주소 · 413-756 경기도 파주시 교하읍 문발리 520-11
www.hangilsa.co.kr
E-mail: hangilsa@hangilsa.co.kr
전화 · 031-955-2000~3
팩스 · 031-955-2005

상무이사 · 박관순
영업이사 · 곽명호
편집 · 배경진 서상미 신민희 김지희 홍성광 강성한 백은숙
전산 · 한향림 노승우
마케팅 및 제작 · 이경호 박유진 | 경영기획 · 김관영
관리 · 이중환 문주상 장비연 김선희

CTP출력 및 인쇄 · 현문인쇄 | 제본 · 성문제책

제1판 제1쇄 2011년 4월 25일

ⓒ 한국연구재단, 2011

값 25,000원
ISBN 978-89-356-6245-6 94330
ISBN 978-89-356-5291-4 (세트)